国图与抗战

纪念中国人民抗日战争暨世界反法西斯战争胜利70周年

国家图书馆员工文集

国家图书馆　编

国家图书馆出版社

图书在版编目（CIP）数据

国图与抗战：纪念中国人民抗日战争暨世界反法西斯
战争胜利70周年国家图书馆员工文集/国家图书馆编 .
--北京：国家图书馆出版社，2016.12
　　ISBN 978-7-5013-5902-8

　　Ⅰ.①国…　Ⅱ.①国…　Ⅲ.①抗日战争—史料—中国
②中国国家图书馆—图书馆史—1937-1945—文集　Ⅳ.
①K265.06②G259.251-53

　　中国版本图书馆CIP数据核字（2016）第180840号

书　　名	国图与抗战——纪念中国人民抗日战争暨	
	世界反法西斯战争胜利70周年国家图书馆员工文集	
著　　者	国家图书馆　编	
责任编辑	王　雷	
封面设计	九雅工作室	
出　　版	国家图书馆出版社（100034　北京市西城区文津街7号）	
	（原书目文献出版社　北京图书馆出版社）	
发　　行	010-66114536　66126153　66151313　66175620	
	66121706（传真）　66126156（门市部）	
E-mail	nlcpress@ nlc.cn（邮购）	
Website	www.nlcpress.com→投稿中心	
经　　销	新华书店	
印　　装	北京信彩瑞禾印刷厂	
版　　次	2016年12月第1版　2016年12月第1次印刷	
开　　本	787×1092（毫米）　1/16	
印　　张	22.25	
字　　数	450千字	
书　　号	ISBN 978-7-5013-5902-8	
定　　价	70.00元	

目　录

第一部分　馆　史

第二部分　馆藏文献

第三部分　资源建设

第一部分

馆　史

文明的守望者

——记抗战中的国图精神

张立朝　林世田

摘　要：抗战时期的国立北平图书馆在国家图书馆的发展史上具有里程碑意义。本文以档案资料、历史事件为基础，在总结前人研究的基础上，通过抗战时期发生的善本南迁、馆务播迁、善本运美等事件，对国图在百年发展历程中积淀的与国家与民族同呼吸共命运的爱国精神、不遗余力的采访精神、恪尽职守的守护精神、甘为人梯的奉献精神、爱岗敬业的道德精神、精诚团结的协作精神进行了总结，突显了国家危亡之际，国图人忠于职守、百折不挠、敢于担当的民族精神。笔者希望通过忆过往而鉴当下，激励当今国图人更好地传承这份珍贵的精神遗产。

关键词：国图精神；袁同礼；国立北平图书馆；善本古籍；抗日战争

　　2015 年是中国人民抗日战争暨世界反法西斯战争胜利 70 周年。抚今追昔，这场由日本帝国主义一手策划实施的侵华战争给中华民族造成了不可估量的损失。覆巢之下，完卵无存，国内文化教育领域亦惨遭浩劫。为保护人类文化遗产免遭战火涂炭，以策划、主导故宫文物南迁为代表的中国文化界一大批有志之士全力以赴，守望相助，以文人之肝胆谱写了全民抗战的辉煌篇章，成为中华文明的忠实守护者。国家图书馆[1]在时任馆领导，尤其是副馆长袁同礼的带领下，以常人难以想象之艰难，励精图治，积极作为，历经善本南迁、运美寄存、馆务播迁，建立上海、长沙等多处办事处，成就了一段不朽的篇章。虽鉴于当时出于保密的原因未能广为人知，却同样成为中华民族全民抗战中不可或缺的一部分，是中国人民抗日战争在文化教育领域取得的重大成果。

　　国家图书馆研究馆员李致忠先生在领衔编纂《中国国家图书馆馆史（1909—2009）》时，从国图百年历史中提炼出国图人四种难能可贵的精神：不遗余力的采访精神、恪尽职守的守护精神、甘为人梯的奉献精神、爱岗敬业的道德精神[1]。2014

---

①　1928 年，国家图书馆前身京师图书馆更名为国立北平图书馆。1942 年 1 月，伪华北政务委员会教育总署宣布接收国立北平图书馆，改名为"国立北京图书馆"。

年，国家图书馆馆长韩永进先生站在时代发展的高度，总结国家图书馆 105 年的兴衰历史，指出：一百余年前，在变法图强和西学东渐的背景下，国家图书馆前身——京师图书馆应运而生。105 年来，国家图书馆一路曲折前行，栉风沐雨，与民族共命运，与时代同进步，走过了百余年非凡历程[2]。与国家与民族同呼吸共命运的爱国精神贯穿始终，是国图精神的核心。回顾抗战这段历史，全馆员工无论留守南下，无论老弱青壮，于民族危亡之际精诚团结，守望相助，玉汝于成，以行动践行了百年国图精神，为国家图书馆战后凤凰涅槃般的重生积淀了丰厚的精神财富。

一、与国家、民族同呼吸共命运的爱国精神是国图精神的核心

观乎近百年来国家图书馆的发展兴衰，始终与国家与民族的命运息息相关。特别是随着"九一八"事变爆发，国难当头之际，国立北平图书馆无论南馆还是北馆，皆满怀爱国赤诚之心，不屈不挠，通力合作，在保护馆藏、拓展文献收藏渠道、丰富保存文献类型、宣传抗战等方面发挥了自己独特的作用，为中华文化的保存和复兴做出了重要贡献。

1935 年 11 月 23 日，鉴于北方形势日趋严重，国民政府教育部密电国立北平图书馆委员会副委员长傅斯年、副馆长袁同礼："鉴国立北平图书馆贵重书籍，希以极秘密方法，择要移存南方，以策安全。"[3]此后不久，国立北平图书馆克服运费严重短缺等困难，将 197 箱甲库（清以前）善本、107 箱乙库（清以后）善本、49 箱唐人写经、15 箱内阁大库舆图、8 箱汉石经楚器及金文拓本、116 箱西文整部科学杂志、30 箱西文东方学善本以及 64 箱梁启超寄存书籍，经由北平中国旅行社分批南运，分别寄存于上海商业储备银行、上海中国科学社、国立中央研究院工程研究所三处。

1937 年 7 月 7 日，日本帝国主义发动卢沟桥事变，7 月 30 日，日军占领天津，同日，北平宣告失守。8 月 8 日，鉴于沦陷后的北平"环境恶劣，国立机关无法行使职权"，时任北平图书馆副馆长袁同礼，"愤日寇之暴行，不甘为敌傀儡"，认为"平馆既为国家机关，国家之立场不能不顾"[4]。在征得教育部许可后，与贺恩慈等馆员离开北平，前往长沙，与长沙临时大学①合作，筹设图书馆，并拟定合作办法，积极从事复兴事业。

1939 年 9 月，纳粹德国入侵波兰，英、法随即对德宣战，第二次世界大战爆发。上海租界内的情形更是日渐紧张，出于对南迁善本安全的深度忧虑，身处大后方的袁同礼副馆长数度与在重庆的美驻华大使、美国国会图书馆进行协商谈判，终

---

① 日军发动全面侵华战争后，国民政府教育部辖下的北京大学、清华大学和私立的天津南开大学于 1937 年 9 月 10 日奉命在长沙合并组建国立长沙临时大学。

促成存沪 100 箱①善本精品运往美国国会图书馆寄存。这期间，王重民先生穿行中美之间，与袁同礼副馆长冒着生命危险前往上海办理相关事宜。钱存训先生则在卢沟桥事变后，受命于民族危亡之际，挺身而出，在上海已成"孤岛"的情况下毅然决然地前往开展工作，守护南迁的善本图书。在善本运美寄存的过程中，他又冒着生命危险，用手推车将善本分批运往海关并装船秘密运送至美国国会图书馆寄存，得免日军的掠夺。曾任善本部主任的徐森玉，虽已离馆，但仍心系平馆，"变易姓名，穿过各沦陷区，秘赴沪一行，专办此事，延此将绝之慧命"[5]。与钱存训等人协作办理运美事宜，其由爱护中华文化遗产而生发的爱国之情、与民族共患难之决心表露无遗。

抗战期间，馆内同仁还将满腔的爱国热忱投入到学术研究中，以学术报国，在国内外产生了积极影响。著名的印刷史专家、版本目录学家张秀民先生，在大学时代即以版本目录学为职志，撰写了《评四库总目史部目录类及子部杂家类》《宋椠本与摇床本》，奠定了学术基础。卢沟桥事变后第二天，张秀民先生到馆上班，见门口已有日军把守，痛感国家危亡，认为平昔所从事的版本目录只是书皮之学，对国家兴亡，并无实际用处。于是改弦易辙，转而研究安南史[6]。

二、不遗余力的采访精神

备群书，供众览，是图书馆的办馆宗旨，采访之于图书馆犹江河源源不断之活水。20 世纪初期，国内以国立北平图书馆为首的图书馆建设"已由爝火微光日即于黎明之境"[7]，逐渐步入全面发展的阶段。1937 年，日本帝国主义的全面侵华打断了刚刚步入正轨的中国图书馆事业的发展，国内文化机构在颠沛流离中自顾不暇，损失惨重。国立北平图书馆在副馆长袁同礼的带领下，力克时艰，一方面极力维护馆产，转移重要馆藏；一方面率员南下，拓展新业务。然无论留守或南下，皆始终以增加馆藏、服务学术为己任。这一时期的采访工作主要围绕两方面工作进行，一为抗日史料的征集；二为西南文献的征购。

抗日战争爆发后，出于图书馆人的职业敏感，袁同礼认识到完整保存此次战争的文献资料的重要性，一方面，他以中华图书馆协会理事长的名义，分别致函欧美各国图书馆，痛陈日军暴行，广泛征集图书资料。三次赴美，在国内交通通讯中断的情况下，凭借个人关系疏通各种渠道，将征集到的资料运回国内。另一方面，他于 1938 年秋致函西南联合大学蒋梦麟、梅贻琦、张伯苓三常委，提出了合作征辑中日战事史料意愿与合作办法，并获三人同意，1939 年 1 月，由北平图书馆南馆与

---

① 林世田、刘波：在《关于国立北平图书馆运美迁台善本古籍的几个问题》（《文献》2013 年 7 月第 4 期）中对运美善本古籍数量进行了考证，确认为 100 箱。

西南联合大学组建的中日战事史料征辑会在昆明正式成立。"凡中文、日文以及欧美出版之日报、通讯社稿、战地通讯员之报告、沦陷区内之通信等，皆在搜罗之列。"[8]1939 年 3 月，袁同礼致函周恩来，请求根据地支持抗日战争史料征集工作，在周恩来同志的大力支持下，北平图书馆昆明、重庆办事处相继与国民革命军第十八集团军、延安解放社、延安新中华报出版社、延安新华书店、重庆新华日报社建立了经常性征集书刊、日报的联系。据不完全统计，截至 1944 年，史料会已入藏中文书籍 5180 种，约 6000 册，小册子 400 余件，杂志 2350 种，报纸 169 种；日文书籍 520 册，杂志 120 种，报纸 8 种；西文书籍 192 册，杂志 373 种，报纸 49 种等。此项工作的开展使得国立北平图书馆成为战后收集抗战史料最多最全的图书馆，成为国家图书馆藏书建设史上的一个创举[9]。

抗战以前，我国西南地远人稀，又因交通不便，相关文献较难搜求。抗战开始后，由于政府机关和重要的文化机构相继西迁，为收集、整理和研究西南文献创造了有利条件。1938 年 3 月，国立北平图书馆在香港蔡元培住宅召开馆务会议，任鸿隽、傅斯年、袁同礼等列席参加，研究决定将征购西南文献、传拓西南石刻编入昆明办事处采访工作大纲，确定万斯年负责此项工作。1940 年以后，大后方物资奇缺，生活举步维艰，史料会人心浮动，很多成员另谋生计。于此困境下，袁同礼仍没有放弃搜采工作，提出要利用现有的人力物力，就地取材。负责人万斯年只身赴险，一路栉风沐雨，饱尝艰辛，通过购买、征集等方式共收集到彝文写经等 500 余册，彝文刻经 15 块，汉文档册 12 册，东巴文经典 3200 余册，西南各省志书 300 余种以及碑帖等其他资料数百种[10]。抗战胜利后，这些资料悉数运回北平图书馆，其中拓片在抗战后北平图书馆特开西南文献室，分类陈列，为我馆今天能屹立于世界大馆之林奠定了丰厚的文献基础。

此外，为因应时局，国立北平图书馆先后在长沙、上海、南京、香港等地设立办事处，采访业务亦为各办事处之重点工作。以上海办事处为例，钱存训先生担任上海办事处主任期间，与欧美各国图书资料的联系和交换工作均在上海进行，在上海市区已被日军占领，时局日艰、危机四伏的情况下，他奉命搜集抗战史料和沦陷区书刊资料，使国图成为存有沦陷区公文和出版物最完全的收藏机构。

三、恪尽职守的守护精神

自荡气回肠的 5000 余年的发展历程中提炼出的守望相助是中华民族的传统美德，是中华民族数千年来绵延不绝、和衷共济、休戚与共的真实写照。殷忧启圣，多难兴邦，抗日战争期间，由强烈的爱国精神衍生出的守疆卫土、寸土必争的守护精神是支持中国人民最终战胜强敌、收复国土的根本保证。

1937 年 7 月 30 日，北平失守，国立北平图书馆无法正常工作，副馆长袁同礼率部分员工愤而南下，平馆的馆务工作交由总务主任王访渔、善本部主任张允亮、编纂顾子刚三人负责。1941年11月11日，伪华北政务委员会教育总署训令第1982号，核发《管理国立北京图书馆暂行办法》。1942年1月2日，伪教育总署接收平馆，改名为"国立北京图书馆"。不久中华教育文化基金会停止向国立北平图书馆支付经费，日伪组织先后派周作人、张心沛、俞家骥代为馆长。在日伪组织的监管之下，平馆留守人员生活举步维艰。尤其在1942年冬，暖气管道被驻扎在北图西侧的"静生生物调查所"的日本军人截断，留守馆员每日只能从家里带上窝头、咸菜来上班，终日喝不到一口热水。就是在这样时局日艰、朝不保夕的情况下，平馆留守人员"以馆产为重，未敢擅离职守，隐忍于伪组织管理之下，与之相周旋数载"[11]。珍珠港事件爆发后，顾子刚先生一度因与后方联系紧密，被日本宪兵队拘留于沙滩北大红楼两月之久，其留守之艰难由此可知。

就是在这样极度艰难的非常时期，留守人员千方百计保护馆产不被日伪分子侵占掠夺，至1945年北平光复，由于保护得力，未雨绸缪，我馆珍贵典籍保存基本完整，"数年中，本馆图书大体损失甚小，四库及留馆之善本书籍毫无损失，由沪运回之中西文书亦均完整无缺"[12]。

1941年珍珠港事件之前，战争形势更趋紧张，为确保国立北平图书馆存放在上海租界内的善本书的安全，时任馆长袁同礼请当时驻美大使胡适帮助联系运美寄存事宜，具体运送任务就落在了钱存训先生的身上。为完成善本运送任务，确保安全无虞，钱先生费尽心机，将一百箱图书化整为零，分成十批瞒天过海，冒着生命危险，独自一人用手推车，将书运送到海关，前后历时两月之久，终将珍贵善本安全送抵美国。抗战胜利后，袁同礼馆长委派钱存训先生着手办理善本归国事宜，奈何当时国共内战，归国无望，后于1965年运送至台北。钱先生以美国东亚图书馆协会主席的名义提出抗议，促成台北重编书目，以彰显寄存之意，为日后促成善本回归留下了法理依据。此后，钱先生终其一生都在为促成这批善本完璧归赵事宜而奔波劳累。这种对60年前的职守的忠诚，足见钱存训先生对馆藏文献一以贯之、持之以恒的守护精神的难能可贵。

四、甘为人梯的奉献精神与爱岗敬业的道德精神

早在1929年，国立北平图书馆对立馆宗旨已有明确界定："其事业不在研究本身，而在如何供给研究者之便利。"[13]由此可见，服务至上为国家图书馆百年立馆之根本。抗战期间，虽有北馆于日伪之淫威下艰难度日，南馆于漂泊不定中艰难前行，但国立北平图书馆服务公众的意识不曾递减半点，成为中华民族愈挫愈勇、百折不挠的真实写照。

1937年8月，日军占领下的北平环境恶劣，国立机关无法正常行使职权。时任

副馆长袁同礼离开北平，前往长沙，馆务交由总务主任王访渔、善本部主任张允亮、编纂顾子刚三人组成的行政委员会负责，留守平馆的工作人员在恶劣环境下，始终坚守岗位，忠于职守，无有二心，保证了馆务的正常运行，表现出了极高的民族气节与职业道德。南下诸人，则辗转迁徙，由南京而长沙，由长沙而昆明，虽在颠沛流离之中，而忠勤振奋之精神则从未稍变，埋头苦干，勇往直前，推进图书馆事业，不遗余力。

鉴于国立院校在抗战期间，图书借阅十分困难，袁同礼在主持北平图书馆长沙办事处期间，力促以国立北平图书馆名义与清华、北大、南开组成的长沙临时大学合作，为师生提供图书阅读。1938 年 3 月，长沙临时大学迁往昆明组建西南联合大学以后，袁同礼仍以国立北平图书馆的名义予以支持。为解决后方因没有外汇而无法购买外文书籍的问题，袁同礼又以中华图书馆协会理事长的名义，向英、美等国图书馆协会、各大学、文化机关与学术团体发出大量征书启事，到 1940 年共征集到图书 3 万余册。

抗战期间，国内大部分院校僻处后方，与国外学术上之交换机会急剧减少，教学研究极感不便。1943 年 3 月，袁同礼馆长利用自身曾任国际文化关系委员会中国代表的便利，接受教育部的委派，前往印度采购大批西文图书、仪器。先生在印一月有余，"代订急用之图书、仪器甚夥，然后分批航运抵昆，计共有六十一箱"[14]。充足的图书资料，保障了西南联大的教学质量，成就了一大批学术大师。

五、精诚团结、众志成城的协作精神

中华民族之所以成为不曾中断过的文明，与中华民族在五千年的发展演变中所凝聚成的团结协作的民族精神密不可分。五千年来，无论天灾人祸、外敌入侵，中华民族始终表现出空前的团结与协作。

从日军侵占东北、垂涎华北开始，国立北平图书馆的各位同人在时任副馆长袁同礼的直接领导下，即以一种为国家、为民族负责的态度，四处奔走呼吁，积极协调力量组织馆藏重要书籍的转移寄存，南运上海、南京，远渡重洋，寄存美国国会图书馆。这其中包含了袁同礼的统筹大局，王重民与徐森玉的只身赴险、精挑细选，钱存训的冒险外运，倾注了国立北平图书馆同人的大量心血，充分突显了国图人团结合作应对时局的协作精神。

抗日战争的爆发，激发了国人为民族之复兴、为国家之独立而团结拼搏的热血。国立北平图书馆与国内各界同仁一道，开辟了敌后抗战的新途径。这其中，尤以成立临时大学图书馆①为例，充分证明了国图人的协作精神是跨越馆际的。七七

---

① 1938 年 4 月，临时大学迁至昆明，正式更名为国立西南联合大学，其图书馆亦改名为西南联大图书馆。

事变后不久，位于平津地区的国立北京大学、国立清华大学和私立南开大学迁至长沙并组建国立长沙临时大学。由于仓促撤退，三所大学中的藏书几乎没有带出，使学校的教学、研究工作难以正常开展。与此同时，袁同礼副馆长率部抵达长沙，在了解情况后，旋即决定与临时大学合作，筹设临时大学图书馆。1937 年 11 月，国立北平图书馆与国立长沙临时大学合组的临时大学图书馆成立，袁同礼出任馆长。此后，长沙临时大学图书馆全力收集、购买各类图书，千方百计为大学师生提供图书阅览服务，成为战时国立北平图书馆跨区域、跨行业合作的典范，也充分体现了图书馆"为读者找书，为书找读者"的服务宗旨。

"国运兴则文化盛，则国图盛，国运多舛则国图亦历经磨难"[15]。历史经验一再告诉我们：典籍的命运和国家、民族的命运息息相关，始终不离，凝聚着中国人的情感、中华民族的屈辱和中华民族今天的崛起。2009 年，在国图百年诞辰之际，一篇广为流传、赢得诸多图书馆人共鸣的《百年国图赋》题于我馆东门泰山石，赋中有如下文字："国之有国图，乃国之祥也。国图之血脉，固与民与国同流淌也。乘国势，倚民生，方得文运与天地同其久长也。"[16]国家图书馆之所以有今天的荣耀与辉煌，与历代国图人的这几种精神密不可分。温故而知新，重温抗战这段历史，我们才能更深刻认识到百年积淀出的国图精神的真正分量，才能更深刻体会到它于当代国家文化事业发展的意义。

参考文献：

[1] [9] 李致忠主编：《中国国家图书馆馆史（1909—2009）》，国家图书馆出版社，2009 年。

[2] 韩永进：《国运兴文化兴　文化强国家强——国家图书馆建馆 105 周年寄语》．http：//www.nlc.gov.cn/dsb_ zt/xzzt/2014gq/.

[3] 《1935 年 12 月 6 日密呈教育部解决善本图书南运经费办法（文稿）》，《北京图书馆馆史资料汇编（1909—1949）》，书目文献出版社，1992 年。

[4] 《中华图书馆协会年报》13 卷 1 期，1938 年 7 月。

[5] 陈福康：《书生报国：徐森玉与郑振铎》，《新文学史料》2012 年第 1 期。

[6] 张秀民：《张秀民自传》，《文献》1985 第 3 期。

[7] 袁同礼：《国立北平图书馆之使命》，《北京图书馆馆史资料汇编（1909—1949）》，书目文献出版社，1992 年。

[8] 《中华图书馆协会会报》，13 卷 5 期，1939 年 3 月。

[10] 张廷争：《抗战时期北平图书馆收集西南文献述论——兼及袁同礼先生的文献识见》，国家图书馆：《袁同礼纪念文集》，国家图书馆出版社，2012 年。

[11] [12] 北京图书馆业务研究委员会编：《北京图书馆馆史资料汇编（1909—1949）》，书目文献出版社，1992 年。

[13] 《国立北平图书馆馆务报告》（民国十八年七月至十九年六月），1930 年。

[14] 徐家璧：《袁同礼先生在抗战期间之贡献》，《袁同礼传记资料》，台北天一出版社，1979 年。

[15] [16] 詹福瑞：《百年国图赋》，http：//www.nlc.gov.cn/newbngq/bngtf/.

国立北平图书馆与长沙临大、西南联大图书馆合作关系之探究

齐午月

摘　要：日本全面侵华战争爆发后，国立北平图书馆工作重心逐渐南移，在其南迁后的诸多业绩中，与高校图书馆的密切合作值得关注。1937 年秋，国立北平图书馆与长沙临时大学合组长沙临时大学图书馆，并在 1938 年年初，顶住来自中基会方面的压力，随长沙临时大学南迁至昆明，成立昆明办事处，与西南联大图书馆继续合作。虽然双方的合作密切程度有所降低，体现在西南联大图书馆的管理体制、馆址所在、馆员构成、图书来源等方面，但双方始终保持良好的合作关系。在八年漫漫抗战路上，携手共进，共同担负起传承中华文化、延续华夏文明的伟大历史使命。

关键词：国立北平图书馆；长沙临大图书馆；西南联大图书馆

1937 年 7 月 7 日，日本军国主义蓄意挑起卢沟桥事变，日本全面侵华战争由此正式开始。一个月内，北平、天津相继失守，整个华北岌岌可危。在此民族存亡的危急时刻，为保存抗战实力、延续民族火种，汇聚在北平的众多政府机关、文教单位纷纷将南迁事宜提上日程，国立北平图书馆（以下简称"平馆"）亦是如此。8 月 10 日，平馆副馆长袁同礼在教育部指示下，离开北平奔赴长沙发展馆务，随同他南下的平馆职员大部分留湘，其余分赴上海和香港两地开展业务工作。其实早在 1933 年，教育部即有电令，命平馆挑选馆藏珍稀善本装箱南运，寄存在更为安全的上海和南京。战火纷飞的时节，随着日军蚕食中国领土的步伐由北而南，平馆的工作重点也一点一点逐渐南移。

国立北平图书馆于 1937 年 10 月在长沙设立办事处，随后与长沙临时大学展开良好合作。1938 年 3 月始，平馆在湘职员又随同长沙临时大学南迁至昆明，并于同年 5 月成立昆明办事处。1939 年 3 月，昆明办事处改组为平馆本部，并在 4 月间得到教育部应允批复。直至 1946 年回迁至北平，服务于昆明办事处的平馆同人们克服了诸多困难，维持采访、编目等基础馆务工作的正常开展，尤其注意西南文献、石刻拓本、民族文献的搜求与保护。还与西南联大共同组织抗日战事史料征辑委员

会，以记录中华民族艰苦卓绝的抗战历程，在战时继续担负国立图书馆应尽的文化职责。

在平馆南迁后的诸多业绩中，与长沙临时大学（西南联合大学）图书馆的密切合作是值得关注的一点。而目前与此相关的论文多从联大图书馆的角度出发，探讨联大图书馆的管理体系、资源建设、创新服务等。本篇则试图转换角度，从平馆的立场出发，分析双方的合作进程与前后变化，以展示平馆在烽火岁月中如何辛苦努力，完成保护文献、传承文明的伟大使命。

一、两地辗转，保持合作

（一）暂留长沙，合组办馆

1937年8月28日，在教育部指示之下，清华大学、北京大学和南开大学三校在长沙合组成立临时大学。当时只有清华大学图书馆提早做了准备，将馆藏所有中西文善本、全部地志以及图书、仪器等整理装箱约500件，转运至湖北汉口暂作保存。可以说，应运而生的长沙临时大学教研物资极为匮乏，而大量购置又力所不逮。为解决长沙临大师生教学、科研图书不足的一大难题，临大筹备委员会决定与在湘开展业务工作的平馆副馆长袁同礼合作，共同组建图书馆。

1937年9月底至10月初，袁同礼以时局为据，规划南迁后平馆的工作方向与内容，拟定《平馆善后办法》七条，并发函孙洪芬、傅斯年、周诒春等国立北平图书馆委员会委员，征求意见获得认可。这套善后办法就包括在长沙设立办事处、与长沙临大合组图书馆两项内容，并有《合组图书馆办法草案》。

在长沙临大一方而言，合组图书馆可解燃眉之急；对平馆来说，也能方便在湘职员处理馆务，可谓双赢。双方共同制定的《长沙临大、国立北平图书馆合组办法》[①] 在1937年秋公布：

> 第1条　长沙临时大学（以下简称甲方）与国立北平图书馆（以下简称乙方）为充实图书设备及处理馆务起见，合组图书委员会。委员定为7人，除馆长为当然委员外，甲乙两方各推荐3人组织之。
>
> 第2条　开办费暂定两万元，甲乙两方各任半数。除内中以百分之五购置家具及设备外，其余之款作为第一次购书费。以后增加之购书费，另由委员会决定之。
>
> 第3条　办公费由甲方担任，职员薪水由原机关分别担任之。

---

① 《长沙临大、国立北平图书馆合组办法》，林丽生、杨立德：《国立西南联合大学史料》（六）《经费、校舍、设备卷》，云南教育出版社，1998年，277页。

第 4 条　甲乙两方所购书籍，分别登录，各立财产簿。

第 5 条　甲乙两方合组购书委员会，书籍分下列两种范围：

　　　　甲、侧重教学应用之参考书及教科书；

　　　　乙、侧重一般参考书及专门期刊

第 6 条　甲乙两方原有之书籍及期刊得自由供给合组图书馆应用。

第 7 条　馆址由甲方拨给之，乙方得在内设立办事处。

由此，长沙临大图书馆宣告正式成立，在经费短缺、条件艰苦的不利环境中，仍积极从事文化复兴事业，取得了值得瞩目的成果。据 1938 年 2 月间的《长沙临大图书馆馆务报告》，临大图书馆工作分为四部分：采访、编目、索引、阅览。其中采访与编目工作由临大、平馆两方分开进行，划分清晰，权责明确，索引和阅览工作则由双方共同完成。

图书采购方面，临大购入中西文图书共 6563 册、期刊 49 种①，受赠图书、期刊共 494 种；平馆购入西南文献 648 种、获赠 200 多种，购入、获赠中文图书 796 种、西文期刊 400 余种。书籍编目方面，临大编辑中西文图书共计 2532 种 3300 多册，平馆编辑西文工程书籍 117 种 1146 册。索引工作则主要集中在三个方向：抗战资料、抗战中之国际舆论，以及工程期刊索引，尤其是抗战史料的搜集与整理，实有立此存照的深远功效。阅览方面，虽然一切设备因陋就简，临大图书馆仍努力提升阅览服务水平，除征得校方同意将学校大礼堂改为阅览室外，还借用湖南建设厅国货陈列馆开辟第二阅览室，随后又设立南岳图书分馆，便利在南岳授课的分校师生。

临大图书馆各项工作积极推进的同时，日军的铁蹄也在步步南下，局势日益紧张。1937 年 12 月间，南京失陷，武汉震动，长沙也不再是一个理想的安全之地。长沙临大从学校长远发展考虑，计划撤退至西南地区，使学校师生能够安心学习与研究。临大图书馆随校方南迁自然是题中之意，而在平馆方面却成为一个问题。

（二）风波落定，南迁昆明

"国立北平图书馆是由教育部与中基会合办，后者不但出资营造平馆馆舍，还一直负担该馆'每年之经常费'，故对平馆有当然的权力。"② 在南迁与否的问题上，以袁同礼为核心的平馆委员会和以司徒雷登为代表的中基会执委会，意见完全相左。

中基会极力主张始终以平馆馆务为中心，并不支持平馆工作重心南移。1938 年

---

① 《长沙临大图书馆馆务报告》，林丽生、杨立德：《国立西南联合大学史料》（六）《经费、校舍、设备卷》，281—284 页。

② 张光润：《袁同礼与国立北平图书馆——以 1938 年初的平馆南迁风波为中心》，上海社会科学院硕士论文，2012 年，9 页。

1月18日，中基会做出决定："现派在长沙临时大学服务之北平图书馆一部分职员，应即回平办公。其旅费由馆方承担。凡不愿返平者，可给予三个月薪金遣散之。"① 态度不可谓不坚决。此外，中基会也对副馆长袁同礼做出规定："袁副馆长因回平服务，准其假至本年四月董事会年会为止。在此期间，袁君得赴昆明协助临时大学，并发展西南图书馆事业。"② 这份决议把长沙办事处推入解散的窘境，也让平馆南迁发展大计有化为泡影的可能。

对这个不利消息，袁同礼迅速做出反应，极力斡旋，游说各方。1月24日，袁同礼致信身兼平馆委员会委员和中基会执行事务长二职的孙洪芬，主张平馆在湘职员随临大南迁昆明，力陈个中艰辛，"倘或停止进行，或职员解散，则真无以自解。以上种种，深盼予以极大之同情，渡此难关，公私均感。"③ 又在2月8日致函中基会董事徐新六、施肇基、金叔初，阐明舍弃平馆南方馆务活动的困难。

临大校方从袁同礼处获悉中基会决议后，也展开游说活动。同为平馆委员会委员的蒋梦麟与傅斯年，在1月25日代表临大方面致函孙洪芬，极力赞扬袁同礼办事之大力，与临大合作成绩之卓然，并陈述长沙办学条件不利，实有迁滇之必要，称"在此情形之下，如守和先生等同往，精神与实质皆是一个大鼓励。若中道停止事实上固极不便，精神上亦觉泄气。此必吾兄所同感者。中基会决议似是临大停止而发，兹以事实并非停止且系为国家作一最后之坚决奋斗，敢请兄加以考虑将原定合作办法至少延长至暑假"④ 云云。随后在2月中旬，蒋梦麟、张伯苓、梅贻琦以长沙临大三校长名义致电中基会："前允平馆同人在湘服务，全校师生同深感荷。兹敝校迁滇，务请继续协助，事关学术合作，即乞惠允电覆。"⑤ 来自临大方面的请求，对于此后3月间平馆南迁事宜出现转机有相当重要的作用。

3月11日，平馆委员会在香港九龙柯思甸道蔡元培宅邸召开会议，出席人有蔡元培、任鸿隽、傅斯年、袁同礼、蒋梦麟。在商议与临时大学合作法案后，委员会得出结论："本委员会认为北平图书馆与临时大学合作办法乃继续北平图书馆原有工作之部分，此事对西南各省图书馆事业发展大有关系，不应于此国家困难期中半途改换，应照原定办法自下半学年起再延长一年。"⑥

起到最终拍板作用的则是教育部在4月21日、5月14日下达的两条指令，令准长沙办事处迁至昆明继续工作，并与包括西南联大在内的西南各教育机关密切联

① 《中基会执委会第一百廿二次会议关于国立北平图书馆之议决案（廿七年一月十八日）》，北京图书馆业务研究委员会编：《北京图书馆馆史资料汇编（1909—1949）》，480页。

② 同上。

③ 1938年1月24日袁同礼致孙洪芬讨论图书馆同临大迁昆明情况函（原件），北京图书馆业务研究委员会编：《北京图书馆馆史资料汇编（1909—1949）》，277页。

④ 《1938年1月25日蒋梦麟及傅斯年致孙洪芬临大迁滇后继续同北平图书馆合作函》，北京图书馆业务研究委员会编：《北京图书馆馆史资料汇编（1909—1949）》，489页。

⑤ 北京图书馆业务研究委员会编：《北京图书馆馆史资料汇编（1909—1949）》，527页。

⑥ 《1938年3月11日委员会关于留平的业务与在滇临大有关工作的谈话记录（抄件）》，北京图书馆业务研究委员会编：《北京图书馆馆史资料汇编（1909—1949）》，550页。

络。至此，长沙办事处南迁昆明一事，获得了当局认可，与西南联大的多方面合作也得以名正言顺地继续开展下去。

二、改变与承袭

1938 年 5 月间，平馆昆明办事处成立。1938 年 10 月《国立北平图书馆昆明办事处工作大纲》将昆明办事处的馆务工作划分成四大方向：采访、编目与索引、流传，以及与其他学术机关合作事项。其中第四项第一条，即为"协助西南联合大学完成图书设备"[1]。从长沙临时大学到西南联合大学，平馆都积极参与到其大学图书馆的建设工作之中，合作一直都在继续，但需要承认的一点是，随着西南联大图书馆自身发展的日益完备，平馆在双方合作中所发挥的作用确实在逐渐变小。长沙临大图书馆与西南联大图书馆在管理体制、馆址所在、馆员构成、图书来源等方面的差异均能说明此点。

（一）管理体制

在组织管理方面，临大采用馆长制，直接隶属于临时大学常务委员会，与教务、总务两处平行；馆长一职，由平馆副馆长袁同礼兼任。此时，管理具体业务工作的是图书馆委员会，除袁同礼外，临大方面和平馆方面再各推举 3 人担任委员。也就是说，对于临大图书馆的各项决议，平馆方至少有一半的话语权。

初期，西南联大图书馆沿袭了馆长制，馆长一职也仍由袁同礼兼任。1938 年 9 月，袁同礼赴香港办公，联大图书馆馆长一职由主任严文郁代理。10 月，因公务繁忙，袁同礼辞去联大图书馆馆长一职。

至此，在管理体制方面，联大图书馆有了一个相当大的调整：首先，改馆长制为主任制，同时降低图书馆的行政级别，将其划归教务处管理；业务方面，成立"图书设计委员会"，指导联大图书馆的具体业务工作。由于图书设计委员会直属"校常务委员会"，教务处也是"校常务委员会"次一级的行政管理机构，因而，"实际上是校常务委员会通过教务处和图书设计委员会，对图书馆实行行政、业务的双重领导"[2]。

相较而言，联大图书馆的管理体制得到了更加深入的建构和完善，无疑能提升整体运作效率，有助于各项工作的和谐开展。

---

① 《1938 年 10 月国立北平图书馆昆明办事处工作大纲》，北京图书馆业务研究委员会编：《北京图书馆馆史资料汇编（1909—1949）》，1079 页。

② 赵鸿辉：《西南联合大学的图书馆管理》，《云南师范大学学报》（哲社版）1988 年第 4 期，70 页。

（二）馆址所在

按照《长沙临大、国立北平图书馆合组办法》，临大图书馆馆址由临大方面提供，且平馆长沙办事处可以借地办公。

筹备之初，临大图书馆仅有两间教室作为阅览室。随后与校方协商后，将学校大礼堂改为阅览室，面积宽阔，光线充足，可同时容纳读者二百多人。之后又借用湖南建设厅国货陈列馆，作为第二阅览室，藏书以经济、财政、商业方面的西文书最为重要。在临大文史各系改在南岳授课后，又成立南岳图书分馆，其大阅览室可容纳百人。

1938 年 10 月，西南联大开学后，图书馆在云南省立农业职业学校设立总馆，并于拓东路设工院分馆。1939 年夏，联大图书馆搬迁至昆明大西门外，得馆址一所，"计大阅览室一座，书库一座，办公室四大间，期刊阅览室一间，期刊库一间。大阅览室可容六百余人同时阅读，书库可容图书五万册"①，规模粗具。而来昆明的平馆职员陆续增多，昆明办事处遂自觅办公地点，在柿花巷 22 号租赁房屋，自理馆务。

（三）馆员构成

临大图书馆三分之二的职员都来自平馆，"馆中职员十月间十七人，十一月间二十五人，十二月间三十三人，内中计北大四人，清华四人，南开一人，国货陈列馆二人，北平图书馆二十二人"②。可以说，平馆为临大业务工作的开展提供了最为重要的人员保障。

而搬迁至昆明后，情况有所变化。以下是 1938 年度供职于西南联大图书馆的工作人员名单③：

主　任	严文郁							
副主任	董明道							
馆　员	杨作平	刘中藩	马万里	沈晓春	李甫森	徐家璧	于自强	胡绍声
	于宝榘	陈汉标	茅宗藩	傅梅芳	郁泰然	沈仲章	王济沅	
助　理	高志澄	徐慧英	夏培芡					
书　记	何庆生	刘筠实	陈璋	钟淑蕙	何文圻	赵芹英		
试用书记	李希昭	张钰						
练习生	张鹏	刘礼	陈炳森	夏茂林				

① 《西南联大图书馆概况》，林丽生、杨立德：《国立西南联合大学史料》（六）《经费、校舍、设备卷》，287 页。

② 同上，281 页。

③ 《廿七年国立西南联合大学职员录》，王文俊：《国立西南联合大学史料》（四）《教职员卷》，67 页。

而《1938 年 10 月国立北平图书馆昆明办事处工作大纲》[①] 中，开列有 19 位工作人员的姓名：万斯年、张敬、毛宗荫、顾泽宪、莫余敏卿、余霭钮、余炳元、金永和、陈传惠、岳梓木、胡绍声、张树鹄、马万里、赵眢康、何国贵、徐家璧、于自强、余敏芝、邓衍林。与联大图书馆工作人员名单重合的仅有马万里、胡绍声、徐家璧、于自强 4 人。可见，在联大图书馆职员中，平馆馆员所占比例大为减少。

（四）图书来源

临大开办之初，图书资源极为匮乏，又限于经费未能大量采购图书，需要大量借用平馆、中央研究院历史语言研究所、湖南国货陈列馆图书室的图书。购买、借用之外，临大还积极呼吁社会各界捐赠书籍，并呼吁国际友人协助，向国外科研机构征求图书。相较而言，西南联大图书馆获取图书资源的渠道更为多样化。在临大原有方式之外，联大图书馆还加强与云南各高校之间的合作，实现图书资源馆际互借，而三校原有图书陆续运至昆明，也极大地丰富了联大馆藏。

从总体上来看，随着联大图书馆馆藏的日益增多，平馆图书资源在其中所占的比重自然减小。而不变的是：平馆的入藏书籍始终由临大、联大负责保管，并提供公开阅览。据《1940 年 1 月 18 日平馆昆明办事处呈教育部 1940 年工作计划及 1939 年馆务概况》[②]，昆明平馆书籍陈列地点如下：

联大文法学院	文科书籍及杂志
联大理学院	理科书籍及杂志
联大教育学院	教育学书籍及杂志
联大工学院	工科学书籍及杂志
北平研究院史学研究所	西南文献
中日战事史料征辑会	抗战史料

从各方面情况来看，平馆与西南联合大学图书馆在合作关系上不似临大时期密切，但这一前后变化非常容易理解。草创阶段，平馆作为强有力的后备力量，为长沙临大图书馆的成立提供了图书、人员、资金支持，功不可没。在南迁一事上，双方也有意继续合作，互相支持，携手共进，这成为日后西南联大图书馆发展壮大的基础。迁至昆明后，联大图书馆逐渐发展完备，在行政、业务等方面越来越独立，但始终和平馆保持良好的合作关系，这对于西南地区文化事业的发展极有裨益。再换一个角度而言，平馆与西南联大图书馆在合作程度上的变化，正说明双方在各自的馆务工作中都锐意进取，而非故步自封、停滞不前。即以平馆与西南联大的整体合作而言，参与图书馆建设是一部分，成立中日战事史料征辑会，搜集日本侵略中

---

① 《1938 年 10 月国立北平图书馆昆明办事处工作大纲》，北京图书馆业务研究委员会编：《北京图书馆馆史资料汇编（1909—1949）》，1079—1080 页。

② 《1940 年 1 月 18 日平馆昆明办事处呈教育部 1940 年工作计划及 1939 年馆务概况》，北京图书馆业务研究委员会编：《北京图书馆馆史资料汇编（1909—1949）》，705 页。

国的累累罪行也是不容轻视的一部分。

　　八年漫漫抗战路，平馆与长沙临时大学、西南联合大学相继合作，共渡难关。让双方排除万难、携手共进的是他们保存中华文化、延续华夏文明的使命感。也正是这种使命感，支撑中华民族度过了烽火连天的战争岁月，饱尝风霜却仍然能够傲立在这片广阔的土地上。

中日战事史料征辑会成立始末述略①

马学良

摘　要：通过相关文献调研并钩沉国家图书馆藏中日战事史料征辑会档案资料，分析中日战事史料征辑会成立的时代背景、机构合作背景和学术背景，揭示该会成立的原因，勾勒了中日战事史料征辑会成立的经过，阐述了中日战事史料征辑会的组织结构、工作机制及成果，从而全面揭示抗战时期国立北平图书馆与西南联大联合组成抗日文献专门搜集、整理机构——中日战事史料征辑会的生动过程，指出中日战事史料征辑会所从事的文献搜集、整理工作的贡献与意义。

关键词：抗日战争；中日战事史料征辑会；国立北平图书馆；西南联大

一、引言

中日战事史料征辑会（以下简称"史料征辑会"）是我馆在抗日战争全面爆发的特殊历史背景下，由时任副馆长袁同礼先生推动，与西南联合大学共同成立的临时组织。史料征辑会自 1939 年 1 月正式成立，至 1946 年解散，先后存在并持续工作了 8 年之久，征集、整理了大批抗日战争时期的文献资料，这些资料迄今大多仍保存在国家图书馆的书库中，并不断为相关学者的研究提供第一手资料。

近年来，随着学术界对民国史及民国学术史的研究不断加强，对于民国时期各类学术机构的研究，如清华国学院②、北大国学门③、历史语言研究所④、哈佛燕京学社引得编纂处⑤等学术型机构的研究也日益增多。但是，对于民国时期文献收藏机构及其文献收藏整理活动的研究，除了图书馆学领域部分学者从图书馆事业史的角度予以研究外，尚未引起学界的广泛关注和深入研究。

---

①　本文为"国家图书馆馆史资料征集、整理与研究"项目中"中日战事史料征辑会资料整理与研究"课题的阶段性成果。
②　朱洪斌：《清华国学院与民国新史学》，南开大学博士论文，2007 年。
③　陈以爱：《中国现代学术研究机构的兴起：以北大研究所国学门为中心的探讨》，江西教育出版社，2002年。
④　刁亚君：《北平研究院史学研究所初探》，华东师范大学硕士论文，2008 年。
⑤　马学良：《哈佛燕京学社汉学引得丛刊研究》，河北大学硕士论文，2007 年。

　　关于史料征辑会，学术界已有数篇相关研究成果。最早介绍史料征辑会的是国家图书馆戚志芬，1989 年戚先生撰写了《袁同礼先生与中日战事史料征辑会》[①] 一文，从总结袁同礼不遗余力为图书馆搜采文献的角度，介绍了史料征辑会的工作方式、主要参与人员、搜集资料范围及工作成效等。作为亲历者，戚志芬于 2011 年再次以回忆的方式撰写《战火中的抗日战争史料征集委员会》[②] 一文，专门向世人介绍史料征辑会的基本情况。由于两文均系同一作者撰写，文章内容大体一致。李晓明、李娟《袁同礼与中日战事史料征辑会》[③] 一文在简要介绍袁同礼先生发起史料征辑会的背景及史料征辑会的工作内容、成绩外，还论述了史料征辑会征集所得文献的概貌与价值，并列举了国家图书馆所藏中日战事史料征辑会部分代表性文献。此外，由于史料征辑会的发起人和主要负责人是袁同礼，而史料征辑会的工作又是袁同礼在抗战时期最突出的贡献之一，因此一些研究袁同礼的学术成果对史料征辑会也多有述及，如：段洁滨《袁同礼与国家图书馆抗战文献收藏》[④]、罗益群《抗战时期的袁同礼先生》[⑤]、袁静等《父亲袁同礼与北京图书馆》[⑥]、宋凤英《袁同礼与北京图书馆》[⑦]、王长宇《袁同礼先生对我国图书资源的保护与贡献》[⑧] 等文章，均在研究袁同礼先生的学术生涯及对图书馆事业的贡献时，注意到了抗战时期袁同礼组织史料征辑会这一历史事实。但是这些文章介绍本身属于对袁同礼的人物研究，史料征辑会仅是其一生中众多贡献之一，故多简略不详。

　　值此抗日战争胜利 70 周年之际，笔者不揣浅陋，以国立北平图书馆与西南联大联合成立的抗日文献专门收藏机构——中日战事史料征辑会为中心，对其成立背景、成立过程、组织机构、工作机制、工作目标、工作成效以及历史贡献等问题予以论析，以求揭示中日战事史料征辑会之全貌，并以此纪念我馆及当时学界同仁为抗日救国所付出的艰辛努力，缅怀他们在艰苦卓绝的环境中仍然不遗余力搜采文献、保护文献的宝贵精神。

---

①　戚志芬：《袁同礼先生与中日战事史料征辑会》，《北京图书馆通讯》1989 年第 1 期，58—62 页、70 页。

②　戚志芬：《战火中的抗日战争史料征集委员会》，《百年潮》2011 年第 3 期，75—77 页。

③　李晓明、李娟：《袁同礼与中日战事史料征辑会》，国家图书馆：《袁同礼纪念文集》，国家图书馆出版社，2012 年，135—144 页。

④　段洁滨：《袁同礼与国家图书馆抗战文献收藏》，《图书馆》2011 年第 2 期，133—135 页。

⑤　罗益群：《抗战时期的袁同礼先生》，《图书与情报》1996 年第 1 期，74—75 页。

⑥　袁静、袁澄、袁清：《父亲袁同礼与北京图书馆》，《北京观察》2003 年第 5 期，40—43 页。

⑦　宋凤英：《袁同礼与北京图书馆》，《文史月刊》2007 年第 3 期，29—31 页。

⑧　王长宇：《袁同礼先生对我国图书资源的保护与贡献》，《兰台世界》2014 年第 2 期，149—150 页。

二、中日战事史料征辑会成立的背景

（一）抗日战争爆发与馆务被迫南迁

1840 年，帝国主义列强用坚船利炮轰开了中国的大门。承载着华夏五千年文明的各类文物、艺术宝藏也随之吸引了侵略者的觊觎，伺机掠夺。1931 年，日军发动"九一八"事变，不到半年时间东北三省全部沦陷。1933 年年初，日军又开始进攻我国热河、古北口一带，华北局势日益恶化，"北平实际上已经成为一座危城，随时有可能惨遭日军荼毒"①。在这种时局环境下，文物安全成为重要的问题，国民政府决定令北平各文物单位甄选珍贵文物装箱南运。1933 年 1 月，北平图书馆委员会第八次会议决定馆藏"善本书籍应暂寄存于安全地点"②。1937 年 7 月 7 日，日本帝国主义发动卢沟桥事变，中国人民抗日战争全面爆发。同年 8 月，北平图书馆副馆长袁同礼深感"故都沦陷后环境恶劣，国立机关无法行使职权"③，在征得教育部许可后，带领部分馆员离开北平，南下长沙，并在长沙设立了办事处。1937 年 11 月，日军占领了上海，国民政府由南京迁往重庆，日军旋即攻克南京，长沙也多次遭到日军轰炸。随着战事发展，长沙已非安全之地，国立北平图书馆长沙办事处又再次南迁昆明。

中日战争爆发，馆务受到严重干扰，促成了抗日战事史料征辑会的成立。

（二）艰苦时局下的馆校合作

中日战事史料征辑会是由国立北平图书馆与西南联大联合创办的，这一合作并非偶然。在华北危急的情况下，一同南迁的除了北平图书馆，还有当时的平津各大高校。南迁过程中，北平图书馆与各高校之间一直保持着良好的合作。

国立北平图书馆与各高校的合作始于长沙时期。当时的国民政府为了抢救和保存中国文化教育的命脉，命令教育部下属的部分重要学校战时迁移。1937 年 9 月，一同南下的北京大学、清华大学和南开大学在长沙组建了长沙临时大学。图书资料是学校开展正常教学活动的必备之资，但是由于各个高校均是在万分紧急的情况下匆忙南迁，故"三校图书未及运出，人员亦多未能赶到"④。袁同礼到达长沙以后，了解到这种情况，决定与临时大学合作，筹设临时大学图书馆。1937 年 9 月 26 日，

① 李致忠主编：《中国国家图书馆馆史（1909—2009）》，国家图书馆出版社，2009 年，99 页。
② 同上。
③ 李致忠主编：《中国国家图书馆馆史资料长编（1909—2008）》，国家图书馆出版社，2009 年，276 页。
④ 严文郁：《抗战四年来之西南联合大学图书馆》，《中华图书馆协会会报》第 16 卷第 3、4 期合刊，1942 年第 2 期，4 页。

袁同礼致函在上海的馆长蔡元培，向他汇报了时情及在长沙设立北平图书馆办事处并与临时大学合组图书馆的想法，并征得了馆委会①与馆长蔡元培的同意。于是临时大学图书馆"在长沙各书肆购置中西之参考书籍，以应时需"②，同时，袁同礼还写信到北平，要求以馆方名义发文通知国外各有关单位，将原寄北平之书刊改寄长沙临时大学，保障了临时大学的教学、科研工作的正常开展。

由于战事不利，在长沙仅仅维持了一个学期的联合大学 1938 年年初已有继续南迁昆明的打算。临大为了得到北平图书馆的继续协助，鼓励该馆与其一同南迁，并决定负责该馆在湘人员赴滇费用及全部书刊的运输费用，图书馆的办事地点及同人住宿也均由临时大学负责解决。袁同礼得知临时大学准备迁往昆明的计划后，致函馆委会、中华教育文化基金董事会执委会成员孙洪芬，提出因"临大当局既决定迁往昆明，关于图书之充实，要求本馆继续予以协助"③，北平图书馆亦欲随同临大一同南迁的打算。同时，蒋梦麟、张伯苓、梅贻琦三位临时大学负责人也联名致信孙洪芬，希望临时大学前往云南后能够支持同北平图书馆继续合作，电云："前允平馆同人在湘服务，全校师生同甚感荷。兹敝校迁滇，务请继续协助。事关学术合作，即乞惠允，电覆。"④ 这一请求最终得到了基金董事会执委会的许可。

到达昆明以后，长沙临时大学奉教育部令改为国立西南联合大学，国立北平图书馆仍与该校继续合作，袁同礼先生还兼任了西南联合大学图书馆馆长。

北平图书馆、西南联合大学在长沙、昆明的这段合作，无疑为日后双方共同合组中日战事史料征辑会打下了坚实的基础。

（三）　抗战文献收集意识的觉醒

我国自古以来就是一个重视文献收藏与传承的国家，藏书文化历代赓续不断。但是中国传统的藏书文化是以官府藏书和私家藏书为基础的，所藏图书没有向社会公众服务的义务与责任。1840 年鸦片战争之后，中国的一批有识之士开始开眼看世界，意识到向西方学习先进的科学文化是治国救亡的良药，西学东渐之风遂盛。在这股学术思潮影响下，19 世纪末到 20 世纪初，一批具有西方近现代图书馆特征的新式图书馆在全国各地相继成立，中国近现代图书馆事业掀开了新的篇章。

伴随着图书馆事业的蓬勃发展，一批由西方来华人员和赴美攻读图书馆学回国的图书馆人在中国掀起了一场"新图书馆运动"。这场运动以 1910 年美国人韦棣华

---

① 1929 年，中华教育文化基金董事会所办的北平北海图书馆与国民政府教育部所属的国立北平图书馆合并，合并后新的国立北平图书馆在行政上仍然隶属教育部，但是财政上更多地得到中华教育文化基金董事会支持。馆委会就是依据国民政府教育部和中华教育文化基金董事会合组国立北平图书馆办法成立的，负责决定馆内重大决策。

② 严文郁：《抗战四年来之西南联合大学图书馆》，《中华图书馆协会会报》第 16 卷第 3、4 期合刊，1942 年第 2 期，4 页。

③ 北京图书馆业务研究委员会编：《北京图书馆馆史资料汇编（1909—1949）》，484 页。

④ 同上，527 页。

女士在武昌文华大学创办我国第一个美式图书馆——文华公书林为开端，宣传美国图书馆事业，倡导创办新式图书馆。在这场运动推动下，一批新式图书馆在全国普遍设立，奠定了 20 世纪中国图书馆事业发展的基础，而且还使美国图书馆公共、公开、平等、免费的公共图书馆理念、图书馆学理论以及分类编目思想在中国被广泛接受。在新图书馆运动推动下，各地图书馆为了满足读者需求，更好地为读者提供服务，对于文献收集的意识也空前提高，图书馆所关注的文献种类与文献范围逐步扩大。比如当时的国立北平图书馆，即便在战火纷飞、馆务四处播迁的窘迫环境下，依然通过出版物呈缴、采购、接受社会各界捐赠以及开展国际书刊交换等途径努力搜求入藏各类文献，并在馆藏文献不断增长的基础上广泛开展图书借阅、展览以及参考咨询服务，使时处逆境的图书馆业务获得了全面发展①。

1938 年 3 月 23 日，蒋复璁领导的国立中央图书馆开始明确提出"集中抗战史料"，并致函全国各地征求包含抗战剧团出版品、政府对国内外之宣传品、各通讯社新闻稿、四川省各行政督察专员公署刊物、回藏文出版物、银行出版物、全国各书店图书目录、各机关职员录以及各国在华团体名称及出版物等九个方面的文献资料；同年 10 月 25 日，该馆因收集到的抗战文献太多，按照传统分类法仅能列于一目之下，还专门订立了"抗战文献分类详表"，凡细分类目 600 余条；1939 年 5 月 8 日，中央图书馆编制了《抗战期刊索引》，收集抗战期间杂志、公报中的参考资料 138 种②。

除了国家层面对抗战文献的关注，一些社会团体、学者也对国家前途与命运投注了极大热情，纷纷以不同方式为伟大的抗日战争贡献力量。如后来成为抗日战事史料征辑会成员之一的北大历史系教授姚从吾在抗战开始不久，就"以一个史家的责任感，提出《卢沟桥事变以来中日战争史料搜集计划书》"③。

三、中日战事史料征辑会的成立过程与组织构成

日本发动的侵华战争和中华民族的奋起反抗，成为 20 世纪三四十年代最为显著的时代特征。以袁同礼等人为首的一批学者认识到中国正处于一个缔造历史的关键时期，深感"此次对日抗战，为前古未有而意义重大之民族战争，又为我国救亡图存之关键。惟历史陈迹，最易泯没，其资料苟不加搜集，转瞬即逝。如甲午之役、淞沪之战，现存史料寥寥无多，即由于当时未加注意"④。正是这种深切的时

---

① 李致忠主编：《中国国家图书馆史（1909—2009）》，73—133 页。
② 章以鼎：《"国立中央图书馆"六十年大事记初稿（1933—1992）》，台北"国立中央图书馆"，1993 年，10—13 页。
③ 王晴佳：《学潮与教授：抗战前后政治与学术互动的一个考察》，《历史研究》2005 年第 4 期，25—48 页。
④ 李致忠主编：《中国国家图书馆馆史资料长编（1909—2008）》，326 页。

代担当精神，直接促成了中日战事史料征辑会的成立。

（一）中日战事史料征辑会的成立过程

从现有资料来看，中日战事史料征辑会的成立经历了一个从酝酿到正式成立，从局部地区收集到广泛征集抗战史料的过程。

1. 国立北平图书馆先期对抗战史料的收集

抗日战争爆发后不久，国立北平图书馆就已经开始关注抗战文献的收集工作。1938 年，国立北平图书馆通过上海办事处开始收集沦陷区图书资料。据国家图书馆馆藏档案资料显示，1938 年 11 月至 12 月间，上海办事处数次致函袁同礼汇报抗战文献搜集工作，可见搜集抗战文献在彼时已经成为上海办事处的重点工作[①]。在通过本馆上海办事处进行抗战文献搜集工作的同时，北平图书馆还借助其他社会团体广泛开展这一工作，如战时征集图书委员会就曾协助该馆收集抗战史料[②]。这说明，袁同礼领导下的北平图书馆至迟在 1938 年 11 月就已经意识到收集抗战史料的重要性，并切实付诸行动，开始了部分抗战史料的收集工作。

2. 中日战事史料征辑会的酝酿与成立

根据国家图书馆馆藏档案资料来看，在中日战事史料征辑会正式成立之前，袁同礼对成立该会已经进行了反复酝酿并提出了相对成熟的方案。1938 年 12 月 10 日，西南联大负责人蒋梦麟、梅贻琦、张伯苓联名给袁同礼的回信称：

> 守和先生惠鉴：
> 　　项由寿民先生转来大函，并征辑中日战事史料办法一份，均敬悉。关于征辑中日战事史料事宜，本校愿与贵馆合作。征辑范围之划分其属于中日文之资料，拟由本校图书馆担任，属于欧美方面之资料，由贵馆担任。将来整理工作，则由本校历史社会学系按照姚从吾先生所拟计划负责办理。至征辑委员会之组织，俟将来有需要时再行设立。所陈各点如荷同意，即希赐复，俾便早日开始工作为感。

从这封复函我们可以看出：第一，国立北平图书馆副馆长袁同礼是史料征辑会的主要倡导者与推动者；第二，在正式成立之前，袁同礼已经对成立史料征辑会进行了周密思考，并拟就了具有可操作性的"史料征辑办法"；第三，西南联大同意就此事与北平图书馆合作。

关于成立中日战事史料征辑会的提议得到西南联大方面的认可后，1938 年 12 月 30 日下午，傅斯年、顾颉刚、刘崇鋐、姚从吾、袁同礼等人在北平图书馆昆明办事处召开了关于中日战事史料征辑会的第一次会议，会议推定由袁同礼为主席，

---

① 北京图书馆业务研究委员会编：《北京图书馆史资料汇编（1909—1949）》，644—654 页。
② 李致忠主编：《中国国家图书馆百年纪事（1909—2009）》，国家图书馆出版社，2009 年，29 页。

冯友兰为副主席，会议还讨论了经费、资料征集、保存及编纂问题。这标志着史料征辑会的正式成立。

（二）中日战事史料征辑会的组织机构

为了保障史料征辑会的工作开展，按照袁同礼最初的计划，是要成立一个"中日战事史料征辑会委员会"，蒋复璁等人最初的意见否定了这一建议。但是，为了便于开展工作，中日战事史料征辑会第一次会议后，还是确立了委员会的组织结构，即由袁同礼出任史料征辑会主席，冯友兰为副主席，姚从吾为总编辑，刘崇鋐为副总编辑，钱端升、傅斯年、陈寅恪、顾颉刚为委员①。

1939 年 2 月 15 日，史料征辑会再次在北平图书馆昆明办事处召开第二次会议，会议决议增加蒋廷黻为名誉委员，并对史料征辑会的工作进行了分工：姚从吾为总编纂，刘崇鋐为副编纂，郑天挺、钱穆为中文编辑，蔡文侯、雷海宗为英文编辑，皮名举为德文编辑，叶公超为意文编辑，王信忠、傅恩龄为日文编辑，吴达元、邵循正为法文编辑，刘泽荣为俄文编辑。

随着工作的陆续开展，史料征辑会的成员也有所增加，后来增加的工作人员有：张敬兼任史料征辑委员会文书，岳梓本兼任庶务，颜泽霆为干事并负责西文采访及西文资料整理工作，万斯年负责中文采访，郑逢源负责中文资料整理，王育伊兼任中文资料整理工作，高亚伟负责中文战争书籍提要，赵芳瑛负责中文杂志索引，周正福负责中文剪报，刘金宝负责西文资料整理，王原真负责西文杂志索引，强一恒负责打字工作。原国家图书馆参考咨询部研究馆员戚志芬先生也曾经在中日战事史料征辑会工作 3 年②。

由于战时人员往来变换频繁，史料征辑会委员会的构成人员也有所变动，如 1947 年《中日战事史料征辑会致教育部呈文》后附有一份当时该会委员名单，分别为：国立北平图书馆馆长袁同礼、国立北京大学校长胡适、国立清华大学校长梅贻琦、国立南开大学校长张伯苓、国立河南大学校长姚从吾③。

四、中日战事史料征辑会的工作目标与机制

中日战事史料征辑会存在的短短七八年时间内，征集、整理了大量抗战文献，这与其自成立伊始即制订了明确的工作目标与工作机制不无关系。

---

① 李致忠主编：《中国国家图书馆百年纪事（1909—2009）》，29 页。
② 戚志芬：《袁同礼先生与中日战事史料征辑会》，《北京图书馆通讯》1989 年第 1 期，58—62 页、70 页。
③ 国家图书馆档案。

（一）工作目标

史料征辑会的成立就是为了征集、整理抗战相关的文献，这也是该会的唯一工作目标，因此，该会召开的第一次会议就讨论了文献征集的范围、保存方式和编纂方法。

资料征集的范围有三：一是中日问题资料应在可能范围内自"九一八"事变起搜集。二是沦陷区域应设专人负责搜集各种有关资料，资料暂在香港、上海、北平的图书馆办事处保存。三是西南、西北各地应委托专人负责搜集军事、政治、通讯及其他各种有关资料，其中，军事方面，重庆行营《战地周报》应函请代保留一份，俟时局平定再行领取；政治方面，中央宣传机关、参政会会议记录均在搜集之列；通讯方面，包括伤兵医院情形、伤兵访问记、沦陷区内友朋通讯等；个人日记及演讲稿也在收集之列。

为了妥善处理征集所得文献，史料征辑会还专门规定了资料保存办法，即中文书报应购置双份，保存一份并设法觅安全地点保存。

编纂工作按照北平图书馆与西南联大的分工，由西南联大负责，具体而言则主要由姚从吾先生负责，并每日记载大事日历。

为了保障上述工作目标的落实，史料征辑会还每年制订年度工作计划，详细规定史料征辑会年度内文献征集工作的重点、整理及编辑计划、出版计划等内容。

（二）工作机制

史料征辑会是北平图书馆与西南联大合组而成的，委员会是其领导机关，凡史料征辑会内部人员分工、经费预算、文献征求范围、工作计划等均由委员会讨论决定。

就史料征辑会的日常工作而言，则完全按照北平图书馆与西南联大的约定，北平图书馆主要负责资料征集工作，而西南联大师生负责资料整理工作。

（三）工作成效

按照戚志芬先生的说法，史料征辑会自 1939 年 1 月 1 日成立，1946 年 5 月 4 日随着西南联大的解散而告终①。馆藏档案中有一件 1947 年 11 月 18 日《中日战事史料征辑会致教育部的呈文（发文第 199 号）》。《呈文》称："拟即继续进行，期以五年，愿藏厥事。兹恳大部自卅六年十月起，仍准继续原案，按月拨给专款"②。可见征辑会并非随着西南联大的解散而终止。该《呈文》后还附有一份《中日战事史料征辑会概况》，详述了史料征辑会的成立经过、资料收集情况。据《概况》统计，截至 1947 年 6 月，史料征辑会共收集中文图书 6435 种 8389 册，西文图书

---

① 戚志芬：《袁同礼先生与中日战事史料征辑会》，《北京图书馆通讯》1989 年第 1 期，58—62 页、70 页。
② 国家图书馆档案。

111 种 118 册，日文图书 2132 种 2411 册；收集中文期刊 1892 种 12738 册，日文期刊 65 种 2683 册，画报 40 种 864 册（其中日文 17 种 306 册），零星刊物 1103 册；收集中文日报 317 种，日文图书 11 种；收集地图 78 帧、照片 683 页、壁画 41 幅；另外还收集有档案、手册、宣传品、零星文件、纪念物等共计 748 件。这些还不是史料征辑会收集文献的全部，据《概况》称，还有部分后方收集的文献尚未运到，以及北平图书馆移赠未编目者。可见，中日战事史料征辑会在 1939 年至 1947 年这 9 年间，工作成效是十分可观的。

　　1947 年 7 月，昆明暂存的史料征辑会征集到的抗战文献运回北平，存放于北海之静心斋，并于 1948 年 5 月 16 日在静心斋举办了"抗战史料展览"，以向世人展示史料征辑会的卓越成果①。迄今，这些文献大多仍保存在国家图书馆的书库中。

五、结束语

　　中日战事史料征辑会是在极其特殊的历史背景下，由国家图书馆的前身——国立北平图书馆与西南联大合组的专门的抗战文献收集机构。史料征辑会自成立伊始，就获得了以袁同礼为首的图书馆人以及教育战线的专家、学者的支持，充分体现了图书馆人和教育工作者面对民族危难时的担当精神和拳拳爱国之心。值此中国人民抗日战争暨世界人民反法西斯战争胜利 70 周年之际，回顾中日战事史料征辑会的成立过程与成绩，既是对图书馆先贤的深切缅怀，也是对图书馆人与国家同呼吸、共命运的讴歌。中日战事史料征辑会成员所体现出的强烈的文献收集整理意识，值得我们永远学习与铭记。

---

① 李致忠主编：《中国国家图书馆百年纪事（1909—2009）》，37 页。

中日战事史料征辑会与云南地方政府①

高柯立

摘　要：中日战事史料征辑会是抗战时期国立北平图书馆与国立西南联合大学在昆明合组成立的学术机构，主要从事中日战事史料征集、保存，取得了令人瞩目的成就。本文主要根据云南省档案馆新发现档案，对中日战事史料征辑会成立后与云南省地方政府之间的关系进行了初步的考察。根据档案所提供的信息，可以了解中日战事史料征辑会曾向云南省地方政府征集相关史料，在向湖南省政府征集史料的过程中也得到了云南省政府的协助和沟通，征辑会征集所得史料也得到云南省政府的重视，并发布布告加以保护。上述信息可以进一步细化对征辑会的研究，弥补此前研究和资料上的不足。

关键词：中日战事史料征辑会；国立北平图书馆；云南省政府；抗战史料

中日战事史料征辑会（简称“征辑会”）是 1939 年 1 月由国立北平图书馆（今国家图书馆）与国立西南联合大学合组成立的机构，致力于征集、保存中日战事史料。北平图书馆负责史料的征集，并派人参加史料的编辑，西南联大派教授指导征辑会的活动，并负责史料的编辑。关于征辑会的成立和运作，已有多篇文章加以论述②。征辑会的办公场所设在昆明市大西门外地坛，在地域上属于云南省管辖范围。昆明也是征辑会开展征集和编辑活动的中心，因此征辑会的发展离不开云南省地方政府的支持。虽然研究者都曾言及昆明、重庆是征辑会征集大后方史料的中心，但对于征辑会在昆明的具体活动，尤其是与云南省地方政府的关系，语焉不详。本文根据新发现云南省档案馆所藏档案对此问题进行初步的考察，揭示新资料，以推动研究的深入。

---

① 本文为“国家图书馆馆史资料征集、整理与研究”项目中“中日战事史料征辑会资料整理与研究”课题的阶段性成果。

② 本刊资料组：《抗日史料征辑工作拾零》，《图书馆学通讯》1982 年第 3 期；本刊资料组：《在周恩来林祖涵同志关怀下原国立北平图书馆入藏中国共产党早期出版的书刊文献纪实》，《图书馆学通讯》1981 年第 3 期；戚志芬：《袁同礼先生与中日战事史料征辑会》，《北京图书馆通讯》1989 年第 1 期；段洁滨：《袁同礼与国家图书馆抗战文献收藏》，《图书馆》2011 年第 2 期。

一、征辑会向云南地方政府征集史料

云南省档案馆藏有一件云南省建设厅给中日战事史料征辑会的复函拟稿①，据此件档案可以了解征辑会曾向该厅征集过史料。函稿题为《函复中日战事史料征（集）［辑］会本厅刊物无从检寄》，内容如下：

> 径复者：案准
> 贵会五月二日函，以现正大规模征集抗战建国史料，嘱将本厅出版之有关建设刊物检送，以便参考等由。准此查敝厅前曾出版《建设月刊》一种，现（目经□□□）［已］停印，旧存者亦为各方索取分赠无存，是以无从奉赠，□
> 命之处，尚冀
> 鉴原是荷！此致
>
> 　　　　　　　　　　　　　　中日战事史料征（集）［辑］会
> 　　　　　　　　　　　　　　　　盖厅章，启
> 　　　　　　　　　　　　　　　　五月　　日②

此复函拟稿的年份待考。云南省建设厅收到征辑会5月2日的征集函，当月即回函，又根据其拟稿的核稿（5月10日）、覆核（5月17日、19日）时间，可以知道建设厅反馈比较迅速。根据其复函，可以了解征辑会向云南省建设厅征集的"抗战建国史料"是该厅的建设刊物，而该厅虽曾出版过《建设月刊》1种，但由于已经停印，亦无存刊，因此复函向征辑会解释。即使建设厅最终没有检寄刊物给征辑会，但对于征辑会的征集活动给予了即时配合。

此外，还有一件云南省民政厅文件《为国立北平图书馆昆明办事处致函云南省民政厅征集抗战资料》③，其中附有国立北平图书馆昆明办事处给云南省民政厅的函，内容如下：

> 径启者，敝处顷受纽约华美协进社之委托，嘱向贵厅征求最近刊物，藉以推动中美两国之文化事业，查该社系中华教育文化基金董事会所设立，为国宣传勋绩颇多，兹当我邦抗战剧烈时，该亟须参考资料以应彼邦之需求，用特耑函，奉恳祈将
> 尊处刊物检赠全份，按期付邮，直接寄美，或由敝处转。无任感祷，至希

---

① 云南省档案馆档案44—3—411—52。
② 后有方印"云南省建设厅印"。加括弧为删去的文字，加［］为增补的文字。
③ 云南省档案馆档案1011—001—00986—002。

查照办理见覆是荷，此致

云南省政府民政厅

国立北平图书馆昆明办事处启

二月廿二日

华美协进社地址（英文，略）

民政厅的初步处理意见是"呈阅后送请各科检交汇齐，直接寄美"，最后处理意见是"刊物分量必重，径直寄美，邮费似多，来函既有'或由敝处转'之言，交处转寄，较为省便"。据此，北平图书馆昆明办事处曾受纽约华美协进社（中华教育文化基金董事会所设立之机构）委托，向云南省民政厅征集其刊物，目的是为了"推动中美两国之文化事业"。此举得到了云南省民政厅的积极响应，但出于经费的考虑，其所检赠的刊物最后是由北平图书馆昆明办事处转寄美国的。这虽然不是征辑会所为，但由于与征集抗战资料有关，且由北平图书馆昆明办事处联络施行，与云南省民政厅有关，故在此一并述及，以备参照。

二、云南地方政府对征辑会征集所得抗战史料的保护

云南省档案馆有一卷档案，包括了四份文件①，反映了国立北平图书馆为了保护征辑会征集所得抗战史料，寻求云南省政府的支持，得到了云南省政府的积极反应。下面根据这四份文件，对这一过程加以复原。

（一）国立北平图书馆函请滇黔绥靖公署保护图籍

1940 年 11 月 15 日，国立北平图书馆给滇黔绥靖公署发函②：

> 径启者，敝馆自迁滇办公以来，所有收藏中外图籍种类甚多，并与国立西南联合大学合组中日战事史料征辑会，所藏抗战史料尤为重要，近以时局紧张，业将此项史料运往东门外陶园村起凤庵保存，而该史料征辑会尚有一部分图籍仍存大西门外地坛，以上两处均在郊外，值此疏散期内，每有占据或借用情事，应付颇感困难。素仰
> 贵公署赞助文化事业，拟请
> 准予保护，颁发布告两份（一贴起凤庵，一贴地坛），俾便分别张悬，以昭郑重，而策安全，无任感祷之至，即希
> 查照办理见覆为荷。此致

---

①　云南省档案馆档案 106—5—1768—9。

②　此函附在《准国立北平图书馆函，以迁滇以来收获图籍抗战史料疏散起凤庵及地坛，请准予保护，颁发布告张贴各情由》之后。

　　　滇黔绥靖公署

　　　　　　　　　　　国立北平图书馆谨启，十一月十五日

　　据此函，北平图书馆（昆明办事处）是为了保护所收藏图籍而请求滇黔绥靖公署发给告示，用来张贴，以地方政府的名义来保护图籍。这些图籍既有平馆自身收藏的图籍，也有征辑会所征集的抗战史料，平馆在函中特别强调所收藏图籍中征辑会征集的抗战史料"尤为重要"。同时，我们可以了解到征辑会所征集的抗战史料除了保存在昆明大西门外地坛外，1940 年因为战事紧张（日机轰炸），曾转移到昆明市东门外的陶园村起凤庵保存。此函是以平馆的名义发给滇黔绥靖公署的，所用纸张亦为"国立北平图书馆用笺"，则征辑会的对外交涉有时是由平馆来承担的。

（二）云南省的反应

　　滇黔绥靖公署秘书处收到平馆的函后，拟批云："查事关请求保护文献，拟呈阅后送请省政府核办。"时间是 11 月 18 日，此批文钤有"滇黔绥靖主任"印。此批件后转到云南省政府，时间是 11 月 23 日①。云南省政府秘书处收到该件后，11 月 26 日经秘书长拟批"查所请求系保护文献，应予照准，拟请会绥署衔颁发布告张贴，当否，祈钧核！"（钤有方印"云南省政府秘书长"），这一拟批得到了省主席龙云的批准（批文上钤有方印"龙云"）②。27 日，云南省秘书处拟定了平馆所需布告以及给平馆的复函，12 月 6 日发出③。给平馆的复函（稿件④）如下：

　　　会衔⑤公函　秘教字第　号
　　　　案准
　　贵馆十一月十五日函，为保护史料，请颁发布告两份，张贴起凤庵及地坛等由，□应照办，相应□□□□颁发张贴□□□希
　　查□□□□□此致
　　国立北平图书馆
　　□□布告二□

　　此公函稿上钤有长方印"滇黔绥靖主任关防"、方印"云南省政府印"。该函

---

　　① 《准国立北平图书馆函，以迁滇以来收获图籍抗战史料疏散起凤庵及地坛，请准予保护，颁发布告张贴各情由》。此件后有收文印章，云"秘书处第三科 29 年十一月廿三日收到，戊字第 900 号"。此收文印章应是云南省政府秘书处的收文印章，而不是滇黔绥靖公署秘书处的收文印章。

　　② 《准绥署签送国立北平图书馆函，以迁滇办事以来，收获图籍、抗建史料疏散起凤庵及地坛，请准予保护，颁发布告张贴各情一案由》。

　　③ 《请发布告张贴以保护文献一案照准函复并发布告由》。该件秘书处"拟稿""核签"均为 27 日，"对发"是（12 月）6 日。又根据"送请绥署会核"，则此件还经过滇黔绥靖公署审核。该件"龙主席"一览下钤有"滇黔绥靖主任""云南省政府委员会"两方印。

　　④ 此为拟稿，有涂改。部分文字因为印章覆盖无法释读。

　　⑤ 按指滇黔绥靖公署与云南省政府同时署名。

稿后附有两张布告，内容有不少差异，且都是稿件，有涂改痕迹。其一：

分缮两张
滇黔绥靖公署、云南省政府布告
照得起凤庵址、地坛屋宇业经指定分明拨借北平图书馆收存典籍图经，其中抗战史料搜集颇费经营，亟应妥为保护，关系文献非轻，无论任何机关以及团体私人，严禁于此庵□内擅自侵占等情，倘敢故意违令，定□拿案严惩，所有军民人等，其□一体懔遵。
此布

主任（席）龙
民国廿九年十二月

此布告钤有长方印"滇黔绥靖主任关防"、方印"云南省政府印"。其二：

分缮两张
滇黔绥靖公署、云南省政府布告
为布告事，查起凤庵、地坛（殿）[屋] 宇业经 [指定为] 中日战事史料征辑会（借为）会址，内存抗战史料及重要图籍，关系文献，甚为重要，亟应保护，（避免损失，所有军警学□）[不论何□] 机关团体（非经允许），不得（借）[擅自侵入占] 住，（如有不肖之徒擅自侵入占住，致损图籍者）[倘敢故违]，定即严究不贷！合行布告，仰各懔遵。
此布。

主任（席）　龙
中华民国廿九年十一月　日①

第二张布告稿涂改颇多，且无印章，当为初稿。第一张布告稿涂改较少，且有印章，应为最后定稿。第一张布告中明确说，"起凤庵、地坛屋宇"是中日战事史料征辑会会址所在地，"内存抗战史料及重要图籍"，而完全没有涉及"国立北平图书馆"。第二张布告中则相反，指出"起凤庵址、地坛屋宇"是"业经指定分明拨借北平图书馆"，又言"其中抗战史料搜集颇费经营，亟应妥为保护"，而没有提及"中日战事史料征辑会"。为何有这两张布告的差异，还有待进一步的考证。

平馆12月7日收到云南省政府秘书处12月6日发给的函，即回函致谢②。其函云：

径覆者，接奉十二月六日秘教字第八三〇号

---

① 此布告为稿本，有涂改，加括弧的部分是删去的文字，加 [ ] 的部分是增补的文字。"□"为无法识别的文字。

② 《国立北平图书馆函谢颁发布告两份由》。

大函，并承颁发会衔布告两份，祇领之余，无任铭感，除由敝馆分别张贴起凤庵及地坛外，谨此申谢，即希

查照为荷，此致
云南省政府

国立北平图书馆谨启，十二月七日

此函云南省政府秘书处 12 月 11 日收悉。在函中，平馆言及收到云南省政府 12 月 6 日函，以及布告两份，并说"由敝馆分别张贴起凤庵及地坛"，据此，平馆所张贴的布告应是上述第一张布告，否则就名不正言不顺了。

通过上述国立北平图书馆（昆明办事处）与云南省政府（滇黔绥靖公署）之间的公文往来过程，可以了解到，因为时局紧张（轰炸的威胁），中日战事史料征辑会所征集的抗战史料被迫疏散，且由于当时亦存在军警等势力侵占借用屋宇的情形，因此经由国立北平图书馆函请云南省政府（滇黔绥靖公署）加以保护，并颁发布告，意图依靠政府和军队（滇黔绥靖公署具有军队色彩）的威慑力来保护图籍。

三、云南省政府为征辑会的征集活动提供协调、帮助

云南省档案馆还藏有一组档案，内容是云南省政府与湖南省政府、征辑会往来的函件，与征辑会的征集活动密切相关，是考察征辑会在各地征集抗战史料过程的重要资料，同时也为考察征辑会与云南省政府关系提供了有力的史料。

1941 年 4 月 29 日，湖南省政府秘书处致函云南省政府秘书处，请求查明中日战事史料征辑会组织内容①。函文如下：

案准中日战事史料征辑会函嘱寄赠本府公报藉资参考等由，查该会通讯处为昆明大西门外地坛，其组织内容如何，本处无从探悉，相应函请

贵处查明见覆，以凭核赠为荷！
此致
云南省政府秘书处

湖南省政府秘书处启

四月廿九日

根据此函，征辑会曾发函向湖南省政府征集省政府的公报，但湖南省政府并不了解征辑会的背景和组织情况，故根据征辑会的征集函所留通讯地址，请其所在地方政府云南省政府查明征辑会的组织内容。云南省政府收到该函的时间是 5 月 14

---

① 《为请查明中日战事史料征辑委员会组织内容事给示云南省秘书处的函》，云南省档案馆档案 1058—001—00119—0144.

日，秘书处的初步处理意见是"拟函该会查复，再凭核转，乞秘书长核示"。

5月19日，云南省政府秘书处致函中日战事史料征辑会，请其开示该会组织内容①。该函内容如下：

> 准《湖南省政府秘书处函请查复中日战事史料征辑会组织内容一案，转请查填由》
> 案准
> 湖南省政府秘书处四月廿九日函，开
> 案准中日云云，嘱荷！
> 等由，准此。查
> 贵会组织内容如何，敝处无处可稽，准函前由，相应函达，即希
> 查照，将贵会组织内容开示，以便转寄属荷！
> 此致
> 中日战事史料征辑会

此为函稿，所以湖南省政府秘书处的函只是节略，正式的函应该要照录全文。据此函，此前云南省政府并不了解征辑会的相关情形。征辑会收到云南省政府的函，5月24日回函，函文如下：

> 径覆者：顷准
> 贵处函询敝会组织内容如何，以便函覆湖南省政府秘书处等由。准此，查敝会系国立西南联合大学及国立北平图书馆合组而成，业已函告，敝会纯为学术研究机构。至本会组织内容，设正副主席各一人，主席为北平图书馆馆长袁同礼，副主席为联大文学院院长冯友兰，下设委员会及若干工作人员，委员会由联大历史系及有关各系教授兼，聘国内历史专家组成负责编辑事宜，至工作人员乃助理各委员工作者。经费一项由两机构分担，至工作计划及情形，出有专刊报告，兹检送计划书及集刊各一份，即希
> 查照，并转知湖南省政府秘书处为荷。此致
> 云南省政府秘书处
>
> （长方印"中日战事史料征辑会"）启
> 中华民国三十年五月廿四日

征辑会在复函中详细介绍了该会的成立背景和组织、人员，自称"纯为学术研究机构"。此函用"中日战事史料征辑会用笺"写成，并有"中日战事史料征辑会"的方形印章。从征辑会向湖南省政府发出征集函和给云南省政府的复函来看，征辑会是比较独立的机构，即其日常活动并不以国立北平图书馆或国立西南联大的

---

① 《为请开示组织内容事给中日战事史料征辑会的函》，云南省档案馆档案 1058—001—00119—0143。

名义来进行。云南省政府秘书处于 6 月 4 日收到该函，拟办意见是"查此案前准湖南省政府秘书处函请调查过（？）处，当经函达该会查复去后，兹准复前由，拟即函转湖南省政府秘书处查照！当否？乞示，谨签秘书长袁"①。云南省政府秘书处根据征辑会的复函，拟定了给湖南省政府的回函，其函稿如下：

> 笺函　秘统字第　号
> 　　案查前准
> 贵处四月廿九日函，嘱查明中日战事史料征辑会组织内容，以便核赠公报等由，准此，当经函（该会查复去后，兹）准该会五月廿四日函开：
> 　　查敝会录函云云为荷
> 等由。准此，相应检同原计划书及集刊各一份，复请
> 查照为荷
> 　　此致
> 湖南省政府秘书处
> 　　附：中日战事史料征辑会集刊一册、卢沟桥事变以来中日战事史料搜辑计划书一册
>
> 　　　　　　　　　　　　　　　（处章）启　六月　日

该函是 6 月 9 日发出的②。该函还附有征辑会检送的《中日战事史料征辑会集刊》一册和《卢沟桥事变以来中日战事史料搜辑计划书》一册。

通过上述新发现的云南省档案馆档案，本文对抗战时期中日战事史料征辑会与云南省地方政府的关系进行了初步考察。上述档案不但为考察征辑会的具体征集活动提供了一手资料，即征辑会直接发函给地方政府征集其公报、刊物（如云南省建设厅、湖南省政府），还为考察征辑会与该会所在地云南省政府的关系提供了契机，征辑会的征集活动和史料保存都离不开云南省政府的支持。从中还可以发现平馆（昆明办事处）与征辑会之间的微妙关系，二者彼此帮衬，有时平馆替征辑会出面与云南省政府交涉申请保护的事宜（这里面也包含了借重征辑会征集抗战史料"尤为重要"的意味），但在征辑会征集史料以及向云南省政府、湖南省政府交代组织内容时，又是以独立机构的面貌出现，强调自身"纯为学术研究机构"。

参考文献：

[1] 本刊资料组：《在周恩来林祖涵同志关怀下原国立北平图书馆入藏中国共产党早期出版的书刊文献纪实》，《图书馆学通讯》1981 年第 3 期。

[2] 本刊资料组：《抗日史料征辑工作拾零》，《图书馆学通讯》1982 年第 3 期。

[3] 戚志芬：《袁同礼先生与中日战事史料征辑会》，《北京图书馆通讯》1989 年第 1 期。

---

① 《中日战事史料征辑委员会函复该会组织内容，并检送计划书及集刊各一份，嘱转知湖南省政府秘书处等由》，云南省档案馆档案 58—1—119—132。钤有方印"云南省政府秘书长"。

② 《函复调查中日战事史料征辑会组织内容由》，云南省档案馆档案 58—1—119—132。

［4］段洁滨：《袁同礼与国家图书馆抗战文献收藏》，《图书馆》2011 年第 2 期。

［5］李晓明、李娟：《袁同礼与中日战事史料征辑会》，国家图书馆编：《袁同礼纪念文集》，国家图书馆出版社，2012 年。

中央图书馆的成立与国立北平图书馆的困境及其纾解

——以抗战为中心①

刘　鹏

摘　要： 自 1933 年中央图书馆筹备处在国民政府的大力扶持下成立以来，伴随着民族危机的日趋严重与战时的特殊环境，国立北平图书馆逐渐在政策、经费、馆务诸方面陷入巨大的困境。面对困境，以袁同礼先生为代表的馆内同仁，殚精竭虑，百计解难，在维护平馆、发展平馆的过程中，展现了勇毅的品格和卓越的才干，并部分纾解了平馆的困境。

关键词： 中央图书馆；北平图书馆；困境；纾解；袁同礼

1929 年 8 月 31 日，南京国民政府教育部直属国立北平图书馆（原京师图书馆）与中华教育文化基金董事会（下称"中基会"）所办北平北海图书馆正式合组，仍称国立北平图书馆（下多省称"平馆"），以蔡元培、袁同礼为正副馆长。经费充足的平馆在主持馆务的袁同礼先生率领下，迅速走上了更符合现代图书馆理念的全新发展道路。1931 年 6 月 25 日，平馆在北海之畔壮美的文津街新馆举行了盛大的落成典礼，自此告别 20 余年"馆无定所"的尴尬局面，馆内外同仁均对平馆的未来充满信心。事实上，直至 1937 年北平沦陷，虽然国内危机日深，但平馆在人才培养、馆藏建设、学术研究、社会影响诸方面，都呈现欣欣向荣之象②。此一阶段，可说是馆史上前所未有的黄金时期。

　　然而，在外敌入侵、国土沦丧的大背景之下，事业发展的"天时"因素既失，国立北平图书馆也逐渐陷入了诸般困境。其中善本被迫南运、馆务南迁风波、日伪窃踞平馆等重要事件，时贤多有论列，不必赘言。然而学界较少关注，却是当时图书馆界一件大事且尤与平馆息息相关的，则是中央图书馆（下多省称"央图"）的成立与壮大。在战时特殊的环境下，"国家馆"（旧京师图书馆）与"地方馆"（北平图书馆）角色的易位，使平馆的发展遇到了前所未有的挑战，对平馆的"馆

---

　　①　本文为"国家图书馆馆史资料征集、整理与研究"项目中"中日战事史料征辑会资料整理与研究"课题的阶段性成果。

②　李致忠主编：《中国国家图书馆馆史（1909—2009）》，61—102 页。

运"也产生了重大负面影响。而平馆在困境之中，多方谋求纾解之道，也充分体现了以袁同礼先生为代表的馆内同仁勇毅的品格与卓越的才干。

一、国都南迁——平馆"国家图书馆"地位的丧失

央图与平馆的兴衰消长，与时局和国运紧密相连。而形成两馆"恩怨"的契机，则是 1928 年后的国都南迁。

一国之政治、文化中心，恒在其首都。故具有"国家"或"中央"性质的国立图书馆，亦必在首都，此中外之通例。在清末和北洋政府时代，平馆的前身京师图书馆，虽未冠"国家"或"中央"之名，然其或接收内阁大库、文津阁《四库全书》等中央、皇家藏书，或由教育部次长兼任馆长，或由教育部通令各省征取志书、拓片，并且已自 1916 年开始承担"接受出版品呈缴"的职能，虽然馆舍屡迁，经费恒缺，但实际上就是当时的"国家（中央）图书馆"。

然而，1928 年国内政局发生剧变。6 月，南京国民政府所属北伐军入京，北洋政府（北京政府）解体。21 日，国民党中央会议第 154 次会议议决：直隶省改名河北省，北京改名北平，北平、天津为特别市[①]。7 月 18 日，国立京师图书馆奉中央命令，改为国立北平图书馆[②]。

国民政府迁都南京，有着复杂的历史原因。简而言之，南方始终是其革命的策源地（广州、武昌、南京等）和大本营，而北方则始终代表着旧的"反动势力"（清政府、北洋军阀）。这一点上，与朱元璋在南方起兵推翻元朝，而迁都南京有相类之处（而其子朱棣复迁都北平，也基于相同的原因）。然而，自清末以来，满蒙地方本不平静，日本更是觊觎已久。国都南迁，实际上更加削弱了北方的军事力量。就北平而言，迁都事件的负面影响也十分巨大。它虽仍暂时保有文教中心的地位，但政治影响的式微和诸多首都特权的消失，使其赖以发展的商业、金融、交通运输、娱乐甚至文教诸业顿时凋敝，已逐渐呈现"旧都"的景象[③]。所幸随着战前国力的逐年增长和城市近代化建设的发展，北平人口有增无减[④]，至少保证了平馆潜在读者规模的持续增长。

迁都对平馆的影响也是决定性的。虽然此后 20 年间，其规模和成就仍在业界首屈一指，但国家图书馆地位的丧失，使其在业界的领袖地位开始动摇。"九一八"事变之后，北平成为前线；《何梅协定》（1935）签署后，国民政府已经失去对华

① 韩信夫、姜克夫：《中华民国史·大事记第五卷（1928—1930）》，中华书局，2011 年，3089 页。

② 李致忠主编：《中国国家图书馆史（1909—2009）》，34 页。

③ 陈鹏：《试论 1928 年迁都对北平的影响》，《北京社会科学》2010 年第 2 期。

④ 自 1928 年的 1340199（城区 899676）人，增至 1935 年顶峰时期的 1573204（城区 1113966）人。另 1935 年华北事变后，北京人口有所缩减，至 1937 年为 1504716（城区 1067152）人。参见周进：《北京人口与城市变迁：1853—1953》，中国社会科学院研究生院博士论文，2011 年，52 页。

北尤其是对平津的有效控制，这就注定了平馆所面临的外部环境的日益恶化。馆藏中西文善本南运，更是将藏书的精华一举而去。而华北沦陷之日，也就是平馆事业正式陷入低谷之时。

　　而早在国府决定迁都之前，国内第二所国立图书馆——中央图书馆的设立，已经提上了日程。

二、中枢玄览——央图的成立与平馆的尴尬

　　首都所在，文化中心和学术中心的建构，也就成了应有之义。早在北伐进行过程中，国民政府对于国都南京文教中心的建设，已经开始。于是，1928 年 5 月，国立中央大学成立；1928 年 6 月，国立中央研究院成立；1933 年 4 月，国立中央博物院筹备处成立。可以说，凡是北平所有的重要文教机构，国民政府便在南京"复制"一个①。这一时期，无论是中研院的院址风波②，还是北京大学和中央大学的"最高学府"之争③，或是 1930 年（抗战未爆发前）谋将北平故宫文物部分运往南京④，都与国民政府将南京作为文化中心的政略有关。

　　而作为北方以及全国唯一的国立图书馆，"旧的"北平图书馆一方面不仅不可能迁建于革命的中心南京，以摇身一变为"新的"国家图书馆；反而成为北方文教界在普遍的"迁都"失落中，剩余的一点寄托。另一方面，也是更为关键的一方面：平馆虽然名义上是由教育部和中基会合组，而且仍隶属教育部，但在 1929 年 9 月南京教育部公布之平馆《合组办法》及《委员会组织大纲》⑤ 中我们可以看到，无论是建筑费（100 万元）还是"经常费"（日常经费），都由中基会一力承担。实际上在 1929 至 1937 年间，教育部也确实几乎没有给过平馆像样的经费支持（详后文）。到底谁是平馆的"东家"？平馆又真正听命于谁？这个问题似乎很明确，但又似乎很模糊（正因此方有馆务南迁之风波）。但可以肯定的是，国民政府需要的，是一个上下内外都完全听命于己，能够贯彻其文教事业政策的"中央"图书馆，而平馆显然不是合适的"培养对象"。

　　事实上，关系到国立北平图书馆兴衰的中央图书馆的筹划，更早在南京临时政

---

　　① 国立北平研究院的建立（1929 年 9 月），在中央研究院之后。但其设立之议，与中研院同时。参见刘晓：《国立北平研究院简史》，中国科学技术出版社，2014 年，30 页。

　　② 即 1930 年中研院奉中央政治会议严令，将中研院在上海的所有机构全部搬迁至南京一事。参见张剑：《学术与政治：1930 年中央研究院院址之争》，《学术研究》2013 年第 4 期。

　　③ 许小青：《首都迁移与"最高学府"之争——以北大、中大为中心的探讨（1919—1937）》，中山大学历史学系，2008 年。

　　④ 参陈寅恪、蒋廷黻、顾颉刚、吴其昌四先生联名刊发于 1930 年 11 月 29 日《清华周刊》的《本校四教授反对古物分散之一篇公开状》。参见杨扬：《哈佛所见文史资料四则》，《扬子江评论》2006 年第 1 期。

　　⑤ 北京图书馆业务研究委员会编：《北京图书馆馆史资料汇编（1909—1949）》，1051—1053 页。

府时期①。而在 1928 年 5 月的首次全国教育会议上，首次通过了《筹备中央图书馆案》② 及《大学院所拟建设之中央图书馆应迅筹的款购置国内外历年出版专门研究学术之各种杂志及贵重图书以供各地专门学者参考案》。

1929 年 1 月 28 日至 2 月 1 日，中华图书馆协会于新都南京举行了首届年会。1 月 29 日上午的图书馆行政组第一次会议（分组会议，主席袁同礼）中，议决通过了《由本会呈请教育部从速筹办中央图书馆案》的合并议案。其中陈钟凡所提《请拨中华教育文化基金创办南京图书馆案》，还建议请中华教育文化基金董事会援与北洋政府教育部合办京师图书馆及自办北平北海图书馆之旧例，于首都创办南京图书馆（即中央图书馆）③。若此议成真，则中基会与教育部合组平馆之事，必然无法成功。

在国内危局日成之际，中央图书馆创设之议终于实现。1932 年年初，曾任职松坡图书馆、北海图书馆、北平图书馆，并留德研习图书馆学归国的蒋复璁④见到了初任交通部部长（仍兼教育部部长）兼管理中英庚款董事会董事长的朱家骅，据其回忆：朱"头一句话就命令我留在南京"，并说"中美庚款办了一个北平图书馆，中英庚款的钱要来办一个中央图书馆（那时还叫南京图书馆）"。1933 年 1 月 21 日，教育部委派 36 岁的蒋复璁任中央图书馆筹备委员会委员，4 月 8 日聘为筹备处主任。蒋氏祖上为著名藏书家，又与国民政府关系密切，是贯彻其建馆方针的适当人选⑤。

三、此消彼长——央图的壮大与平馆的困境

自中央图书馆筹备处成立，或者说自央图"拟成立"起，直至战后，国民政府（尤其是教育部）都给予了包括政策与财政在内的巨大支持，在当时内忧外困的局

① 据《南京临时政府教育部筹设中央图书馆收买古籍启事》可知。李希泌：《辛亥前后图书馆史料》，《图书馆学通讯》1981 年第 4 期。

② 此案为王云五《提议请大学院从速设立中央图书馆并以该馆负指导全国图书馆之责任》、韩安《请大学院筹设中央图书馆案》、南京特别市教育局《请在首都筹办国立中央图书馆案》三案之合并案。参见沈云龙：《全国教育会议报告·乙编》，台北文海出版社，1971 年，603—610 页。

③ 创办央图之提案系顾天枢、蒋一前、民立中学图书馆、陈钟凡分别提出，合并议决的。陈案要点有：请中基会拨开办费 100 万元，以为建筑费用；每年拨经常费 30 万元，包含基金、购置费、行政费、创设图书馆学校费用等。参见中华图书馆协会执行委员会：《中华图书馆协会第一次年会报告》，北平：中华图书馆协会事务所，1929 年，37—38 页，66—67 页。

④ 蒋复璁（1898—1990），浙江海宁人。曾任"中央图书馆"筹备处主任（1933—1940）、馆长（大陆期间 1940—1949、在台期间 1954—1966），台北"故宫博物院"第一至八届院长（1965—1983）。其曾祖蒋光煦别下斋藏书，清末享誉东南；叔父蒋百里为民国著名军事学家和传奇人物，与蒋介石之间恩怨纠结，关系密切。蒋复璁晚年执掌台北"故宫"，据其自述与蒋介石对蒋百里的怀念有关。

⑤ 蒋复璁、黄克武等：《蒋复璁口述回忆录》，台北"中央研究院"近代史研究所，2000 年，3—6 页，45—48 页，87—91 页，91—92 页。

面下，力度都可谓空前。在某种程度上来说，在图书事业方面，蒋复璁和央图的意见，也就是教育部乃至国民政府的意见。而平馆在这一时期，则备受教育部冷落甚至打压，先有善本南运，次遭馆务风波，抗战中更是一度形成两馆（昆明南馆、北平北馆）并存的尴尬局面，在内外两方面均日益困难。本节专论央图的壮大，并时时与平馆的困境比较，以见彼长此消之大势。

（一）政策方面

1. 划归重要职能

正因为央图是国民政府尤其是教育部早有谋划的要事，故早在筹备处成立之前，已经有计划地将原属平馆（及北海图书馆）的重要职能，划归尚在议案中存在的虚拟的"中央图书馆"。其中较为重要者有：

（1）国际出版品交换事务。1928 年 8 月 24 日，大学院（教育部前身）同意在中央图书馆未成立以前，国际出版品交换事宜暂由 1926 年起即负责此事的北海图书馆继续办理。然而 9 月 4 日，大学院又发训令，明言虽然央图无法承担，但中研院图书馆现已成立，此项事务"可即归该院管理"[1]。至 1934 年 6 月底，国际出版品交换事宜转归央图筹备处，称为"教育部出版品国际交换处"。直至 20 世纪 50年代，仍有部分境外书刊陆续寄至"南京中央图书馆"，多被统一转寄北京图书馆[2]。

关于此事，还有一段插曲。为了充实馆藏，1933 年央图筹备处甫成立，蒋复璁即谋求影印文渊阁的四库珍本。然而此事在操作过程中，不仅假国民政府教育部与商务印书馆合作之名进行，而且合同规定成果版权归央图所有，而罔顾故宫博物院乃至北平文化界的权益，以致引起轩然大波，更成为北方与南方文化界、平馆与央图（实际上是教育部）、袁同礼与蒋复璁之间的一场直接冲突[3]。此事的结果，按照蒋复璁的说法，在央图一面，是《四库全书珍本初集》221 种近两千册，央图得到一百部作为版税，"用以开展国际交换，从而获得不少西文书，中央图书馆因此在国际间逐渐知名"，"四库全书最后受到各国注意。袁同礼等人反对我，没想到却帮了我的忙，增加了我的知名度。"而央图之所以能够克成此事（按《四库全书》自 1917 年至 1925 年曾四次筹划影印，均告失败），与教育部和行政院的鼎力支持有绝大的关系。在论争和调处中，教育部对反对者的答复均为蒋复璁代笔，相关会议也由蒋代表教育部出席，而袁同礼"之所以失败实由于他反对教育部"[4]。此事也埋下了日后两馆恩怨的伏笔。

（2）出版物呈缴。1916—1926 年，北洋政府内务部、教育部多次发布训令及

---

① 北京图书馆业务研究委员会编：《北京图书馆史资料汇编（1909—1949）》，240—245 页。

② 南京图书馆志编写组：《南京图书馆志（1907—1995）》，南京出版社，1996 年，57 页。

③ 姜文：《1933 年关于影印〈四库全书〉之论争平议》，《历史教学》2011 年第 20 期。

④ 蒋复璁、黄克武等：《蒋复璁口述回忆录》，台北"中央研究院"近代史研究所，2000 年，52—55 页。

法规，要求全国出版单位向京师图书馆呈缴出版物，不仅"无偿"丰富了馆藏，也强化了京师图书馆的优越地位。然而1927年12月，南京政府大学院颁布《新出图书呈缴条例》，要求出版者向大学院呈缴新书。1928年6月北伐成功后重申前令。至此开启了平馆接受呈缴地位丧失和反复交涉终获恢复的历程。

表1　平馆争取接受呈缴地位历程表①

时间	双方态度
1929 年 10 月 14 日	平馆委员会致函教育部，请通令全国出版机关依例缴送，并请转咨内务部修订《著作权法施行细则》，凡新出版之图书，须以一部寄存平馆。
1930 年 1 月 21 日	教育部复称缴送事务正在整顿，俟整顿就绪，再行核办。
1930 年 3 月 28 日	教育部公布《新出图书呈缴规程》，规定呈缴之书经教育部核收，发交教育部图书馆、中央教育馆、中央图书馆各一部，而只字未提平馆。
1930 年 6 月 11 日	委员会再函教育部，称平馆"事实上已为我国最大之图书馆"，求修正或变通条例，加入平馆。
1930 年 6 月 26 日	教育部复函称该规程"未便遽行变更"，还建议平馆自行向出版机构征求。
1931 年 3 月 24 日	委员会要求将平馆列入接受单位，并请将教育部代央图保存之呈缴书籍，先行拨借平馆。
1931 年 4 月 8 日	教育部称列平馆为接受呈缴单位一事"碍难照办"，但可将代管之央图呈缴新书检寄平馆。
1933 年 10 月	教育部令各省教育厅将呈缴新书除缴部一份外，改寄央图及平馆各一份。
1934 年 10 月 1 日	教育部令各书局将呈缴新书直寄平馆及央图筹备处。
1935 年 2 月 13 日	平馆呈教育部转呈内务部，要求修正《出版法》时将平馆列为接受缴送机关。
1935 年 2 月 18 日	内政部电复称《出版法》不能修改，但缴央图两份新书中的一份应转平馆收存。
1935 年 4 月 3 日	平馆呈立法院，请审查《出版法》时将平馆列为接受缴送机关。
1937 年 7 月 8 日	国民政府公布《出版法》54 条，规定出版品发行时呈缴国立图书馆、立法院图书馆各一份。

从上表可以看出平馆为争取接受新书呈缴权利所做出的努力和经历的曲折，其背后各方力量的博弈可想而知。而平馆的被动，都是因国家馆地位丧失而导致的。

---

① 北京图书馆业务研究委员会：《北京图书馆史资料汇编（1909—2009）》，311—316 页；李致忠主编：《中国国家图书馆百年纪事（1909—2009）》，21—22 页，25 页。

虽然在立法层面，平馆获得了与央图同等的获取出版物缴送资格，但在实际操作层面，仍有厚薄之分。如1940年10月24日，国民政府通令行政院等五院、各部会、各级党部，在国史馆筹备期间所有新旧刊物应检送一份与中央图书馆，以便"庋藏而重文献"①，而平馆无与焉。

2. 接管（收）藏（赠）书，接掌业务（职务）。

作为政府规划中的国家图书馆，央图在未正式成立之前，即开始接管（受赠）其他国立单位藏书。抗战结束后，又接收了大量的京沪日伪藏书。同时，央图及蒋复璁还接受教育部、行政院、军事委员会、中央党部及其他党政及学术机关的委托（尤其在其随国民政府迁渝后），完成了多项图书乃至行政工作，进一步扩大了其影响力。从笔者据《"国立中央图书馆"六十年大事记》等资料绘制的二表中，我们可以稍窥其要。

表2　央图接收图书表（1933—1948）②

时　间	事　件	获得图书（备注）
1933年2—3月	央图筹备委员蒋复璁赴北平接收前清学部留平档案保管处所存图籍，并拨归央图	图书46000余册、满文书籍500余册、清代殿试册1000余本，奠定其馆藏之基础
1933年4月	接收南京国学书局（原洋务派所建江南官书局，民国以后为省立）及其书版	（后改为央图印刷所）
1935年4月	国民政府文官处赠《清史稿》一部	（此书当时禁止流传）
1935年8月	军政部总务厅赠上海兵工厂藏书	198种共230箱
1938年4月	保管已停办的国立山东大学之图书	中西文书籍76箱
1938年6月	保管（使用）教育部携渝方志等图书	31箱745种2973册
1938年10月	接收江苏省立镇江图书馆西运善本书	40箱
1946年4月	接收汪伪陈群泽存书库藏书	40万册
1946年	接收沪、宁其余日伪机关藏书	共计约35万册
1948年11月	接收国防部第二厅图书室图书	古迹临摹照片及色印图书120种
1948年12月	接收宪兵司令部所存图书	3万余册

---

① 章以鼎：《"国立中央图书馆"六十年大事记初稿（1933—1992）》，台北"中央图书馆"，1993年，17页。

② 同上，1—30页。

表 3　央图（蒋复璁）曾经承担过的主要党政机关重要工作（1934—1948）[①]

时　间	事　件
1934 年 9 月	自中研院接管出版品国际交换事务
1935 年 7 月	蒋复璁代表教育部出席行政院关于修改《出版法》的审查会议
1935 年	蒋复璁任中央古物保管委员会常务委员
1937 年 1 月	江西省政府聘任蒋复璁为庐山图书馆征集图书委员会委员
1939 年 4 月	蒋复璁兼中央训练团党政训练班图书馆主任
1939 年 5 月	为教育部社教司草拟《图书馆管理》一书
1939 年 6 月	为教育部社教司草拟《图书馆辅导各地社会教育办法大纲》
1939 年 7 月	为教育部草拟全国《图书馆规程》《图书馆工作大纲》
1939 年 8 月	为中央党部图书馆编制购书目录，并草拟图书咨询处规则
1939 年 8 月	为行政院县政设计委员会编制业务相关图书目录
1939 年 9 月	为教育部大学先修班图书馆设计布置及代拟各种规则并指导编拟排架善本目录
1939 年 10 月	为教育部草拟《沦陷区域图书馆设施计划书》
1939 年 11 月	为教育部草拟《图书馆辅导各地社会教育机关图书教育办法》
1939 年 12 月	参与四川省立图书馆筹设工作并为拟应购书目
1940 年 1 月	为教育部草拟《抑制书价办法》
1940 年 2 月	受教育部指令派员往贵州查勘文澜阁《四库全书》保藏情形并做指导
1940 年 4 月	受教育部指令派员视察四川省 10 县及重庆市民众教育馆图书室与县立图书馆
1940 年 10 月	奉教育部令编辑《全国图书总目》
1940 年 12	为军事委员会侍从室第二处编辑馆藏苏联出版品目录
1941 年 3 月	发布《普及全国图书教育暂行办法》
1941 年 10 月	教育部指示征集抗战史料呈部以凭编辑
1942 年 6 月	教育部指示央图筹办图书馆学补习学校

[①]　据《大事记》，央图还曾为国民政府主记处、经济部中央农业试验所、三民主义青年团、四川省教育厅、战事征集图书委员会、多地民众教育馆、交通大学唐山工学院等单位承办相关图书业务。参见章以鼎：《"国立中央图书馆"六十年大事纪初稿（1933—1992）》，1—30 页。

时　间	事　件
1944 年 2 月	奉教育部指示呈送抗战以来出版之优良图书书目及简要说明
1945 年 9 月	蒋复璁任教育部京沪特派员及沪区教育辅导委员会主任委员，辖苏浙赣闽皖五省并负责接收京沪地区敌伪文教机关（平津区为沈兼士）
1946 年 5 月	教育部印行央图编《抗战以来图书选目》《普通图书馆设备举要》《修正图书馆规程》
1946 年 11 月	在第一届国民大会代表招待所设书报阅览室
1948 年 3 月	蒋复璁任教育部台湾文化宣慰团团长
1949 年	蒋复璁作为中方代表赴巴黎参加联合国教科文组织第五届会议

除了上述种种政策扶持外，1940 年 7 月 2 日央图正式成立前夕，蒋介石题颁"国立中央图书馆"门额一幅；1945 年馆长蒋复璁任教育部京沪特派员并负责接收京沪日伪文教机关，并于 1947 年获颁抗战胜利勋章，均使其政治地位得以彰显。

3. 平馆受到排挤

与之相比，平馆的地位则颇显尴尬，虽是国内最大的图书馆并具有国际影响，却备受冷落。尤其北平沦陷后，连袁同礼先生也只能遥控馆务；迨 1941 年太平洋战争爆发，日伪接管平馆，昆明的"馆本部"实际掌握的馆藏、人员和经费，已经非常有限[①]，而且曾三次被炸，"同人中十余日不知肉味者比比皆是"[②]。

与此同时，教育部在央图馆长蒋复璁的主导下，对于平馆及袁同礼处处掣肘甚至打压。1941 年 11 月吴光清、王重民致胡适信云："阅守和先生信，知北平图书馆与伊个人方面，已万分窘迫，而所以致此，中央图书馆蒋璁聪（今按原文如此）君处处来作对，为其重要原因之一。守和先生致光清、重民信中，道及向教育部请款不成，乃为蒋君所破坏。……惟吾人应预为设法，俾在美所得利益，不尽为一方面人所独吞，则幸甚矣。"[③] 尤其耐人寻味的是，1940 年 3 月馆长蔡元培逝世，4 月馆委会即议决建议教育部及中基会以袁同礼升任馆长，并取消副馆长一职，表明了对袁同礼的极力支持。而教育部竟下令实际主持馆务已达十余年的袁同礼"代理馆长"，并迟至 1943 年年末才正式任命他为馆长[④]。

① 据 1940 年 7 月平馆呈教育部报告，当时北平有人员 78 人，昆明 34 人，上海 3 人，香港 1 人。经费北平 9.6 万元，滇沪港共 4.8 万元。《汇编》第 720—721 页。

② 中国社会科学院近代史研究所中华民国史研究室：《胡适来往书信选》，社会科学文献出版社，2013 年，774 页。

③ 同上，783—784 页。

④ 袁同礼正式担任馆长时间，至今未能确定。《纪事》定其时为 1943 年，当有所据，但未载月日；1943 年 9 月 20 日袁同礼向教育部呈报平馆战时损失情况时，仍署"代理馆长"。参北京图书馆业务研究委员会：《北京图书馆史料汇编（1909—1949）》，767 页。

（二）经费方面

1. 央图获巨额补偿

央图筹备初期（1933 年年初），正值多事之秋。蒋复璁回忆："时适逢'一·二八'之役上海战争，政府公务员的薪水都打折扣，哪有钱办中央图书馆，朱先生（按即朱家骅）却不管，他想办的事一定要办，他从教育部拿出二千块钱，补贴图书馆。"[1] 之后经费时增时减，但至 1939 年 12 月时，每月仍不过四千元。蒋复璁呈教育部的报告中，即抱怨"故就经费言，中央图书馆实不如一公立图书馆（浙江省立图书馆经费即较本馆为多）。就购书费言，且不如一大学图书馆"[2]。

当然，此番话仅就政府公开拨款而言，假如"经常费"就是央图的唯一经费来源的话，就无法解释 1933 年至 1937 年间，其藏书从一无所有发展到 18.3 万册的事实[3]。实际上，除教育部年度拨款外，和平馆类似，央图的经费主要还是仰赖管理中英庚款董事会（参前引朱家骅"中英庚款的钱要来办一个中央图书馆"语）。而抗战中期为抢救古籍善本，教育部也特批了巨款。

（1）中英庚款息金的鼎力支持。1931 年 4 月，管理中英庚款董事会（下省称"董事会"）正式成立。其隶属行政院，董事长（朱家骅）及 15 名中英董事皆为国民政府任命，故较北洋时代成立的中基会，更能体现国民政府的意志。董事会以英国退还庚款借贷给相关机关，进行铁路、水利、电力等基础设施建设，而以贷款利息补助文教事业。

按照《中英庚款息金支付标准》，将用途分为甲（建设中央图书馆、中央博物馆，保存国内固有文化史迹古物，占 25%）、乙、丙、丁、戊五类，央图和央博是重中之重[4]。1934 年 5 月 30 日，董事会同意补助央图建筑设备等费 150 万元，分年拨付（当年即拨付 15 万元）[5]。但 1937 年建筑图纸尚在评选中，即因抗战被迫中止，实际上并未实施。不过建筑费至少自 1934 年至 1937 年仍逐年拨付，如 1937 年即高达 38.75 万元[6]。1938 年至 1941 年间，央图耗资 17 万元建设"分馆"，成为当时临时首都重庆"最像样的一栋建筑"[7]，其中 10 万元即出自该经费。这笔经费到 1940 年抢救沦陷区古籍时，约花费 30 万元，其中应有部分用于购书等其他方面，这也可以解释央图成立后经常费短缺而藏书迅速增加的现象。

---

①　蒋复璁、黄克武等：《蒋复璁口述回忆录》，47 页。

②　严文郁：《中国图书馆发展史——自清末至抗战胜利》，台北新竹枫城出版社，1983 年，120 页。

③　章以鼎：《"国立中央图书馆"六十年大事记初稿（1933—1992）》，台北"国立中央图书馆"，1993 年，7 页。

④　朱家骅：《中英庚款十年来管理概况——卅年四月八日在中英庚款董事会成立十周年纪念会报告》，1941 年。

⑤　章以鼎：《"国立中央图书馆"六十年大事记初稿（1933—1992）》，3 页。

⑥　北京图书馆业务研究委员会编：《北京图书馆馆史资料汇编（1909—1949）》，443 页。

⑦　蒋复璁、黄克武等：《蒋复璁口述回忆录》，57 页。

　　此外，董事会也会根据情况，给予央图一些补贴。如 1938 年董事会即补助设于央图的"出版品国际交换处"1.35 万元①。此类补助理应不少，唯限于所闻，尚需时日一一举出。

　　（2）教育部巨额"专款"。兵燹历来为书厄之主因。抗战期间，南北故家藏书大量涌出。1940 年，经郑振铎、张元济、叶恭绰等有识之士呼吁，国民政府决定通过"文献保存同志会"这一民间途径，拨巨款收购，藏于中央图书馆②。

　　为筹措经费，中英庚款董事会挪拨央图建筑费余款 120 万元，教育部先后拨专款 200 万元③，相当于央图数十年的经常费。数年之间，共计购得邓邦述群碧楼、潘祖荫滂喜斋、沈曾植海日楼、刘晦之远碧楼、李文田泰华楼、邓秋枚风雨楼、丁祖荫湘素楼、张葱玉韫辉斋、刘承幹嘉业堂等藏 4800 佘部共计 48000 余册善本古籍。是故郑振铎在《求书日录》中说："但在这两年里，我们却抢救了搜罗了很不少的重要文献。在这两年里，我们创立了整个的国家图书馆。虽然不能说'应有尽有'，但在'量'与'质'两方面却是同样的惊人，连自己也不能相信竟会有这末好的成绩！"④ 经此一役，中央图书馆的古籍善本藏书，其质与量已经几可与平馆媲美，至少可以说"各有擅场"了。而这样的成绩，竟是在短短的两三年间达到的。此一时期，中国的文教事业饱受摧残，却带给同样颠沛流离的中央图书馆骤然壮大的契机。

　　就在中央图书馆大举收购善本之时，北平图书馆正煞费苦心，欲将暂存在上海租界区，已不再安全的甲库善本精华，运往美国国会图书馆保存，并允许美方拍摄胶片以充保管费用。此事最终的结果是：1948 年 6 月 8 日，央图收到国会图书馆所赠平馆善本微卷 1070 卷⑤；1965 年 11 月 18 日，平馆存美善本 102 箱 20738 册被运往台北"央图"⑥。可以说，在传统意义上最受重视也最体现馆藏质量和家底的古籍善本方面，我有人有，人有我无，平馆的优势已经荡然无存。

2. 平馆经费困难

　　在平馆经费方面，自 1929 年至 1944 年，中基会一直是平馆经费主要而稳定的来源，即使在 1929 年至 1933 年世界经济危机期间中基会收入锐减之时，依然如此。1931 年至 1936 年，每年经常费及购书费虽逐年递减，仍保持在 30 万元—40 万元之间。这期间，平馆曾多次向中英庚款董事会和教育部申请经费，无论多少，几

---

　　① 章以鼎：《"国立中央图书馆"六十年大事记初稿（1933—1992）》，台北"国立中央图书馆"，1993 年，12 页。

　　② 刘孝文、刘向红：《同志有心齐戮力，指掌满溢是书香——文献保存同志会史事考述》，《大学图书馆学报》2015 年第 1 期。

　　③ 据刘孝文《陈立夫回忆录》的数字，为建筑余款 120 余万元，教育部专款"二百数十万元"。参见蒋复璁、黄克武等：《蒋复璁口述回忆录》，58 页。

　　④ 郑振铎：《西谛书话》，三联书店出版社，2005 年，408 页。

　　⑤ 章以鼎：《"国立中央图书馆"六十年大事记初稿（1933—1992）》，28 页。

　　⑥ 李致忠主编：《中国国家图书馆百年纪事（1909—2009）》，68 页。

乎都遭婉拒①。除了它们在政策上偏重国民政府的"嫡系"央图（包括央大）的原因外，此时期北平形势日危，国民政府已经做好长期抗战的心理准备，自然更要减弱对于北平这一"将沦陷区"文教事业的支持②。与之相对照的是，为了加速平馆善本南运，教育部不惜让北大先行垫付二千元运费。

1937年至1945年，经费日减而通货日增，平馆又分为平、滇及各办事处数地，只能说勉力维持。令人心寒的是，袁同礼先生顶住巨大压力，创办昆明办事处，1940年6月欲向教育部申请补充图书设备及人员维持费2万元，却被行政院以"该馆……（南迁以来）情形，均不明暸"的理由否决。同时却补助央图半年非经常费3.64万元，设备费2.5万元③。教育部在抗战中后期，开始有限地补助平馆经费（但始终未将其经常费正式列入教育部预算）④，但可称杯水车薪。1941年，教育部以80余万美金补贴各大学术机关，用以购买图书仪器。西南联大及中研院各补助3.5万美元，央图补助1万美元（注意：这是在拨巨款收购古籍的同时），而平馆则分文未得。直到袁同礼函电申请，才分配到1700美元⑤。再举一例，可见平馆与央图之差距：1945年8月，国民政府追加央图临时经费一千万元，以政府名义分赠英美文化学术团体⑥，而当年平馆的经费是144.1万元⑦。

1946年至1948年，平馆经费由教育部拨付，然本馆之经常费（1947年）"数

---

① 如1935年4月24日、1937年7月30日董事会婉拒平馆资助向达赴英费用300镑、平馆编目费2万元的申请（《汇编》413、443页）。按《汇编》及《纪事》均以为1935年董事会曾核准向达赴英及编印书目补助，盖因误读董事会公文中"准此"二字。如向达复函云："接准大函，以贵馆向达君赴英国牛津大学，协助整理该校中文图书馆，事关中英两国文化合作，嘱每年补助英金一百五十镑，以两年为限等由。准此，查本会处理请款规则规定凡教育文化机关请求补助，应于每年一月底以前，以书面提送本会。现逾限期过久，……实已不及汇案列入。……收支相抵，不敷尚巨……其他新事业补助，更属为难。承嘱，无以应命，至深歉疚。"又编印费复函云："接准大函，嘱补助国币两万元，指充刊印藏书目录之因等由。准此，除俟汇案审查外，相应函复查照。此致国立北平图书馆。"可知"准此"实为为公文内容前后承转之套语，而绝非"批准此事"之意。《纪事》更将董事会1935年年初确认接到编印费申请与1937年最终拒绝申请，一事误作两事。可以比较的是，1937年董事会计划补助央图37.85万元（占息金总额的11%），却不肯补助2万元给平馆。如平馆1933年12月16日请教育部于1934年起列入购书预算12万元（《汇编》393—394页）、1935年2月8日请自当年起列入购书预算5万元（《汇编》401—403页）、1937年4月3日请自当年起列入购书预算5万元（《汇编》440—441页），均遭拒绝。

② 据这一时期傅斯年致蒋梦麟、胡适信，中英庚款董事长朱家骅当时对北大的态度是：平津一带不愿多放款；北大范围太小；有中基会支持北大，故不愿再放款。这一态度也可以看作对于平馆的态度。至于1937年3月董事会补助平馆往英法拍照并选印敦煌遗书事8000元，则因此事关系中华文化之巨、意义之深、受益之广，已非平馆或北方文化界私事外，也有赖董事叶恭绰的极力促成。参见中国社会科学院近代史研究所中华民国史研究室：《胡适来往书信选》，1172—1173页。

③ 第二历史档案馆：《教育部报送各项经费概、预算的有关文书》（内有北平图书馆西南联合大学合组中日战事史料征辑会工作报告），档号五（2）—358；139—140.

④ 据《1942年10月21日平馆呈教育部增加经费函》，教育部自1940年起补助平馆，1940—1942年分别补助2万元、4万元、4.88万元。而1942年中基会拨款19.5万元，"值此物价暴涨之际……全数充作人员费，只能支配十余人；全数充作事业费，亦仅能购入图书千册而已"，可见平馆彼时的处境。参见北京图书馆业务研究委员会编：《北京图书馆馆史资料汇编（1909—1949）》，746—747页。

⑤ 中国社会科学院近代史研究所中华民国史研究室：《胡适来往书信选》，779页。

⑥ 章以鼎：《"国立中央图书馆"六十年大事记初稿（1933—1992）》，22页。

⑦ 北京图书馆业务研究委员会编：《北京图书馆馆史资料汇编（1909—1949）》，1121页。

目甚低，殊感不敷支配，以与中央图书馆相衡，实觉远逊"①。经费数额虽然一路暴增至数千万元乃至 10 亿元，而此时期的物价水平也在恶性上涨。据统计，1947年 11 月初的物价指数，是 1937 年的 11 万倍②，而平馆当年经费则仅为 1937 年的约 5000 倍③。而到 1949 年的金圆券时代，货币贬值速度则更无法想象，平馆实际上只能是勉强维持而已。

在抗战前后国民政府文教经费及资源极其有限的情况下，中央图书馆的成立，自然伴随着国立北平图书馆的衰落。这种形势，在 1935 年年初善本南运，尤其是 1937 年北平沦陷之前，尚不明显。因为此时央图仍在从无到有的筹备阶段，复因时局动荡，一度流离失所；而平馆仰赖 20 余年的苦心经营和中基会的巨额资助，在藏书、经费、职员人数等方面遥遥领先。然而随着央图优越地位确立所产生的长期效应和全面抗战爆发后不确定因素的增加，两馆在各方面的差距迅速缩小。至新中国成立前，双方综合实力已经非常接近，央图在某些方面甚至超过了平馆④。

四、百计解难——平馆困境的部分纾解

面对困境，平馆同仁，尤其是袁同礼先生，在维护平馆、发展平馆的过程中，展现了勇毅的品格和卓越的才干。

就勇毅的品格一面言，1937 年馆务南迁风波中，面对中基会的巨大压力，袁先生与南下同仁始终秉持民族大义，坚持另创"南馆"并升格为馆本部，以实际行动支持抗战，支持对平馆并不"感冒"的国民政府；香港沦陷后，日军随意杀人，他身陷危境，仍然坚持给蔡元培先生的遗孀送冬衣，并探望友人家属⑤；1941 年面对教育部和央图的排挤以及个人经济的困窘，又遭次女之殇，个人痛苦可谓极矣，而先生仍始终以平馆利益为重，为平馆殚精竭虑⑥。

就卓越的才干一面言，不论在发展的黄金时期，还是在抗战的困难时期，平馆都有赖袁同礼先生的奔走呼吁，百计解难。这一点，在《中国国家图书馆馆史

---

① 北京图书馆业务研究委员会编：《北京图书馆馆史资料汇编（1909—1949）》，866 页。

② 《北平物价指数，平均日涨一成》，《益世报》1947 年 11 月 30 日。又据《新中国若干物价专题史料》，上海物价 1948 年 7 月比 1937 年上涨 7 亿余倍（湖南人民出版社，1986 年，2 页）。

③ 北京图书馆业务研究委员会编：《北京图书馆馆史资料汇编（1909—1949）》，1121 页。

④ 据《中国国家图书馆馆史（1909—2009）》（145 页、152 页）及《南京图书馆志》（11 页、95—96 页），新中国成立前，平馆藏书 140 万册，职员定额 118 人（工友数不详）；央图藏书 126 万册（含运台善本书籍近 14 万册），职员 112 人，工友 21 人。

⑤ 袁澄：《劳碌一生的父亲》，《传记文学》1966 年第 8 卷第 2 期。

⑥ 本年 10 月 30 日袁同礼于沪上谋运甲库善本赴美，曾致信胡适云："平馆经费前以中基会无力增加，曾向教育部请求列入国家预算，亦未能办到。……倘不从速设法，则后顾茫茫，真有不堪设想者，未识我公将何以教我？最近舍下长幼三人，均患盲肠炎，而次女以割治稍迟，竟因之夭伤。此间医药之费颇属不资，故私人方面亦告破产，因之心绪恶劣。"参见中国社会科学院近代史研究所中华民国史研究室：《胡适来往书信选》，783 页。

（1909—2009）》及《中国国家图书馆馆史资料长编》中虽有不同程度的反映，但两书体例以时间为中轴，辅以事件，故不易看出袁先生和平馆在应对危局方面的系统举措。兹不避烦琐，以所见材料为基础，综而论之。

面对平馆的困境，袁先生谨守的原则，谋划并卓有成效的办法，有以下数端：

（一）疏离政界而不排斥政治

平馆自蔡、袁二先生履任以来，一意以建设中国图书馆事业、为学术研究提供便利为旨归，并不刻意倚在任政界大佬为奥援。蔡元培先生虽然在国民党内声望甚著，但自 20 年代末即已淡出政坛；袁同礼先生交游亦广泛，然而他的影响力，也基本限于国内外文教领域。他对政治与学术的认识是"学术界中毁人机会少，需要牺牲的地方多"①。这种洞察与超然，在当时的国立机构领导人中，并不多见。

然而，平馆疏离政界，却并不排斥政治。在抗战时期，平馆在秉持民族大义的前提下，不拘一格，与中央政府及国内各派政治力量或合作，或周旋，以期更好地维持馆务、保护馆产、充实馆藏。以下按照时间顺序简述其大者。

1. 递补北平市长秦德纯入馆委员会

1935 年后，华北逐渐脱离中央政府的控制，而部分掌握在半独立的、以宋哲元等二十九军系统人员为核心的冀察政务委员会手中。此事对于平馆而言，直接的改变就是 1936 年 5 月 25 日第二十三次馆委员会会议上，原委员任鸿隽因履职四川大学校长辞任，而经选举递补者，竟是时任北平市市长、与其余委员看来格格不入的秦德纯。秦氏担任委员，与当时的政治形势密不可分。实际上，自宋哲元集团主政华北以来，一直在国民政府、举国民意和日本侵略者之间左右摇摆，并力求掌控华北局面。善本南迁时，其即曾阻挠文津阁《四库全书》南运。1936 年 4 月，宋哲元并派秦德纯和北平公安局局长陈继淹为故宫博物院及北平图书馆正副监理②，直接插手这两个在北方举足轻重的文化机构的事务。如此，相对开明③而掌握北平实权的秦德纯入馆委员会，也是平馆在复杂局面下的应变和自全之道。卢沟桥事变后，平馆委员会再度改组，到 1938 年才任满的秦德纯，此时即退出馆委员会了。

2. 北平沦陷后设置禁书库

北平沦陷后，平馆虽因有美方背景，暂保无虞，但 1937 年伪"新民会"曾强行提走 4000 余册"违禁"书籍。为避免类似事件，平馆乃将疑似"违禁"的书刊全部提出，封闭一室，名曰"禁书库"④。避免了贻敌伪以口实，而招致馆藏的更大损失。

---

①　袁同礼先生曾任 20 世纪 20 年代权倾一时的黄郛秘书，并在黄任内阁总理时任"国务院咨议"，却"从不做政治方面的事情"。参见袁澄：《劳碌一生的父亲》，《传记文学》1966 年第 8 卷第 2 期，46 页。

②　翁文灏：《翁文灏日记》，中华书局，2010 年，37 页。

③　秦德纯曾为胡适等所办《独立评论》因批评华北当局而被查封一事向宋哲元通融，终助其复刊。

④　李致忠主编：《中国国家图书馆史（1909—2009）》，115 页。

3. 向中共访求抗日史料

在国共合作抗战的背景下，1939 年年初，袁同礼先生致信时任第十八集团军驻渝办事处领导人周恩来，希望其支持南馆征辑抗日史料的工作。平馆的倡议得到了中共方面的积极响应，从而奠定了国家图书馆解放区文献专藏的基础①。

4. 为教育部解难

虽然教育部对于平馆一直采取打压与抑制的态度，但平馆在困境中，仍然不计前嫌，勇于任事，为教育部解难，为国家出力。1942 年，教育部向美国订购大批图书仪器，以分配给后方文教机构②，然战时此批货物留滞印度长达一年，无法运出。因袁同礼先生曾任国联国际文化关系委员会中国代表，在印度颇为知名，故 1943 年 3 月，教育部派先生赴印办理此事。至 7 月，首批货物已运抵昆明，教育部遂令平馆全权代办货物接收、分配、转运事项。至 1945 年 10 月，平馆共为 40 余家机构分发图书仪器 695 箱，极大地促进了国内的科学研究事业。平馆在获得声誉之余，也配得物资 8 箱（央图为 2 箱）③。1943 年 3 月后平馆局面有所好转，或许也与此事不无关系④。

（二）广设办事处，屡建奇功

抗战前后，平馆曾先后设长沙、昆明（二者实为分馆，后均裁撤）、上海、南京、香港、重庆、仰光、华盛顿办事处，在馆务危殆之时，这些用从牙缝里挤出来的经费创办的办事处，结成一个联通国内外的网络，在北馆失守，南馆维艰的局面下，屡建奇功。今略陈如下：

上海办事处：保管南迁善本，运送赴美；搜藏战事史料及善本；采办后方所缺业务用品等。南京办事处：战前运行工程参考图书馆、保管南迁善本，战后清点藏书等。香港办事处：迎送出入境人员；中转国外书刊及沪、昆、渝三地业务（详后文）。重庆办事处：后方书刊采访（当亦有了解政局之意）。仰光办事处：香港沦陷后转运外来物资。华盛顿办事处：挑选沪上善本运美并安置妥当，接洽平馆在美事务等⑤。

（三）内结同道，外争美（英）援，奉献社会

困境中，袁同礼先生充分运用了自己的交际网络，谋划了许多对平馆以及中国文教界都大有裨益的事。当然，平馆以及袁先生本人在战前十余年的苦心经营和默默奉献，为这一切打下了坚实的基础。

---

① 李致忠主编：《中国国家图书馆馆史（1909—2009）》，124 页。
② 此事疑即前文所引袁同礼致胡适信中所云 1941 年教育部以 80 万美金分赠各大院校以购买图书仪器之事。
③ 李致忠主编：《中国国家图书馆史资料长编（1909—2008）》，307—309 页。
④ 本年 4 月，教育部拨款 10 万余元支持平馆收购武定土司家藏文献；约年末，又实授袁同礼先生馆长一职。
⑤ 办事处所办事务，《馆史》及《汇编》《长编》多有记载，此处不一一列举。

1. 与北大等同道师友的合作

国民政府时期，北京大学、教育部、中央研究院，"都属于北京大学的势力圈子……他们永远都保留着北京大学、中央研究系的命根"①。袁先生毕业于北大预科，与傅斯年、罗家伦、周炳琳、沈雁冰等同班，与毛子水同学；平馆馆务委员会中，蔡元培（中研院院长）、蒋梦麟（曾任教育部部长）、胡适、傅斯年（史语所所长）皆有深厚的北大背景②。于是在内忧（与中基会的矛盾）外患（战事与教育部打压）之际，平馆与北大等同道师友的合作，成为战时支撑其运作的重要因素。

北大（清华）方面：与长沙临时大学——西南联大合组图书馆，并兼任馆长③；与西南联大合组"中日战事史料征辑会"，至 1949 年共征得史料 48853 册④。平馆香港办事处协助接送临时大学赴滇师生，并将订购西文期刊编制索引，供联大师生参考⑤。除此之外，与中基会的矛盾，赖傅斯年及联大三常委（蒋梦麟、梅贻琦、张伯苓）缓颊⑥；向教育部要钱，赖蒋梦麟及傅斯年等致信⑦；因西南联大尚为教育部所重，故经费稍裕，平馆也常从这一途径获得补贴⑧。

中研院（史语所）方面：1936 年至 1937 年，在傅斯年、袁同礼倡议下，平馆联合故宫、史语所、北大，与商务印书馆谋划《国藏善本丛刊》的影印工作⑨。1940 年，由平馆香港办事处负责将史语所在北平所购书籍，中转寄往昆明；其未能中转者，亦暂存办事处⑩。1943 年，与史语所合作收购云南武定土司家藏文献等⑪。

2. 寻求欧美援助

袁同礼先生曾留学美国，任职平馆与中华图书馆协会期间，声名素著，与欧美业界结成了良好的关系⑫，并与历任美国驻华公使、大使有相当的交往⑬，这一方

---

①　曹聚仁：《京派与海派》，曹聚仁：《我与我的世界》，人民文学出版社，1983 年，485 页。

②　周诒春则曾为清华校长。另清华时任校长梅贻琦的夫人韩咏华，与袁先生亦是亲戚。

③　联大图书馆直属校务委员会，1938 年先生以事忙辞任后，联大即降馆长一职为主任，并隶属教务处，可见对先生的尊重。

④　北京图书馆业务研究委员会编：《北京图书馆馆史资料汇编（1909—1949）》，1108 页。

⑤　李致忠主编：《中国国家图书馆馆史（1909—2009）》，130—131 页。

⑥　北京图书馆业务研究委员会编：《北京图书馆馆史资料汇编（1909—1949）》，489 页，527 页。

⑦　前据二档档案中，有 1941 年 1 月蒋梦麟、任鸿隽、傅斯年致教育部部长陈立夫信，为平馆请款 3 万元，陈批复 2 万元。

⑧　如长沙办事处迁昆明，平馆人员旅费及书籍运费均由联大承担；再如史料会向中英庚款请款，也因与联大合作，得补助 1 万元。

⑨　案此事之缘起，即在央图成功影印《四库全书珍本初集》后，袁同礼曾对傅斯年说"北平图书馆再编印一部更伟大的，将四库打倒"。《国藏善本丛刊》首辑之选目业已完成，并印发了包括缘起、选目、提要、样张在内的《景印国藏善本丛刊样本》小册子，然此事旋因淞沪抗战爆发而搁浅。参见李文洁：《袁同礼与国立北平图书馆研究——以抗战前后的馆务为中心》，国家图书馆青年科研项目，2009 年，3—14 页。

⑩　王汎森、潘光哲、吴政上：《傅斯年遗札》，台北"中央研究院"历史语言研究所，2011 年，1062 页、1088 页。

⑪　李致忠主编：《中国国家图书馆馆史（1909—2009）》，122 页。

⑫　1945 年 5 月，匹兹堡大学还授予先生荣誉博士学位。

⑬　袁澄：《劳碌一生的父亲》，《传记文学》1966 年第 8 卷第 2 期，46 页。

面，在当时的图书馆界，无出其右者。故先生在内援不济的情况下，亦倾力寻求外援。

1937 年至 1938 年，先生以中华图书馆协会理事长名义，致函美、英、法、德乃至新西兰各大文教机构，为我国已毁已迁之大学、图书馆征求书刊。截至 1941 年太平洋战争爆发，包括平馆在内的国内文教机关，获得的捐助至少在四万册以上（另有科学仪器及英镑若干）①，而且依据各单位所需，公平分配。稍后成立的有官方背景的②战时征集图书委员会，遂在此基础上开展征集工作，并委托袁先生率南馆、香港办事处及设在央图的"教育部国际出版品交换处昆明办事处"共同负责图书的接收与转运工作，而不再按原计划由后者独任③。在袁先生的主持与奔走之下，与此相关的征求海外赠书活动，一直持续到 1948 年④。

1942 年，先生低调赴美，食宿极俭，却"费尽心机"募集 1200 美元，为平馆购买了美国国家档案局所藏中美关系档案（1790—1906）胶卷 324 卷⑤。1943 年，美国罗氏基金会资助 4500 美元，以采购国外最新医学书报⑥。同年，请驻美大使胡适在美组织购书委员会，为平馆采购西文图书⑦。

3. 奉献社会

虽然在抗战中平馆和袁先生自身仍处于逆境，但仍竭尽所能，为国内文教机关和社会各界提供援助，充分体现了高尚的图书馆精神。除前述诸事之外，重要者尚有：

1940 年，平馆将所藏复本期刊及西文书报分赠西南联大、云南大学、中山大学、同济大学等多家高校⑧。同年，订购欧美医学杂志 200 余种，分寄成都、重庆、贵阳、昆明各医学机关以供参考⑨。

1941 年，将部分西文书籍寄存南开经济研究所供阅览⑩。

1943 年，先生任国际学术文化资料供应委员会秘书长，负责美、英、澳学术界所赠西文期刊缩微胶片的接收与推广，并在后方设阅览站 30 余处⑪。同年，平馆将

---

① 据徐家璧《袁同礼先生在抗战期间之贡献》一文统计，美国约 3 万册，英国约 1 万册，其余各国数量未详。

② 主任为张伯苓，掌其事的副主任委员郭有守为时任教育部部长陈立夫秘书。

③ 据 1939 年 1 月 28 日郭有守致胡适函，委员会征集之图书，原拟由"教育部国际出版品交换处昆明办事处担任收掌与分发"，而参与单位中，并无平馆与央图，甚至并无一家图书馆。参见中国社会科学院近代史研究所中华民国史研究室：《胡适来往书信选》，691—693 页。

④ 参见李文洁：《二战前后中国争取海外图书援助的活动》，《国家图书馆学刊》2015 年第 3 期。

⑤ 李致忠主编：《中国国家图书馆馆史（1909—2009）》，130 页。

⑥ 李致忠主编：《中国国家图书馆馆史资料长编（1909—2008）》，347 页。

⑦ 北京图书馆业务研究委员会编：《北京图书馆史资料汇编（1909—1949）》，762—763 页。

⑧ 李致忠主编：《中国国家图书馆馆史（1909—2009）》，120 页。

⑨ 同上，118 页。

⑩ 同上，129 页。

⑪ 李致忠主编：《中国国家图书馆馆史资料长编（1909—2008）》，347—348 页。

美国罗氏基金会资助所购医学书籍，寄存贵阳、重庆、成都三地医学研究机构，并供其余相关单位使用①。

1945 年 6 月，平馆征集国内文理诸科论文 187 篇转交美国国务院，后多在权威期刊发表；并将茅盾、郭沫若、曹禺、老舍、张骏祥作品的英译本寄美②。

可以想象的是，平馆这种无私的奉献精神，必然引起社会各界极大好感，客观上也为平馆的发展争取了良好的舆论支持。

（四）不忘根本，因时（地）制宜

抗战期间，平馆所面临的形势极其严峻，然而馆内（尤其是南馆）日常业务仍次第恢复。如书籍采访、索引编制、阅览接待、书籍出版、《图书季刊》复刊等，均照原计划陆续进行，可谓不忘根本。

另一方面，平馆因时、因地制宜，重点完成了中日战事史料、西南文献、战后经济建设资料、中国外交史料、医学杂志及常用工具书的收集和搜采工作，丰富了馆藏的品种和类型，可谓失之东隅，收之桑榆。

从以上拉杂所叙四个方面，读者可以感知，在困境之中，平馆同仁及袁同礼先生是如何百计解难，为平馆呕心沥血的。这里要提醒读者的是：这一切成绩，主要是由南馆及部分办事处同仁——即袁先生能有效掌控的 30 余人——实现的。

抚今追昔，虽然今日我们已经具有国家图书馆的优越地位，并随着国力的增强而迅速发展，但居安思危，我们第一不可忘记昔日北平图书馆所经历的困境；此外，前贤在应对危局时的公而忘私与远见卓识，也仍值得我们感念与借鉴。

---

① 李致忠主编：《中国国家图书馆馆史（1909—2009）》，130 页。
② 李致忠主编：《中国国家图书馆馆史资料长编（1909—2008）》，317 页。

抗战时期国立北平图书馆文函中的"春秋笔法"析论①

梁葆莉

　　摘　要：抗战初期，以袁同礼为代表的部分国立北平图书馆人主张南下办馆，遭到中基会反对；袁同礼与各方力量的往来函件中，尽显《春秋》"志而晦""婉而成章"及"微而显"之风。此后成立的中日战事史料征辑会，在其《卢沟桥事变以来中日战事史料搜辑计画书（草稿）》等工作文函中，通过"《新华日报》"和"敌伪"等字眼，寄寓褒贬之情。抗战中后期，平馆馆务日渐困难，袁同礼的文函中仍不废"春秋笔法"，皆归于"惩过劝善"。周作人辞去伪馆长之函，亦得《春秋》"尚简""用晦"之法，含满腹心事。抗战后期，善本运美，袁同礼上报教育部的折呈中，全然《春秋》"简省"之法。

　　关键词：国立北平图书馆；春秋笔法；袁同礼

　　抗日战争的爆发，引起了中国社会的巨大变化，作为当时国家学术文化的重镇之一，国家图书馆②在血雨腥风的岁月里，与中华民族一起，走过了艰难的里程。留存下来的一些公私文函，成为我们进入历史深处的重要路标，仔细研读，我们发现，作为中国传统写作技巧的"春秋笔法"，在这些文函里有着巧妙的运用。

　　"春秋笔法"来源于《春秋》，又称"春秋书法""书例""义例""义法"等，其基本内涵是"春秋五例"，即以"惩恶劝善"为旨归，以"微而显""志而晦""婉而成章""尽而不污"为表达方式，以"尚简""用晦"为主要特征。"春秋笔法"对中国经学、史学、文学的发展产生了深刻影响，渗透到中国各个文类的写作过程中。有鉴于此，本文立足抗战时期国家图书馆的公私文函，分析其中"春秋笔法"的运用，探求"春秋笔法"背后所反映的复杂馆务问题，从而展示国家图书馆的知识分子在抗战时期的独特力量与言说方式。

---

　　① 本文为"国家图书馆馆史资料征集、整理与研究"项目中"中日战事史料征辑会资料整理与研究"课题的阶段性成果。

　　② 时称"国立北平图书馆"，日伪时期又称"国立北京图书馆"。

一、馆务南迁中的委婉不尽之笔法

卢沟桥事变之后，国立北平图书馆副馆长袁同礼率部分馆员南下，与长沙临时大学①合作，探求在战时继续发挥图书馆之功用。后临时大学南迁昆明，袁同礼欲随同赴滇，遭遇各方力量的牵制。往来其中的文函，成为我们触摸历史的一把钥匙；而对于文函中"春秋笔法"的分析，则可以切近地感受到国立北平图书馆在抗战岁月中的努力、抗争，以及无奈的屈服，更准确地进入历史的深处。

1938 年 1 月 24 日，袁同礼致函孙洪芬：

> 洪芬先生大鉴：临大当局既决定迁往昆明，关于图书之充实，要求本馆继续予以协助，曾有专函奉达，谅荷垂察。本日临大正式决议，由校中津贴平馆在湘同人赴滇之旅费壹千元，此外并担任书籍杂志之运费。顷与蒋、傅两先生商议，特致电尊处。电文为："同人旅费由校津贴千元，另付书籍运费，请核准。"此电想能寄到。执委会对于同人在临大服务既核准于前，此次临大移滇，自与解散不同，同人随同前往，谅邀同意。务请鼎力赞助，俾使各中之各项事业（见前寄上之油印报告）不致中断，无任感幸。临大现定下月初旬开始迁移，如本馆一同迁滇，则（一）书籍运费、办事地点以及同人住宿均由临大担任，本馆不费一文，而各项事业均可照旧进行。（二）本馆所订之专门期刊均可寄滇，香港一部分职员亦一同赴滇，此项刊物现为临大与中央研究院同人所需要，在战时对于学术界之贡献上亦甚大。又，同人在此对于复兴事业积极进行，国际间之联络始终未断，倘停止进行或职员遣散，则真无以自解。以上种种，深盼予以极大之同情，渡此难关，公私均感。②

此函大可玩味，缘其"春秋笔法"之运用。第一，此函言"执委会对于同人在临大服务既核准于前，此次临大移滇，自与解散不同，同人随同前往，谅邀同意"，实有"志而晦"之笔法特征。他自述率员南下属"奉命离平"，既是奉教育部之命，如今临时大学既移滇，馆中同人随同前往有何不可？点检当时文件，我们发现，六天以前（1938 年 1 月 18 日），中基会③执委会有决议："现派在长沙临时大学服务之北平图书馆一部分职员，应即回平办公。其旅费由馆方担任。凡不愿返平者，可给予三个（月）薪金遣散之。"④袁同礼此句，实针对中基会决议中"现

---

① 1937 年 9 月，北京大学、清华大学、南开大学南迁至长沙，组成长沙临时大学。

② 北京图书馆业务研究委员会编：《北京图书馆馆史资料汇编（1909—1949）》，484 页。

③ 中基会即中华教育文化基金董事会，是中美两国政府协议组建的管理第二次庚子退款机构，1929 年，该会与教育部合组国立北平图书馆，平馆经费多来自中基会。

④ 北京图书馆业务研究委员会编：《北京图书馆馆史资料汇编（1909—1949）》，480—481 页。

派在长沙临时大学服务之北平图书馆一部分职员，应即回平办公"而言。袁同礼既已奉教育部之命南下，如今事业未成，却要被召回北平，让人情何以堪？三天之后（1 月 21 日），中基会又召开会议，强调："袁副馆长得在南方职员中，派定二人或三人在沪，一人在港，二人在湘，办理结束事务，各事结束后，应查照执委会决议，返平服务。"① 中基会函中不但要求在湘馆员返平，还给出通牒"凡不愿返平者，可给于三个（月）薪金遣散之"，可谓严厉有加。袁同礼对之以"倘停止进行或职员遣散，则真无以自解"。袁同礼此函有针对性地回应中基会的两个决议，而又不直言无碍，语义隐晦，此乃《春秋》"志而晦"最典型的特点。

第二，袁同礼整通函中，主要还是委婉的基调，尽得《春秋》"婉而成章"之风。先说临大要求本馆继续协助，次说临大已决议负担本馆同人赴滇之旅费及书籍杂志之运费，后又说临大还担任本馆办事地点及同人住宿，还说随同临大迁滇，则本馆之各项事业均可照旧进行，最后说本馆所订之专门期刊为临大与中央研究院所需要，对战时学术界贡献甚大。步步递进，委婉得体，合理入情。随后，平馆表态，看似明确，然亦婉曲有深意。1938 年 1 月 30 日，平馆委员会②形成决议：

> （一）本会对于中基会继续维持北平图书馆之厚意，表示同意及感谢。（二）本会对于中基会议决之下列二案：1. 在本会未能在北平行使职权以前，由中基会授权司徒雷登先生负责维护北平图书馆。2. 在袁副馆长未返平以前，由王访渔、张允亮、顾子刚三人组织行政委员会，维持馆务。表示接受。（三）北平图书馆在北平部分之经常费应减至最低限度，由本会授权孙洪芬、袁同礼两先生负责核减。（四）在北平部分之购书费，应请查点中基会九月十五日之议决案及本会九月廿七日之建议，暂予保留。（五）为便利静生生物调查所继续研究起见，应将续订生物部分之西文期刊，改寄北平。

并建议：

> 1. 对于北平图书馆在湘之职员准予继续在临时大学服务，由馆支薪。惟此项薪水每月不得超过三千元。2. 续订之西文专门期刊除生物部分外，均暂存临时大学。③

这是国立北平图书馆对于馆务的正式态度及意愿，第一，"表示同意及感谢"，蕴含着诸多的无奈与纠结。战时艰难，馆务之财务，主要由中基会支持，中基会既不同意馆务南迁，国立北平图书馆也只好从之。"表示接受"，显然比"表示同意及感谢"满意程度更低。北平沦陷，由美国的司徒雷登维护北平图书馆，馆里的决策权不免要受到影响。平馆的"表示同意及感谢"和"表示接受"用语明确，对

---

① 北京图书馆业务研究委员会编：《北京图书馆馆史资料汇编（1909—1949）》，482—483 页。
② 平馆委员会主要由教育部与中华教育文化基金董事会合组而成，国立北平图书馆的各种决策实出于此。
③ 北京图书馆业务研究委员会编：《北京图书馆馆史资料汇编（1909—1949）》，504—505 页。

中基会决议的态度并不掩饰，稍作思考便能体会到，平馆如此稍有些情绪的态度，是为了后面的"建议"。

第二，平馆建议准予在湘职员继续服务，"由馆支薪"。国立北平图书馆馆务日绌，仍明确表示在湘职员"由馆支薪"，并表示薪水每月不超过三千元。言在湘职员之薪水，实言在湘职员的去留问题，可以说，此决议落脚点仍是委婉维持南方馆务，"文见于此，而起义在彼"①，最典型的《春秋》"微而显"笔法。

袁同礼仍向各方努力，1938 年 2 月 4 日，他致函蔡元培：

> 孑民先生钧鉴：前闻大驾抵港，深以为慰。中基会于上年十月间决议，下馆在湘同人（共 24 人）得在临时大学办事；所订之期刊，改寄长沙。近以司徒雷登由平抵申，对于馆事另有主张，爰有各项之决议案。惟平馆既为国立机关，国家之立场不能不顾，自与燕大、协和情形不同（已均悬五色旗）。既有临时政府，复有日本顾问，同人虽欲返平，但事实方面，在此环境中实无法做事。自接到此项决议案后，即送交委员会予以考虑。前由委员会拟定决议案六条随函附上，即希鉴核示知，俾有遵循为感。临大迁滇，补助同人千元，所有书籍由湘运滇之费，亦由临大担任。如能来港，当趋谒面陈。②

第一，"另有主张"，此为"志而晦"。中基会在袁同礼离平期间，派司徒雷登负责维护国立北平图书馆，馆事决议则"另有主张"，约言记事，意义幽深，典型的"春秋笔法"。第二，"惟平馆既为国立机关，国家之立场不能不顾，自与燕大、协和情形不同（已均悬五色旗）。既有临时政府，复有日本顾问，同人虽欲返平，但事实方面，在此环境中实无法做事"，历述国立北平图书馆今日面临之情形，对于临时政府、日本顾问这些沦陷区的情势，毫无隐瞒，直书其事，"直书其事，具文见意"③，特指那些非礼而动的事，此为《春秋》"尽而不污"之笔法。

袁同礼还争取中基会董事的支持，1938 年 2 月 8 日，袁同礼致函徐新六等三董事，说"来湘服务之同事皆富于国家思想，且勇于任事之人，到湘以来，成绩卓著。同礼既招之南来，此时如一律解聘（家属多在北平，但无人愿北返），使之失业，于人情事理难得其平"。他在信中也使用以退为进的婉曲策略："执委会嘱同礼返平服务一节，为个人计，极愿遵办，但恐于事业前途无何裨益。同礼为教育部任命之人，对于国家立场不能不坚守。倘届时临时政府加以委任或迫令悬五色旗应付环境，实感不易。至改进西南图书馆事业固所深愿，但须有专门人员相助为理，方易实现。倘在湘同人一律返平或解聘，则孤掌难鸣，亦无法进行也。"④ 袁同礼娴熟使用"春秋笔法"，一进一退，为维持平馆南方事务竭其所能。

---

① 《十三经》整理委员会：《春秋左传正义》，北京大学出版社，1999 年，18 页。
② 蔡元培、袁同礼：《抗日战争时期蔡元培袁同礼来往信札》，《图书馆学通讯》1985 年第 3 期。
③ 《十三经》整理委员会：《春秋左传正义》，19 页。
④ 北京图书馆业务研究委员会编：《北京图书馆馆史资料汇编（1909—1949）》，525—526 页。

最终，西南联大为这场角逐加上了砝码。1938 年 2 月，蒋梦麟、张伯苓、梅贻琦三校长致电中基会董事会。"前允平馆同人在湘服务，全校师生同深感荷。兹敝校迁滇，务请继续协助。事关学术合作，即乞惠允电覆。"① 1938 年 3 月 4 日，中基会通过决议，准予国立北平图书馆在湘职员，在昆明服务至 1938 年 6 月底。1938 年 5 月 14 日，教育部指令平馆开展馆务："该馆应迁昆明继续工作，并应与西南各教育机关取得密切联络，以推进西南文化。"② 1938 年 5 月，国立北平图书馆在昆明设立办事处，平馆在南方的馆务，就此得到认可。在这场多方力量的较量之中，袁同礼与国立北平图书馆在文函中使用"春秋笔法"，表达出丰富的意味，成为南迁事件中颇为重要的细节。

二、褒贬自见：征辑会文函中的《新华日报》与"敌伪"材料

抗战爆发后，1939 年，国立北平图书馆与国立西南联合大学合组中日战事史料征辑会，其征集启事为：

> 本馆经多年努力，悉为国家文献之总汇，职责所在，未敢后人，故勉力从事于此，并广求社会人士，予以协助，随时随地将搜得之抗战史料，寄赠本馆分类编藏。倘我政府他日能以各部院、各委员会及军事机关所藏具有历史性之档案，悉交付本馆保存，以便集中庋藏，尤厚望焉。③

可以看出，本会旨在搜集资料，从以上启事之文意推测，其立场似是客观、中立的。工作内容"主要为增加研究设备、补充庋藏及扩大征求、充实整理及编印刊物"④，似亦为纯粹搜集史料。

若进一步，则可以看出征辑会的"微言大义"来。《卢沟桥事变以来中日战事史料搜辑计画书（草稿）》保存计划的第一条，有"选购重要日报（如上海汉口香港重庆的《大公报》，南京长沙重庆的《中央日报》，汉口重庆的《新华日报》，日本大阪《每日新闻》编印本等）杂志（如文摘、时事类编等）等，自二十六年七月起，整份或整部，装订编号，妥为保存，以备检查。（西文报纸另见）"⑤这里所说的"重要日报"，特别提及《新华日报》，便大有深意。

抗战期间，在政府眼里，《新华日报》基本一直处于被质疑、监视与压制之中。早在 1938 年 8 月 15 日，西安行营政训处拒绝新华日报社设立分社，其理由是"窃

---

① 北京图书馆业务研究委员会编：《北京图书馆馆史资料汇编（1909—1949）》，527 页。
② 同上，601 页。
③ 中日战事史料征辑会：《中日战事史料征集启事》，《中华图书馆协会会报》13 卷第 5 期。
④⑤ 《国立西南联合大学国立北平图书馆合组中日战事史料征辑会二十八年度工作计画（草案）》，国图档案—1939—54—综合 20—001。

查该报言论不当，影响统一，早为国人所反对，倘任其向西北发展，必将此起纷扰，加重文化工作之困难"①。1939 年 1 月 9 日、1 月 31 日、10 月 19 日、10 月 28 日，蒋介石数次致中宣部或新闻检查局，严厉批评《新华日报》"揭载不正确之消息"等行状，尤以 11 月 10 日最为严厉："查该报近来言论如此悖谬，殊属不合。"② 1939 年 6 月，《新华日报》宜昌分销处被查封，负责人被捕③。

　　《新华日报》于被监视之中，一直向当局申诉。1938 年 1 月，新华日报馆遭受汉奸匪徒捣毁，新华日报社社长潘梓年致函中央宣传部，恳求彻查严办，并予保护。④ 这种努力一直持续。1941 年 2 月 3 日，新华日报社致中央宣传部呈，"案查本报发行三年以来，各省县市时有禁阅、禁贩、邮扣等事，本社已屡提抗议，而今则发行地之陪都宪兵警察拘禁殴辱报贩报差，没收报纸，日有所闻，近更变本加厉，竟有奸徒假借名义，责难派报业职工会，不应推销本报，此其一。本月一日深夜之间，便衣三五，在本报社址附近，检查本报交通，百端留难，使中央社稿件过分延迟到达时间，以阻碍编制，此其二。本报工作人员出入时，遭不三不四人追踪，而最奇者，追随本报报差送达报纸登记订户住址。并勒令交出订户姓名，百端骚扰，使报差麻烦，读者愤怒，此其三。窃陪都为抗战首都，本报乃合法报纸，青天白日之下竟有些宵小鬼蜮之辈蔑视法律，罔知廉耻，施行各种奸计，以图破坏本报之发行。倘令此种不法行为长此滋长，则首都庄严之地必为城狐社鼠之场，岂独本报身受其害，实国家纲纪受其摧残，是以未能默尔不言。除分呈外，理合备文呈请大部察核，准予明令分别制止，并乞依法保护，以维法纪而保首都之庄严。"⑤ 1941 年 2 月 5 日，潘梓年又致国民党中宣部呈："案查本报发行不独为出版法及一般法令所允许，而实因两党团结抗战为政治所保障。惟三年以来，本报所遭受编排发行之障碍，均非法律政治所能容忍，但以抗战第一，团结第一，本报每于无可容忍之时，除依法呈请制止和保护外，莫不委曲求全，以维大局。乃我欲求全而人则亟图破坏，言论方面检扣删改，超出检政，日必数起。"⑥ 其情足以动人。

　　尽管如此，国民政府对《新华日报》的定位更为苛责：

　　　　为中共机关报，罔顾国家民族之利益，惟为篡夺政权而宣传。其一贯之宣传伎俩在悉力企图引起国人对我中央之恶感，争取国人对彼党之同情，其所报道所发言论每多诋毁政府措施，中伤军政当局，暴露我之缺陷弱点，夸张彼之政绩战功，此种稿件平均每日百余件，其中不遵检或不送检者约占五分之一。

　　①　中国第二历史档案馆：《民国档案史料汇编》第五辑第二编，文化（二），江苏古籍出版社，1998 年，511 页。

　　②　同上，513 页。

　　③　同上，516 页。

　　④　同上，505—506 页。

　　⑤　同上，507 页。

　　⑥　同上，508 页。

而每遇有关重大事件者，必不惜违检或不送检，以求刊出，遇有扣报处分，则不顾一切，不择手段，甚至印两种版，以图发行。最近一年以来，彼党阴谋日趋积极，跳梁情形亦益加甚。本局秉承上峰之意旨，于维护抗建与顾全大局两重任务，兼筹并顾之下，缜密检查，审慎将事，务使重大不妥之稿件，不再刊布流传。①

当我们对抗战时期《新华日报》的地位和影响有较全面的了解之后，我们发现，《新华日报》是一份经当局许可，但又遭排斥打压的中共机关报，中日战事史料征辑会将之圈定为收集史料的"重要日报"，实包含了对《新华日报》的肯定。不仅如此，征辑会提到的《大公报》，也是曾受政府压制，"该报违检刊载'看重庆念中原'一项社评，暴露政府救灾弱点，并抨击政府限价政策，经奉令予以停刊三日处分"②。而《大公报》在征辑会看来，也是收集抗战史料的重要来源之一。

征辑会提到中共报纸，并非泛泛之语，而是有相当程度之交往。1938年至1939年间，北平图书馆昆明、重庆办事处就与重庆新华日报社建立了业务联系。袁同礼就征辑解放区史料，与第十八集团军早有联系，对方亦有回应。1939年2月21日，延安解放社致函平馆昆明办事处寄赠文献。3月16日，第十八集团军重庆办事处周怡函复袁同礼，表示已告诉延安方面，将有关抗战文献直寄昆明。1939年4月3日，延安新华书店致函平馆，并寄赠《解放》《中华》和《新华日报》。1939年7月17日，第十八集团军重庆办事处寄赠周恩来交下的数十本书，内含《新华日报》。

正因有互相之交往与了解，征辑会才会将《新华日报》和《大公报》等列入史料征集来源，不仅如此，在战区划分一览，还特设"第八路军与抗日战争"，又细分为："（1）第八路军的成立与共赴国难。（2）自陕北到晋绥抗日战争。（3）平型关战记。（4）第八路军与游击战术等。"③作为征辑会的计划书，没有议论，没有直接阐述立场和观点的，却将征辑会的立场和价值判断蕴于其中，这就是《春秋》的"微言大义"，蕴含褒贬之意。

在征辑会的文件中还能看出"春秋笔法"来。在战区划分一览，在平津战区史料汇集中，特设"平津的伪组织"，"凡关于伪组织的记事，如：（1）敌人利用间接统治的各种计画。（2）汉奸小传。（3）伪组织成立后的叛国设施。（4）其他等，均入此项内。"④另外，《计画书》特提出"汪精卫的主和——主和言论与国人的反应"⑤，也是不避汪伪政权。《工作报告》提到搜集工作，单列"敌人汉奸之宣传品"⑥。《国立北平图书馆征求海外抗战史料说明》特别指出"敌人及汉奸之宣传品

---

①　中国第二历史档案馆：《民国档案史料汇编》第五辑第二编，文化（二），江苏古籍出版社，1998年，504页。

②　同上，488页。

③④⑤⑥　《国立西南联合大学国立北平图书馆合组中日战事史料征辑会二十八年度工作计画（草案）》，国图档案—1939—54—综合20—001。

（包括日本使领馆发表之文字及敌人在国外之宣传品）"①，数次提到"伪组织"，可谓"尽而不污"，其褒贬之意不言而喻。

卢沟桥事变之后，日军一方面展开大规模攻势，一方面实施"以华制华"的方针，在华北沦陷区加紧扶植伪政权，其用心非常险恶。1937 年 9 月 6 日，日本华北方面军参谋长冈本直三郎少将在给喜多诚一的训令中指出："关于建立华北政权的准备，应当暂时先行建立统治现在及将来我军占领地区内中国方面各种机关的政务执行机关，并且尽可能指导此等机关成为将来华北政权的基础。"② 日本的殖民野心可见一斑。1938 年 9 月 22 日，日伪色彩的"中华民国政府联合委员会"成立，伪《实报》如此报道："具有历史意义之中华民国政府联合委员会，昨日（22）正午于南海勤政殿隆重举行典礼，除王克敏氏以下该会全体委员外，日华文武官员及各界来宾，共到千余人，济济一堂，于军乐悠扬中，盛仪开会，全体向国旗行三鞠躬礼，全体委员登台，宣告成立。王主席朗读宣言，嗣汤尔和、梁鸿志及寺内司令官代表等相继朗读祝词后，并宣读中外各地之祝电。至午后 1 时许，盛会闭幕。"③ 为今人所不齿的日伪政权，在当时并非无人响应，即"汉奸"活动。被日本操作的伪临时政府内部，渐渐也出现分化，1940 年 3 月 30 日，汪精卫伪国民政府在南京成立，散布日本殖民理论，发布亲日言论，网罗各派亲日人士……这些活动，都是中华民族抹不去的阴影，分门别类，有条不紊地整理、编辑伪组织的活动资料，使之留存，则我后世子孙或多重反省，以资镜鉴，这就是征辑会的识见，"尽而不污"的笔法中寄寓着《春秋》"惩恶劝善"的旨归。

三、沦陷时期的馆务——袁同礼的惩劝之情与周作人的难言之隐

北平沦陷后，国立北平图书馆的业务工作也受到影响。1937 年 12 月 4 日，伪北京地方"维持会"训令："兹经本会议决，请桥川时雄顾问兼任北京图书馆顾问，除函达外，合令该馆知照。此令。"④ 北平图书馆正式被日伪组织接管。沦陷时期的平馆，其文函中的"春秋笔法"更值得体悟。

1938 年 4 月 28 日，身在南方的袁同礼致函平馆留平员工：

同人公鉴：司徒先生来港，欣悉馆务照常进行，同人均安，远道闻之，深以为慰。当此非常时期，本馆对于国家应有贡献。北平虽处特殊环境之中，应付诸感困难。但同人不应以维持现状为满足，而宜放大眼光，忠诚服务。盖文

---

① 《国立北平图书馆征求海外抗战史料说明》，国图档案—1939—54—综合 20—001。
② ［日］臼井胜美：《日中战争の政治进展》《太平洋战争への道》（4），朝日新闻社，130 页。
③ 《实报》，1938 年 9 月 23 日。
④ 李致忠主编：《中国国家图书馆馆史资料长编（1909—2008）》，299 页。

化事业自有其永久性也，港、滇同人从事复兴工作，赖国际同情之助，已获有极大效果。故本馆一方面为国家保存重要文献，一方面协助全国图书馆积极复兴，职责重要自不待言。允宜分工合作，共同努力，俾能完成使命，为新中国文化事业树一永久基础。唯念敷衍了事为国人之通病，因循苟且为事业之障碍，此次经非常之变，亟应彻底觉悟，痛改前非。此则区区微意，愿与同人共勉者也。中基会昨日在港开会，对于平馆事业继续维持，除请司徒先生报告一切外，特此函达。即希台察为荷。①

第一，"不应以维持现状为满足"，实有所指。1938 年 1 月 18 日，中基会执委会在上海召开会议，"议决继续维持北平图书馆。"② 1938 年 3 月 11 日，平馆委员会议决，"本委员会认为在平馆址中之保守及维持日常阅览事项有维持之必要，应由教育部及中基会妥商办法"③，袁同礼函中未明说以上两处决议，但"维持现状"实出于此，将不尽满意之情含蕴其中，颇有"婉而成章"之含意。

第二，"故本馆一方面为国家保存重要文献，一方面协助全国图书馆积极复兴，职责重要自不待言。允宜分工合作，共同努力，俾能完成使命，为新中国文化事业树一永久基础。"此话也是大有深意。两个"一方面"，一指平馆，一指南馆，各有侧重，履行各自使命。通过上文的南迁风波，我们知道，中基会对于平馆的昆明馆务颇多异辞，一度要求撤销。1938 年 3 月 31 日，袁同礼致函王访渔等，"连日与孙先生商下年度预算事，据云董事中主张紧缩者颇不乏人，将来如何决定尚难预料"，此处将平馆和南馆的作用并行罗列，可谓最有力的回应，实为"用晦"之道，"然章句之言，有显有晦。显也者，繁词缛说，理尽于篇中；晦也者，省字约文，事溢于句外。然则晦之将显，优劣不同，较可知矣。夫能略小存大，举重明轻，一言而巨细咸该，片语而洪纤靡漏，此皆用晦之道也"④，袁同礼此处，即以"一言""片语"点出了复杂的馆务问题，深得《春秋》之风。

第三，"惟念敷衍了事为国人之通病，因循苟且为事业之障碍，此次经非常之变，亟应彻底觉悟，痛改前非。"并非危言耸听。当时馆务困难，诸事不易。1938 年 4 月 13 日，王访渔致函袁同礼，汇报馆务："本馆用款自当极力紧缩，但物价日来逐渐高涨，对于具体办法，势难预计。"⑤ 更严重的是，一些馆员消极工作，实令人心痛。袁同礼对此现象态度相当严厉，"职员请假者仍嫌过多，拟请严格取缔，俾重馆务"⑥。1938 年 3 月 31 日又在致王访渔的信中说道："但无事可作之人或成绩毫无、无志进取者，亦不妨予以甄别，或自四月份起发薪三月，解除职务或在他

---

① 北京图书馆业务研究委员会编：《北京图书馆馆史资料汇编（1909—1949）》，584—586 页。
② 同上，480—481 页。
③ 同上，550—551 页。
④ （唐）刘知几：《史通》，辽宁教育出版社，1997 年，52 页。
⑤ 北京图书馆业务研究委员会编：《北京图书馆馆史资料汇编（1909—1949）》，579—583 页。
⑥ 同上，591 页。

处为之设法，一切责任由弟担负"①。1938 年 5 月 4 日，袁同礼致函王访渔等，再一次提及约束馆员："中基会对于本馆既决定维持，此后对于馆员之工作及私人道德拟请特别注意。盖图小利者往往进退失据，偶一失足，则不易得各方之谅解。弟虽知处境不无可原，但亦爱莫能助，此中困难想同人可以明瞭也。"② 直至 1940 年 2 月 5 日，袁同礼仍在严格督促馆务："近查各部组寄来报告，工作松懈，殊难令人满意（如编目部虽述明编书若干，但在庋藏组入库报告内并无记载），嗣后务请行政委员会随时督促，严密稽核。凡工作不努力者，可随时予以淘汰也。"③ "惩恶劝善"为"春秋笔法"之旨归，袁同礼屡屡鼓励员工积极进取，警戒怠惰馆员，严责馆务松懈，其"惩过劝善"的精神追求跃然纸上。

如果说，抗战前期，平馆在袁同礼"责之切"的函件督促下，勉力而行；抗战后期，平馆被日伪政权接收，磨难自是不可避免了。1941 年 11 月 11 日，伪华北政务委员会教育总署训令第 1982 号，核发《管理国立北京图书馆暂行办法》，规定教育总署对国立北京图书馆的领导。1942 年 1 月 2 日，伪教育总署接收平馆，改名为"国立北京图书馆"。1942 年 4 月 14 日，周作人以"教育总署督办"兼任"馆长"，伪教育总署指派王钟麟为秘书主任，主持馆务，综揽事机。

1943 年 2 月 3 日兼馆长周作人辞职，秘书主任王锺麟连带辞职，其辞职信很简短：

> 窃自上年四月，膺受简命，半载以还，兢兢从事，幸无陨越。惟以身任政务，馆事殷繁，实觉未能兼顾。拟恳钧署特呈华北政务委员会，准予辞去兼代国立北京图书馆馆长一职，另简贤能接替，以重职守。理合具文呈请鉴核施行。④

寥寥百字，但蕴含无尽心事。抗战时期，周作人虽是反面人物，但他的文字亦含"春秋笔法"。

一方面，"膺受简命"，纯粹"尚简"，但实在是满腹心事。1938 年，知识分子纷纷南下。此年 8 月 4 日，胡适寄白话诗给周作人，表示劝勉南下的意思。1938 年 9 月 21 日，周作人写白话诗一首作答："老僧假装好吃苦茶，实在的情形还是苦雨，近来屋漏地上又浸水，结果只好改号苦住。晚间拼好蒲团想睡觉，忽然接到一封远方的话，海天万里八行诗，多谢藏晖居士的问讯。我谢谢你很好的情意，可惜我行脚却不能做到；并不是出了家特地忙，因为庵里住的好些老小。我还只能关门敲木鱼念经，出门托钵募化些米面，老僧始终是个老僧，希望将来见得居士的

① 北京图书馆业务研究委员会编：《北京图书馆馆史资料汇编（1909—1949）》，575—576 页。
② 同上，592—593 页。
③ 同上，708—709 页。
④ 李致忠主编：《中国国家图书馆馆史资料长编（1909—2008）》，351 页。

面。"① 留在北平的周作人，如何一步步走到伪组织官员的路上去？他在《知堂回想录》中说："民国廿六年（1937）7月以后，华北沦陷于日寇，在那地方的人民处于俘虏的地位，既然非在北平苦住不可，只好隐忍的勉强过活。头两年如上两节所说的总算借了翻译与教书混过去了。但到了廿八年元旦来了刺客，虽然没有被损害着，警察局却派出了3名侦缉队来住在家里，外出总也跟着一个人，所以连出门的自由也剥夺了，不能再去上课。这时汤尔和在临时政府当教育总长，便送来一个北京大学图书馆长的聘书，后来改为文学院院长，这是我在伪组织任职的起头。"② 1964年7月18日，在给鲍耀明的通信中，周作人表述自己出任伪职："关于督办事，既非胁迫，亦非自动（后来确有费力气去自己运动的人），当然是由日方发动，经过考虑就答应了。因为自己相信比较可靠，对于教育，可以比别个人出来，少一点反动的行动也。"③ 周作人走入伪组织，是一个非常复杂的话题，今天仍然难以尽数分析明白。于周作人而言，担任"国立北京图书馆"馆长一职，并不算大事。1940年11月，时任教育总署督办的汤尔和去世，时任伪北大文学院院长一职的周作人顺势进入日伪政权的角逐场，这中间有多少权衡、挣扎、彷徨，皆隐没在"膺受简命"的笔法之后。

第二，"馆事殷繁，实觉未能兼顾"，则是"用晦"，"未能兼顾"并非仅仅因为"馆事殷繁"，实有难言之隐。1942年10月，王钟麟致函周作人：

> 钟麟前奉钧长九月二十三日委令，内开"兹委任王钟麟兼任本馆存沪图书保管处主任，克日前往设立并视察实际情形，拟具运回办法及运费概算回馆报告，以凭核办。此令"等因，奉此遵即于九月二十九日南下，十月一日晨抵沪。即日召集留沪职员钱公垂、李芳馥、李耀南、陈贯吾等谈话，传达钧长维护馆务及图书之意旨，并将各该员委任令分别给发，嗣由各该员引导视察存书实际情形。存沪各书现在分存两处。（一）中国科学社明复图书馆地下室存有西文书不足一万册，大体均系英、德、法等文整套科学杂志及学术团体学报等。（二）法租界汶林路民房内存有中文书一百四十九箱。因其中一部分书籍经前馆长选送美国若干册，非经整理不知得其确数。即嘱留沪馆员一俟启运改装时，顺便编制草目，以凭查点。以上为视察存书之实际情形也。至于启运北上，尚须得宁、沪两地友邦各机关之同意。比经钟麟与各方面接洽，多方折冲，均获表示赞同。随又与国际运输方面接洽，所有包装运输事宜，悉委托其办理。预定分两批运回。第一批为中文书籍，原有箱只略经整理即可启运，约于本月底事下月初即可运送到馆。第二批为西文书，须添制箱只始能启运，至迟于下月底亦能到馆。此运回办法之大概情形也。又制箱运输及一切费用经精

① 张菊香、张铁荣：《周作人研究资料》，天津人民出版社，1981年，130—131页。
② 朱正：《周氏三兄弟》，东方出版社，2003年，276页。
③ 鲍耀明：《周作人与鲍耀明通信集》，河南大学出版社，2004年，257页。

密计算，共需六万五千元。其详细节目容另编制概算书呈候核夺。①

存沪之书运回北平，北平已为日本控制，运回的后果如何？1942 年 10 月 16 日，周作人致函中国科学社，拟将平馆原存各书运回。"即派留沪馆员钱公垂、李芳馥、李耀南、陈贯吾等四人随时与贵社商洽装运事宜。除派秘书主任王钟麟面洽外……"② 1942 年 12 月 20 日，中国科学社致平馆昆明办事处，说明"国立北京图书馆"欲取回平馆在沪存书，"该馆秘书主任王钟麟君偕同华北兴亚院水川、政务委员会臼井、上海军部冈田曾来社接洽接收该馆图书事宜"③。由此可见，作为伪"国立北京图书馆"的馆长，这个名衔并不是白挂的。这两桩事，周作人、王钟麟均参与其中，在将国家民族典籍送入毁灭之路上，周、王二人脱不了干系，这样的"馆事"，实不是一个"殷繁"所能概括。不得不承认，周作人的笔法隐晦得实在很有功力，"汉奸"是政治立场和道德层面的评判，但他的笔法亦承《春秋》之旨。

四、善本运美——袁同礼自述的曲折笔法

1933 年，教育部辄指示平馆善本南运。1941 年时，上海情势日紧，存沪善本危急，袁同礼思欲运美保存。其运送过程一波三折，钱存训先生已有叙述④。另，存于第二档案馆 1942 年 11 月 14 日教育部部长陈立夫致行政院孔祥熙的折呈，其中基本上全文引述了袁同礼对运美过程的叙述，袁同礼自叙笔中含情，且有深意，颇可体味。

袁同礼 1942 年 10 月 27 日密呈教育部的文字：

> 窃职于上年一月，奉令前往港沪办理移运馆藏善本书籍，送往美国保存；当时以书存上海法租界震旦博物院，由法租界移运大批箱件，每有被阻之虞。且海关既由敌伪把持，码头左近，更多间谍耳目，一经惹起宵小注意，势必发生安全问题，为此频与有关系之方面，密商妥善运法，以策万全。嗣又奉令与美国大使先后接洽，拟将是项书籍，作为中国政府暂行借与美国政府，由美国派人在沪接收，即由该国运输舰自行装运。职当即詹森大使接洽，由詹大使电商美国国务院，由该院训令上海美总领事负责协助，惟该总领事要求必须先由法租界移至公共租界，又必须江海关发给出口允许证，方肯代运。爰于三月间将上项存书分批秘运移入公共租界之美籍仓库，同时并向总税务司商洽手续，

① 北京图书馆业务研究委员会编：《北京图书馆史资料汇编（1909—1949）》，785—787 页。
② 同上，761 页。
③ 同上，759—760 页。
④ 同上，1334—1336 页。

总税务司于五月间始行奉到财政部训令饬令发给出口允许证，免验发行。乃此项允许证向由江海关填发，一经总税务司行文转饬难免泄漏，且码头工人多被敌伪收买，骤见大宗箱件出口，难免检票阻止。总税务司以此为虑，故尔再三劝阻，属为另策万全。此中经过情形，迭经电文呈报在案。嗣又奉钧部转下孔副院长手谕，属为分批先运香港，再由马尼剌转运美国，惟由沪运港，仍须向江海关申请出口允许证，方能启运，总税务司既已爱莫能助，职不得已转与中国旅行社负责人密商，作为职馆在沪新购书籍，籍送美国，委托该社分批代运，冀以掩饰敌伪注意，减少被扣危险。但化整为零，手续较繁，需时较久，直至上年十月初旬，分作十余批之存书，始获全部运毕，共计分装 101 箱，均由驻美大使转交美国国会图书馆代为寄存。此项运出善本，均以宋元明刊本及名人抄本校本为限，其较次之清刻善本，时间不及装运，本年四月经辗转托人设法，从原寄存之美仓库，分批运至法租界私人住宅，化名寄托，由职馆留沪职员妥为料理处置，均甚秘密，今后谅不至有意外危险。其业经运美之书目，原已编写同样四份，二份随书带美，一份存沪，一份由港转渝，以供呈报钧部，不意原件甫经带至香港，即遭沦陷；拟恳稍假时日，再行设法抄录正本，补呈备案。其运美费用，前蒙钧部拨给美金三千元，当时因承运之轮船公司American Presidentites 未能将抵美后之各项费用预为确定，故将该款全数付交该公司，订明缺则补给，多则缴回。嗣据函报，沿余美金六百零二元二角五分，业由钧部令准留充职馆增购书籍之用。此项运费单据，现存香港金城银行保险库内，只可俟交通恢复再行补报。所有职馆善本藏书运美保管之经过情形，理合先行呈报钧部鉴核备案。①

此呈文不足千字，但个中胸臆，尽藏笔端。

首先，两个"奉令"，实为曲笔。第一个"奉令"，秉承《春秋》正名思想，直接指出运美之事乃"奉令"而为。袁同礼并非虚言，确有政府训令。1941 年 3 月 19 日，陈立夫致孔祥熙，教育部致行政院密呈："顷据国立北平图书馆馆长袁同礼电称：该馆存沪善本书图书已被敌伪侦知，意图掠夺，现已由该馆长亲赴上海与美方再三接洽，始得设法全部移出原存地点，共装百箱，决计运往美国暂存，运费共需美金三千元，请赐核拨，并请转电商财政部转知总税务司准予免验放行等情。据此，查该馆善本书籍，早为敌伪垂涎。现闻敌方正图劫取运往北平。该馆为保全国家文物起见，急待运出，以免散失，所请拨款及电税务司放行各节，事实紧急，亟待示复，免失时机，敬请核准为祷。"② 3 月 22 日，行政院紧急密令财政部"照拨该部转发应用，并饬税务司免验放行为要"③。政府不但肯定运美之举，而且还

---

① 中国第二历史档案馆：《民国档案史料汇编》第五辑第二编，文化（二），604—605 页。
② 同上，603 页。
③ 同上，603—604 页。

拨款相助，并准予免验出关。此处"奉令"二字，有凭有据，平馆内外各界人士为这 102 箱善本书籍的付出与努力，便有了最为合理的名分，我们在感叹袁同礼千钧笔力的同时，亦不由得叹服"春秋笔法"的生命力。

第二个"奉令"，秉承《春秋》"用晦"笔法。袁同礼仅言"奉令与美国大使先生接洽"，并未点明奉谁之令。1940 年 12 月 20 日，任鸿隽给胡适信中说："守和近来想把平馆的善本书搬到美国去存放，此事想你早已接头了。至于此事能否办到，我个人很有疑问。不意守和到渝后病痎数日，竟大发狂疾，立心要来美国替图书馆募捐。我们现在正尽力设法不让他真正上美国去。"① 严格地说，运往美国的想法，主要始于袁同礼本人，为了这批存沪善本书的命运，袁同礼可谓日思夜想，以至忧思成疾，惹人非议。袁同礼与任鸿隽来往频繁，岂能不知任氏上述看法？任氏尚且如此，旁人更不知如何臧否？当袁同礼追忆往事时，很果断地隐藏自己实为善本运美的最初构想者，只以"奉令"蔽之。另外，又是谁奉令？1940 年 12 月 12日，翁文灏致胡适信："关于北平图书馆书籍运美事接洽各情形，已转告洪芬兄。洪芬兄现已由渝返沪，如美总领事奉命接洽，当可就近办理。袁守和兄迩来精神病大发，议论乖谬，举动失常，昨日来弟处相晤，声言即将去美一行，以中国政府代表名义募集款项云云。除由此间友人设法劝阻外，彼如有所接洽，或竟前往美国，务希特予注意为荷。"② 翁文灏提到赴渝与美国大使接洽，返沪又与美总领事商谈的人是孙洪芬，当然，袁同礼肯定也参与其中。而当时，在翁氏眼里，袁同礼议论乖谬，举动失常，不知是否有夸大之处。但结合上面任鸿隽的议论，袁同礼当时状态定然不好。一年之后，袁同礼回首旧事，亦很果断地隐藏与美方交涉的各种细节，也就少了是非争端，纯然《春秋》用晦之高手。

其次，运送过程本来非常复杂，而袁同礼的叙述相当简要，深得《春秋》"用简"之法。此折呈说，1941 年 3 月与总税务司商洽手续，5 月时，得出口允许证，总税务司恐消息泄漏，劝平馆另寻良策，寥寥数句，省略了个中来往交涉。1941 年5 月 20 日，袁同礼致函胡适："梅乐和君不肯发给出口放行证，确是好意，当即电部请示，奉陈部长来谕嘱仍继续接洽，并亲致梅氏一函，嘱予转寄。政府既具决心，则吾人今后必须改变方式方能启运。"③ 当年 5 月下旬，王重民致函胡适，表示上中下三策，均未能实现，书未能运出上海。之后，7 月 15 日，袁同礼致函胡适："有三兄返美，想已将沪上一切情形向公详为报告。今后运书事自应改变方式，始能实现。"9 月 12 日，袁同礼仍在与胡适的来往信函中讨论此事："渠盼尊处能获得美政府若干之援助，倘国务院能发一电致罗君，则采用此种办法更觉妥当。"④此事仍然未能进行。

---

① 中国社会科学院近代史所中华民国史研究室：《胡适来往书信选》（中），763 页。
② 同上，758 页。
③ 同上，774 页。
④ 中国社会科学院近代史所中华民国史研究室：《胡适来往书信选》（中），780 页。

　　袁同礼陈述，还略去了另一个重要背景——国立中央图书馆①当时也在大力搜购善本古籍，并积极策划外运保管。国立北平图书馆与国立中央图书馆，在当时的确存在竞争关系。1941 年 7 月 15 日，袁同礼在给胡适的信中说："教部前拨付之运费美金三千元，近忽有部中同人（社会教育司）主张将款收回，移作他用。"② 显然指的就是中央图书馆。可以想见，袁同礼与蒋复璁之间关系也是不睦。1941 年 2 月 6 日，郑振铎致函蒋复璁："袁某在港，扬言欲破坏此事（中央图书馆大力购买善本古籍之事），不知是何居心。"③这的确有原因，中央图书馆是一个发展非常迅速的馆，1941 年 3 月 19 日，据郑振铎说："所不及者，惟宋、元本及明代方志部分耳。其他'经''子'部分，大足并美，'史'（除'方志'外）、'集'二部，尤有过之无不及。"④作为国立北平图书馆馆长，焉能不焦急？

　　中央图书馆善本良多，也欲通过胡适存于美国国会图书馆。1941 年 9 月 11 日，郑振铎致蒋复璁信中说："如果内运困难，似只有照原定办法，托适之先生向国会图书馆商'借藏'之途矣。"⑤郑几乎每次致蒋信中都提到运美之事，直到 1941 年 10 月 17 日，仍嘱"此刻时局将急转直下，运美货以立运为宜"⑥。蒋复璁本人也是主张运美保存的。1941 年 10 月 15 日，教育部密呈孔祥熙信中引述蒋复璁话："已决定先由沪设法运港，再由港运美，以数量过多，无法内运，且即能运入，保藏亦属不易，故已托驻美大使馆与美国国会图书馆接洽，代为保管，俟战后运归。"⑦同样的紧张战局之下，同样收藏古籍善本，一样的运美计划，蒋复璁与袁同礼的处境迥然不同。1941 年 11 月 10 日，吴光清、王重民致胡适信中说："阅守和先生致先生信，知北平图书馆于伊个人方面，已万分窘迫，而所以致此，中央图书馆蒋璁聪君处处作对，为其重要原因之一。守和先生致光清、重民信中，道及向教部请款不成，乃为蒋君所破坏。三年以来，教部及英庚补助蒋君已逾一百五十余万元，而郭任远先生闻近又向罗氏基金会代蒋君请求三万美金。"⑧除却信中的情感色彩，袁同礼的处境可见一斑。

　　最后，运送结果，叙述非常简省。通过中国旅行社代运，化整为零，秘密运出。中央图书馆背后有强大的支持，最终也未将善本运出。袁同礼的艰辛可想而知，但他轻描淡写。陈立夫在引述完袁同礼的陈述后再说："查该馆长于去年一月奉令前往沪港办理移运馆藏善本书籍，送美保存，在敌伪严密监视下，不辞辛劳，不畏险阻，卒能多方设法完成任务，其忠勇为国之精神，殊属难能可贵。除由部嘉

---

　　① 国民政府定都南京后，1928 年，国民政府大学院在南京召开全国教育会议，决定在南京筹办国立中央图书馆，1933 年 4 月，教育部委派蒋复璁为国立中央图书馆筹备处主任，经费由交通部、教育部拨放。抗战爆发后，停止开放，奉命西迁。1940 年 8 月，国立中央图书馆正式成立，蒋复璁为首任馆长，在教育部与中英庚款董事会的鼎力支持下，收购大量民间古籍善本，发展迅速。
　　② 中国社会科学院近代史所中华民国史研究室：《胡适来往书信选》（中），779 页。
　　③④ 沈津：《郑振铎致蒋复璁信札（上）》，《文献》2001 年第 3 期。
　　⑤⑥⑦ 沈津：《郑振铎致蒋复璁信札（中）》，《文献》2001 年第 4 期。
　　⑧ 中国社会科学院近代史研究所中华民国史研究室：《胡适来往书信选》，783—784 页。

奖外，理合将该馆善本藏书运美保管经过情形，转报钧座鉴核备案。"① 官方的评价也算是给这段艰难的转移一个正式的定位。

袁同礼的陈述秉承"春秋笔法"，将善本书运美过程中自己的焦虑、痛苦、冲突，以及国立北平图书馆善本书所经历的磨难，蕴藏在简省、隐微的笔墨之后，留给后人无尽的思索。

作为一个有着深厚积淀的文化机构，在硝烟弥漫的时代里，书写着不屈的民族精神。在纷乱的时代里，国立北平图书馆的人们，紧握毫管，字斟句酌，与各方力量周旋，在文函写作中自然承继了"春秋笔法"这种中国传统的写作技巧，为后世留下回味不尽的思考空间。当然，我们也能看到，文函只是文函，"春秋笔法"只是文辞功夫，虽能解决一些问题，但影响事件的，仍然是文函之外的力量角逐，那是远远大于文字力量的另外一种力量。

---

① 中国社会科学院近代史研究所中华民国史研究室：《胡适来往书信选》，605 页。

钱存训与国立北平图书馆

周子文　　纪　睿

摘　要：钱存训是美籍华裔图书馆学家、历史学家。在抗日战争期间作为国立北平图书馆上海办事处主任，率领同仁收集抗战文献史料，发行学术期刊，保护善本图书，使这批珍贵书籍免于日寇掠夺毁坏，为抗战时期图书保护做出了突出贡献。

关键词：钱存训；善本运美；国立北平图书馆

钱存训是美籍华裔图书馆学家、历史学家。他在图书馆学、目录学及中国图书史、中国印刷史和中美交流史等方面有诸多建树。他 1937 年进入国立北平图书馆，随后抗日战争全面爆发，在此期间他作为上海办事处主任，负责保管总馆南迁的善本古籍，负责收集抗战史料和沦陷区出版物等工作，在保护善本过程中做出了突出贡献，1999 年还获得国家图书馆颁发的"杰出服务奖"。

一、钱存训生平

钱存训（1910—2015），字公垂，号彝（宜）叔，出生在江苏省泰县（现泰州市）。1927 年入南京金陵大学读书，主修历史，副修图书馆学。同时在金陵女子大学图书馆工作，先任编目员，后代理馆长，从此和图书馆事业结下了不解之缘。他的课程作业《图书馆与学术研究》，发表在《金陵大学文学院季刊》上，这是他平生首篇学术论文。1932 年毕业，获文学学士学位后，开始在上海交通大学图书馆任副馆长，主管西文部。期间为交大图书馆编制《西文图书编目规则》一册、《西文图书目录》五册，所编《东北事件之言论索引》刊载于《中华图书馆协会会报》。受杜定友影响，勤于编纂写作，曾主编了《杜氏丛著书目》等[1]。1937 年任国立北平图书馆南京分馆主任，1938 年转任国立北平图书馆上海办事处主任，负责保管总馆南迁的善本，从事中英文版《图书季刊》的出版等工作。1941 年当时政府为保证存书安全，命钱存训策划将北图南迁善本运送美国国会图书馆保藏，经过两个月时间终于完成。并因护送善本有功，于 1945 年获得国民政府教育部嘉奖。1947 年获得芝加哥大学远东图书馆邀请，以交换馆员身份前往工作，同时于芝大图书馆学研究院进修，经过 10 年勤劳工读，于 1952 年、1957 年分别获得芝加哥大学图书馆学硕士、博士学位。1949 年任芝大远东图书馆馆长，兼东亚语言文学系讲师，其图书馆馆长之职一直担任到 1978 年退休为止。1986 年入选芝加哥 "名人堂"[2]。2009 年，钱存训百年华诞之时，美国总统奥巴马致函祝贺，2015 年 4 月 9 日，钱存训在芝加哥去世，享年 105 岁。一生著有《书于竹帛》《中国古代书史》《美国图书馆的东亚藏书近况》《造纸与印刷》《中国文化中的纸和印刷》《中国书缘论文集》《中美书缘》等。

二、在国立北平图书馆的工作情况

1937 年 7 月，钱存训被国立北平图书馆馆长袁同礼委以重任，聘为国立北平图书馆南京分馆（工程参考图书馆）主任，由此开始了他在平馆的十年生涯。南京参考图书馆设在新建成的 "中央" 研究院地质调查所大楼内，是 1934 年国立北平图书馆所设的分馆之一。因为当时日军侵华，故宫决定将国宝南迁，北图的重要藏书也同时转移。南京分馆的收藏主要是由北平移存的西文及日文全套科学技术期刊和 4000 余册有关工程的中外文重要参考书，另存有内阁大库旧藏舆图 7000 多幅，后来移存金陵大学图书馆[3]。但他刚到馆工作没有几天，就发生七七事变，不久战事延及京沪，北平总馆的领导和部分人员南迁长沙，再至昆明、重庆，继续平馆馆务，南京分馆奉命疏散。他原计划先送家眷到江北避难，然后再去后方参加平馆队伍，却在中途接到守和先生由长沙转来的电报，说上海分馆亟须人主持，嘱咐他设法转到上海，维护存在上海的藏书[4]。

1938 年钱存训奉命来到上海，负责北平图书馆上海办事处工作。上海办事处是北图重要藏书南迁所设的分馆之一，地址设在法租界亚尔培路（现陕西南路）的中国科学社内，由北平迁来的全套西文科学及东方学期刊约 1 万多册存在那里，另有善本书籍甲乙库约 5000 多种，6 万余册，以及敦煌写经 9000 多卷和金石碑帖数百件以及梁启超家属寄存的文物，则存放在公共租界的仓库内，后来又几经迁徙，转移到法租界的震旦大学和私人住宅；因为当时日本和法国政府维持邦交，可以避免干扰。当时，钱存训在上海办事处最主要的工作是保管这些南迁的存书。同时负责善本书的抢购，后来平馆影印的《孤本元明杂剧》和中央图书馆影印的《玄览堂丛书》，便是那时在上海收获的一部分。还要搜集敌伪资料。他当时通过各种关系，搜集沦陷区抗战史料，其中重要的书刊、公报、日报、地方报纸及敌伪文件，皆秘密经由香港转送后方由北平图书馆及西南联大合组的 "中日战事史料征辑会"，现存北京。其中有许多全份如《译报》《导报》及《上海十种小报联合特刊》等，皆为今日极其罕见的资料[5]。

钱存训当时主管国外联系工作，对国外图书馆和文化机构是联络以及资料的采访，一部分也在上海办理。因为当时上海和国外联系比较方便，可以征求欧美图书和缩微资料寄到上海，再通过香港转送后方。并任《图书季刊》英文版经理，负责出版和发行工作。《图书季刊》于 1934 年在北平创刊，中文版出至 3 卷，西文版出至 4 卷停刊。新 1 卷于 1939 年在昆明复刊，实际上除了一部分稿件在内地编辑外，所有书评、印刷和发行的业务，全在上海进行。当时上海的印刷条件比较优越，不仅技术先进，而且可以采用国外进口的高级纸张，邮寄国外并接受订阅也都比较方便。当时时局动荡，上海办事处的工作仍在艰难中有序进行。从当时的馆务书信往来中可以看出当时货币贬值，资源紧缺；信息联络也绝不像现在这样方便，许多事情都要依靠书信往来传达信息。出版物的收集也颇有难度，当时租界内外情况紧张，但他们仍要多方搜集资料然后秘密运送。我们今日可见的各种抗战时期的馆藏资源，都是在那时烽火岁月坚守在岗位上的馆员们历尽艰辛收集而来。

三、在抗战时期保护善本

（一）善本运美

在"珍珠港事变"前不久，上海租界内的情形日益紧张，钱存训担心存在上海的善本图书受到破坏。为了保护图书，把他的担心告诉给袁同礼。袁同礼通过当时的驻美大使胡适与美国国会图书馆取得联系，希望将存在上海的善本书移送到美国国会图书馆保存，待战争结束后物归原主。美国国会图书馆可以拍摄这批书的缩微胶卷，永久保留，方便世界各国学者研究。经胡适接洽，美国方面表示同意。

1941 年年初，在美国国会图书馆工作的平馆员工、文献学家王重民回上海，办理转运相关事宜。袁同礼亲自冒险到上海布置一切。由于存在上海的善本书无法全部运走，必须先进行甄选。王重民和徐森玉从善本甲库书中进行挑选，去除重复的以及学术价值较小又厚重的图书，选择版刻内容精良的，装成百箱，其中包括宋元本、明版和钞本，这些书可说是当时平馆善本的精华了，后来因为需要举办展览，另外挑选展品 41 种 41 册，连同其他善本书共 64 种 399 册装为两箱。共计 2954 种20970 册，装成 102 箱，箱内用铁皮密封，以防潮湿，装箱清册由上海办事处保管员李耀南先生编造。但当时上海海关由日军监管，如何由沪运送去美，成为一个难题。虽然设计了几种方案，但都有种种问题，没有实施，直到 1941 年 10 月钱存训仍然束手无策，一筹莫展。

偶然间，钱存训的妻子许文锦的同学张女士到寓所来访，闲谈中得知她有一位哥哥在海关任外勤，钱存训通过张女士的介绍认识其兄，问他有无办法相助，结果他一口答应帮忙，他说当他值班时，可把书箱送到海关，由他担任检查，如保守秘密，当不会引起日本特务注意。于是钱存训将这 102 箱书化整为零，分成 10 批交商船运送，每批约 10 箱，用"中国书报社"的名义开具发票报关，作为代美国国会图书馆购买的新书；发单上开明的都是《四部丛刊》《图书集成》等大部头新书，但箱内所藏，却全是善本。送到海关后，箱子并不开启，即由张君签字放行。这样从 10 月开始，每隔几天，当张君值班时，便送一批去海关报关，这样前后经过两个月的时间，最后一批便于 12 月 5 日由上海驶美的"哈里逊总统号"装运出口。然而，12 月 7 日珍珠港事变爆发，日美正式宣战，同时日军进驻租界，不久见报载"哈里逊总统号"已在去马尼拉途中被俘，当时钱存训以为这最后一批善本，如非失落，也必被日军俘获。哪知到了 1942 年 6 月初，忽然上海各报刊登了一则由里斯本转发的海通社电报，说美国国会图书馆在纽约宣布北平图书馆的善本书 102 箱已全部到达华盛顿，即将开始摄制显微书影云云。这则消息，虽使钱存训颇为兴奋，但至于最后一批书如何到达美国，至今仍是一个未解之谜[6]。

1943 年美国国会图书馆得到中方同意，将平馆寄存的 102 箱善本书拍摄成缩微胶卷。拍摄工作由王重民经手，赠送北平图书馆一份胶卷，也由王重民 1947 年归国时捎回。

（二）存美善本运台

抗战胜利后，北图即准备将 1941 年由上海运往美国的善本运回。1945 年 12 月 27 日，袁同礼致信蒋梦麟，提及拟派钱存训去美运回存书，在向教育部报告中则明确提出，"本馆寄存美国善本书一百余箱拟于春间运回"，并申请运费 5000 美金。1946 年 2 月，教育部正式同意"该馆请派编纂钱存训赴美运回寄存善本书籍并赴英美法等国考察案"。但钱存训未能成行，故又打算请即将回国的王重民押运。王重民 1946 年 3 月给胡适的信谈及"拟于八九月间，押运此百箱善本及北大寄存之木简十一箱回国。"但也没能如愿。因国内战争爆发，此事只得搁浅。1947 年秋，钱存训以北平图书馆交换馆员的身份，到美国芝加哥大学，并长期定居，开始了海外求学和科学研究的人生新旅程。直至 1965 年，由台湾"中央图书馆"馆长蒋复璁提出，经与美国政府交涉后，102 箱善本才于该年 11 月 18 日由美国军舰运抵台湾，存放在台北的"中央图书馆"。该馆清理统计，这批善本共有 2988 种，20738 册。但据整理者说，运台的善本与当初运美时的目录略有不符，这只能待以后细查。1967 年台北"中央图书馆"编印善本书目，把这批图书作为馆藏列入《"国立中央图书馆"善本书目》。当时钱存训已经任职美国芝加哥大学东亚图书馆，遂以美国东亚图书馆协会主席身份说明这批善本书是国立北平图书馆的财产，迁台原为寄存保管，不应为其所有。1969 年台北"中央图书馆"另编《"国立中央图书馆""典藏"国立北平图书馆善本书目》一册，附入胶卷标号及书名和著者索引，方便查找，表示了对事实和这批书的所有权的承认。虽然这批善本图书一直存放台湾没能回归，但凭借拍摄的缩微胶卷，2014 年国家图书馆出版社出版了《原国立北平图书馆甲库善本丛书》，这批善本的文献和学术价值遂被揭示。

这批善本历经艰辛曲折，躲过战争损毁，安然无恙，并摄制书影，更加方便流通利用，当年费尽心力保护这批善本图书的每一个人都值得表扬，钱存训就是这其中重要的一员。钱存训从 1937 年起开始在国立北平图书馆工作，当时正值抗日战争期间，他除了日常工作外，还冒着生命危险，将南迁到上海的 3 万多册古籍善本，秘密装船运往美国，使这批包括宋、元、明代许多善本在内的典籍免遭日寇破坏的危险。钱存训作为一名图书馆员一直心系这批善本图书，阐明图书主权归属，呼吁完璧归赵，将其归回北图。因为他在善本运美过程中做出了突出贡献，1999 年还获得国家图书馆颁发的"杰出服务奖"。

善本运送与回归的曲折经历，也很好地反映了当时的时代背景与外交关系，善本的妥善保存与整理出版为学者的学术研究提供了珍贵且重要的资料，对我国的历史文化发展研究提供了重要的文献支撑。善本甲库专藏宋元明早期善本，多精刻名抄，还有不少孤本。宋元明时期我国社会各个方面都发生着重大变化，尤其在经济、艺术、文化领域都有不同层次的发展。2014 年出版的《原国立北平图书馆甲库善本丛书》不仅为学者提供了重要珍贵的研究资料，也让普通的爱好者得以接触、了解、研究这批珍贵的原始资料。

参考文献：

[1] 吴格：《坐拥书城　勤耕不辍》，国家图书馆出版社，2013 年。

[2] 张亮、李树本：《论钱存训先生对中国图书馆事业的影响》，《新世纪图书馆》2008 年第 2 期，78—79 页。

[3] 冯春龙：《享誉世界的图书馆学专家——钱存训先生》，《图书馆界》2007 年第 2 期。

[4] 钱存训：《中美书缘》，台北文华图书馆管理资讯公司，1998 年。

[5] [6] 钱存训：《钱存训文集》，国家图书馆出版社，2012 年。

赵万里先生与文献保存同志会

刘　波

摘　要：赵万里应郑振铎之请，参与文献保存同志会抢购古籍的活动。文献保存同志会购自北平书肆的古籍，多为赵万里代购，前后不下 20 批。所购不乏珍本秘籍，其中明刻本《开元图说》影印入《玄览堂丛书》。抗战期间赵万里为文献保存同志会购书与为北平图书馆购书，一定程度上形成了配合关系，有助于战时文献抢救。

关键词：赵万里；郑振铎；文献保存同志会；抗战时期；古籍

一、引言

文献保存同志会是 1940 年 1 月由郑振铎与张寿镛、何炳松、张元济、张凤举在上海秘密组织的古籍保护团体。抗战期间，我国文化事业遭到酷烈摧残，战时社会动荡使得藏书之家往往难以为继，古籍文献大量流失，"通衢之间，残书布地，不择价而售，亦有以双篮盛书，肩挑而趋，沿街叫卖者"①。在这种情形下，郑振铎担心文献外流，邀集同志之士，并争取到国民政府教育部的支持，慨然从事"中流砥柱之举"②，大举抢救、保护古籍文献。短短两年间，文献保存同志会购得古籍1.8 万余部 20 余万册，其中善本 4800 余部 4.8 万余册，所得足以建立一所大型的研究图书馆，极大地阻止了古籍文献的损失与外流。

文献保存同志会的购书活动，得到众多爱国人士的鼎力相助，其中赵万里先生是出力较多的一位。抗战时期赵万里留守北平，继张允亮之后任北平图书馆善本部主任，典守留平善本并从事整理工作，同时与袁同礼等南迁的同仁联系，在京沪各地为北平图书馆搜集善本书。1940 年至 1941 年间，赵先生在工作之余，还协助文献保存同志会在北平购书，相关史事的记载比较零散，长期没有得到学界的注意。本文拟钩稽相关史料，尽可能地还原这段历史，借此表达对抗战先烈们的怀念和敬仰之情。

---

① 　郑振铎：《〈劫中得书记〉序》，载郑振铎《劫中得书记》，广西师范大学出版社，2010 年，4 页。
② 　语出郑振铎《〈劫中得书续记〉序》，载郑振铎《劫中得书记》，93 页。

二、购书史事简述

1940 年 1 月，郑振铎筹划组织文献保存同志会之初，便与赵万里有书信往来。1 月 5 日郑振铎日记载："晚餐后，箴回，写致斐云、颂清二函托其带回去寄出。"① 这封信函的具体内容已不可考，但从郑振铎同时发出致中国书店主人金颂清函推测，致赵万里函极有可能与购书事相关。

一个多月后，2 月 16 日郑振铎致函张寿镛，便提到在北平购得嘉靖本《唐百家诗》，并说明"《唐百家诗》系托赵万里先生购下"②。此书全套 32 册，赵万里邮寄给上海开明书店王伯祥，3 月 18 日王伯祥收到后，"即为转送振铎"③。购得这部书的时间距同志会开展工作不到一个月，可见赵万里从一开始就参与了文献保存同志会的活动。

赵万里在北平，密切注意古书市场的动态，及时将消息传给郑振铎。1940 年 2 月 25 日，郑振铎在致张寿镛函中提到："顷得赵万里先生来函，天津李木斋书已以四十万元售与伪方（北平），此大可伤心事也。"④ 据此函，赵万里曾在 2 月中下旬写信将李盛铎藏书入藏伪北大的消息告知郑振铎。1940 年 6 月 1 日郑振铎致张寿镛函谈及："闻北平邃雅斋因收书不易，已将'存'书均加价八成（赵君来函云云），可见近来书价之日涨。"⑤ 可知 5 月下旬赵万里曾致函郑振铎，告知北平书肆加价。

1941 年年初，赵万里南赴上海，期间于 2 月 9 日访郑振铎，二人谈及刘诗孙抵沪。当天郑振铎致函张寿镛，告知相关消息："顷赵斐云兄来寓，谈及刘诗孙又已来沪，不知有何任务。暑假时彼来此，系为满使作'说客'，欲购刘氏物，此次不知是否仍为此事。甚为焦虑。好在款即可到，立当成交，免生枝节。"⑥ 所谓"刘氏物"，指的是刘承幹嘉业堂藏书。文献保存同志会于 1941 年 4 月以二十五万元代价购得其中明刊本 1200 余种、稿钞本 36 种，转运往香港大学冯平山图书馆保存。

从以上零散的记录，可见古籍市场的动向是赵万里、郑振铎二人这一时期交流的核心内容之一。赵万里提供的信息，对文献保存同志会购书当有重要的参考作用。

这一时期赵万里与郑振铎的通信往来，见于郑振铎致张寿镛函的，还有两例：

---

① 郑振铎著，陈福康整理：《郑振铎日记全编》，山西古籍出版社，2006 年，114 页。
② 郑振铎：《郑振铎全集》第十六卷《书信》，花山文艺出版社，1998 年，8 页。
③ 王伯祥：《王伯祥日记》，国家图书馆出版社，2011 年第 16 册，402 页。
④ 郑振铎著，刘哲民、陈政文编：《抢救祖国文献的珍贵记录——郑振铎先生书信集》，学林出版社，1992 年，12 页；《郑振铎全集》第十六卷，11 页。
⑤ 《抢救祖国文献的珍贵记录——郑振铎先生书信集》，101 页；《郑振铎全集》第十六卷，71 页。
⑥ 《抢救祖国文献的珍贵记录——郑振铎先生书信集》，191 页；《郑振铎全集》第十六卷，133 页。

其一为 1940 年 4 月 11 日郑振铎致张寿镛函提到："附上赵斐云兄来函一件。"① 其二为 1940 年 5 月 15 日郑振铎致张寿镛函谓："赵万里先生昨来一函，可见其为我们得书之苦辛。"② 可惜这些信函均已不存，我们无从得知其详细内容。

　　1940 年至 1941 年间，郑振铎多次向赵万里汇寄购书款，或直接给付书款支票。郑振铎致张寿镛函与国家图书馆所藏同志会购书单据中，共载录 10 次：

　　其一是 1940 年 2 月 5 日，汇款二千元。汇款单今存国家图书馆③。

　　其二是 1940 年 3 月上中旬，汇款二千元。见于 3 月 7 日函："最近拟寄平二千元（交赵万里先生。可径寄支票给他，因他有友人来沪，可将伪钞给他，而将此支票至沪提取也），何先生已开支票，请加盖图章。"④

　　其三为 1940 年 4 月 13 日，汇款五千元。见于 4 月 16 日函："北平赵斐云先生处款五千元已汇去，计共在平可取伪币五千三百十九元余（由敦泰永银号汇去）。此多出之三百余元，亦意外之收入也。如由银行汇，则似不至有此项'升水'，且尚需汇费若干。"⑤ 此次汇款的收据现存国家图书馆⑥。

　　其四为 1940 年 5 月下旬，汇款三千元。见于 5 月 22 日函："北平赵万里先生来函云，端节前有好书可得，要再汇去三千元，兹已请何先生开出支票一纸（托敦泰永汇去）。"⑦ 此次汇款的收据现存国家图书馆，金额为三千三百七十八元四角⑧，多出的三百余元即所谓"升水"。

　　其五为 1940 年 7 月 12 日，给付支票二千元。见于 7 月 12 日致张寿镛函："赵斐云兄支票二千元，已由何先生开出，请于加盖印章后交还，以便转付为荷！"⑨ 当晚，郑振铎宴请赵万里、潘博山、瞿凤起、张珩等⑩；赵万里收到款项后，曾手书收条，其副本现存国家图书馆⑪。

　　其六为 1940 年 8 月 12 日，给付支票二千元。赵万里同日手书收条之副本现存国家图书馆⑫。

　　其七为 1940 年 12 月底，汇款五千元。见于 12 月 26 日函："兹附上支票二张，

---

①　《抢救祖国文献的珍贵记录——郑振铎先生书信集》，67 页；《郑振铎全集》第十六卷，48 页。

②　《抢救祖国文献的珍贵记录——郑振铎先生书信集》，89 页；《郑振铎全集》第十六卷，63 页。

③　此承苏晓君先生示知。

④　《抢救祖国文献的珍贵记录——郑振铎先生书信集》，17 页；《郑振铎全集》第十六卷，15 页。

⑤　《抢救祖国文献的珍贵记录——郑振铎先生书信集》，68 页；《郑振铎全集》第十六卷，49 页。

⑥　此承苏晓君先生示知。

⑦　《抢救祖国文献的珍贵记录——郑振铎先生书信集》，95 页。《抢救祖国文献的珍贵记录——郑振铎先生书信集》一书第 152 页所收 9 月 22 日函与此函内容全同，二者必有一误，据函中提及"端节"，可知撰写时间当以此函为是。《郑振铎全集》第十六卷删除 5 月 22 日函，保留 9 月 22 日函，有误。

⑧　此承苏晓君先生示知。

⑨　《抢救祖国文献的珍贵记录——郑振铎先生书信集》，117 页；《郑振铎全集》第十六卷，82 页。

⑩　张珩：《张葱玉日记·诗稿》，上海书画出版社，2011 年，146 页。

⑪　苏晓君、石光明：《郑振铎藏"文献保存同志会"购书单据概述》，《文津学志》第六辑，国家图书馆出版社，2013 年，245 页。

⑫　苏晓君、石光明：《郑振铎藏"文献保存同志会"购书单据概述》，《文津学志》第六辑，245 页。

一为寄斐云兄者（五千元），一为付中国书店者（一万元，沈氏书），请于加盖印章后交下为荷！"①

其八为 1941 年 5 月下旬，汇款五千元。见于 5 月 23 日函："北平赵斐云兄昨寄来一航函，嘱即汇款若干至平，以便端节时付账。兹请何先生开出支票一张（计五千元整），拟于明晨电汇至平。乞即于加盖印章后交还为感！"②

其九，1941 年 6 月底 7 月初，汇款三千元。见于 6 月 30 日函："《本草图谱》等款已由何先生开出支票，计共四纸：……（四）赵万里，三千元。均乞于加盖印章后即行交下，以便于今日下午分别转付或汇出为荷！"③

其十，1941 年 8 月 12 日，给付支票二千元。见于 8 月 12 日函："何先生交下领取支票证一张，又付赵万里先生书款支票二千元一张，均乞于盖章后交下为荷！"④

以上十批，总计书款三万一千元。此外可能还有更多的汇款，不过我们目前没有看到更详细的资料。仅以这些资料所见，书款总量便已不菲。赵万里代购古籍的数量与质量，从这里也可略见一斑。

赵万里在北平所购各书，或通过邮局寄给郑振铎，或转托王伯祥等友人转交。这一时期，赵万里曾三次南下上海，第一次是 1940 年 6 月 30 日至 9 月 15 日，第二次是 1941 年 1 月至 2 月，第三次是 1941 年 7 月初至 9 月 10 日。每次南下，赵万里都随身携带大批代购书。如 1940 年 7 月 12 日郑振铎致张寿镛函，即谈到此次"斐云携来代购书不少，多极罕见之品"⑤。

每次南下，赵万里都会与郑振铎、张寿镛等文献保存同志会同仁聚会商谈，如1940 年 7 月 1 日郑振铎致函张寿镛，约宴请赵先生以答谢其辛劳："赵万里先生昨从北平来此，已晤谈，甚为畅恰！赵先生为我们尽力极多，似应在数日内宴请他一次，不知先生以为如何？"⑥ 又如 1940 年 7 月 21 日郑振铎致函张寿镛，约择日聚谈："本星期内当偕赵斐云兄至先生寓畅谈。不知星期三四下午何时有暇？乞示知，以便转约赵兄。"⑦ 再如 1941 年 2 月 9 日，郑振铎致函张寿镛，约公宴徐森玉与赵万里："斐云兄不日即将北返，何先生意拟以我辈（三人）名义，公请徐、赵一次，如何？"⑧ 他们的聚谈，书市行情、访书购书大约是绕不开的主题。

① 《抢救祖国文献的珍贵记录——郑振铎先生书信集》，175 页；《郑振铎全集》第十六卷，123 页。
② 《抢救祖国文献的珍贵记录——郑振铎先生书信集》，226 页；《郑振铎全集》第十六卷，156 页。
③ 《抢救祖国文献的珍贵记录——郑振铎先生书信集》，243 页；《郑振铎全集》第十六卷，167 页。
④ 《抢救祖国文献的珍贵记录——郑振铎先生书信集》，252 页；《郑振铎全集》第十六卷，173 页。
⑤ 《抢救祖国文献的珍贵记录——郑振铎先生书信集》，117 页；《郑振铎全集》第十六卷，82 页。
⑥ 《抢救祖国文献的珍贵记录——郑振铎先生书信集》，116 页；《郑振铎全集》第十六卷，81—82 页。
⑦ 《抢救祖国文献的珍贵记录——郑振铎先生书信集》，121 页；《郑振铎全集》第十六卷，84 页。
⑧ 《抢救祖国文献的珍贵记录——郑振铎先生书信集》，190 页；《郑振铎全集》第十六卷，133 页。

三、赵万里代购诸书

赵万里代购的第一部书，是明嘉靖刻本《唐百家诗》。如前所述，郑振铎1940年2月16日致张寿镛函即已提及"在北平所购之嘉靖本《唐百家诗》"，并注明"系托赵万里先生购下"①。据苏晓君、石光明《郑振铎藏"文献保存同志会"购书单据概述》一文介绍，此书购自北京文汇阁书店，发单日期为1940年3月4日②。赵万里将此书寄给王伯祥，3月18日王伯祥收到后即转送郑振铎③。

这一时期郑振铎致张寿镛等书信中，多次提到赵万里代购的古书④，计有1940年所购《乐府诗集》《神器谱》《神器谱或问》《杜诗笺》《河东盐法录》《来集之倘湖外书》《孟姜宝卷》《南枢志》《续武经总要》《今史》《钟氏四种》《中庸集解》《吕氏实政录》《金双严》《西台封事》《西河封事》《抚郧疏稿》等，1941年所购《开原图说》，共18种。

国家图书馆藏有郑振铎存留的文献保存同志会购书单据，这些单据经郑振铎整理为"西谛购书收据"4册（索书号XD11275），保存基本完整，总计1279张。国家图书馆苏晓君副研究馆员主持"郑振铎藏文献保存同志会档案整理与研究"项目，按时间顺序整理了这份档案，并对相关问题加以笺释，形成了比较完备的整理本⑤。

开具单据的书店，店址位于北平的有13家，即：群玉斋书坊、通学斋、景文阁、文汇阁、开明书局、文友堂笙记书坊、文禄堂、文芸阁、修文堂、修绠堂、文通阁、文殿阁、直隶书局⑥。这13家书店的发书单，有的署有"郑振铎先生台照"字样，是各书店与郑振铎直接交易的往来凭据；另有部分没有列明呈送对象，经比勘，上列郑振铎致张寿镛函提及的18种赵万里代购书中，《神器谱》《杜诗笺》《河东盐法录》《来集之倘湖外书》《孟姜宝卷》《钟氏四种》《中庸集解》《金双严》《西台封事》《西河封事》《抚郧疏稿》等11种见于这批发书单。由此可见，未列明呈送对象的发书单，极有可能都是赵万里先生代购的。

据"郑振铎藏文献保存同志会档案整理与研究"课题报告，未列明呈送对象的发书单共23批，共发书75种；发书时间集中在1940年3月至6月、1941年1月至

---

① 《抢救祖国文献的珍贵记录——郑振铎先生书信集》，8页；《郑振铎全集》第十六卷，8页。
② 苏晓君、石光明：《郑振铎藏"文献保存同志会"购书单据概述》，《文津学志》第六辑，241页。
③ 王伯祥：《王伯祥日记》，第16册，402页。
④ 以下书目信息由《抢救祖国文献的珍贵记录——郑振铎先生书信集》所收郑振铎致张寿镛多通书信中辑得，见该书第13—119页。
⑤ 承苏晓君先生惠示课题报告，本文得以将之与其他资料进行对比。以下涉及文献保存同志会购书单据的论述，均据"郑振铎藏文献保存同志会档案整理与研究"立论。在此谨对苏晓君先生的慷慨相助致以诚挚的谢意。
⑥ 苏晓君、石光明：《郑振铎藏"文献保存同志会"购书单据概述》，《文津学志》第六辑，241—242页。

7 月，其中 1940 年 5 月多达 7 批，1940 年 6 月有 4 批，可见 1940 年春夏之际，是购书最为频繁的时段；书款计 15485 元，单笔超过 1500 元的有三批。

值得注意的是，国图所藏购书单据，肯定没有涵盖文献保存同志会所有购书事务。显而易见的事实是，上列郑振铎致张寿镛函提及的 18 种赵万里代购书中，《神器谱或问》《乐府诗集》《南枢志》《续武经总要》《今史》《吕氏实政录》《开原图说》等 7 种，并没有出现在这些发书单中。此外，这批单据的总价为 15485 元，仅为上文所述郑振铎汇寄书款不低于 31000 元的一半。可见赵万里代购书必定还有不少在这批单据之外。详情如何，仍有待于更多史料的发现。

赵万里代购诸书不乏珍本秘籍。精于鉴别的郑振铎，屡次称赞赵万里代购书"极佳""绝佳"。如 1940 年 5 月 13 日致张寿镛函："北平赵先生寄来三书，皆先已购妥者，均极佳。"① 又如同年 7 月 15 日致张寿镛函："赵万里兄续寄之书，兹奉上六种，皆绝佳之'史料'书也。"② 再如明刻本《开原图说》，郑振铎将其选入《玄览堂丛书》，影印行世③。

四、与北平图书馆的协作

对于文献保存同志会委托赵万里购书一事，重庆方面是有所了解的。1940 年 5 月 14 日郑振铎致函蒋复璁，报告文献保存同志会工作情况，内中提及"北平方面已委托可靠之友人代为采购，新发现之要籍当可不至流落外人手中"④。这里的"可靠之友人"，即赵万里⑤。郑振铎在信中并未明确写出赵先生的名字，是有所顾虑的。

郑振铎的这种顾虑，在 1941 年 7 月 25 日致蒋复璁函中有更清楚的表达："其中《咸宾录》一种，则系在北平赵君（乞秘之，至要！恐某君不欢也）代购者，书未到即已入目。……北方'生坑'不时出现，近有宋本《建康实录》，亦绝佳，拟积极奉托赵君进行（平处采购事，原托赵君，所以允守秘密者，诚恐某君知之也）。"⑥ 此函中的"赵君"亦即赵万里，"某君"即指袁同礼。

郑振铎之所以自己"允守秘密"，又要求蒋复璁"秘之"，是因为担心此事引发袁同礼的不悦。文献保存同志会的购书经费来自国民政府教育部，购书乃受中央

① 《抢救祖国文献的珍贵记录——郑振铎先生书信集》，87 页；《郑振铎全集》第十六卷，62 页。

② 《抢救祖国文献的珍贵记录——郑振铎先生书信集》，118—119 页；《郑振铎全集》第十六卷，83 页。

③ 此书现存中国国家图书馆。据刘明推测，可能由于战争原因并未寄至上海，赵万里仅提供影印件供郑振铎出版《玄览堂丛书》之用，原书则留在了国立北平图书馆（刘明：《郑振铎编〈玄览堂丛书〉的底本及入藏国家图书馆始末探略》，《新世纪图书馆》2014 年第 7 期，60 页）。

④ 沈津整理：《郑振铎致蒋复璁信札》（上），《文献》2001 年第 3 期，251 页。

⑤ 陈福康：《〈郑振铎致蒋复璁信札〉整理中的错误》，《学术月刊》2002 年第 7 期，90 页。

⑥ 沈津整理：《郑振铎致蒋复璁信札》（下），《文献》2002 年第 1 期，220—221 页。

图书馆之委托，而中央图书馆与北平图书馆当时存在业务地位上的竞争关系。赵万里作为北平图书馆的馆员，代文献保存同志会购书，难免招致北平图书馆方面的责难，因此存在保密的必要。这不仅是顺利开展工作的实际需要，从民族文化遗产保护事业的大处着眼，也是正确的选择。因为抗战时期流散的古籍数量惊人，而一般图书馆的购书经费则少得可怜，颠沛流离中的北平图书馆尤其捉襟见肘，任何一家图书馆都不可能独立承担起抢救古籍文献的重担，因此，各家图书馆之间的分工与合作，无疑是必要的。在管理层之间因种种原因无法进行协作的情况下，开展具体工作的人员隐姓埋名，不求名利，默默地为古籍保护事业隐忍奋斗，实为可钦可敬的壮举。

事实上，赵万里始终尽其所能，为北平图书馆选书购书。郑振铎1940年9月1日致张寿镛函中提及："北平图书馆近由赵万里兄向罗子经处得《湛若水同人录》等书六种，堆在桌上，不及一尺高，为册不及三十，而价在一千四百元左右。近来书价之高，可谓骇人听闻！……近赵君从平贾某手中得到李文田稿本《元秘史注》四册（与刻出之本不同，李氏添注不少，并有文廷式及刘世珩附加案语甚多），价至六百五十元，而某贾尚龈龈不已，以为索此价尚系因与赵先生交情深厚之故，如寄平至少可售八百元也。"① 此函主旨在谈书价，但从郑振铎援引的事例，可知赵万里在1940年8月前后，为北平图书馆购得《湛若水同人录》、李文田稿本《元秘史注》等善本多种。

1940年6月19日，赵万里致函袁同礼，汇报善本丛书选目、南下沪苏抄书诸事，其中两次提到拟购、新购善本书事：

> 并拟于下月初赴苏州一行（沪苏间往返甚便），因此半年该地出书最多且佳，平估之在该地者约七八家，且有二三家拟在沪开分店，以便收货。今年书市之盛与书价之贵，可称造峰造极。请即函告钱存训兄，筹付书款五六千元（暂以此数为度，最好能于里到沪时筹付，以免错过机会），以便在苏沪各肆选购。如遇私家大批之书，自当随时函告，再定进行办法。……新购第五批各书颇多佳本（有明嘉靖年蓝笔抄《赵氏宗谱》十大册最佳，附图亦明人所绘也），详目另函寄上，乞鉴核为祷。②

此函谈及准备书款五六千元，购书规模不小；又谈及新购第五批书，可知前后所得古籍必然为数不少。

值得一提的是，由于赵万里与郑振铎的关系，文献保存同志会和北平图书馆在抢救古籍文献上有过互相配合的事例。如郑振铎1940年8月8日致函张寿镛，详

---

① 《抢救祖国文献的珍贵记录——郑振铎先生书信集》，139—140页；《郑振铎全集》第十六卷，97—98页。
② 原函存国家图书馆档案室，档案号为1946—039—采藏11，但系年有误。按，此函谈及《糖霜谱》跋，该文刊载于《图书季刊》新第三卷第一、二期合刊（1941年6月）；又，函中谈及赵万里南下上海抄书，此事发生在1940年夏。据此可知，此函撰写时间为1940年。

谈收购刘体智藏书九种事，涉及《圣济总录》一书："李贾紫东原谈九种须五万五千元，《圣济总录》在外，且须先谈《总录》事。现在《总录》如以三千元得之，则共计五万六千元。施君亦曾来谈，至少亦须此数也。俟马令《南唐书》送来后，当再付三千元以购《总录》也。《总录》我辈如不要，据赵斐云兄云，北平图书馆亦欲收之。此书凡十六套，一百六十册，较道光刊本多出二卷半（道光本缺二卷半），足供校勘之处亦多，收之亦甚值得。"[①] 双方一弃一取，确保《圣济总录》一书不至于流散，又避免了两家争购导致书价上涨的局面，可谓两全其美。

五、结语

赵万里先生并不是文献保存同志会的成员，但他却在抢救古书的过程中承担了独当一面的角色，推求其原因，大致有三个方面：首先，北平作为华北文化教育中心，书业非常发达，琉璃厂一带书商云集，交易繁荣，很多善本、珍本、稀见本在北平市场上流通。文献保存同志会的主要活动区域虽然是上海和江浙一带，但郑振铎等认识到北平作为古书集散地的重要性，非常注意北京书市的动向。

其次，赵万里和郑振铎是多年的老友，交谊非常深厚，在搜罗文献资料、保护古籍方面有相同的嗜好。比如 1931 年夏，他们二人与马廉探访天一阁，在宁波孙祥雄处发现明蓝格钞本《录鬼簿》和《续录鬼簿》一册，三人分外激动，用一整夜外加一上午的时间，分头抄下全书，抄本后来北京大学曾影印，成为中国戏曲史研究的重要参考资料。此事学界历来传为佳话，他们笃厚的友谊与访求文献资料的热情，也由此可见一斑。

抗战初期，郑振铎与赵万里交往频繁，事业上有很多合作。郑振铎 1940 年在北平印行《中国版画史图录》，即委托赵万里为之督印。郑振铎在《中国版画史》序中说："……因决将彩印版画，均覆以木，惟工程浩大，难期克日告成耳。赖有斐云在平，负责督印。凡有所成，皆斐云力也。"[②] 他们志同道合，长期一起访书、赏书、印书，互相非常信任。

其三，赵万里有深厚的版本学造诣与丰富的工作经验。赵万里 1925 年起担任王国维的助教，曾从其研习版本目录之学，并协助王国维处理清华国学院的书籍采购事务。1928 年赵万里由清华大学转入北平北海图书馆，1929 年国立北平图书馆与北平北海图书馆合组之后，任善本部考订组组长，在徐森玉指导下负责善本古籍的采访、编目等工作。长期从事专业工作，使他积累了丰富的古籍采购经验，对北平书业行情非常熟悉。

---

① 《抢救祖国文献的珍贵记录——郑振铎先生书信集》，128—129 页；《郑振铎全集》第十六卷，89 页。
② 郑振铎：《西谛书话》，三联书店，1983 年，488—508 页。

赵万里负责国立北平图书馆甲库善本的整理工作，编成《北平图书馆善本书目》四卷，于1933年出版。此目以校订精审著称，历来为版本目录学者所推重，认为它"是版本研究告别主观性版本鉴定，迈向客观性版本研究的金字塔式的里程碑"①。到抗战初期，刚过而立之年的赵万里已然是海内知名的版本目录学家。

以上三方面因素，促成了文献保存同志会与赵万里的合作。他们的合作，阻止了为数众多的古籍文献经由北平市场流往海外，为国家、为民族保存了可贵的文化财富。他们保护国家文化遗产的努力，是文化抗战的重要内容。他们的辛劳与贡献，永远值得我们景仰与怀念。

---

① 人民文学出版社编辑部：《出版说明》，载赵万里编，［日］仓石武四郎摄影：《旧京书影·（1933年）北平图书馆善本书目》，人民文学出版社，2011年，4页、10—11页。

抗战初期袁同礼南下及其与长沙临时大学
合作办馆初探

郭传芹

摘　要：抗战时期袁同礼南下，在北平图书馆发展史乃至中国图书馆史上都是一个重要事件，具有重要意义。其与长沙临时大学合作办馆的具体情况，因资料的匮乏也鲜有论述。本文试图从这两个方面入手，分析抗战初期图书馆界面临的形势，梳理袁同礼南下的初衷与考虑，进而考察北平图书馆与长沙临时大学的合作情况及其影响。

关键词：袁同礼；北平图书馆；长沙临时大学；合作办馆

20 世纪 20 年代至 30 年代中期是我国图书馆事业发展的重要时期，各省普遍建立图书馆。根据《中华图书馆协会会报》1931 年 12 月的统计，全国图书馆数量已达到 1527 所[①]。近代图书馆观念经过"新图书馆运动"的发展已经深入社会各阶层，图书馆服务理念大为提升，注重藏书的使用和社会教育功能的发挥。国立北平图书馆（以下简称"平馆"）的业务更是取得了长足的发展，包括新馆舍的落成、文献资源建设的丰富、国际交流合作的开展等。但 1937 年 7 月日本帝国主义侵略者的炮声打断了这一切，平馆的发展面临着重大转折，全国的图书馆事业陷入深重的灾难。

一、愤日寇之暴行：袁同礼南下

（一）抗战初期图书馆界以及北平图书馆面临的形势

日本帝国主义对华侵略的军事行动和文化破坏建立在其广泛搜集情报的基础之上，这些情报信息为侵略战争服务。"九一八"事变时，中国的图书馆就遭到日本

---

① 严文郁：《中国图书馆发展史：自清末至抗战胜利》，台北枫城出版社，1983 年，65 页。

的攻击和破坏。"1931 年 10 月，日军在哈尔滨市区开枪射击，黑龙江省立图书馆西书库中弹起火，大火吞没了整个书库，许多从关内辛苦征集得来的珍善本图书被焚毁"①。在 1932 年的"一·二八"事变中，日本侵略者将商务印书馆列为轰炸目标，商务印书馆及其附设的东方图书馆惨遭毁灭性攻击，东方图书馆所藏古籍多系孤本，"被炸两次，以致全部书籍均付之一炬"②。日本在中国各地派遣了大批文化特务，专门搜集珍贵典籍和情报，趁战火欲以打劫或损毁。1938 年 5 月，日本政府改组内阁时，任命荒木贞夫（二战后被列为甲级战犯）为文部大臣。荒木原本是陆军大将，任命其为文部大臣反映了日本军国主义对被侵略各国文化的打击和破坏是有计划蓄意为之的，其担任文部大臣期间对中国的文化摧毁和破坏尤为惨烈。

1937 年 7 月 7 日，日军悍然发动卢沟桥事变，开启全面侵华战争，随之中国的图书馆事业陷入深重的灾难之中。1937 年 7 月 23 日，天津市立图书馆遭敌机轰炸，炸毁馆舍 5 间，损失图书 5 万余册、报刊 50 多种③。7 月 29 日，3 架敌机轮番轰炸南开大学校园，该校木斋图书馆在一小时之内被炸为"瓦砾场"，损失图书近 10 万册，其中有不少是珍善本④。面对日本残暴的文化破坏政策，图书馆如何躲避战火、避免敌人染指，是当时整个业界面临的重大问题。

实际上，在 1931 年至 1936 年间，平馆的业务得到了快速发展，馆藏文献得到了大量扩充，读者流量逐年上升，参考咨询、国际交流、展览等各项业务都得到了很大发展。但是日本侵占东北、觊觎华北的野心日渐膨胀，从"九一八"到"一·二八"，到华北事变，整个华北上空弥漫着战争阴云。平馆虽然在具体业务上得到了发展，但也面临着遭受战争的危险。日本帝国主义军事进攻的同时往往对文化实行野蛮的破坏，国民政府对此已有警觉，鉴于平馆在我国文化发展中的重要地位，早在 1934 年平馆就根据当时国民政府指令，挑选甲乙库善本南运，避免战火。然而馆藏宏富，运出的只是很少一部分，大多数仍然留在北平。但北平很快宣告失守，平馆的发展必将受到限制，作为平馆负责人的袁同礼不得不进行谋划，遂决定南下发展图书馆事业以对抗日本的文化侵略和破坏。

（二）南下的考虑与影响

卢沟桥事变后，北平很快沦陷，袁同礼多次召集馆务会议，商讨应对之策，要求员工不要擅离职守，照常开馆阅览⑤，一面布置善后工作。同年 8 月初，在征得教育部意见后，奉命南下。之后，他在 1938 年 7 月复刊的《中华图书馆协会会报》上表达了离平南下的考虑，"故都沦陷后，环境恶劣，国立机关，无法行使职权"，

---

① 徐家麟：《关于中华图书馆协会的回忆》（通信），1966 年，转引自农伟雄、关健文：《日本侵华战争对中国图书馆事业的破坏》，《抗日战争研究》1994 年第 3 期。
② 《东方图书馆之善本书籍惨遭焚毁》，《中华图书馆协会会报》1932 年 7 卷第 4 期，23 页。
③ 《中华图书馆协会会报》1946 年 20 卷 1—3 合期，11 页。
④ 上海《申报》1937 年 7 月 30 日。
⑤ 李致忠主编：《中国国家图书馆馆史（1909—2009）》，104 页。

"愤日寇之暴行，不甘为敌傀儡"①，充分表达了对日本侵略者的态度。北平沦陷后，伪政权组织很快成立，图书馆工作受到干扰，如派遣日籍顾问桥川时雄。后因桥川了解到平馆除隶属国民政府教育部外，还接受中华教育文化基金会董事会（以下简称"中基会"）的领导，有美国背景，情况较为复杂，因而没有实际就任。但是图书馆的业务发展仍然受到很多限制，特别是太平洋战争爆发后，伪新民会到馆查禁抗日书籍。实际上，早在 1932 年"一·二八"事变国民政府迁都洛阳之际，出于对时局的判断，袁同礼不胜悲愤，"吾辈报国有心，请缨无力，只能做到不做敌人的顺民"②，反映了一名知识分子面对民族危难的家国情怀，因而在安顿好平馆的日常工作后决然南下，制订善后办法，谋划图书馆的发展和复兴，决心与敌人抗争到底。

对于袁同礼南下办馆，当时也存在一定的争议，主要聚焦于中基会的态度（注：自 1929 年北海图书馆与京师图书馆合并成立国立北平图书馆以后，该馆常年经费由中基会出资）。特别是 1938 年年初，鉴于战局的迅速变化，袁同礼提出国立北平图书馆与长沙临时大学一同迁滇，此时以司徒雷登为首的中基会提出了反对意见，认为北平虽然失于敌手，但平馆的工作仍然保持独立，理应继续维持馆务，继而认为"馆员离平南下，是私自的盲目行动"③，要求他们限期回平。袁同礼及部分馆员南下经教育部批准同意，有其法理依据，在给时任馆长蔡元培的信中，袁再次表明了他的考虑，"本馆既为国立机关，便不能不顾国家的立场"④，面对日军大举入侵，唯有以此来表达他的态度，此事件一定程度上也反映了中美文化的差异。

袁同礼南下办馆反映了平馆在抗日战争全面爆发后的应对，表明了抗日态度和决心，对平馆在整个抗战期间的业务发展、馆务格局等方面都产生了深远影响，是图书馆同仁与大后方人民并肩战斗的起点。

二、合作办馆共克时艰：与长沙临时大学合作

（一）临时大学的组建

早在 1935 年华北局势紧张之时，清华大学就秘密预备将学校转移至湖南长沙，并修建校舍。后卢沟桥事变发生，全面抗战爆发，国民政府教育部为了维持抗战时期的教育事业，计划分区成立临时大学，其中第一区由国立北京大学、清华大学和私立南开大学组成，准备成立长沙临时大学（以下简称"临大"），校址位于长沙

---

① 《中华图书馆协会会报》1937 年 13 卷第 1 期，19 页。
② 彭昭贤：《追念袁守和先生》，朱传誉主编：《袁同礼传记资料》，台北天一出版社，1979 年，61 页。
③ 李致忠主编：《中国国家图书馆馆史（1909—2009）》，107 页。
④ 同上，108 页。

韭菜园，主要租借圣经学院和岳麓书院。三校组成了临时大学筹备委员会，委员分别为三校校长蒋梦麟、梅贻琦和张伯苓，他们制订学校组织章程，包括校舍分配、行政组织、教学设施等方面，1937 年 11 月 1 日正式开学上课。然而由于战局的发展，仅上课 3 个月，又被迫撤离，后来到云南成立西南联合大学。

（二）合作办馆的酝酿与产生

长沙临时大学组建过程中，图书教学设备极为缺乏。一方面学校南下时未来得及运出，另一方面处于战争非常时期，图书设备采购尤为困难，客观上亟须图书设备支援。平馆当时的组织领导机构，除了教育部和中基会外，还有馆委员会，成员除蔡元培、袁同礼外，主要包括蒋梦麟、傅斯年、任鸿隽等人，加之袁以前在清华和北大图书馆都有工作经历，旧交甚笃，因此和他们往来关系较为密切。他南下初衷是在长沙设立临时办事处，再做进一步计划。到达长沙后，了解到北大、清华、南开三校图书"因在日伪情势之下，未得运出，亟待有所充实"[1]，工作人员也极为紧缺，对此，袁与临大当局积极接洽了解情况。同时，长沙临时大学仓促成立，受战争影响，教学因陋就简，图书教学设备尤其欠缺，因此当他们得知袁同礼馆长带领北平图书馆同人也南下长沙时，双方合作的意愿进一步增强，他们积极争取平馆的支持与合作，包括图书设备和人员。袁同礼将合作办馆想法汇报给当时国民政府教育部部长王世杰，得到教育部认可。于是双方拟定《长沙临时大学国立北平图书馆合组图书馆办法草案》[2]（以下简称"草案"）上报教育部，教育部于 10 月 12 日核定通过。主要内容包括以下七个方面：

第一，双方为充实图书设备及处理馆务起见，合组图书馆委员会，委员定为七人，除馆长为当然委员外，双方各推荐三人组成。

第二，开办经费暂定为两万元，双方各出一半。

第三，办公费由长沙临时大学负责，职员薪水由原单位承担。

第四，双方所购书籍分别登录，各立财产簿。

第五，双方合组购书委员会，所购书籍范围主要包含两个方面，一是侧重教学应用参考书及教科书，二是侧重一般参考书及专门期刊。

第六，双方原有书籍及期刊可自由供给合组图书馆使用。

第七，馆址由临时大学划拨给平馆，并在其内设立办事处。

处于全面抗战艰苦时期，临大与平馆通力合作，尤其是袁同礼馆长积极与临大接触，产生了合作办馆想法，并付诸实践，服务教学与科研，也打开了平馆的战时发展道路。

---

① 《中华图书馆协会会报》1937 年 13 卷第 1 期，20 页。
② 中国第二历史档案馆藏：《教育部关于筹设长沙临时大学并与国立北平图书馆合组图书馆的文件》1937 年 9 月 17 日，全宗号 5 案卷号 2212。

（三）各方对合作办馆的态度

袁同礼到达长沙了解到长沙临时大学情况后，产生了合作办馆的想法，于是写信给时任馆长蔡元培表达了合作意向，蔡认为"在长沙设一平馆办事处，甚慰"，但对于合组图书馆一事，认为"此种特殊组织非征求委员会之同意不可"①。对此，袁同礼拟定善后办法七条，其中第二条就是关于平馆与长沙临时大学合组图书馆，征求各委员意见，"委员会同人当表赞同"②，得到图书馆委员们支持。

国立北平图书馆行政上隶属国民政府教育部，因此在合作办馆一事上，从法理上看，袁同礼需首先争取教育部批准。他抵湘后，本来计划面见教育部部长汇报工作，但"临时大学亟须从速设立，而图书设备方面需人主持，坚嘱留此暂予协助"③，这也是袁最早传给教育部部长的讯息，并不只是设立长沙办事处。后来平馆与临大达成合组图书馆意向后，向教育部呈交合作办法草案，很快就获得批准，表明教育部积极支持的态度。

中基会方面的态度，从 1937 年 11 月 18 日孙洪芬回复袁同礼的信中可以窥见，信中写道："执行委员会对于自平调馆员入湘襄助临大图书馆办事一事，已有决议；但希望在平馆未结束以前，调动馆员不致影响平馆工作。"④，从中可以看出中基会对双方合组图书馆一事持谨慎支持的态度，以不影响平馆工作为前提。但事情在1938 年年初发生变化，此时中基会特派司徒雷登为驻平代表，"维护馆中利益，并授权协助馆中一切行政"。此时南京已失守，长沙遭到敌机轮番轰炸，长沙临大决定继续西迁云南。袁同礼考虑抗战的持久性、图书馆事业未来发展以及临大的现实需求，坚持一同迁滇；而以司徒雷登为主的中基会执委会议决，继续维持北平图书馆馆务，要求在长沙临时大学服务的职员尽快回平工作，至此对于南下合作继续办馆，中基会与馆方矛盾公开化。最后以临大当局蒋梦麟、张伯苓、梅贻琦三校长致电中基会董事会，"务请继续协助"，事情出现了转机，继续迁往西南大后方发展图书馆事业。

长沙临时大学由三校合并而成，因为战时特殊情况，不论图书设备还是工作人员都很紧缺，袁同礼与校方积极沟通，力图协助，校方积极回应，力争与平馆合作。在 1937 年 11 月临大报给教育部的《长沙临时大学筹备委员会工作报告书》⑤中，多次提到与平馆的合作，其中在教学设施项下单列一项：关于图书，则与国立北平图书馆合作，由双方合组图书馆，除将该馆原有图书之一部，供予阅览外，并另订合同……对校方来说，能与平馆合作更是给临大添了一支生力军。

---

① 李致忠主编：《中国国家图书馆馆史资料长编（1909—2008）》，279 页。
② 中国第二历史档案馆藏：《袁同礼致王世杰的信函》，1937 年 9 月 6 日，全宗号 5 案卷号 2212。
③ 同上。
④ 李致忠主编：《中国国家图书馆馆史资料长编（1909—2009）》，280 页。
⑤ 中国第二历史档案馆藏：《长沙临时大学筹备委员会工作报告书》，1937 年 11 月，全宗号 5 案卷号 2212。

（四）合作办馆的实施与影响

平馆与临大的战时合作是边沟通协调边开展实际工作的。先是 9 月初，袁同礼及同人在湖南教育厅集议，决定将平馆所订西文期刊 20 余种，改寄长沙，后亦征得中基会同意。在人员安排上，因当时随袁同礼一同南下的馆员仅有莫余敏卿、范腾端、贺恩慈、高棣华数人，无法开展工作，除就地招聘人员外，袁还飞函北平催促馆员从速设法离平南下①。双方很快制订了《合组图书馆办法草案》，在此框架下开展工作，馆址则由临时大学划拨给平馆，在圣经学院内设立办事处。图书采购方面，除了袁及工作人员南下所带藏书外，还将西文期刊改寄长沙。此外，工作人员常到"长沙各书肆购置中西之参考书籍，以应急需"②，袁同礼及同人趁着战火"锐意搜罗"各种书籍，在短短几个月时间内采购中西参考书籍 5000 余册，充分利用藏书开展图书馆服务工作。图书馆是学校教学工作的支撑，这个时期购书特点以教科书、参考书为主，专供临大学生及老师教学及研究使用。三校原有的购书渠道因战争被打乱，很多书刊因没有变更邮递地址而无法收到。平馆由于之前做了大量的准备工作，同时在上海、南京都设立办事处，从而为临大的教学和学术研究提供了保障。

经过前期紧张筹备，随着 1937 年 11 月 1 日临时大学正式上课，图书馆的工作也办有成绩，但好景不长，南京很快沦陷，长沙成为敌人下一个攻击目标。1938 年年初临大根据教育部指令开始考虑西迁至昆明，双方在长沙的合作前后仅维持了 4 个月，但仍然取得了不错的效果。蒋梦麟、傅斯年在 1938 年年初写给孙洪芬的信中，对于双方的合作给予了充分肯定，认为"其事可嘉，其人尤为可佩，与临大合作数月，成绩卓然"③。在中基会与馆方关于迁滇与临大继续合作发生意见分歧后，临大校方当局多次向中基会表达临时大学对图书馆人才及科学刊物需要的急切心情，最终中基会同意平馆西迁云南，并给予经费支持，充分反映了双方合作的深度及成果。

袁同礼早期出国留学，较早接触并学习了西方图书馆理论和服务理念，具有很强的现代图书馆服务意识，主张藏书的充分利用，与长沙临时大学合作办馆也是他一贯主张的具体体现——为学术研究服务。为此，他不辞辛苦，多方筹措，克服困难，使图书馆在抗战时期充分发挥其应有的价值。这一次的合作办馆既是战时需要也是图书馆文献资源共享形式的探索，具有重要意义。一方面，满足了临时大学教学和科研需要，另一方面，进一步丰富补充馆藏。与临大的合作，是承前启后的一

---

① 徐家璧：《袁同礼先生在抗战期间之贡献》，朱传誉主编《袁同礼传记资料》，台北天一出版社，1979 年，40 页。

② 严文郁：《抗战四年来之西南联合大学图书馆》，《中华图书馆协会会报》1942 年 16 卷 3—4 期合刊，4 页。

③ 李致忠主编：《中国国家图书馆馆史资料长编（1909—2008）》，277 页。

个重要时期，为日后与西南联大的合作打下了基础，同时也为战时平馆的发展摸索出道路。

三、抗战精神　薪火相传

袁同礼南下与长沙临时大学合作办馆，在国家图书馆发展史上占有重要地位，虽然时间短暂，但对后期在西南地区开展图书馆工作、形成战时馆务格局都具有重要意义。由于平馆当时的特殊背景，作为国立机关，行政上隶属教育部，实际上馆中常年经费由中华教育文化基金会拨付，因此在馆务工作上会受到中基会掣肘，尤其是抗战初期，表现在南下办馆一事双方存在的争议。但在民族危难关头，袁同礼一方面南下长沙设立办事处，并与长沙临时大学合作，共克时艰，谋求图书馆未来发展，另一方面积极与各方沟通，争取中基会的理解和支持，最终得到顺利解决，馆务重心逐渐南移。长沙时期，正是各种矛盾集中阶段，但也得到了有效解决，理顺了各种关系，为后来的发展铺平了道路。

合作办馆也是战时的一种创举，既是文献资源的共建共享，也是平馆服务学术工作的具体体现，为其后与西南联大的合作提供了借鉴。双方拟定的合作办法草案，规定了"所购书籍分别登录，各立财产簿"，使财产分明，有力地保证了合作的持续性，这一方法也为后来的中日战事史料征辑会所采用。因此，袁同礼南下及平馆在长沙的作为，既是对日本侵华战争的反抗，也是使图书馆事业继续发展的有力行动。可以想象，如果没有南下西迁，西南文献采集以及中日战事史料征集工作则很难开展。袁同礼及相关同人南下后，在艰苦的条件下，甚至是战火纷飞的环境中开展工作，收集珍贵文献，保护文化遗产，既是对日寇侵略的有力回击，也表现了我馆前辈不屈的抗战精神，为我们留下了宝贵的精神财富。

硝烟散尽，风范长存

——记抗战中平馆老馆员袁同礼、钱存训、顾子刚

袁咏秋

　　摘　要：抗日战争中平馆主要馆务南迁，袁同礼、钱存训、顾子刚三位先生虽身处大后方、敌占区、沦陷区，但抵抗外侮的精神一致[1]。他们战时卓尔不凡的作为可谓是经过战火洗礼的、富有开拓实践性的鲜活的图书馆员职业道德标准风范。

　　关键词：袁同礼；钱存训；顾子刚

一、二三史实

（一）1937 年平馆主要馆务南迁

　　七七事变后北平很快沦陷，原主持馆务的副馆长袁同礼把留守平馆、保护馆产的任务交王访渔、顾子刚等人，悄然离平赴长沙，与已在长沙的临时大学（北大、清华、南开）协商馆校合作，供南下师生教学深造之需。而中华教育文化基金董事会以司徒雷登为代表者另有主张，详蔡元培、袁同礼信札[2]。

（二）成立中日战事史料征辑会

　　1938 年 5 月，随着战局节节南移，教育文化中心转移西南，平馆设昆明办事处和香港临时通讯处。1939 年增设重庆办事处（本部），与联大合组正式成立中日战事史料征辑会。由袁同礼、冯友兰、陈寅恪、顾颉刚诸先生组成之征辑会，广为告知社会各方："本会设立主旨在造成一重要历史文献之宝藏……今兹中华民族抗战之事迹，既系极可宝贵之史料，且可为后之殷鉴，亟应搜集整理，善为保存，传之方来。"征集采访范围：凡与此次战事有关者，包括欧、美、苏以及各中立国，即敌国出版物亦均搜集；国内，则除在昆明外，渝、沪、港地及革命军营，驻陕办事处周恩来、林祖涵同志均受专访、相约，并获以亲自关怀、亲切性的回应[3]，自后，经营性的征订赠书联系不断。毛泽东《论持久战》救国言论选集即在此期间正式公开入藏北图。

（三）　平馆南迁善本运美经过

1941 年日军偷袭珍珠港之前，战局日紧，早于 1933 年、1934 年暂行南迁于上海公共租界掩藏的平馆善本也难保遭受轰炸之灾。为万全计，决计秘密联络运美暂存。在战火横飞、环境恶劣的条件下，这批继承内阁大库宋金元明历代宝传的国之瑰宝大迁徙的命运如何；它们如何被掩藏于日军占领下的上海？如何渐行渐远，迭经惊涛骇浪横渡太平洋而达于美国；25 年后又是如何还非其主返抵台北？等等曲折、蹊跷、诸多悬念半个世纪来常令人怦怦然于心。

后据美籍学者钱存训教授著文《北平图书馆善本书籍运美经过》（下称《经过》）开篇声称："国立北平图书馆善本书籍 102 箱最近已运到台湾，总算暂时结束了这一段流落海外的公案……"［1966 年 1 月 22 日载《传记文学》（台湾）第十卷二期］。

钱存训先生 1937 年受命于危难中，主持平馆上海办事处各项工作于敌后，主要是"保管和掩护南迁善本"和经办这批运美善本极品。作为主持主管、亲自督办和见证这批书运美全程的第一人，首次公开披露这段"经过"情形，当然具有绝对权威，是解码、摄录这段历史不可多得的信史和极有价值的文献史实。遗憾的是这批"承内阁之遗的宋元刻"，祖传"龙种"（书）不归其位，还非其主乃令祖宗不安、读者难容。因此，钱先生在《经过》中郑重地保留着"暂时结束这一段公案"的空间，始终坚持二战中运美寄存的 102 箱约三万册善本书所有权归于北京图书馆，并曾根据台方档案说明这批古籍运台，原是寄存性质。1987 年先生回馆共庆新馆落成时，曾将他 1984 年亲赴台湾探访，目睹这批善本情况及所摄在台保管照片"报告馆中领导，记录在案"。2001 年《晨报》刊文："北图书籍流浪六十年，祝愿国宝早日回归。"（钱存训）。2002 年先生在《怀念顾起潜先生》一文中才稍显释然，写道：台湾"后来重印"（其馆藏书目）题《"国立中央图书馆""典藏"国立北平图书馆善本书目》。

二、平馆国宝流浪 60 年之宛委流绪

上述二战及中国抗日战争期间平馆经历的二三史事，20 世纪 80 年代中期以前鲜为人知，特别是南迁善本运美一事最系人心弦，也最少人知晓，因为非常时期这桩图书大事，自始至终处于严守秘密之中，只有二三执事者知情。

60 年代中期，钱存训先生首次披露《北平图书馆善本书籍运美经过》大文于《传记文学》（台湾）发表时，众所周知两岸不相往来，讯息全然阻塞。80 年代从外馆读到《经过》时已越 20 余年。自后对这批国宝又多了一重悬念、牵挂和故事新传，值此多方面多角度纪念二战和中国抗日战争胜利 70 周年之际，回眸这段历史，不禁又多了一层历史的认知责任感和认识主体意识，谨述旧纪新，供研究

参考。

70年代初，我受命起草《北京图书馆采访条例》时，鉴于30—40年代馆藏家底不清，且有"战时空白论"一说，无奈曾借助于归档查询；1982年在纪念开馆70周年时，有感于查归档中曾发现一位不署姓名的老馆员"在沦陷区（上海）搜集抗日史料工作"的记述，深为其在战时犹兢兢业业，游刃有余于敌我友之间，十分专业的搜集、保藏、服务的忠心和激情所感动，曾写下《抗日史料征辑工作拾零》[3]，文章根据归档检阅，在八年抗战的艰难岁月，北图的收藏不仅不是空白（从非常时局的特定环境来看），还奇迹般增长着，并逐渐形成有价值的专藏特点。《拾零》后收入《北京图书馆同人文选》。1987年，钱存训先生以贵宾之尊，应邀回馆出席国家图书馆新馆开馆庆典中见到该文。1988年年初，亲为致函联系介绍：1937年正是他受命于上海敌后抢救善本，征集史料，而主要是保管、保护南迁善本及其后运美工作……集数任于敌后坚持驻守情形，"这些事已将半个世纪，得大文详细著录，并指出资料的重要价值，十分钦佩。这些往事很想追忆，迄未执笔"[4]。历史的机缘联系上今天和昨天。先生函释敌后工作、《经过》全程，拨开迷雾，自后联系更多些。1993年我据有关资料，并引录先生就这段历史史实致本人信札，在《中国教育报》星期刊发表《珍贵典籍南迁流传国外始末》一文，既期以此书案引起有关方面的关注，也为保存这些难得的文献线索，以与国内古籍爱好者共享研究图书聚散文化宛委流绪之参考，先生回应"馆史丰富，多年来由先生精心发掘，收获甚丰，贡献至钜"。

三、硝烟散尽　风范长存

纪念二战和中国抗日战争全面胜利，庆幸喜悦之余留下不少感慨与思考。

感慨之一：月亮并不总是外国的圆。20世纪30年代，中国图书馆和它的国家共命运，一样"被近代化"（史学者言），在国家积贫积弱时，人们期盼并有过吸收西方文化新精神的积极性；际遇战争，西方并没有告诉我们该怎么做，而我们走好了这一步。月亮并不总是西方的亮，其实，文明古国历史的天空早已闪烁过维护图书文化智慧的光辉。譬如宋代大兵之后，"无复儒衣冠，尝求《周易》无从得"。于是出现"念始终，典于学，而譬学于殖。不殖将落"的光辉思想[5]。抗日战争期间，平馆与临大合作、合组征辑抗日战争史料会宣言："本会设立之主旨在造成一重要历史文献之宝藏传之后来"，与八百余年前《绀书阁记》"念始终，典于学"的思维同声相应，同气相求。中国古代藏书家和近现代图书馆人注重于思想、知识本源和它们的交流；强调与知识的起源和发展的联系，以及这些知识对它同时期文化的影响（阅读效果）。战乱中活着的图书馆富有典型的中国特点：尊重历史，热爱文化，组织有序，传承有方，弘扬了中华文化连续性、融合性的优良传统，提升了图书馆服务社会的功能和智慧，凸显其搜集、保藏知识的真诚和服务的忠心，提升了复兴中华文化大业的学术力。它使"学校办得像学校"，又是"孵化学者的巢穴"。好读的读者不会忘记，朱自清教授的《经典常谈》成书于西南联大；许维遹、闻一多教授撰集参校的《管子》，初稿草创"其时在抗日战争期间，其地在昆明，限于战时条件，有些重要版本，初稿均未及见"。1957 年诺贝尔物理学奖得主杨振宁和李政道在西南联大读书，也喜读千古智圣，唐诗宋词与中国古典文化的魅力，引来现代物理"宇称不守恒"理论的灵感。

感慨之二：经事还谙事，见书亦见人，"知人"事在人为。图书馆人不能只满足于"度尽劫波兄弟在"。图书，甚至古籍善本今天有了再造工程，而人，特别是那些经过严酷战火历练的图书馆人的精神、经验、智慧、学养、精气神是不可复制再造的，他们对事业进步的责任和贡献都已成历史，但熟悉历史的图书馆是研究现代图书馆的基础。平馆的这段历史和人物，崇尚文化爱国，拥有深厚的儒雅书香传统和新理念，整理发掘其理念蕴含的当代价值，使其融为构建和谐社会文化原生形态之一景，是专业研究者的历史责任，也是学术编辑的道义担当。今谨据我的粗浅了解接触，试分别综述纪评如下，供研究参考。

20 世纪 30—40 年代，著名教育家蔡元培曾任北平图书馆馆长多年，当时"中国政治的第一个问题是抗日"。1936 年 9 月 26 日，毛泽东致蔡元培信中说："共产党创议统一战线，国人皆曰可行。知先生亦必曰可行。"1938 年 2 月，副馆长袁同礼致蔡元培函告"近以司徒雷登对馆事另有主张"时，蔡复："目前先生尽可往滇……为临时大学设计。"

（一）袁同礼

平馆南迁中，袁同礼与司徒雷登主张相左，所持"图书馆既为国家机关，国家之立场不能不顾"，"在此（指临时政府，悬五色旗）环境下，无法做事"。"要做事"即把图书馆当作一项事业办，寄寓着先生对图书馆事业建设的发展愿景；先生蕴楼古今，中西兼长，是结合中国固有学术和西方管理之长设计中国近现代图书馆方向的创导人之一。七七事变之初，在国家安危莫测、个人前途未卜之际，他自觉担纲服务全国高校教学科研的图书供应，发起征辑抗日战争史料，征集范围之广及于国内外。国外除与英、美驻华使馆联系，受赠图书仪器外，还函请各国图协，发起捐赠图书运动（英国方面并有捐助现金者以供特需之用）。国内则包括大后方、敌占区和解放区。抓住当时且以国共合作出现的新局面为契机，先生亲为致函中共代表机关国民革命军第十八集团军驻渝、驻陕办事处，征辑抗日文献史料，受到周恩来和林祖涵同志的热情支持关照，亲自交代或亲笔函复寄赠一批批珍贵史料文献。毛泽东《论持久战》1938 年 5 月（延安解放出版社）的首印本即那个时期直接公开流入国图。这批文献在战时及其后所产生的思想力、文化力之重大作用无比，"中国不会亡""最后胜利是我们的""中国抗日战争是持久战"的光辉思想不仅照亮了广大中国人民坚持奋勇抗敌的道路，同时，有力地支持了世界人民反法西斯斗争取得胜利。后来，这批珍贵史料文献还形成为国家馆编制大型回溯性《民国时期总书目》的初始依据和"中日战争史料善本特藏"的基础。

中国是个图书大国，公私藏书聚散之厄，自古为甚。"天下之物未有私而常据，公之而不久存者"（《儒藏说》），这曾是明清两代学人为之奋斗未见实行的一种努力，一遇刀兵水火，典籍更难保全。此次平馆善本历经战火硝烟洗礼，远渡重洋而得以回归中华大地，其中艰难有点像西南联大回归华北故土；有学者把抗日战争胜利使西南联大回归华北视作"第四次南渡"的胜利，是中国历史上前三次（东晋、南宋、南明）南渡都没有办到的。

（二）钱存训

抗战期间作为维护、主持主管、亲自督办和见证平馆南迁善本运美全程第一人的钱存训先生，在执事中所付出的思想力、文化力作用，功不可没。"由上海秘密运送善本至美，在绝望和危难中侥幸完成"。从《经过》中可见钱存训先生就中所付出的心血代价和精神窘迫情状。人们敬重先生的道德文章，更敬重先生之专业学行，特别是《北平图书馆善本书运美经过》中所记述坦露的那般读书治书人之爱书情愫、运书闯关，及对于惊涛骇浪中这批书的眷意悬念，那般惊心动魄：精神窘迫神情，实乃我中华读书、治书人博览群书、文采内化入血脉透出的"儒雅""书香"而唯患其失落、流散精神神韵流露之极品；敬重他战时犹兢兢业业、游刃有余，在上海坚持馆中的"地下工作"于前沿。先生一生抱简勖书，硕果满枝头，倾心力作《纸和印刷》，结合前著《书于竹帛》已举世独步于多卷本巨著《中国科学技术史》之林（第五卷第一册），并是这一大系中最抢眼的一种，有中、英、日等多种文本广为流传。这部系统完整的关于中国书的研究，对人类最长久的交流方式方法（物质和非物质的环境影响）客观精辟的阐述记录，不仅成为研究中国书史的经典，同时为"东学西渐"、国际文化交流开辟道路。

《中国科学技术史》（1984）主编李约瑟博士在序中称该卷："钱书的问世，使我们能够看到这一计划的第一成果。芝加哥大学的钱存训教授是世界上这一领域的著名权威之一。我们非常钦佩他为此而做出的贡献。我认为造纸和印刷的发展对整个人类文明历史的重要是无与伦比的，学识渊博的培根对于这一点是完全同意的。从钱书中读者将可以综观中国造纸和印刷的整个历史，了解到在欧洲对此一无所知之前，它们已在中国出现了许多世纪。""这是一部幸运的书，也是一部有生命的书"（日文本序）。从1956年开始写作，迄今整整50年。问起50年前怎么会选上这个冷僻的领域，先生会自然地联想起青年时代在南京金陵大学主修历史，副修图书馆学时，图书馆学大师刘国钧主讲"中国书史"课程的故事。两千多年中国书文的滥觞、流变，典籍制度的形成及印刷术发明后书籍生产方式的改变都使他产生兴趣，从此与图书馆事业结下不解之缘。

（三）顾子刚

袁同礼南行前交付其留守平馆、保护馆产的任务；战后复员，查无一张卡片损失。他曾是袁先生在对外交流工作中的一位得力助手。顾子刚先生精通英语，可以用美国俚语交谈，但他眷恋故土，从未跨出国门一步。他对西方图书出版信息情况研究有素，对平馆西文图书采选和藏书建设多所奉献。他代国外学术机构访求征购中国图书，加收手续费一成，用以另购图书馈赠平馆，个人从不从中收受酬劳。

纵观战时先生们虽分处大后方、敌占区、沦陷区，但抵抗外侮的精神是一致的，如袁同礼先生对司徒雷登之抗命不从；钱存训先生之舍命保书，护书闯关；顾子刚先生之留守护馆，清白自持；这些无声胜有声的抵抗的力量就源于中华民族优秀传统文化的浸润，内化为智慧、道德、品性，是文化积累积淀的总和。平馆这批老知识分子学究古今，文擅中外，平时坐拥书城，静气有余，渊渊乎若海；战时爱书、护书、治馆如上战场，大气凛然；长期浸润中华民族优秀文化传统底蕴的“儒雅”“书香”，更透出他们发挥认识主体作用的精气神！

（据中国图书馆学报《图书馆学通讯》1981 年、1982 年、1985 年、1988 年首次披露北图归档记录整合综述纪评）

参考文献：

[1] 毛泽东：《在延安文艺座谈会上的讲话》。

[2] 《蔡元培、袁同礼往来信札》（1938 年手书三件），《图书馆学通讯》1985 年第 3 期。

[3] 1939 年国民革命军第十八集团军驻渝、驻陕（西安）办事处致北平图书馆赠书函林祖涵致李乐知函（手书）。1939 年在周恩来、林祖涵同志关怀下原北平图书馆入藏中国共产党早期出版的书刊文献纪实，中国图书馆学报图书馆学通讯资料组整理。同上刊，1981 年第 3 期。

[4] 《序跋记录·钱存训先生读〈同人文选〉后关于抗日战争史料征辑工作的来信》，《图书馆学通讯》1988 年第 1 期。

[5] 叶梦得：《建康集·䌷书阁记》。

抗战时期国立北平图书馆的宣传推广

谢万幸

摘　要：本文梳理了抗战时期国立北平图书馆开展宣传推广工作的主要方式，分为业务服务推广和依托传媒平台开展信息传播两大类，共八种方式；简要分析了北平图书馆宣传推广的特点及启示。抗战艰苦条件下，北平图书馆坚持以读者为中心积极开展宣传推广工作值得当代图书馆借鉴，也从一个侧面体现了北平图书馆"传承文明、服务社会"的使命感和责任感。

关键词：国立北平图书馆；宣传推广；抗战时期

民国时期图书馆由旧式藏书楼向现代图书馆转变，图书馆宣传推广工作逐渐受到重视："图书馆重大使命，在于努力宣传图书馆的功用，引起民众对于图书馆的认识和兴趣，大开图书馆方便之门……使每一个居民有进入图书馆阅读的机会，使图书馆所有的书籍易于达到阅者之手，使图书馆费去的每一个金钱，都能收得最大的效果，这便叫作'图书馆推广事业'。"[①] 民国时期图书馆核心职能集中在图书借阅，其他拓展业务和服务在当时很大程度都属于图书馆宣传推广工作范畴。孟凡美总结了民国时期学者大量论及的 25 种图书馆宣传推广方式，比如推广阅览、指导阅览、编印书目、参考咨询、发行刊物、新书介绍、举行展览、媒体宣传等[②]，本文所论述的"宣传推广"概念亦按照民国时期图书馆工作者的论述语境使用。

国立北平图书馆（以下简称"平馆"）一直重视宣传推广工作。在抗战艰难条件下，不因时局动乱、经费拮据、人手不足、联系不畅等困难，仅仅消极维持无所作为，而是积极有为、拓展事业，利用多种方式开展宣传推广工作，努力拓展和发挥图书馆职能作用，使图书馆工作获得社会各界的认可。本文主要分析了抗战时期平馆宣传推广的方式和特点，从一个侧面展现了平馆"传承文明、服务社会"的使命感和责任感。

---

① 黄连琴：《图书馆推广事业》，《文华图书馆学专科学校季刊》1932 年第 4 卷第 2 期，107—108 页。
② 孟凡美：《民国时期图书馆宣传推广研究》，河北大学硕士论文，2011 年，23 页。

一、平馆宣传推广主要方式

（一）推广阅览

为书找人。抗战时期，平馆主动向有需求的高等院校、科研院所提供服务。一是与西南联合大学合办图书馆。卢沟桥事变后，袁同礼率部分馆员南下在长沙设立办事处。得知长沙临时大学图书资料缺失，主动与其合组图书馆，之后随临时大学迁入昆明。"本馆（平馆）自迁昆明以来，因与国立西南联合大学密切合作，故入藏书籍，均由该大学负责保管，公开阅览。"① 二是向各界提供文献、推广阅读，使馆藏文献发挥作用。1940 年，"国立北平图书馆为协助各大学发展起见，特将该馆所藏之复本期刊，及复本之西文书报，分赠国立西南联合大学、国立云南大学、国立中山大学、国立同济大学……"② 1941 年年初，设立重庆办事处，为重庆高校、社会公众提供服务，"国立北平图书馆应陪都各界之请，近将一部分西文书籍迁渝陈列，并承南开大学经济研究所之邀，将此项书籍寄存于该所，供众研究阅览"③。

为人找书。为解决高校缺少西文研究资料难题，平馆积极向美英等国图书馆界、学术界呼吁征集最新的西文科学文献，服务读者，推广阅览。例如，1943 年 2 月，国立北平图书馆鉴于抗战以来国内医学书籍至感缺乏，曾寻求美国罗氏基金董事会资助美金 4500 元，采购最新之医学书报，"该馆将此项书报，寄存于贵阳卫生署人员训练所、重庆国立上海医学院、及成都国立中央大学医学院，并委托各校轮流借与各中心之医学机关，藉弘效用云④。"

平馆在抗战期间"为书找人、为人找书"推广阅览的一系列举措，使图书馆切实履行了职能，发挥了应有的作用。

（二）参考咨询

开展参考咨询服务对增强图书馆吸引力、增加读者便利具有重要意义，有利于图书馆功能作用的宣传推广。"参考工作亦为本馆（平馆）主要业务之一……抗战以来，本馆虽限于人力资力，但对政府机关与专门学者有关研究资料之咨询，仍愿尽答复之义务……总期节省学人之时间，而俾获得若干之便利。"⑤ 抗战时期，平馆昆明办事处"馆内设参考室，解答各项参考问题，或代编书目，或代制索引，或用通讯方法，答复各地之咨询，其主旨均在对于读者有所辅导，增加其便利，促进其研究，值此抗战期间，此项服务，尤感需要焉"⑥。这些举措既属于业务拓展工

---

①⑥　《国立北平图书馆昆明部分二十八年度馆务概况》，《中华图书馆协会会报》1940 年第 14 卷第 5 期，6 页。

②　《北平图书馆赠送各大学西文书籍》，《中华图书馆协会会报》1940 年第 14 卷第 6 期，13 页。

③　《国立北平图书馆工作近况》，《中华图书馆协会会报》1941 年第 15 卷 3—4 期，15 页。

④　《国立北平图书馆协助医学中心点获到最新之医学书报》，《中华图书馆协会会报》1943 年第 17 卷第 3 期。

⑤　袁同礼：《国立北平图书馆工作概况》，《社会教育季刊（重庆）》1943 年第 1 卷第 4 期，10—12 页。

作，也属于最好、最有效的图书馆宣传推广举措之一。

（三）编制书目索引揭示馆藏

"先生（袁同礼）搜集访求充实图书，并非专为收藏，而是着眼于应用，因而主张通过各种方式及时报导，向学术界传递信息，以便读者利用。主要方式是编制书目索引。"① 平馆充分揭示馆藏：一是通过编制书目、索引等方式揭示馆藏文献，抗战期间平馆编制了《西南方志目》、《中文普通书目》、《国学论文索引》六编、《地学论文索引》三编、《么些文目录》、《西南碑志目》②；《馆藏西南文献书目》《新疆书目解题》《西北书目》《抗战以来欧美关于中国著作简目》③ 等众多目录索引。二是恢复编印中文卡片目录。北平图书馆编印的中文卡片目录，广受国内各馆欢迎。抗战爆发后一度中断，因图书馆界需求，1939 年 5 月恢复发行④。此项工作既有利于提升全行业编目水平，同时也在全行业范围揭示宣传了平馆馆藏。

（四）新书介绍

推荐图书是图书馆宣传推广的重要方式之一。抗战时期，平馆积极向读者推荐新出版图书期刊、介绍新入藏珍贵图书，揭示馆藏，指导阅读。

一是推荐新出版图书。通过自办的《图书季刊》长期坚持推荐图书期刊，包括书评、图书介绍、期刊介绍等。例如，新 1 卷 1 期就有"图书介绍四十则、期刊介绍三十一则"，详细介绍新书内容、体例、特点以及简略书评，详略得当，点评精要，体现了较高的撰写水平。自 1938 年 12 月起，北平图书馆与昆明《益世报》合作，每两星期发行图书副刊一种⑤，向社会公众推荐图书。

二是介绍新入藏珍贵文献。在《中华图书馆协会会报》（以下简称《会报》）等各类刊物上介绍新入藏珍贵文献。例如，1940 年 3 月，《会报》介绍最近入藏之孤本秘籍，包括旧抄本《桂胜》、明刻本《殿粤要纂》、清刻本《贵州盘江铁桥志》等 18 种⑥。1940 年 10 月，《会报》介绍平馆新采访文献：明刻本《兵垣疏草》、宋刻元印本《新编方舆胜览》、明嘉靖本《广东通志》等 14 种⑦。每种图书都对版本、内容、价值做了简要介绍。

---

① 北京图书馆业务研究委员会编：《北京图书馆馆史资料汇编（1909—1949）》，书目文献出版社，1992 年，1349 页。

② 同上，1101—1102 页。

③ 袁同礼：《国立北平图书馆工作概况》，《社会教育季刊（重庆）》1943 年第 1 卷第 4 期，10—12 页。

④ 《国立北平图书馆最近消息》，《中华图书馆协会会报》1939 年 14 卷 1 期，23 页。

⑤ 《国立北平图书馆近讯》，《中华图书馆协会会报》1939 年 13 卷 5 期，24 页。

⑥ 同上，21 页。

⑦ 《国立北平图书馆工作近况》，《中华图书馆协会会报》1940 年 15 卷 1—2 期，11—12 页。

（五）举办展览

展览是揭示馆藏、展示工作成果的重要方式。例如：1940 年 1 月《会报》所载："中日战事史料会定期举行抗战史料展览。中日战事史料征辑会为国立西南联合大学及国立北平图书馆合组成立……爰于本年一月二日及三日举行抗战史料展览，将有关抗战书籍、杂志、报章、图书、照片、地图、统计图表、信札、日记、布告、报告以及各种宣传品全数陈列，以供展览云。"① 展览以生动、直观、新颖、富有视觉冲击力的方式向社会公众展示图书馆工作成果，是极为有效的宣传推广举措。

（六）发行刊物

抗战期间，平馆自办的宣传平台就是《图书季刊》。"七七事变以还，本刊因之停顿……兹定于二十八年三月，在昆明复刊……内容分论著、图书及期刊之批评与介绍，学术界及出版界消息诸项。"② 抗战期间《图书季刊》"学术界及出版界消息"栏目发布了平馆消息共计 10 篇。例如：新 1 卷 2 期《国立北平图书馆、国立西南联合大学合组中日战事史料征辑会及其工作》；新 1 卷 3 期《国立北平图书馆最近工作概况》，介绍平馆最近入藏图书、购藏明清史料书、编纂工作等消息。除了消息报道外，通过刊载平馆馆员论著、目录、报告的方式揭示馆藏、介绍平馆工作，共计 6 篇文章。比如，新 3 卷 3—4 期，万斯年《国立北平图书馆西南各省方志目录》；新 5 卷 2—3 期，万斯年《迤西采访工作报告》等。

（七）业内宣传

主要途径是利用《中华图书馆协会会报》传播消息。《会报》由中华图书馆协会于 1925 年创办，"本报启事"称："本报为本会传达消息之刊物，极愿以此为全国图书馆事业之通讯机关。"③《会报》"图书馆界"栏目中"国内消息"部分囊括全国各类型图书馆的各项消息。北平沦陷后《会报》停刊，直至 1938 年 7 月在昆明复刊。

据统计，抗战期间"图书馆界"栏目发表关于北平图书馆的消息近 20 篇，此外在其他栏目还有多篇专题文章介绍平馆情况。《会报》大部分都是以"国立北平图书馆近讯""近况""最近消息"为标题，涉及平馆工作各方面情况。《会报》一系列消息、文章为抗战时期平馆宣传推广工作发挥了重要作用，同时也留下了珍贵史料。

---

① 《中日战争史料会定期举行抗战史料展览》，《中华图书馆协会会报》1940 年 14 卷 4 期，29 页。
② 《复刊启示》，《图书季刊》1939 年第 1 卷第 1 期，2 页。
③ 《本报启事一》，《中华图书馆协会会报》1925 年 1 卷 2 期，2 页。

（八）媒体宣传

本节以《申报》为例。《申报》为近现代中国发行时间最久、具有广泛社会影响的报纸。1938 年 10 月 10 日，《申报》借美商之名在上海租界复刊，直至 1941 年 12 月 8 日太平洋战争爆发，这一时期是《申报》孤岛时期，之后《申报》逐渐被日军控制成为日本军方喉舌。据爱如生《申报》全文数据库检索，孤岛时期《申报》关于平馆新闻主要有 7 篇，其他涉及平馆报道 10 篇，合计 17 篇。重要报道有：1939 年 10 月 16 日《国立北平图书馆工作　协助西南图书馆事业》一文报道一年来平馆工作情形，包括采访、编目、索引编纂及出版、阅览等；1940 年 6 月 13 日《北平图书馆　迁昆明后概况　发扬西南文化》一文概述了 1940 年度馆务工作概况；1940 年 8 月 10 日至 12 日，以"国立北平图书馆最近工作　采访出版事业多所表现"为题，连续三天刊发连载报道；1941 年 2 月 11 日《国立北平图书馆近况　入藏罕见孤本秘笈　摄制显微软片图书》，介绍了平馆入藏《皖南军务纪略》等 14 种罕见书以及明刻本家谱多种。

二、抗战时期北平图书馆宣传推广的特点及启示

（一）宣传推广方式多样

如前所述，平馆在异常困难的办馆条件下，坚持开展多样化的宣传推广工作，呈现多渠道、立体化的特点，这样的办馆理念对于今天的图书馆仍具有重要借鉴意义。平馆举措主要分为两大类：一是业务服务推广类，包括推广阅览、参考咨询、编印书目、新书介绍、举办展览；二是依托传媒平台开展信息传播，包括前述通过《图书季刊》《会报》《申报》等报刊宣传等方式。"业务服务推广"涉及实际业务活动，通过业务和服务的拓展、创新、提升，直接吸引读者走进图书馆、利用图书馆，让读者切身感受图书馆服务，从而不断扩大服务规模，提升办馆效益。"依托传媒平台开展信息传播"：通过编发消息稿件，让更大范围的读者获得"信息"，对读者来说是间接式的宣传推广。

两类举措互相促进、互相支撑。"业务服务推广"相关工作直接覆盖的读者有限，需要依托传媒平台发布扩散，进而扩大工作影响力；传媒平台也需要具有新闻点、创新点的"业务服务推广"事例，没有图书馆服务的创新举措，旨在扩大图书馆影响力和美誉度的新闻宣传报道就失去了事实依托，无法开展。在传媒高度发达的今天，图书馆宣传推广工作，依然要在"业务服务推广"和"依托传媒平台开展信息传播"两方面同步开展，紧密结合，形成合力，互相推动。

（二）宣传推广内容相对集中

对报刊的消息报道进行分析，平馆宣传推广涉及内容主要有：平馆与西南联大合作、中日战事史料征辑会、西南文献采访、最近入藏罕见书、赠送各大学西文书籍、编纂整理出版、奉令办理各院校图书仪器接收配运事项等，这些主题的报道比较集中，相对数量更多、篇幅更大。一方面表明这些内容是平馆有影响的重点工作，因而图书馆主动组织稿件、介绍情况、开展宣传；另一方面也显示媒体和社会公众更关注平馆新动态、新举措、新成效类的信息，特别是"中日战事史料征辑会"等为抗战做贡献的相关信息，这些信息符合新闻传播规律的需求。图书馆常规工作不易引起媒体关注，如要加强常规工作宣传，图书馆人必须注重挖掘、总结"常规"中的新闻点，与时代大势、社会环境、民众关切点相结合，形成共振、扩大影响。

（三）消息传播主要路径

平馆的长篇报道一般在《图书季刊》首发，而后《会报》《申报》等各类报刊陆续报道，即："本馆工作总结稿件——自办刊物首发——其他刊物转载传播"。例如，1940 年 6 月《图书季刊》新 2 卷 2 期刊发《国立北平图书馆工作近况》，主要内容是近期采访罕见书和出版概况；此文于 1940 年 8 月 10 日至 12 日，在《申报》分三天连载报道；1940 年 10 月刊发的《会报》15 卷 1—2 合期，亦全文刊发。1940 年 9 月《图书季刊》新 2 卷 3 期刊发《国立北平图书馆工作近况》，主要内容是新入藏《皖南军务纪略》等罕见书，以及获得美国捐赠显微软片摄影机；此文于1941 年 2 月 11 日《申报》刊发，题为《国立北平图书馆近况　入藏罕见孤本秘笈　摄制显微软片图书》。此类例子还有多个。从内容上看，这些关于图书馆工作详细情况，无疑都是图书馆自身撰写的阶段性工作总结、馆务报告，首先在自办刊物发表，而后多种报刊转载报道拓展宣传。

从平馆南迁后，远在上海的《申报》却能刊发平馆在西南工作的情况报道，殊为难得，这与平馆上海办事处的工作应有重要关系。1939 年 4 月 11 日《申报》刊发《国立北平图书馆　搜集抗战史料　派员来沪从事征集》。当时上海办事处馆员还肩负着在沪搜集抗战史料的重任；1939 年恢复出版的《图书季刊》印刷工作也由上海办事处负责在上海印刷寄送，这也为《申报》从《图书季刊》中获取新闻材料提供便捷渠道。

从平馆抗战时期消息传播路径可以看出，一些重点报道，《申报》等媒体刊发时间都极大滞后于平馆自编刊物，可能由于抗战时期向媒体传递信息的手段和渠道不畅，同时一定程度也反映出，平馆积极主动联系新闻媒体、向新闻媒体提供素材方面还存在不足。

（四）抗战前期报道多，抗战后期报道少

《会报》《图书季刊》《申报》刊载的文章都呈现这个特点。1938 年至 1941 年报道数量多、长篇消息多；1942 年至 1945 年报道数量少、长篇消息少。分析其主要原因，一是抗战前期平馆创新工作较多，与西南联大合作、中日战事史料征辑、西南文献采访等都在抗战前期启动并见成效，从而新闻点较多。同时，馆务南迁初始阶段一般性工作动态消息也多。二是抗战后期平馆自身对工作总结和挖掘不足，使报刊缺少新闻报道素材。三是抗战后期袁同礼馆长或因失联或因忙于国际事务无暇对馆务工作给予更多指导。太平洋战争爆发，香港沦陷，正在香港的袁同礼失联近一年，于 1942 年 10 月在港脱险，回馆视事；1943 年袁同礼奉令赴印度采访订购图书仪器，平馆许多员工也都参与分配图书仪器的工作；1944 年年初袁同礼奉命赴英美考察，1945 年 4 月在美国旧金山参加联合国成立会议等。袁同礼馆长高度重视宣传推广，其长期不在对平馆馆务及宣传推广工作必然有重要影响。

（五）行业刊物报道多，新闻媒体报道少

笔者查询了"全国报刊索引：民国时期期刊全文数据库（1911—1949）""大成老旧刊全文数据库""瀚堂近代报刊数据库""民国文献大全（？—1949）数据库"等近代报刊资料库，抗战期间关于平馆的报道主要集中在《会报》《图书季刊》及《申报》等少数报刊，此外仅有《社会教育季刊》（重庆）、《浙江战时教育文化》等刊物分别有两篇报道，其他刊物鲜见报道。《中华图书馆协会会报》抗战期间刊载平馆相关文章 20 余篇，报道最多，涉及事项方方面面，这与《会报》定位于"本会传达消息之刊物"分不开。

此外，笔者通过台湾得泓"中国近代报刊数据库"检索抗战时期国民政府最具影响力的官方报纸《中央日报》关于北平图书馆的报道，仅见一条：1943 年 12 月 31 日刊载《北平图书馆珍本图书，在美翻制软片》，此信息来源还是据外媒的电讯。同期，《中央日报》关于"国立中央图书馆"的报道数量则多达 28 条，涉及展览活动、阅览工作、书目编纂等各方面，颇丰富翔实。由此可见，同为"国家图书馆"性质的图书馆，平馆与新闻媒体主动沟通联系、利用《中央日报》等重要媒体进行宣传推广上还略显不足，而"国立中央图书馆"在这方面做得更加积极主动。

三、结语

八年抗战，北平图书馆在袁同礼馆长领导下，以读者为中心，在办馆条件极为艰苦的条件下，在西南大力发展图书馆事业，通过开展各种形式的宣传推广，吸引

和促进社会公众利用图书馆，服务抗战文化建设，使图书馆自身也得到社会各界认可。平馆在抗战时期的工作成绩与其大力开展宣传推广工作分不开。现代图书馆重视"宣传推广"是其服务读者的本质需求，不是图书馆可有可无的附属工作。当今，图书馆事业发达，宣传推广方式、渠道更加丰富，图书馆理应充分利用有利条件加强宣传推广，不断提升办馆效益。

抗战初期平馆留守馆务研究

何 隽

摘 要：抗战初期，平馆虽未被日伪当局直接占据，但留守工作却是在十分恶劣之环境下进行的。尽管如此，许多留平员工在经费减少、福利储金并无完全保障的特殊时期仍然坚守岗位，对国家和民族做出了应有的贡献。袁同礼馆长并未以维持现状为满足，通过信函远程维持馆务运行，积极擘画中国图书馆事业的复兴，为日后中国的文化事业树立了永久的基础。

关键词：抗日战争；国立北平图书馆；袁同礼；中国图书馆事业

1937 年 7 月，卢沟桥事变爆发，北平沦陷。南京国民政府丧失了在北平行使职权的能力，国立北平图书馆也随之陷入了恶劣凶险的环境。8 月，平馆副馆长袁同礼"愤日寇之暴行，不甘为敌傀儡，乃于上年八月奉命离平……积极从事复兴事业云"①。在此期间，大批平馆人员撤离北平，参与长沙临时大学②的建校工作。尽管不少馆员撤离至长沙，但仍有部分馆员在平坚守，在沦陷区艰难维持馆务运营。

一、留平馆务的艰难维持

北平沦陷后，平馆遭受重大挫折。北平方面向国立北平图书馆委员会致函，请益有关北平沦陷之后的相应维持措施。根据具体情境，馆方建议将馆务分散至长沙，酌情缩减在平的相关经费，并具体拟定了七条办法：

一、在长沙设立办事处，处内职员薪水一律按五成发给，所余之款作为准备金。

二、本馆与长沙临时大学合组图书馆，其详细办法另定。

三、西文期刊及书籍一律改寄长沙。

---

① 《中华图书馆协会会报》13 卷 1 期，19 页，1938 年 7 月。
② 1937 年 8 月，北京大学、清华大学和南开大学在长沙合组临时大学，即西南联合大学前身。

四、本年度购书费请中基会①拨付半数，其余之款，请该会以本馆名义暂予保留。

五、平馆在未被接收以前，其经常费继续照拨，中西文购书费一律停止，中文期刊及报纸照旧订阅，此项费用得在经常费内开支。

六、留平职员薪水暂按十成发给。遇必要时得由馆长决定核减之。

七、除负实际保管责任之职员在任何状况之下不得离馆外，其他留平人员无法执行职务，愿来临办公者，每人得酌给旅费。②

1937 年 10 月 4 日，傅斯年致函长沙临时大学负责人蒋梦麟和北平图书馆副馆长袁同礼，就平馆所拟之办法进行商议。傅斯年认为，如果对在湘人员仅发薪五成，会造成在平在湘人员薪水的巨大差距，以致人心失衡，而在平人员毕竟身临险境，待遇不应缩减，但需加上"以不得自由离平为限制"，在湘人员薪金以六至八折幅度略作调整。对于中西采选的购书情况，傅斯年认为，"西文期刊或大可续定，但中西文书以少购为宜。今非搜集之时也，当俟时局稍可也"③。在傅斯年的坚持下，平馆继续编采相关书目。图书馆日常运营所需之经常费，也陆续每月汇奉至北平，数额为每月八千元，次年缩减至七千元。

此时，在平的各大文化机关均由伪保管委员会维持管理，日本并未立即进行劫持行动。平馆仍然照常对外开门阅览，日伪当局最初将平馆列入官厅二级编制，但最终并未实行，而是改以"超然"性质视之。尽管如此，平馆部分馆务仍然陷入了停滞。任鸿隽感叹道："图书馆委员仍令弟滥竽，弟自当勉从诸公之后，略尽绵薄，但恐此时亦无事可做耳。"④ 执委会决议将平馆馆员陆续调入长沙临时大学，襄赞办理在湘图书馆等事务。⑤ 虽然馆方对平馆即将发生的不幸变动有所准备，但在抽调时间上并未做出具体安排。

除了人员调动的问题外，已出借重要文献的典守保藏工作也是留守馆务的重要内容。科学类的中西文杂志是平馆的重要馆藏部分。静生生物调查所由于研究工作所需，从平馆借阅了大量有关生物科学的文献书报。胡先骕⑥提出能否将寄存在调查所的相关书报，以及将来所需用之书报移赠给该所，以避免研究工作之中断。彼时北平局势复杂，平馆随时有被日伪当局劫持之可能，极有可能造成相关文献的流失，从而导致相关重要研究项目的中断，其所造成的破坏力不可估量。出于此等考虑，孙洪芬⑦致函袁同礼，拟请对这一问题"重予考虑"，并拟定将平馆所订有关

---

① 中华教育文化基金董事会。
② 北京图书馆业务研究委员会编：《北京图书馆馆史资料汇编（1909—1949）》，468—469 页。
③ 同上，446 页。
④ 同上，451 页。
⑤ 此决议被执委会认定为馆中行政细目，所以并不是载入议决案的正式决议。
⑥ 胡先骕，植物学家、中国植物分类学的奠基人。时任静生生物调查所植物部主任。
⑦ 孙洪芬，历任中华教育文化基金董事会执行秘书、秘书长、干事长、董事。

生物科学之书报期刊直接寄给该所，与其使用，从而相关科学研究不致因战争的原因而中断，这一意见得到了委员会的赞同。但在赠书事宜上，袁同礼指示王访渔等人，相关生物书籍只供调查所借阅，但不可尽数与之提取。"盖该所为私立机关，本馆以历史关系，自当协助其研究，但无权私相授受也。"①

日伪当局通过地方组织，逐步开始施加手段，有步骤地侵犯平馆主权，以达到渐进以至完全控制平馆的目的。12 月 4 日，伪北平地方维持会下达训令（地字第229 号）："兹经本会议决，请桥川时雄②顾问兼任北京图书馆顾问，除函达外，合令该馆知照。此令。"③

在日伪方面的压力下，平馆留守方面设置了"顾问"一职。袁同礼得知后，将此情形与蒋梦麟、傅斯年商议，三人共同认为，如中基会接受留守北平方面所设立的"顾问"一职，则意味着承认了"顾问"一职的合法性。一旦北平方面被完全劫持，日伪当局则可利用为中基会所承认的"顾问"身份提取在上海的存书。因此，袁同礼主张"顾问接事后即停发经费，并为停办，留保管员数人保管财产"④。蒋梦麟、傅斯年对此虽表同意，但中基会内部仍有不同意见，认为不应骤然停办平馆事务。

日伪治下的北平，局势混乱，恐怖气息弥漫，这对于北平图书馆的日常运行造成了相当影响。1937 年 7 月，因时局关系，平馆就改作"每日下午五时闭馆"⑤，阅览人数也随之大幅减少，馆外借书业务也即行停止。有传闻称，大阅览室每日阅览人数仅有十余。袁同礼致函王访渔认为"似不成话，应竭力设法增加，引人来馆看书"⑥。虽然实际情况并非如传言般耸人听闻，但王访渔也承认阅览人数"不如从前之多"⑦。除局势不稳外，平馆在财政上也出现了较大的问题。中基会董事多有紧缩平馆经费的主张，馆方也不得不在发电、馆役技手工资等费用上撙节。煤炭价格高涨，行政委员会曾商议改用商电以节约成本，然而改造费用不菲，只好作罢。在财政势须紧缩的情况下，加之物价高涨，平馆遂停止晚间阅览服务。在此情形下，有不少馆员心灰意懒，离开平馆，如至 1938 年 4 月份时，官书组人员已尽数离职。日伪组织对平馆的馆务运行也不断进行骚扰。伪新民会曾出面到馆查禁了一批"禁书"，并运至"新民会"暂为"保管"。

尽管馆方与中基会之间未取得关于是否闭馆的共识，袁同礼仍然先着手选派可靠人员维持平馆闭馆后的善后事务。一方面，袁同礼派人提取在北平花旗银行的馆

---

①　北京图书馆业务研究委员会编：《北京图书馆馆史资料汇编（1909—1949）》，560 页。
②　［日］桥川时雄，字子雍，文学博士、二松学舍大学名誉教授、汉学家、中国古典文学与文献研究专家。
③　国家图书馆档案，档外事 3，转引自《中国国家图书馆馆史资料长编（1909—2008）》，299 页。
④　北京图书馆业务研究委员会编：《北京图书馆馆史资料汇编（1909—1949）》，463—464 页。
⑤　《国立北平图书馆二十六年度馆务报告》，国家图书馆档案，档年报 2，转引自《中国国家图书馆馆史资料长编（1909—2008）》，295 页。
⑥　北京图书馆业务研究委员会编：《北京图书馆馆史资料汇编（1909—1949）》，529 页。
⑦　同上，545 页。

款，并筹集遣散平馆人员的资费，以做"临大遇必要时或需解散"① 的危机应对。另一方面，袁派总务部主任王访渔、善本部主任张允亮负责行政工作。因受战事影响，多地的函电均被切断，故而袁同礼嘱托孙洪芬转告二人需忍耐维持，苦撑待变，直至最后关头。除善后工作外，袁同礼还着手争取力量，草拟了善后办法，以做他日复兴平馆的准备。袁希望暂时关闭北平图书馆，在西南重建分馆，将馆务重心一并随临时大学迁往云南。

二、善后方案的分歧

对于袁同礼提出的闭馆建议，中基会并不认可。与袁同礼对平馆及抗战前途的理性判断相比，中基会则更多的是从爱惜馆产的角度考虑。1938 年 1 月 18 日，中基会执委会就这一问题在上海召开第 122 次会议，做出反对关闭北平图书馆，继续予以维持的决定，并要求袁同礼及在长沙之平馆员工尽速返回北平办公。同时，司徒雷登被授权为中基会驻北平全权代表，暂时摄理馆中一切行政事务，总务部主任王访渔、善本部主任张允亮和编纂顾子刚组成行政委员会，协助司徒雷登维持在平馆务。在会议上，司徒雷登认为当下北平环境安定，可以继续工作，袁同礼的南下方案带有某种盲动性质，与在平的馆务相比，"南方工作认不必要，甚或以'无事可做'，南方工作人员太多……乘此有大皆裁汰之必要"②。21 日，中基会董事会议决认为，对北平方面经常费可照常拨付，虽不添购中西文书，但继续采编订阅西文专门期刊并依旧寄往北平，不作特别变动。对于孙洪芬所提出关于静生生物调查所需要之西文书籍期刊事项，中基会同意将相关刊物从馆中提取运送至调查所，而对于之前寄存在馆外的书籍，出于安全考虑，也均应照存原地，留置原处。30 日，平馆委员会除了对决议中要求袁同礼及其他在湘馆员尽快回平服务一项反对外，对于其他决议内容均表接受。袁同礼向蔡元培及徐新六等其他三董事分别致信陈述在西南地区复兴馆业之必要："北平沦陷后，国立机关无法发展。维持馆产固极重要，不妨以一部分之经费，利用已有之人员，在西南积极从事复兴事业。留平职员现共有九十四人，以之维持现状，保管馆产，已足敷用。在湘服务之人如继续留在南方办事，决不致影响平馆馆务……执委会嘱同礼返平服务一节，为个人计，极愿遵守，但恐于事业前途无可裨益。同礼为教育部任命之人，对于国家立场不能不坚守。倘届时临时政府加以委任或迫令悬五色旗应付环境，实感不易……以上皆系事实上之困难，用敢披沥直陈，尚希赐以考虑，无任感荷。"③ 蔡对此表示理解。由此，双方分歧趋于消解。3 月 7 日，中基会董事会综合了袁同礼的意见，向教育部

---

① 北京图书馆业务研究委员会编：《北京图书馆馆史资料汇编（1909—1949）》，465—466 页。
② 同上，498 页。
③ 同上，525—526 页。

致函，确定了关于平馆馆产馆务的最终决议，其主要内容归纳为以下三点：第一，在湘之平馆馆员，除了袁副馆长外，应早日返平服务；第二，北平图书馆订购有关生物学期刊及有关之理化科学期刊，为静生生物调查所研究计，继续寄往北平；第三，推请司徒雷登主持平馆大计。

平馆在沦陷区虽然能暂时保持行政独立，但重要职员均已南下，如编目、整理文献等基础事务已无法照常运行，中基会认为"此种现象，如任其演变，不啻自动放弃"①，故而还是要求除袁同礼外的其他馆员履行固定事务之职责。中基会在决议中也做出了关于他日闭馆的条件，即"将来该馆行政如遭受外力压迫，变为行政系统，自当将该馆完全结束，另筹办法"②。中基会虽然坚持平馆馆务维持到底，但以其不受日伪外力干涉为馆务运行的基本条件。此后，教育部发布第1183号训令，案准中基会所函，关于保障平馆馆产、留湘馆员服务、西文期刊改寄北平等事项得到了最终落实。

1938年2月3日，平馆委员会按照中基会之建议，由王访渔、张允亮和顾子刚三人为委员，组织建立行政委员会，并举行了第一次会议。一周后，在沪的司徒雷登致函行政委员会，提出了平馆今后工作的要求："行政委员会能每隔半月将馆内逐日大事及各种统计（如工作人员请假时数、中西文书籍编目册数、出借册数、新添册数、阅览者人数等等）报告中基会一次，以资稽核。"③ 同时，司徒雷登也对馆员布达了期望，"贵馆各部工作人员，在此时期，想必人人均能忠于职守，加倍努力。至于外间传言，不可轻于置信，尤应严守办公时刻，以免物议。"④

三、行政委员会维持下的北平馆务

行政委员会的建立，稳定了在平馆务局面，也奠定了这一时期平馆运营的基础，而其主要职责在于留守维持北平本馆局面以及保护馆产等。行政委员会第一次会议确立了行政委员会每周四举行常会，临时会随时召集的运行机制。在馆务分工上，银行、款项等财务内容由王访渔负责，张允亮担任善本部兼编目部主任，分管基础业务工作，福利储金事项由顾子刚办理，而对中基会的报告收据及对外稿件发布则由王访渔、张允亮和顾子刚三人共同签字方能生效⑤。7月份始，行政委员会授权张允亮代表委员会签署支票，而顾子刚则代表委员会签署请款单，到了11月底，张顾二人的职权相调。12月29日，张允亮因受神经衰弱困扰，称病请辞馆务

---

① 北京图书馆业务研究委员会编：《北京图书馆馆史资料汇编（1909—1949）》，565页。
② 同上。
③ 同上，517—518页。
④ 同上，518页。
⑤ 同上，622页。

行政委员以及善本编目部主任等职，委员会勉徇所请，并指定顾子刚代理其职责。关于中基会查账事宜、向中基会报备预算等事宜，则受司徒雷登通过信件指示或由其直接在沪办理。袁同礼通过致函的方式处理留平馆务，行政委员会则定期将各组工作报告寄送给袁。行政委员会建立后，在南京设立的工程参考图书馆办事处不再代理平馆邮件，相关邮件须寄回北平本馆。

自 1938 年 2 月 3 日至 12 月 29 日，行政委员会先后召开了 34 次会议，讨论关于平馆馆务的相关问题①，会议所讨论的问题涉及方方面面，包括编制预算、基础建设、后勤保障等。尽管在环境上世殊时异，但委员会出于稳定局面的考量，将 1938 年的馆务预算仿照 1937 年例编造，并不做特别重大变动，而薪水等也一律照发，这一举措也在相当程度上安定了人心。

除了留守维持外，留平馆员开展了诸多业务工作。在一些具体馆务上，由于时局的变化，也随之做出些许调整。在图书外借上，行政委员会对静生生物调查所等机构采取了较为圆融的政策，并不做具体局限，放宽了机关单位对于图书文献的使用。自 2 月份开始，行政委员会暂停了晒书工作，所聘工人调至馆内庶务组，将重点放在对馆藏应修书的修缮工作中。由于官书组馆员离平甚多，所存未编书籍众多，张允亮组织人员对所积压的未编书籍进行了大规模的整理编目，并在 3 月份完成了书本目录的编印工作，表现出了极高的民族精神和工作热忱。

在文献的采编与典藏上，平馆续订了日文报纸，如《读卖新闻》《每日新闻》等，继续拓展馆藏，提供服务。1938 年 7 月至 1939 年 6 月间，平馆共接受各界所赠中文书籍 314 种，554 册，主要以语文类和社会科学类图书为主，舆图三种三张，照片两种 20 张，杂志 129 种，1369 册，西文书籍 214 册，期刊 109 种，交换期刊 12 种，小册子 306 册，学位论文 474 册，舆图三册又五张。日文书籍 81 种，130 册，期刊 112 种，1517 册，小册子及其他刊物 54 册，地图一张。② 在采访赠书方面，数量可观，但由于中基会对于平馆购书费的停付，导致经费紧张，购书采访能力严重下降，以致整体采访规模上紧缩严重，同期仅购入中文图书 58 种，92 册，西文仅一册，日文杂志 49 种，388 册。采访工作减少，采访人员转而从事其他馆务。中文采访人员从事整理事务，如校核新书卡目，抄誊赠书名录，重抄北海图书馆购书簿等，而西文采访人员则已全部南下③。与采访工作的缩减相比，整理文献与编纂书目索引成了业务工作中的重点。

在基础建设上，行政委员会对馆舍另行规划，将新闻阅览室移至新书阅览室，新书阅览室合并于杂志阅览室。行政委员会也采取多项举措对馆内设施场所进行修缮，如修理大阅览室地板多处浮起，解决院内柏油马路的裂陷问题，对馆内地板擦

---

① 李致忠主编：《中国国家图书馆馆史资料长编（1909—2008）》，295 页。
② 《国立北平图书馆二十六年度馆务报告（二十七年七月至二十八年六月）》，国家图书馆档案，档年报 2，转引自《中国国家图书馆馆史资料长编（1909—2008）》，297 页。
③ 同上。

蜡保养等。由于经济动荡，各类物价飞涨，以煤价为甚，平馆自 3 月起试用商电以节约成本。到了冬季，行政委员会关闭了接待室、会议室、四库阅览室、出版品发行处、禁书暂存室、西文采访组、新书采访组、32 号房间编纂室、新闻阅览室及报库、编目主任室、115 号房间编目室的暖气以节省用煤，环境之恶劣可见一斑。

在物价高涨的情形下，行政委员会在后勤上对馆员生活尽可能地予以保障，维持馆内所给予馆员之福利，如宿舍房租等仍照旧价，并根据具体情形增拨馆员津贴，名曰"米贴"。"米贴"平均分配，并不按照薪金多寡比例划拨。尽管如此，馆员生活条件仍然较为艰苦。张允亮专门条拟了借支办法及办理标准，以解决馆员同人借薪事宜。7 月底，馆内厨房因物价高涨要求提高津贴，馆内以预算不足为由并未照准。对于福利储金的问题，袁同礼通过致函的方式，征询了留平馆员对于福利储金的意见。根据馆内同人意见，行政委员会决定于 7 月份始将福利储金全部存储，之前各月储金照常发放。

对于阅览人数减少的问题，行政委员会根据袁同礼的函电指示，将馆内存储的新书加急编目提交，并新开阅览室，吸引读者前来阅读，而针对读者所提出携带笔记本进馆阅读一事，委员会也进行了讨论并提议公决，并最后通过。

暑假为每年馆务运营的特别时期。虽然战时情事不比以往，行政委员会决定仍遵循前例，制定暑假计划。平馆将暑假区间定为 7 月 1 日至 8 月 15 日，办公时间改为早八点至十二点，下午闭馆休息，阅览时间不变。后因昼间酷热依旧，委员会又将假期延长至 8 月 31 日。

在行政委员会及留平馆员同人的共同努力下，袁同礼的治馆方略得以"奉行尤谨"，除了个别微调外，在行政上大体无何变动，"内部组织，悉仍旧贯"[①]。在抗战初期，留平同人克服极大困难，完成了留守维持的任务，行政委员会对于留馆同人的生活后勤也是尽力保障，馆务也较为顺利地得以进行，并难能可贵地取得了一定的成绩。

四、馆务逐步向西南方向倾斜

随着时局日益恶化，馆方加快了向西南方向转移馆务的进程。1938 年 3 月 11 日，平馆委员会在位于香港九龙柯思甸道的蔡元培家中举行会议，蔡元培、任鸿隽、傅斯年、袁同礼四人商定了四项具体办法：

一、北平图书馆之保守及维持日常浏览事项案：本委员会认为平馆址中之保守及维持日常阅览事项暂有维持之必要，应由教育部及中基会妥商办法，但

---

① 《七七事变后平市图书馆状况调查》，《中华图书馆协会会报》第 16 卷 1、2 期合刊，1941 年 10 月 30 日，转引自《中国国家图书馆馆史资料长编（1909—2008）》，298 页。

因事务缩小，经常费应减至最小限度。

二、北平图书馆与临时大学合作办法案：本委员会认为，北平图书馆与临时大学合作办法乃继续北平图书馆原有工作之一部，此事又与西南各省图书馆事业发展大有关系，不应于此时国家困难期中半途改换，应照原定办法，自下学年起再延长一年。

三、存置北平以外书籍之典守案：1. 存置北平以外之书籍应以存置原处为原则，但本委员会如认为必要，得移至更安全地点；2. 续订之西文科学期刊（除生物部分外）照原定办法继续存置临时大学；3. 下年度购置期刊费不加减少，均寄至临时大学，由本馆在彼职员整理典守。4. 所有北大、清华订购之期刊，均同样交由本馆在临时大学之职员整理典守。

四、为办事便利起见，得在香港设立临时通讯处。①

1938 年 5 月 14 日，教育部下发第 3403 号指令，指示"该馆应迁往昆明继续工作"。对平馆委员会所提出之具体办法也表示同意，并于次年 5 月明令昆明办事处为北平图书馆本部②。至此，平馆馆务的重心基本倾向于西南地区。

因平馆为美庚款所创办，具有中基会的美国背景，所以在抗战初期并未被日伪当局直接干涉，但留守工作却是在十分恶劣之环境下进行的。尽管如此，许多留平员工在经费减少、福利储金并无完全保障的特殊时期仍然坚守岗位，对国家和民族做出了应有的贡献。虽处非常之时，袁同礼馆长并未以维持现状为满足，而是做了长远之计，并非局限于一时一地。正如他在致平馆留平员工的信函中所谈到的那样："盖文化事业自有其永久性也，港、滇同人从事复兴工作，赖国际同情之助，已获得极大效果。故本馆一方面为国家保存重要文献，一方面协助全国图书馆积极复兴，职责重要自不待言。允宜分工合作，共同努力，俾能完成使命，为新中国文化事业树一永久基础。惟念敷衍了事为国人之通病，因循苟且为事业之障碍，此次经非常之变，亟应彻底觉悟。"③

参考文献：

［1］北京图书馆业务研究委员会编：《北京图书馆馆史资料汇编（1909—1949）》，书目文献出版社，1992 年。

［2］李致忠主编：《中国国家图书馆馆史资料长编（1909—2008）》，国家图书馆出版社，2009 年。

［3］李致忠主编：《中国国家图书馆馆史（1909—2009）》，国家图书馆出版社，2009 年。

［4］李致忠主编：《中国国家图书馆百年纪事（1909—2009）》，国家图书馆出版社，2009 年。

［5］郭贵儒：《华北伪政权史稿》，社会科学文献出版社，2007 年。

［6］焦树安：《中国藏书史话》，商务印书馆，1997 年。

---

① 北京图书馆业务研究委员会编：《北京图书馆馆史资料汇编（1909—1949）》，550—551 页。

② 《中国历代国家藏书机构及名家藏读叙传》，北京大学出版社，1997 年，143 页。

③ 北京图书馆业务研究委员会编：《北京图书馆馆史资料汇编（1909—1949）》，584—586 页。

［7］袁咏秋、曾寄光：《中国历代国家藏书机构及名家藏读叙传》，北京大学出版社，1997 年。

［8］张光润：《袁同礼与国立北平图书馆——以 1938 年初的平馆南迁风波为中心》，上海社会科学院硕士论文，2012 年。

［9］翟志宏：《抗日战争时期国立北平图书馆的危机应对》，《历史教学》2009 年第 20 期。

［10］焦树安：《将毕生精力贡献给中国图书馆事业的袁同礼》，《国家图书馆学刊》2001 年第 2 期。

［11］刘卓英：《毕生尽瘁图书馆事业的袁同礼》，《新文化史料》1998 年第 1 期。

［12］罗德运：《抗战时期的三大国立图书馆》，《江苏图书馆学报》2001 年第 1 期。

［13］赵俊玲编著：《中华图书馆协会会报》，国家图书馆出版社，2009 年。

［14］袁同礼：《袁同礼文集》，国家图书馆出版社，2010 年。

抗日战争时期日伪查禁国立北平图书馆史略

吴　密

摘　要：抗日战争全面爆发后，国立北平图书馆因应战时形势需要，在北平坚守开馆的同时，馆务中心南迁，最后形成以昆明为本部，北平留守，多地联合办公的战时格局。北平沦陷期间，日伪当局多次就所谓禁书问题干涉平馆馆务，查禁窃据了大量禁书。本文梳理馆史档案，对日伪禁书过程、平馆同仁为保护馆产与日伪交涉始末及禁书的内容和价值进行简要介绍。

关键词：查禁；禁书；国立北平图书馆；日伪

自古迄今，战乱兵燹向为图书典籍之大厄。北平沦陷之前，日本侵略者就已经开始大肆破坏和摧残我国的文化事业。"九一八"事变后，日军很快占领东三省，各藏书机构多被殃及，一切有关抗日爱国和民族意识的书籍皆为日伪焚毁和查禁①。随着日军的步步进逼，华北局势日益恶化，收藏在北平的珍贵图籍和文物随时可能遭受战火和劫掠。国立北平图书馆（以下简称"平馆"）部分馆藏珍本文献辗转南迁，但是还有包括文津阁《四库全书》在内的部分珍贵文献因故未能南运。北平沦陷八年期间，平馆未及转运的珍贵文献未受太大影响，反倒是普通书籍屡遭敌伪滋扰禁毁，损失较大。本文拟梳理馆史档案和相关文献，对日伪禁书过程、平馆交涉始末及禁书内容和价值进行简要介绍。

一、日伪查禁平馆经过

1937年7月7日，日本侵略者制造卢沟桥事变，抗日战争全面爆发。北平沦陷后，日本侵略者为进一步并吞和控制华北，物色汉奸政客充当其代理人，先后在北平扶持建立了"北平治安维持会""中华民国临时政府"及"华北政务委员会"等

---

① 据伪文教部记载，仅1932年3月至7月，焚烧书籍达650多万册。《满洲年鉴》则记载了1935年至1938年，禁止发行的报纸达7445份，扣押56091份；禁止发行的杂志为2315份，扣押13644份；禁止发行的普通出版物3508册，扣押924852册（参王承礼主编：《中国东北沦陷十四年史纲要》，中国大百科全书出版社，1991年，212页）。

伪政权充当其傀儡。在此期间，为了控制舆论、钳制思想、日伪当局染指平馆馆务，通过与伪政权表里一体关系的汉奸组织伪新民会禁毁平馆抗日和进步书籍，使平馆蒙受重大损失。日伪当局对平馆的干涉和查禁依伪政权更迭大致可分为四个阶段：

（一）伪北京地方维持会试图安插日籍顾问未果

1937 年 7 月底，日本在北平成立了以江朝宗为主席的"北平治安维持会"（后更名为"北京地方维持会"）。该会下设"文化机关保管委员会"，染指平馆、故宫等八处文博机构。12 月 4 日，伪"北京地方维持会"发出一纸训令："兹经本会议决，请桥川时雄顾问兼任北京图书馆顾问。"① 桥川时雄为中国古典文学与文献研究专家，1918 年就已经来到中国，长期供职于北京的日本文化机构，活跃于中国学术文化界。桥川时雄接连几次到图书馆中考察。袁同礼认为此事非同小可，如接受伪北京地方维持会委派的日籍顾问，不啻承认该会为合法团体。经商议决定，一旦该顾问正式上任，即停办平馆。幸而桥川时雄了解到平馆背景复杂，同时隶属于教育部和中华教育文化基金董事会，就再也不到图书馆来了②。平馆因此避免了日籍顾问的直接干涉。

（二）伪中华民国临时政府通过伪新民会禁毁平馆书籍

1937 年 12 月 14 日，日本侵略者为统一华北等地的伪政权，将平津两地的"维持会"与 1935 年成立的伪冀东防共自治政府合并，在北平成立伪中华民国临时政府，简称"临时政府"。十天后，日本华北方面军特务机关操纵下的所谓"民众团体"新民会成立，总部设在北平，称中央指导部，会长王克敏，中央指导部部长为缪斌。伪新民会的主要活动是宣传奴化思想和反共意识，宣扬"中日亲善"和所谓"东亚新秩序"。1938 年上半年，伪新民会中央指导部派人到北平各图书馆、学校搜查抗日书籍。华北伪教育部亦通令所属各校馆"严加取缔""核查毁弃"抗日书籍。伪新民会指导部调查科科长日本人松尾清秀则亲自跑到伪教育部，命令伪教育部通令所属各校馆将尚未销毁的抗日书籍"检出封存送交新民会中央指导部"。6月，日伪在北京开展"剿共灭党运动周"，召开"剿共灭党"大会，以警察局为主，配以日本宪警及教育局、社会局人员，对全市各学校、图书馆等场所进行清查，收缴进步书刊，搜捕抗日人士。以后此项活动被固定在每月 11 日进行，称之为"灭共日"。

此次查禁来势汹汹，在平学校和图书馆损失异常惨重。1938 年 5 月 24 日，伪教育部就伪新民会查禁抗日书籍事训令平馆："迅将各图书馆或藏书室内关于旧存

---

① 《北京地方维持会训令北京图书馆》（地字第 229 号），1937 年 12 月 4 日。
② 李致忠主编：《中国国家图书馆馆史（1909—2009）》，114 页。

抗日书籍彻底检查,迅即封存,俟该会派员来取。如已遵前令毁弃在先,以后不得再有发现。一经查出,应由各校馆主任人员负责。"① 一周后,平馆查禁封箱禁书30箱,悉数被伪新民总会强行提去。另有一部分没有被提走的疑似禁书,专辟禁书库封存,严禁阅览。嗣后,日本宪兵队、北京市警察局、兴亚院文化局等日伪机构屡次派人查看。

(三) 伪华北政务委员会多次密令平馆禁书

1940 年 3 月 30 日,伪中华民国国民政府在南京成立后,北平伪临时政府解散,成立伪华北政务委员会,名义上隶属汪伪政权,实际上仍保持相对独立性。该委员会下设教育总署主管文教事务。1941 年 9 月 8 日,伪教育总署为掩人耳目,密令平馆详细整理 1938 年已经封存保管的禁书,同时清查开放阅览的图书,凡"各种图书及新闻杂志等其记述内容与(一)抗日、(二)共产主义、(三)社会主义、(四)马克斯主义等有直接或间接之关联,且主张上述四种思想者",皆在查禁之列。同时拟定了三条处理方法,并限于当年 10 月底前全部完成工作②。

10 月 2 日,伪华北政务委员会教育总署就查禁"抗日及共产学说之书籍"事督促平馆:"迄今时逾兼旬,谅已开始检查。关于实地工作情形如何,亟应随时报告,本署以凭查核。再,此次检查禁书务须慎重,将事工作固应依限完成检查,尤应力求彻底。"③ 针对日伪当局的干涉,平馆采取消极应对的方式进行了抵制,在规定期限后没有做任何反馈,伪署大为不满。11 月 11 日,伪教育总署训令平馆的口气已经非常严厉:"国立北京图书馆为华北文化社教主要机构,关系至为重要。溯自事变以还,该馆虽仍照常开放阅览,惟对于违禁书籍之检查、新出图书之购置,以及馆务一般现状,迄未呈。本总署查核,殊有未合。"并以整饬馆务名义制定了四条严苛的《管理国立北京图书馆暂行办法》④,要求平馆逐月报告工作,重要事项要先行呈准。直接插手平馆人事任用和具体业务工作,并随时派人检查,表明平馆已经失守。《暂行办法》的出台因平馆在禁书问题上的消极应对而起,在日伪高压之下,平馆不得不委曲求全,派人再将藏书彻查一次,挑选出若干书籍封存在禁书库中。经过多次翻检清查,图书难免散乱,以期刊为最,给书籍的典藏和阅览带来了极大的不便⑤。

(四) 日伪接收平馆后大肆搜查禁书

1941 年 12 月 8 日,太平洋战争爆发。局势急转直下,北平的日伪宪警当日即

① 《中华民国临时政府教育部训令国立北平图书馆》(令字第 463 号),1938 年 5 月 24 日。
② 《华北政务委员会教育总署密令国立北京图书馆》(育字第 1655 号),1941 年 9 月 8 日。
③ 《华北政务委员会教育总署密令国立北京图书馆》(育字第 1758 号),1941 年 10 月 2 日。
④ 《教育总署训令国立北京图书馆》(化字第 1982 号),1941 年 11 月 11 日。
⑤ 李致忠主编:《中国国家图书馆馆史(1909—2009)》,115 页。

对平馆进行了大搜查。平馆被迫闭馆。燕京大学校长、基金会董事司徒雷登也在当日被捕。1942 年 1 月 2 日，伪华北政务委员会教育总署宣布接收平馆，改名为"国立北京图书馆"（以下简称"京馆"）。自 1938 年伪新民会搜查禁书之后，为免日伪生事，平馆每年都由主管人员对旧存图书和新采书籍细心分辨，对禁书进行封存处理。日伪全面接收平馆后，对之前的禁书处理并不满意。1942 年 5 月 29 日，伪教育总署再次要求重新检查平馆违禁书籍，由伪新民总会选派稻叶诚一、柏见和久、北泽源一、饭塚朗、曲传政五人亲自到馆查禁，勒令平馆选派四人专门协助检查违禁书籍事务。为此还专门制定了四条《北京图书馆检查禁书办法》：

（一）先由教署商请关系当局，推选实地检查工作人员，由署函聘到馆检查。

（二）由教署训令图书馆派员协助。

（三）查书步骤如认为有禁止阅览之必要者，由检查工作人员封存一室，检查完毕，拟具报告，并造具清册报告教署。

（四）教署接得报告即日函请关系当局派员至署协议处置方法，并训令图书馆派遣负责人员列席，以备咨询协议。①

此时，周作人以伪教育总署督办兼任"国立北京图书馆"馆长。接获训令的第二天，京馆连发两文，通知傅芸子、王宜辉等四人协助日方人员检查禁书，通知庋藏组一切事务应听指导办理。此次搜查禁书从 6 月 1 日开始直到 7 月 10 日始告完成，查出所谓禁书整理成"禁书清册三册及原在禁书库内经该会职员确认无须提出而禁阅之书清册一册"②，送交伪教育总署交差。此后京馆和日伪机构就禁书问题还进行了多次交涉。

二、平馆与日伪交涉始末

北平沦陷后，国立北平图书馆因应战时形势，在北平坚守开馆的同时，馆务中心南迁，最后形成以昆明为本部、北平留守、多地联合办公的战时格局。面对日伪屡次的查禁，平馆同仁以保护馆产为重，隐忍于伪组织管理之下，与日伪周旋，艰难交涉。

（一）利用平馆中基会的背景保护馆产

1938 年 2 月 3 日，由总务部主任王访渔、善本部主任张允亮和编纂顾子刚三人组成的行政委员会负责平馆馆内事务③。平馆虽然南北两处，但是行政委员会随时

---

① 《华北政务委员会教育总署训令国立北京图书馆》（文字第 770 号），1942 年 5 月 29 日。

② 《国立北京图书馆呈教育总署》（呈字第 19 号），1942 年 7 月 16 日。

③ 1938 年 12 月，张允亮因病辞去馆务行政委员会及善本兼编目部主任本兼各职。此后北平馆务主要在王访渔、顾子刚带领下与日伪周旋。

向袁同礼汇报，"实际上一切措施，则仍系秉袁馆长之意旨而行"①。对外事务则由中华教育文化基金董事会董事、燕京大学校务长司徒雷登出面负责，馆内事务每隔半月造具报告，由司徒雷登转呈中基会。当时美日还未开战，日伪当局未敢采取公然接收平馆的举动，但经常派人到馆滋扰，搜查禁书。在太平洋战争爆发前，平馆利用中基会的背景，为保护馆产做了许多努力。

1938 年 5 月 31 日，伪新民会派人从平馆提去禁书 30 箱，并拟再次派人来馆提取杂志。为免藏书散佚，平馆行政委员会将此事报告司徒雷登，希望他写信给伪临时政府教育总长汤尔和，阻止伪新民会提书。司徒雷登过问之下，伪新民会口头上答应照办，但此前劫走之书已被烧毁大部②，余下书籍也没有退还，平馆藏书因此遭受了一次重大损失。此后，日伪机构虽然仍多次禁书，但也不得不有所收敛，伪新民会再也没有从平馆强行提书。

1941 年 9 月至 12 月，伪华北政务委员会教育总署先后五次密令平馆禁书。由于平馆敷衍了事，伪教育总署大为恼火，制定了四条《管理北京图书馆暂行办法》，要求平馆将图书馆现状、全部职雇员名册和违禁书籍处理办法呈报伪教育总署。平馆行政委员会不得以于 11 月 22 日函呈伪教育总署："关于职员异动事项，溯自事变以来，即奉中华教育文化基金董事会函嘱，不许增加人员，以资撙节开支。本馆职员、雇员向无定额，年来遇有离馆或死亡者，即遵董事会嘱，就原有人员分配工作，不再增添，此后本馆职员异动，只能有减无增。"覆巢之下，平馆艰难维持，不能与敌伪公开对抗，但仍尽力保持其独立性，表明平馆中基会的背景，受其领导，按其指示行事。在禁书问题上则历陈日伪查禁情形，申明平馆对伪新民会强行提去的 30 箱禁书的产权，"掣有收据在案"③。在抗日和进步书籍查禁问题上，平馆不敢疏忽大意，每年严密检查，严格管理，以免日伪借机滋扰。实际上，在日伪盯梢施压之下，禁书不离开图书馆，这种封存管理也是一种保护。

（二）平馆沦陷后设置特别资料研究室管理禁书

1941 年 12 月 8 日，太平洋战争爆发。日本对美英宣战，司徒雷登也在当日被捕。平馆中基会的背景不但不能保护平馆，反而有可能使得平馆被视为敌国产业而遭日本军事管理。沦陷后平馆更加严格封存禁书，不准阅览。所谓禁书，并非完全禁止阅览。日伪当局规定凡有参考此类禁书者，必须由日本宪兵队开具介绍信才可阅览。实际上就是禁止普通读者阅读这些抗日和进步书籍，而日伪人员出于政治、宣传和研究目的，专享这一类禁书的使用权。1942 年 8 月，伪华北政务委员会要求京馆迅速出台

---

①　《七七事变后平市图书馆状况调查》，《中华图书馆协会会报》第 16 卷 1、2 期合刊，5 页，1941 年 10 月 30 日。

②　北京图书馆业务研究委员会编：《北京图书馆馆史资料汇编（1909—1949）》，612 页。

③　《国立北平图书馆函呈教育总署》（第 98 号），1941 年 11 月 22 日。

办法，对日伪机关和公司查阅禁书的要求关照阅览①。平馆不得不再次将封存禁书"逐一清厘，另编号码"，另辟一特别资料研究室，专备各政府机关、公司法人参阅禁书及禁阅杂志报纸。同时制定了 12 条《国立北京图书馆特别资料研究室暂行规则》和 8 条《特别资料室阅览暂行规则》。由于阅览需要"以正式公函致教育总署，请予允许。友邦机关或公司须具同样之手续经兴亚院华北联络部核转教育总署请予允许"②，实际上能够参阅禁书的也只能是日伪机关和公司。

（三）就禁书的抽禁与解禁与日伪交涉

1942 年伪新民会派遣日籍顾问稻叶诚一等五人检查禁书后，图书馆协助检查的编目部职员报告就个别查禁书籍提出异议：

（1）《张菊生先生七十生日纪念论文集》是集结了胡适、蔡元培、王云五等著名学者的一个论文集，计 22 篇，其中张天泽和马寅初的两篇文章有违碍之处。

（2）《佝偻集》为郑振铎著论文集，其中的"大众文学与为大众的文学""新文坛的昨日今日与明日"有违碍之处。

（3）《辞海》《辞源·续编》系辞书，前者系舒新城主编，这两种书因有"五九""五卅"等说明文字，大事年表有禁阅之处。

（4）《淮南王书》为胡适所撰淮南思想，近于道家，著者乃就其思想加以评判，似纯为研究学术之作。

京馆专门就上述书籍的查禁与伪教育总署进行交涉，要求将前面四种有违碍文字的书籍抽禁后，原书仍准阅览，胡适的著作则请求解禁。附带提议将日方检出的其他禁书"一并编入特别资料书库之内，庶于严密查禁之中仍有便利研究者之意"③。此一公文呈交后杳无音信。1943 年 5 月 8 日，平馆再次就此事呈文伪署④，终得答复同意照此办理⑤。

（四）追讨伪新民会强行提去的禁书

平馆沦陷后到抗战胜利前的一段时间，平馆为追讨伪新民会强行提去的 30 箱禁书也多次与日伪交涉。1944 年 8 月 30 日，京馆呈文伪教育总署，请求伪华北政务委员会代为催还伪新民会提去的禁书，此项诉求没有得到任何反馈。1945 年 5 月 2 日，上任不久的馆长张煜全会晤伪新民会副会长喻熙杰，询问禁书下落，并索要禁书目录。喻熙杰口头上虽然答应，但迟迟未提供目录，也没有就禁书现状函复图书馆。8 月 22 日，图书馆呈文伪教育总署，要求伪新民会"速将该项目录送馆一

① 《华北政务委员会教育总署训令国立北京图书馆》（文字第 1115 号），1942 年 8 月 8 日。
② 《国立北京图书馆呈教育总署》（呈字第 29 号），1942 年 8 月 29 日。
③ 《国立北京图书馆呈教育总署》（呈字第 39 号），1942 年 10 月 19 日。
④ 《国立北京图书馆呈教育总署》（呈字第 29 号），1943 年 5 月 8 日。
⑤ 《华北政务委员会教育总署指令国立北京图书馆》（化字第 1025 号），1943 年 6 月 11 日。

份，再声明该项书籍有无散佚情事，现仍存在之书应即悉数拾出交还，以资结束"①。9 月 8 日，致函伪新民会，请求派人前往认领平馆旧藏禁书②。抗战胜利前的禁书追讨虽然没有结果，但为战后劫余禁书的回归准备了条件。

三、日伪查禁书籍的内容及其价值

北平沦陷期间，日伪在平馆查禁了哪些书籍？笔者目前还没有发现完整的禁书目录，故无法对禁书的内容和价值做出全面准确的评价，但是可以通过相关资料以及国家图书馆所藏当年日伪禁书做初步的揭示。

日伪对平馆查禁最为重要的一批书籍当属伪新民会强行从平馆提走的 30 箱禁书。伪新民会共计"提出中文新书 2245 册，中文旧书 220 册，中文官书 1270 册，中文教科书 368 册，万有文库 6 册，中文连环画 53 册，西文书 311 册，总计 4473 册"③。这部分禁书离馆之后不到一个月，司徒雷登询问汤尔和时，就被告知已被焚毁一部分，还有一部分禁书有可能被运往日本。抗战胜利后，这部分劫余禁书才又重新回到平馆。

2015 年是中国人民抗日战争暨世界反法西斯战争胜利 70 周年，国家图书馆精选馆藏，隆重举办了纪念展。展品有多种抗日书籍封面或封底盖有方形"伊"字戳④，内页盖有"新民会调查科资料室"印记和"禁书"字样的红色的圆形印章，这些书籍即是当年伪新民会劫余后追讨回来的禁书。下面为此次展览中展出的伪新民会禁书及主要内容：

（1）**《暴日侵略世界阴谋之大陆政策》**，（日）佐藤清胜著，傅无退编译，日本检讨会，1932 年。

该书原名《满蒙问题与日本之大陆政策》，日陆军中将佐藤清胜原著，作为"暴日侵华排外之自供录"第三册印行，包括世界之将来、邻邦之将来、日本之将来、周围之检讨、过去的回顾、大陆政策之标的、迁都之决行、大陆之经营八章内容。书前有编者所作"全书释言"及原著者自序。

（2）**《"九一八"事变真相》**，东北问题研究会编。

该书旨在揭露日本的侵略行径，包括"九一八"事变前日军的布置与挑衅行为，"九一八"事变情形及责任，西方和日本学者的观察、新闻舆论，以及日本暴

---

① 《国立北京图书馆呈教育总署》（呈字第 92 号），1945 年 8 月 22 日。

② 《国立北京图书馆函新民会总会》（总发文第 233 号），1945 年 9 月 8 日。

③ 《七七事变后平市图书馆状况调查》，《中华图书馆协会会报》第 16 卷 1、2 期合刊，5—6 页，1941 年 10 月 30 日。

④ "伊"字没有实意，只作标记用。［赵其康：《北京图书馆变迁纪略》，《文史资料选编》第 32 辑（纪念七七事变五十周年特辑），北京出版社，1987 年，264 页］另外还有带"禁"字、"波"字或"特"字标记的伪新民会禁书。

行等内容。

（3）《上海抗日血战史》，何天言编著。上海现代书局，1932 年。

该书分"神勇御暴鏖战记""国内团结御外侮""列强的密切注意""举国同仇敌其忾""名都空前大劫灰" 5 编，每编又细分为若干章节，围绕"一·二八"事变，详述了军民团结御侮的过程、复杂的国际背景和战争造成的损失。

（4）《沪战纪实》，韦息予、王臻郊著，开明书店，1932 年。

该书记录了"一·二八"事变的经过，全书包括导火线——日僧事件、开战的酝酿、战事经过及其波折、停战问题、损失一斑、国际关系、停战协定等七部分内容。

（5）《二十九军血战长城辑略》，终南山人著，东方学社，1934 年。

1933 年 3 月，国民革命军第二十九军在喜峰口与日军血战时，张文穆担任顾问，后著成此书。全书包括宋哲元将军略史、二十九军源流考、宋将军练兵提要、由晋察移防平东、宋将军战前训话、喜峰口血战序幕、大刀夜砍老婆山、孩儿山设伏杀敌、两路夜袭歼倭寇、喜峰口杀退日军等 16 章。

（6）《宋哲元部二十九军长城血战记》，中国艺术公司编，1933 年。

该书记录了宋哲元部二十九军喜峰口大捷的有关史实，包括朱庆澜将军为宋哲元部二十九军报捷并乞助三电、宋总指挥招待报界报告克敌详情演词、宋总指挥及二十九军小史、我军夜袭大成功、血战尾声、宋军捷运之影响等篇目。书中附写真照片百余幅。

抗日书籍只是伪新民会窃据禁书中的一部分，实际上日伪查禁书籍内容非常广泛。伪新民会中央总会依据北平各文教机构强行接收的禁书，组织人力编制禁书目录，其中即包括从平馆提取的这 30 箱禁书。1938 年 7 月，以"新民会中央指导部调查科"名义秘密印行了《禁止图书目录》抗日之部（第一辑），该目卷首有日文说明，内分军事、政治、外交、经济、社会、殖民、交通、地理、历史、教育、文艺、言论之部和杂之部十三个部分，查禁书籍 1139 种，另有思想文化之部和年鉴、辞典之部两部分审查没有完毕，书目暂付阙如。9 月，又印行了《禁止图书目录》社会主义之部（第二辑）该目卷首也有日文说明，分政治、经济、哲学、历史、教育、艺术、传记、一般八个部分，查禁书籍 702 种。仅这两个目录几乎网罗了这一时期所有重要的书籍[①]。另外，馆史资料中《敌伪统治时期查禁书目》为伪新民会从平馆强行提取的 30 箱禁书的一个残目，内收查禁书籍 1916 种 2477 册，其中有大量关于"三民主义"、"新生活运动"、国民党党义相关的书籍，以及孙中山、蒋介石，甚至汪精卫相关的书籍，但是这些书籍在日伪印行的禁书目录之中却没有见

---

① 唐弢著：《晦庵书话》，生活·读书·新知三联书店，1980 年，87 页。

到①，这反映了日伪对华政策转变以及抗日力量的消长和变化。

　　除了伪新民会提取的禁书外，平馆的禁书库和后来成立的特别资料研究室还封存了大量禁书。笔者没有见到这部分禁书目录和实物。1943 年日甲第 1400、1800 部队曾来馆借阅封存图书，借阅中文书 1009 册，西文书 764 册，新闻 132 捆，借期一年②。通过日军的借书目录，可以大致了解当年封存查禁内容及敌伪禁书的取向。日军提取的这部分禁书中文部分多为报刊中的某些卷期，去除重复后共计有 123 种。按照其内容和取向大致可分以下几类：

　　（1）边疆民族相关报刊。这类杂志数量较多，既有《地学杂志》《新亚细亚》《禹贡半月刊》《边疆月刊》《边事研究》《边政月刊》等综合性的边疆学术期刊，也有《康藏前锋》《蒙藏旬刊》《蒙旗旬刊》《天山月刊》《西藏班禅驻京办公处月刊》《西陲宣化使公署月刊》《川边季刊》等专门探讨东北、西北和西南边疆民族问题的报刊，多涉蒙古、西藏、新疆和西南等地边疆民族相关问题。日军对西北尤为关注，所借书籍中以"西北"命名的禁阅杂志有《西北》《西北春秋》《西北论衡》《西北评论》《西北青年》《西北研究月刊》《开发西北》等多达 22 种。另有《新疆日报》《新蒙古》《北方快览》《新陕西月刊》《新青海》《四川月报》《西陲周报》等杂志。还有《民族问题》《民族杂志》《民族阵线》《民俗》《回族青年》《伊斯兰》《伊斯兰青年》等民族问题研究专门期刊。

　　（2）交通、水利、农林、医卫、教育、矿冶、统计、工商、合作等方面的报刊，如《铁路协会月刊》《路政之研究》《公路》《公路半月刊》《交通杂志》《陕西水利季刊》《农林月刊》《陕西棉讯》《医药评论》《中国卫生处刊》《现代中国及其教育》《中国矿冶工程学会月刊》《国防论坛》《国际经济战争与中国》《工商日报》《四川经济月刊》《统计月刊》《合作旬刊》等。

　　（3）新闻、时事评论、政治、救亡革命类的报刊，如《申报月刊》《东方杂志》《时代公论》《时事月报》《中外论坛》《每周评论》《政治评论》《先锋》《革命前锋》《救国半月刊》《新国家》《中国革命》《革命新声》《建国月刊》《前途杂志》《铲共半月刊》《苏俄研究》等。

　　20 世纪 30—40 年代，民族危机和边疆局势不断恶化，越来越多的知识分子通过研究边疆民族问题来加强中华民族认同，激励爱国主义精神，涌现了大量研究边疆史地的学者和研究团体，他们创办的杂志成为日伪禁书。抗日战争爆发后，无论是专门领域的杂志，还是时事政治和救亡类的杂志，服务于抗战需要，凡有抗日违碍言论皆被日伪查禁。但是这些被禁止杂志涉及中国特别是边疆地区民族、宗教、史地、政治、经济、社会、风俗等内容，对侵华日军有着重要的价值，故又成了日

　　① 曾业英在《略论日伪新民会》提及"伪新民会中央总会分'社会主义'、'抗日'、'国民党'等类编成禁书目录六万数千余部，分发各省总会、督励省内各地方总会严行检查没收"（参曾业英《略论日伪新民》，《近代史研究》1992 年第 1 期），但是目前并没有见到伪新民会刊印的"国民党"类的禁书目录。

　　② 《国立北京图书馆呈教育总署》（呈字第 16 号），1943 年 3 月 27 日。

军搜集情报的重要参考资料。

根据目前掌握资料来看，伪新民会从平馆强行提取的禁书是最早查禁的一批书籍，这些书籍出版于 1938 年 6 月以前，其文献、文物价值较高，最有价值的也许又是被焚毁和劫夺散佚的那批书籍。封存于平馆内部的禁书中有大量报纸杂志。日伪机构相关人员多次到馆查阅，这批书籍亦极具参考价值。

四 、结语

文化典籍最能代表一个国家和民族的精神成就。清代龚自珍曾说过：欲要亡其国，必先灭其史；欲灭其族，必先灭其文化。日本侵略者深谙此中道理。北平沦陷期间，日本扶植操控下的日伪机构虽迭经变更，但始终关注作为"华北文化社教主要机构"的平馆动态，侵犯主权，直至最终全面接收平馆。此间，日伪当局通过伪政权下设教育总署（部）干涉平馆馆务，汉奸组织伪新民会则充当了急先锋，三番五次查禁平馆，强行封存并禁毁了大量禁书，严重干扰了平馆的正常开放，造成了无法弥补的损失。

在与日伪交涉的过程中，平馆留守同仁"始终以尊主权、重典守，忠于其职，无有贰心为职志"[1]，表现出了民族气节和职业操守，以保护馆产为重，努力将损失降低至最小范围。对于日伪查禁，平馆同仁顾全大局，谨慎处理，避免日伪借机生事，又在一定限度内与日伪周旋博弈，使得大部分禁书封存于馆内。伪新民会窃据的 30 箱禁书成为沦陷期间平馆藏书中最大的一项损失[2]。平馆同仁对被劫禁书则始终宣示主权，据理力争，战后损失大半的伪新民会劫余禁书被追讨回来。当年的日伪禁书如今静静地躺在国家图书馆的书库之中，它们不但是中华民族反抗外敌入侵的一个缩影，也是平馆对敌斗争的一个重要历史见证，值得我们好好典藏与研究。

---

① 顾子刚、王访渔致袁同礼的信，1938 月 3 月 3 日。

② 1945 年 10 月 19 日王访渔、顾子刚向袁同礼报告沦陷时期北平馆损失时说道："数年中，本馆图书大体损失甚小。《四库》及留馆之善本书籍毫无损失，由沪运回之中西文书亦均完整无缺。普通书库内关于党义及国家法令以及俄文书籍，伪新民总会均认为违禁之书，于二十七年五月三十一日强行提去三十箱。"参见北京图书馆业务研究委员会编：《北京图书馆馆史资料汇编（1909—1949）》，811 页。

第二部分

馆藏文献

民国时期抗战题材画报述略

李　雪

摘　要：国家图书馆是国内抗战文献的主要收藏机构之一。本文在实地调研的基础上，对国家图书馆藏抗战题材画报情况进行了初步分析。并从中甄选了抗战前期美术救亡运动中心上海出版的《抗战画报》、抗日根据地陕西出版的《工合画报》、抗战大后方四川出版的《抗建通俗画刊》及国统作战区湖北出版的《战地画刊》这四种画报，对其出版背景、办刊宗旨、馆藏情况等进行了介绍。

关键词：抗战；画报；国家图书馆；馆藏

国家图书馆历来重视抗战文献的收集、整理及开发工作。早在抗战时期我馆就把征集西南地方文献视为工作重点。1939 年 1 月 1 日，我馆与西南联合大学共同组建了"中日战事史料征辑会"，专门从事抗战文献搜集整理工作[1]。新中国成立后，我馆逐步开展抗战文献的揭示、保护和利用工作，在馆藏抗战文献基础上整理出版了《国家图书馆藏民国时期抗战图书书目摘要》等图书。至今，我馆已形成了丰富的抗战文献馆藏体系。我馆馆藏抗战文献以文字与图片资料居多，与抗战文字资料相比，抗战图片资料能够更加生动直观地展现战役情况，再现日军对我国公共资源、民众生活的破坏和各界人士同仇敌忾、一致抗战的情景，更是对日军在华种种暴行的直接揭露，具有极高的史料价值。同时，抗战图片资料也是学者对抗战时期新闻摄影史和美术史研究的重要资料，具有极高的学术价值。本文以国家图书馆藏 1931 年"九一八"事变至 1945 年抗战胜利，14 年间国内出版发行的抗战题材画报为调查对象，利用 ALEPH 检索系统与书库实地调查相结合的方式对馆藏进行调查分析，以期为这批文献的开发利用提供参考依据。

一、民国时期抗战题材画报概述

1931 年 9 月 18 日，"九一八"事变爆发，日本侵占我国东北三省。面对紧张的国内形势，一批批新闻摄影工作者不顾个人安危，冒着战火奔赴作战区、抗日根据地、沦陷区等，用镜头记录下抗日战争时期我国军民抗战建国的珍贵画面。与此同时，国内进步美术家以激发爱国情绪、鼓励抗战精神为己任，也加入到抗日救亡的宣传队伍中。他们用手中的刀与笔，创作出一幅幅宣传抗战救国的图画。中国共产党领导的八路军各军区政治部、民间美术团体、各地抗敌后援会、各大商业出版机构等先后编辑出版了一批以宣传抗日救亡为主题的抗战题材画报，如：馆藏晋察冀军区政治部出版的《晋察冀画报》、浙江省美术工作者协会出版的《战画》、贵州全省各界抗敌后援会出版的《抗敌画报》、上海良友图书公司出版的《良友战事画刊》。与此同时，一些非抗战题材画报为支持抗战，也对原有内容进行调整，增加了抗战相关的图片报道或出版战事专号，如：上海少年画报社出版的《少年画报》将杂志封面设为抗战题材图片，同时增加战事图片专栏；上海中国科学图书仪器公司出版的大众科普画报《科学画报》，自抗战以来刊登了《陆上防空新利器》等多篇战争知识图文报道；上海中华杂志社发行的综合性画报《中华图画杂志》，自五十七期起连续出版多期中日战事专号。

二、民国时期抗战题材画报馆藏情况分析

（一）出版地

馆藏民国时期抗战题材画报出版地分布情况如表 1 所示。由表 1 可以看出，我馆藏民国时期抗战题材画报共 92 种，出版地分布具有较强的地域特征。期刊数量前五位的省市是上海、四川、福建、浙江和陕西，共出版抗战题材画报 67 种，占到期刊出版总数的 72.8%。其中仅上海一地出版的抗战题材画报数量就占到馆藏总数的 37% 之多，且其出版时间多集中在 1937 年淞沪战役结束前，这也从一个侧面印证了上海沦陷前在国内出版业的中心地位。

表 1　国家图书馆藏民国时期抗战题材画报出版地分布（1931—1945）

出版地	期刊数量	出版地	期刊数量	出版地	期刊数量
上海	34	广东	4	云南	1
四川	12	贵州	3	湖南	1
福建	8	河北	2	广西	1
浙江	7	香港	2	河北	1
陕西	6	江苏	2	出版地不详	2
湖北	5	山西	1	合计	92

（二）出版时间

目前我馆馆藏出版时间最早的抗战题材画报是 1932 年由上海良友图书印刷公司发行的《上海战事画刊》。由表 2 可知，我馆馆藏抗战题材画报的出版时间主要集中在 1937 年至 1941 年这四年间。其中 1937 年出版散文抗战题材画报馆藏最多，共 24 种。馆藏 1931 年至 1936 年及 1942 年至 1945 年出版的抗战题材画报数量年均不超过 6 种。

表 2　国家图书馆藏民国时期抗战题材画报出版时间分布（1931—1945）

出版年	期刊数量	出版年	期刊数量
1931	0	1939	21
1932	3	1940	20
1933	1	1941	13
1934	1	1942	6
1935	0	1943	5
1936	2	1944	5
1937	24	1945	4
1938	14		

（三）画报内容

馆藏抗战题材画报的创作形式包括摄影、漫画和木刻三种，其中以摄影图片为主的画报出版地多集中在上海，以漫画或木刻作品为主的画报出版地多集中在抗战大后方和抗日根据地。

馆藏抗战题材画报的内容可归纳为以下七类：（1）记录前线战事情形：如《铁血画报》（三民出版社）第二期刊登《淞沪最前线》。（2）展现抗战将士英姿：如《抗战画刊》（上海抗战三日刊社）第三期刊登《我军女战士的英姿》。（3）号召大众从军参战：如《抗建画报》兵役宣传号刊登《优秀青年要从军》。（4）反映百姓支援抗战：如《战时后方画刊》（四川省政府战时后方服务团）第十四期刊登《老百姓大献军粮》。（5）揭露日军暴行：如《抗敌画报》（贵州全省各界抗敌后援会）第十七期刊登《日寇兽行》。（6）反映战区人民生活：如《一月漫画》（一月漫画编辑部）第一卷第二期刊登图片《人间地狱》。（7）号召铲除汉奸：如《阵中画报》（阵中画报社）第八十五期刊登《汉奸的下场》。

三、四种馆藏民国时期抗战题材画报介绍

抗战题材画报是抗日救亡的重要宣传阵地，是当今学者对抗日战争研究的重要参考资料，更是生动的抗日教材。但目前学界对抗战题材画报的专题研究十分有限，许多画报都是在抗战美术史或名人传记中有所提及，未见详细的介绍资料，如下文所述《工合画报》的介绍多见于工合运动的介绍文献；《抗战画报》的介绍多见于邹韬奋的生平论述；《战地画刊》的介绍文字多见于王寄周或老河口地区抗战宣传工作的介绍文献。

（一）《抗战画报》

1937 年 8 月 13 日，淞沪战役爆发，日军大举进攻上海。作为当时全国出版中心的上海，各界人士纷纷创办抗战报刊，同时涌出了一股抗战画报出版热，《抗战画报》便在这股热潮中顺势而生。《抗战画报》创刊于 1937 年 8 月 29 日，由抗战三日刊社编辑出版，邹韬奋任主编，赵定明、杨小梵、杜鳌、夏晓霞、沈振黄、杨凤麟等任摄影记者。该刊为 16 开本，新闻纸印刷，生活书店总经销，每册 6 分。《抗战画报》始终以"发扬抗战精神，普及抗战教育"为办刊宗旨，在宣传抗战、动员大众参战、推动抗战教育方面均发挥了重要作用。

图一　《抗战画报》封面

《抗战画报》第一至五期为六日刊，封面均为摄影图片，如：创刊号封面《我前线军官向后方报抗战消息》，且全部刊登关于抗战情形和抗战时事的摄影图片。第六期起因"发见同性质的画报，已有四五种之多；内容上，几个画报也没有多少分别"[2]，考虑到"在目前的抗战时期，这样重复的刊物太多了，是力量上的浪费"[3]，抗战三日刊社对《抗战画报》的内容进行了调整，在原有摄影图片基础上，增加了以下三方面内容：（1）反映抗战时事问题的漫画，如第六期刊美国 Ellis 创作的漫画《把贪馋的侵略者打出去》；（2）反映战局形势的地图，如第六期封底《晋北游击队》；（3）关于抗战军事常识的图表，如第七期刊《九月份击落敌机图表》，以期在激发抗战精神、暴露日寇罪行外，普及军事知识，推进抗战教育。同时，自第六期起，出版周期由六日调整为五日，逢五日、十日出版。刊物封面也由摄影图片改为抗战漫画，如：第九期封面为反映东北时事的漫画《沙滩上的宝塔》。值得一提的是《抗战画报》第五期刊登

了我军从击落敌机中搜出敌机长斧田卯之助的一封书信。从该封书信"母亲她们自从你出发以后，天天早晨去拜菩萨，祝祷你平安!"及"祈你早一点回来吧"等文字[4]，可以看出当时日本国内妇女对战争的厌恶心理。

目前，我馆藏有 1937 年出版的第一至九期《抗战画报》，纸版合订本五册，缩微品和电子文献尚未入藏。《抗战画刊》是研究中日战争史实的珍贵资料，特别是其中刊登关于日军在华暴行的图片，更是日军侵华罪行的铁证，具有极高的史料价值。

(二)《工合画刊》

1937 年抗日战争全面爆发后，日寇为达到迅速灭亡中国的目的，对我国进行大肆轰炸，许多工厂在日机的狂轰滥炸中被严重毁坏，我国工业生产遭受重创，国内军需民用供给十分紧张。与此同时，沿海沦陷区的难民为战争所迫，不得不背井离乡迁往我国西北地区。为解决抗日救亡的三大问题：即"利用中国天然资源，增厚国力"；"重新奠定中国实业基础，以保障权利"，构建经济国防堡垒以及"教难民工业学识，让其有立身之本"[5]，路易·艾黎、埃德加·斯诺和陈翰笙等国内外进步人士，在上海发起了中国工业合作运动（简称"工合运动"）。《工合画刊》便是应着这一伟大运动而产生[6]。

图二　《工合画刊》封面

《工合画刊》于 1940 年 10 月 1 日在陕西西安创刊，由中国工业合作协会西北区办事处编辑发行，西北印刷合作社承印，西安西北书店总经销。该刊为 16 开本，采用土纸印刷，每册四角。原计划按月出版，"因印刷和纸张的原因"[7]第四期直至 1941 年 4 月 15 日才得以与读者见面，这也从一个侧面反映出其办刊条件的艰苦。《工合画刊》以紧扣工合运动精神的彩色漫画为封面，一至四期封面依次为"建设经济国防""播种者""以生产竞赛迎接一九四一"和号召"完成经济国防的伟大使命"的无题漫画。该刊由文字和漫画两版构成。文字版由王亚平任主编，先后设有"文艺""工合杂著""工合短论""文艺短论"等栏目，主要刊登抗战诗歌和工合运动相关论述，如：第三期刊张克伦撰《扩大工合美术运动》。漫画版由晨钟任主编，设有"木刻"和"漫画"两个栏目，分别刊登宣传工合运动的木刻和漫画作品，如：第三期刊周克难创作的漫画《发展工业打击敌人》。该刊以西北地区的工人、难民、伤兵、技术人员以及知识分子等为阅读对象，以"教育社员大众，扩大工合运动的影响，给予社会及国际人士以更多认识西北区工作的动向"[8]为办刊宗旨，以"配合了劳动生产者的心声，希望与马达的吼声，去建设生产艺术的堡垒"[9]为办刊目标，以"工作就是宣传"为宣传态度[10]。其"文字力求通俗、画面力求浅显、生动、逼真，使文化水平较低的社员工友们，能读得来，看得懂"[11]。

《工合画刊》自创刊至 1941 年 5 月停刊共出版四期[12]。我馆藏有《工合画刊》全四期纸质合订本一册，缩微品及电子文献尚未入藏，每期封面均印有"国立北平图书馆藏书"章。《工合画刊》刊登的论述及漫画木刻作品，是学者研究工合运动和抗战文艺的第一手资料，具有极高的学术价值，十分珍贵。

（三）《抗建通俗画刊》

"为实施伤残军人服务，曾开始各种工作，其中之一，就是由他们向民间推销抗战的通俗读物及通俗图画，进行颇为顺利，通俗图画，更受欢迎"。在这一背景下，抗建通俗画刊社为满足社会对通俗图画的需求，于 1940 年 1 月 1 日在重庆创办了《抗建通俗画刊》。该刊由王建铎、何惟志、黄子君、艾德榜、房公轶、郑伯清、宋步云、邵恒秋负责编辑，并邀请老舍、王琦、郭沫若、段承泽、张文元等 20 余位文艺界名家为特约编辑。一至十期由青年书店总经销，自第十一期起改由重庆中华图书公司总经销。除对外销售外，该刊所剩数百册刊物均分赠给指定伤兵医院，供伤残军人阅览。

图三　《抗建通俗画刊》封面

《抗建通俗画刊》由通俗图画和通俗文字两部分内容组成。通俗图画主要包括时事漫画、连环画、木刻及抗战建国相关的摄影图片；通俗文字主要包括抗战文艺理论、小说、抗战诗歌民谣和剧本。该刊"以抗战建国为思想中心"[13]，以普通民众为阅读对象，为达到最大的宣传效果，特别重视表现形式的通俗化。它"希望用高尚的文艺技巧，从事通俗文艺的创作"[14]，刊有多篇有关通俗文艺的论述，如：创刊号刊段承泽撰《通俗图画与抗战建国》、何荣撰《通俗文艺运动的前途》及第四期刊黎锦晖撰《通俗戏剧的型之活用》等。

《抗建通俗画刊》的出版发行十分不易。从第八期《编者的话》"脱期并不完全是因为到时候'编'不出来，而是由于各种原因凑成的，例如到时候'印'不出来也是原因之一"，第十一期《编者后记》"物价是成倍的往上增，而本刊的经费还是差不多两年前的数儿，以人手来说，从前是七八个人来钉着干，现在只剩两三个人来支持"，及第十二期《编辑后记》"本刊到现在几乎是唱独角戏了，顶多可以说，只有一个半人在这支持"等文字，都可以看出其承受着来自人力和财力的双重压力。

我馆藏有《抗建通俗画刊》全 12 期纸质文献，其缩微品和电子文献尚未入藏。

馆藏《抗建通俗画刊》除第六期外封面均盖有南京图书馆藏书章，其中第二、五期还盖有日本总领事馆特别调查部藏书章，第九、十、十二期盖有国立中央图书馆藏书章。特别值得一提的是馆藏第六期《抗建通俗画刊》印有国立西南联合大学图书馆和中日战事史料征辑会的印章，由此可见该册是通过中日战事史料征辑会入藏我馆。《抗建通俗画刊》自1940年1月创刊至1942年7月停刊[15]，共出版12期。虽然该刊仅维持了两年零七个月的出版发行，但至1942年7月1日出版至第12期时，它已是重庆地区硕果仅存的画刊，对于抗战时期研究大后方美术史十分宝贵。

（四）《战地画刊》

1939年10月10日，《战地画刊》在国统区湖北老河口创刊。《战地画刊》原名《抗战画刊》，因当时重庆地区已有同名画刊出版，为避免同名[16]，自第二期起更名《战地画刊》。该刊为16开本，每月十日出版，由第五战区司令长官司令部政治部战地画刊社编辑发行，王寄舟任主编，老河口阵中日报办事处总经销，初期每册两角，后因物价原因自第七期起改为每册三角。与抗战时期的许多刊物相似，该刊的出版也面临着重重压力，一方面因印刷困难出版时间难以保证，如：第五期因1940年2月出现的印刷困难，延至3月才得以发行[17]；另一方面受纸张印刷等限制[18]，该刊未能大量发行，传播范围因此受到一定限制。

图四　《战地画刊》封面

该刊主要发表来自第五战区政治部和中华全国木刻界抗敌协会第五战区分会的漫画木刻作品。常见投稿人有：安林、黄丹、段世昭、周聪文、孤鸿等，其中安林为延安地区的版画家。刊物图片以漫画和木刻为主，主要为以下五方面内容：一是反映战争时事政治，如：第三期刊登《敌人的"以战养战"政策是什么?》；二是号召民众开展生产，支援抗战，如：第七期刊登《不到前线去的，到工厂里去!》；三是讽刺画和趣味画，如：第八期刊登《自掘坟墓》；四是反映抗战将领的英勇，如：第八期刊登《英勇故事——计骗敌炮》；五是名人肖像，如：第七期刊登《张自忠将军遗像》。同时，该刊也刊有少量关于漫画和木刻方面的理论短文及抗战诗歌民谣。该刊因发表延安木刻作品停刊，具体停刊时间不详。

我馆藏有1939年出版第二至八期《战地画刊》合订本一册，缩微胶卷四片。馆藏《战地画刊》封面均钤有国立中央图书馆和南京图书馆藏书章，第二期首页还钤有北京图书馆藏书章，可见它曾先后递藏于国立中央图书馆和南京图书馆，最终入藏我馆。《战地画刊》在第五战区的抗日救亡宣传中影响颇广。它也是罕见的在国统区创办刊物中发表解放区木刻作品的刊物，对研究抗战美术救亡运动等都是珍贵的史料。

参考文献：

［1］戚志芬：《袁同礼先生与中日战事史料征辑会》，《国家图书馆学刊》1989 年第 1 期。

［2］［3］该刊编辑：《本刊革新出版启事》，《抗战画报》1937 年第 6 期。

［4］国际社摄：《敌人机师身上的一封信》，《抗战画报》1937 年第 5 期。

［5］该刊编辑：《生产重于作战"工合"运动》，《天下图画半月刊》1939 年第 18 期。

［6］［9］［11］卢广绵：《发刊词》，《工合画刊》1940 年第 1 期。

［7］该刊编辑：《编后记》，《工合画刊》1941 年第 4 期。

［8］［10］罗伦：《我们的宣传态度》，《工合画刊》1940 年第 1 期。

［12］丁守和编：《抗战时期期刊介绍》，社会科学文献出版社，2009 年。

［13］［14］抗建通俗画刊社：《发刊词》，《抗建通俗画刊》1940 年第 1 期。

［15］王洪华、郭汝魁编：《重庆文化艺术志》，西南师范大学出版社，2001 年。

［16］该刊编辑：《最后一页》，《战地画刊》1939 年第 1 期。

［17］该刊编辑：《编后》，《战地画刊》1940 年第 5 期。

［18］该刊编辑：《编后》，《战地画刊》1940 年第 6 期。

浅谈《华侨动员》

刘会媛

摘　要：抗战初期，中华民国政府侨务委员会为发动华侨抗战，创办刊物《华侨动员》，宣传抗战救国思想，号召全中国人民团结一致，共同抵抗日本帝国主义的侵略。文章对《华侨动员》的创刊背景、主要撰稿人情况进行论述，并对所刊载文章进行分类总结，归纳期刊特点，分析《华侨动员》在抗战初期的重要作用及其价值、影响。

关键词：《华侨动员》；抗日战争；宣传

一、《华侨动员》创刊背景

1931 年，日本发动"九一八"事变。1935 年，华北事变后，中国民族危机加深，中日矛盾上升为中国社会的主要矛盾。1935 年 8 月 1 日，中共驻共产国际代表团以中华苏维埃共和国临时中央政府和中共中央的名义发表《为抗日救国告全国同胞书》，呼吁停止内战，一致抗日。1936 年 12 月，西安事变和平解决，十年内战局面结束，国内和平基本实现。1937 年 7 月 7 日，日本制造卢沟桥事变，全面侵华战争开始。中共中央向全国发出通电，号召实现全民族抗战，蒋介石提出了"不屈服，不扩大"和"不求战，必抗战"的方针。1937 年 8 月，红军改编为国民革命军第八路军，两党开始在军事上进行合作。1937 年 9 月 22 日，国民党中央通讯社公开发表了《中国共产党为公布国共合作宣言》，次日，蒋介石在庐山发表了《对中国共产党宣言的谈话》，申明国共合作、团结御侮的重要性，承认中共的合法地位，宣告了抗日民族统一战线的正式形成[1]。抗日民族统一战线的构成十分广泛，既包括工人阶级、农民阶级、小资产阶级，也包括民族资产阶级、开明绅士和地方实力派以及海外华侨中的广大爱国人士等。

华侨分布在世界各国，经济实力雄厚，长期与海外文化接触，有较好的向上心理和强烈的爱国思想，憧憬着祖国国际地位的提升。早期军阀混战和帝国主义的侵略使中国长期积贫积弱，国际地位低下，华侨在侨居地的地位同样低下，侨胞从切身体验中深刻感到：没有祖国的强盛就没有华侨在海外的一切，祖国的荣辱就是华侨的荣辱，祖国的存亡就是华侨的存亡。在抗日民族统一战线的形成过程中，华侨积极支持国共合作，宣传"停止内战，一致对外"，为统一战线的建立发挥了巨大的作用[2]。华侨成为抗日战争中可发动的一支有力的队伍。

在中华民族生死存亡的关键时期，进步人士及各机关团体积极呼吁全民族团结救国，大力创办报刊宣传救国思想，扩大抗日民族统一战线，报刊成为他们对内对外宣传的主要工具。为了鼓舞中国人民积极参与抗战，争取海外侨胞加入抗日民族统一战线，中华民国政府侨务委员会主办刊物《华侨动员》，发动华侨参加抗战。

二、《华侨动员》及主要撰稿人介绍

《华侨动员》创刊于 1938 年 3 月 15 日，它的前身为《非常时期侨务特刊》，后因迁都，职员疏散且主力人员奉派到海外工作，被迫停刊。《华侨动员》停刊于 1940 年 4 月 15 日，历时两年，共发行 22 期。第 1 至 9 期由侨务委员会侨务月报社在湖北汉口编辑发行，1938 年 9 月 15 日，第 10 期前往重庆出版，1940 年 3 月 15 日，第 21 期起编辑改为华侨动员社。此刊零售价每期四分；全年 24 期，国内售价八角，国外售价两元。根据本刊扉页介绍"每半月出版一期"，由于客观原因，期刊并没有按计划出版。此刊在国内外各大商埠广事销售，并赠阅各公私立团体及学校。

《华侨动员》以动员华侨贡献抗战为宗旨。《华侨动员》创刊词中这样写道："我们抱着动员华侨的宏愿，来发布本刊，希望海外侨胞每一个人都是战士，都激发起为民族争生存的战斗精神，有了这种精神，当然会当本刊为他们自己的刊物。同时希望国内外贤达，给予我们确切之指导。"[3]《华侨动员》希望集海内外贤达之智慧，探讨华侨在特殊国际地位上可以为抗战做出的贡献。

除新闻报道、法规类文章，《华侨动员》共刊载文章 136 篇。发表文章较多的作者有陈树人、陈耀章、郭威白、谌小岑、王辟尘、王志远、萧吉珊、谢作民等。这些作者或有留洋经历，如陈树人早年留学日本，郭威白先后赴美国哥伦比亚大学、纽约大学深造，王辟尘南渡马来亚；或在政府担任要职，如谌小岑任原国务院参事、翻译家，萧吉珊任国民党中央海外部党务计划委员会副主任；或接受过高等教育，如郭威白毕业于国立北京师范大学，萧吉珊毕业于广东国立高等师范学校。他们的海内外生活和工作经历使得他们更为了解异国生活，深知侨民生活疾苦，有极高的政治觉悟和爱国热情，所以他们可以更有针对性地，并从较高的层面建议华侨同胞如何更好地支援祖国抗战。

三、《华侨动员》内容分类及特点

《华侨动员》内容丰富，设有时事专栏，登载大量法律法规，共刊载文章 136 篇，涉及政治、经济、教育等多方面，从不同的角度阐述了抗战时期的海内外风云变幻及对华侨同胞支援祖国抗战的动员，经归纳总结可分为以下几类：

时事专栏：《华侨动员》的专栏"半月战纪""华侨抗声""侨务要闻""时事述要"等，报道国内外形势，揭露帝国主义的本质，介绍各国援华活动及华侨进行的捐款捐衣捐物等支援抗战的事迹。

法律法规：《华侨动员》刊载 15 份法律法规，如《非常时期华侨投资国内经济事业奖助办法》《修正国内侨务团体组织办法》《侨务委员会考选清贫优秀华侨学生回国升学规程》等，反映了抗战初期国家的侨务政策和发动华侨抗战的积极举措。

动员华侨抗战：《华侨动员》中 52 篇文章是关于动员华侨参与抗战的，论述了华侨可以从捐款捐物、抵制日货、发展战时侨教、争取国际援助等方面支援抗战。其中 22 篇文章从教育角度探讨华侨的抗战救国之路。如翁之达的《华侨学校当前的几个问题》[4]，分析了现阶段华侨学校存在的问题及改进建议，提倡侨校在原有基础上结合抗战的实际需求调整教学方法及课程内容，为祖国抗战培养大批优秀人才。12 篇文章分析了华侨在经济上可以为祖国提供的援助，如其昭所著《华侨抵制日货与居留地政府》[5]一文，阐明了经济制裁对日本军事的巨大打击，指出华侨在对日经济制裁方法上的错误，提出在遵守侨居地法律的原则下一些切实可行的抵制日货措施。

国际形势：《华侨动员》刊登大量文章介绍当前的国际战况、日本在各国的军事行动及世界各国的反日援华运动，共 21 篇。比较有代表性的有《太平洋上的国际风云》《日本间谍在南洋的活跃》《英荷在南洋的备战》《古巴传来的同情》等。

抗战宣传：期刊中 19 篇文章论述了中国当前战况及国情和中国抗战必胜的原因，宣告团结一致的中国人民必将打败日本帝国主义的侵略。刘清斋的《从统计中得到抗战必胜的信念》[6]，列举抗战一年半以来中国战区县政情况、经济状况及日本的资源、贸易等情况，以事实数据来说明中日在战争中的优劣位置和中国需要做出的努力。

敌国国情：10 篇文章论述了日本的战时国情、经济状况、国民心态等内容，分析了日本在中日战争中的劣势和必败的原因。如洪流所作《敌人的危机种种》[7]，从日寇国内政治动荡、经济困难、工厂经济问题及士兵反战等方面叙述日寇溃败的征兆，鼓舞中国军民奋斗的勇气。

《华侨动员》中另有 9 篇文章介绍了华侨在政治、经济及国际宣传等方面为抗战做出的具体贡献；9 篇诗歌、散文等文艺类文章，激励军民奋勇杀敌；各有 6 篇文章介绍当前的侨务政策及国内战况；4 篇文章，如《汪逆"和平运动"面面观》《汉奸汪精卫原形毕露》，论述了当时的各种愚民思想等。

《华侨动员》具有如下几个特点：（1）以动员华侨抗战为主线，期刊近一半文章为建议华侨应在哪些方面及如何贡献祖国抗战；（2）以舆论宣传为主要发动方式，期刊刊载大量揭露日军暴行、分析中国必胜的文章，鼓舞中国军民抗战；（3）侧重宣传国民政府的政策和战况，提升政府威望；（4）注重在自力更生的基础上争取国际援助。该刊重在动员中国同胞抗战，同时希望国际社会对日本侵略者予以舆论等方面的打击。

四、《华侨动员》在抗战初期的作用

首先，动员华侨积极参加抗战，扩大和巩固了抗日民族统一战线。抗战时期，中国有着遍布世界的 800 万余华侨，他们长期接受海外先进文化，成为中国各民族在海外的精英代表[8]。《华侨动员》努力发动华侨同胞参加抗战，巩固和扩大抗日民族统一战线，并为华侨贡献祖国抗战做出了一些建议。在国内同胞的感召下，华侨充分利用自身的优势，在侨居地开展抵制日货、禁运日军需原料、对外宣传和国际统战工作，大力投资国内经济，组织捐款捐物，改进华侨学校教育。华侨同胞的这些举措大力支持了祖国抗战，为中国抗战的胜利做出了巨大的贡献。

其次，鼓舞了国内士气，坚定了中国军民对抗战必胜的信心。"华侨抗声"中报道了大量华侨在世界各地支援祖国抗战的运动，同时，广大侨胞也以自己身处各国的优势积极宣传日本帝国主义侵略中国的本质，争取了各国在舆论和物资等方面的援助，海外侨胞和国际友邦的援助鼓舞了中国军民抗战的勇气。《华侨动员》鼓励华侨组织慰问前线将士，使前线将士感受到祖国的强大和同胞们的团结，在确信祖国抗战必胜的理念上发挥巨大的效力。

再次，揭露了日本帝国主义的本质，为中国抗战争取国际援助。日本的侵略计划已实施许久，但是许多国家还未认清日本帝国主义的真面目。《华侨动员》从日本军事上的凶残、政治上的欺骗、经济上的掠夺和文化上的奴化等来揭露日本的侵略罪行，并告知爱好和平的世界各国人民：中国只是日本大陆政策的一部分，日本的野心是独霸整个世界，如果中国灭亡，日本的军阀侵略行为将更肆无忌惮，世界和平将遭到更严重的破坏，人类文明将面临更残酷的践踏。《华侨动员》的国际宣传使世界爱好和平的国家和人民看清日本侵略中国的本质，一致在舆论上谴责日本破坏和平的罪行，从道义和物资等方面支持中国。

最后，推动了战时中国经济的发展及华侨教育事业的进步。《华侨动员》刊登《非常时期华侨投资国内经济事业奖助办法》《湖南省政府招徕华侨投资兴办本省各种实业办法》等，吸引华侨投资国内经济，《抗战与华侨投资》《长期抗战与华侨》等文章鼓励华侨回国投资，到西南边区等资源丰富的地方兴办事业。《华侨动员》建议华侨学校改进教学方法，为祖国抗战培养长期性人才，刊登《侨务委员会考选清贫优秀华侨学生回国升学规程》，吸引优秀人才。

五、《华侨动员》的价值及影响

《华侨动员》具有极高的史料价值。它汇集了大江南北的许多专家学者、官方人士、各界名流为之撰稿。这些作者有较高的政治觉悟，并对抗战的实际情况有充分的了解，他们的言论可以在社会上产生积极的影响，因此他们的参与极大地提高了《华侨动员》的学术价值和知名度，使得《华侨动员》成为实际可用的抗战文艺工具。《华侨动员》不仅指导侨胞协助抗战，而且辟有侨务要闻、时事述要、华侨抗声等栏目，并刊登大量法律法规，这些内容成为后人研究抗战时期中国的侨务政策、二战国际形势及华侨同祖国人民团结抗敌的珍贵史料，同时也为当今发展侨务、发动华侨参与祖国建设及维护国家和平统一提供借鉴。

《华侨动员》顺应时代而生，作为民国时期的一份官办期刊，《华侨动员》以报道、介绍抗战情况和发动华侨积极参加抗战为主，并对华侨如何在抗战中发挥自己的力量做出了具体性的指导。《华侨动员》的出版宣扬和扩大了抗日民族统一战线，使得广大侨胞加深了对祖国的责任感，鼓舞了侨胞参与抗战的热情，增强了民族凝聚力，成为中华民族抗日战争胜利的宝贵资源。历史也证明了华侨在抗战中毁家纾难、踊跃参加、积极贡献，以自己的实际行动和贡献，在中国抗日战争中谱写了光辉篇章，华侨队伍不仅是中国抗日战争胜利强有力的保障，同时也为世界反法西斯战争做出了杰出的贡献。

继古籍之后民国文献日益受到世人瞩目，已经被列为文物，但是由于各种原因，民国文献正面临脆化、破损等灾难性保存危机。经查询，除国家图书馆藏有《华侨动员》原刊外，首都图书馆、上海图书馆、南京图书馆、重庆图书馆、武汉图书馆、中国科学院图书馆等均无此刊原版或影印本。国家图书馆藏《华侨动员》也有泛黄、破损迹象，应通过不同途径保护开发《华侨动员》，发掘散落民间的原版期刊，保证《华侨动员》不会出现孤本现象，甚至是消失情况。

参考文献：

［1］沈继英、柳成昌：《卢沟桥事变前后》，北京出版社，1986 年。

［2］李佩：《略论华侨对抗日民族统一战线的重要作用》，《上海大学学报》1995 年第 3 期。

［3］该刊编辑：《创刊词》，《华侨动员》1938 年第 1 期。

［4］翁之达：《华侨学校当前的几个问题》，《华侨动员》1938 年第 8—9 期。

［5］其昭：《华侨抵制日货与居留地政府》，《华侨动员》1938 年第 13 期。

［6］刘清斋：《从统计中得到抗战必胜的信念》，《华侨动员》1938 年第 13 期。

［7］洪流：《敌人的危机种种》，《华侨动员》1939 年第 17 期。

［8］任贵祥：《华侨对祖国抗战经济的贡献》，《近代史研究》1987 年第 5 期。

抗战文艺的突击队——《文艺突击》

张　蕊

摘　要：作为陕甘宁边区出版发行的第一种文艺类刊物，《文艺突击》以推动抗战文艺的发展为宗旨，发表的作品包括小说、诗歌、报告文学、通讯、论文、剧本、木刻等多种，从不同的角度描绘了陕甘宁抗日民主根据地以及前线的人民、战士的工作生活与文艺活动等情况，并配合延安文艺运动，将文艺与抗战紧密职系，积极实践文艺的大众化。此外它还鼓励文艺上的探索和创新，注重讨论和批评。由于它内容丰富、形式多样、语言生动活泼，得到了读者的肯定。但因边区条件所限，仅仅出版 8 期后就告停刊。

关键词：《文艺突击》；抗战文艺；边区文艺

一、创办背景

抗日战争爆发以后，中华民族被逼到了生死存亡的危急关头，抗战救亡成为全社会最紧迫的使命，因此开展抗敌宣传，唤醒人民群众的革命斗争意识，发动他们参加抗日战争，就成为中国共产党当时的中心任务之一。中国共产党早在古田会议时就已经认识到了宣传工作的重要性，《古田会议决议》指出："红军宣传工作的任务，就是扩大政治影响争取广大群众。由这个宣传任务之实现，才可以达到组织群众、武装群众、建立政权、消灭反动势力、促进革命高潮等红军的总任务。所以红军的宣传工作是红军第一个重大工作。若忽视了这个工作就是放弃了红军的主要任务，实际上就等于帮助统治阶级削弱红军的势力。"

1935 年 10 月，工农红军到达陕北吴起镇，1937 年 1 月 13 日，中共中央从保安迁到延安，以延安为中心的陕甘宁边区抗日民主根据地建立起来。从此"延安，这个过去冷僻的西北角喧闹了起来"[1]。在陕甘宁边区根据地的建设中，共产党仍然将文艺工作视为党赖以联系群众的有效途径与"统一战线中新的战斗力量"，再加上它独立的宣传功能，文艺工作便作为教育群众、组织抗战的有力武器，受到了党和政府的高度重视。毛泽东 1936 年 11 月 22 日在中国文艺协会成立大会上曾经讲道："过去我们是有许多同志爱好文艺，但我们没有组织起来，没有专门计划的研究，进行工农大众的文艺创作，就是说我们过去是干武的。我们不但要武的，我们也要文的了，我们要文武双全。""发扬民族革命战争的抗日文艺，这是你们伟大的光荣任务。"

除了党和政府对文艺工作的重视，大批知识分子的到来更是为陕甘宁边区文艺事业的发展提供了极大的助力，使得延安逐渐成为新文化运动的中心。据统计，"全面抗战爆发以来，先后到达延安的主要文化人有：周扬、周立波、周而复、赵树理、柳青、丁玲、欧阳山、刘白羽、柯蓝、贺敬之、康耀、秦兆阳、丁毅、杨绍首、齐燕铭、姚仲明、水华、陈波儿、王大化、路由、李纶、魏晨旭、任桂林、黄既、李波、马可、柯仲平、罗烽、于黑丁、马健翎、吴雪、陈戈、丁洪、戴碧湘、艾青、李季、田间、郭小川、杨朔、李冰、张志民、严辰、刘御、鲁黎、戈壁舟、蔡其矫、萧三、吴伯箫、贺绿汀、萧军、艾思奇、严文井、陆定一、凯丰、何其芳、荒煤、范文澜等。集中了全国优秀的作家、戏剧家和艺术家"[2]。

文艺工作者云集延安后，各种协会组织也应运而生，这些协会对于领导和推动广大文艺工作者实践党的文艺路线、开展文艺活动起了积极而重要的作用。陕甘宁边区文化界救亡协会便是其中比较活跃、影响较大的代表协会之一，本文所论述的《文艺突击》期刊就是由它所创办的。

二、陕甘宁边区文化界救亡协会

陕甘宁边区文化界救亡协会，最早称"陕甘宁特区文化界救亡协会"，也称"陕甘宁边区文化协会"，简称"边区文协"。

协会成立于1937年11月14日，由周扬、成仿吾、艾思奇、柯仲平、朱光等人发起，最初由艾思奇任主任，柯仲平任副主任，后又由吴玉章任主任，艾思奇、柯仲平、丁玲任副主任。1942年以后又由柯仲平任主任。其会址起初设在杨家岭，后移至延安南门外西北旅社旧址。

边区文协是抗日战争爆发后解放区建立的第一个以文学团体为骨干的抗日文化组织，它既是陕甘宁边区文化运动的总的领导机关，也是一个极其广泛的群众性的联合会机构。它由许多团体、部门组成，包括了社会科学研究会、国防教育研究会、国防科学社、战歌社、海燕社、文艺突击社、世界语学者协会、新文字研究会、民众娱乐改进会、抗战文艺工作团、诗歌总会、新哲学会、陕甘宁边区音乐界救亡协会、陕甘宁边区文艺界抗战联合会等等。

协会以"团结全边区文化工作者，并与全国文化工作者通力合作，为建立中华民族新文化，为争取民族解放与社会解放而奋斗"为宗旨[3]，广泛接收边区各种文化团体、边区内外文化工作者为会员，"集中自己的一切力量，负起我们伟大人民群众之民族的自觉，争取思想界的民主，扩大反帝反封建的文化运动，不屈不挠，为抗战而服务，为保卫祖国，保卫中华民族的文化，为发展中国文化中最优秀的传统，为创造中国崭新的文化，而尽自己最后一滴血"[4]。

边区文协成立后，为促进延安及陕甘宁边区文化事业的发展做了大量工作。如开展社会科学、国防科学等各方面的学术研究；组织了《我怎样到陕北来》《五月的延安》等集体创作活动；配合教育普及运动组织了民众剧团和民众歌咏班；编辑出版了《特区文艺》《文艺突击》《文艺战线》和《边区群众报》等报刊；派遣抗战文艺工作团奔赴抗日根据地组织文艺宣传，培养文艺干部等。

1945 年抗战胜利后，由于文化政策的调整以及陕甘宁边区文艺组织的更迭，边区文协的身影"逐渐地隐没在了声势浩大的以延安为中心的新民主主义文化以及延安文艺运动的洪流之中"[5]。

三、《文艺突击》概述

（一）创办

大批知识青年和文艺工作者来到延安后，各种形式的抗战文艺活动都得到了蓬勃发展，然而此时的延安及边区却还没有一个专门的文艺刊物来刊登文艺创作的成果。鉴于这种迫切的需求，中国人民抗日军事政治大学（以下简称"抗大"）政治部速记股股长奚定怀便向当时兼任抗大教育委员会主席的毛泽东反映："延安许多爱好文艺的同志写了文章，主要靠寄到国民党地区去发表，延安还没有自己的文艺刊物呢，毛泽东……当即表示延安要有一个文艺刊物。"[6]

得到毛泽东的支持后，奚定怀便于 1938 年 9 月上旬与郑西野、柯仲平、刘白羽等人商定由边区文协联合延安各学校团体文艺爱好者共同创办"文艺突击社"，并开始筹备出版《文艺突击》期刊。第 1 期的稿子编齐之后，奚定怀于 9 月 17 日向毛泽东写信报告，请他题写刊头。

毛泽东接信后，当天即题好刊头送回，保证了《文艺突击》第 1 号按期出版。1938 年 9 月 20 日，《新中华报》上准时登出了边区文协关于《文艺突击》创刊的广告和第一号目录，从此延安便有了自己的文艺刊物。

（二）出版发行情况

《文艺突击》第 1 期与 9 月 30 日出版的第 2 期都是单张油印，每期四版，定价五分。但由于当时环境的复杂与油印纸的不易保存，迄今未发现这两期的原件。仅在 9 月 20 日和 30 日的《新中华报》上刊登有相关消息和目录，以及 1938 年 10 月 16 日出版的铅印版《文艺突击》1 卷 1 期的《编后记》中提到"曾经出过两期油印版的"。因此学术界对于其创刊时间的界定还有争议，例如《延安文学组织》一书中就将创刊时间定为 1938 年 10 月 16 日。

　　油印本《文艺突击》出版后引起了许多领导人的关注，得到了广大文艺工作者的称赞，在负责人的争取和各位党政军首长的赞助下，从 1938 年 10 月 16 日起《文艺突击》改为 32 开铅印出版，定为半月刊，每月 1 日、16 日出版，每期 24 页，售价五分。但由于战争影响以及印刷条件的有限，在连出三期后，第 4 期直到 1939 年 2 月才告出版，并改为月刊，每月 1 日出版，定价一角，页数也增加到 48 页。但实际上之后又脱刊了三个月之久，5 月 25 日改为 16 开本铅印出版，由于"改为以文艺为主的艺术类综合刊物，所以改成新 1 卷第 1 期"[7]。出版时间也改为每月 25 日出版，售价一角五分。6 月 25 日新 1 卷第 2 期出版后因经费等各种问题停刊。共出版 8 期。

　　《文艺突击》停刊近十个月后，应读者的强烈要求，在 1940 年 2 月 25 日召开的中华全国文艺界抗敌协会延安分会第二届理事会扩大会议上决定重新编辑出版，改名为《大众文艺》，由萧三担任主编，并于 4 月 15 日出版了第 1 期刊物。此后《大众文艺》每月出版，直到 12 月 25 日第 2 卷第 3 期出版后终刊，前后共出版有 9 期。这之后文抗又重新组织编辑队伍，由周扬担任主编，将刊物更名为《中国文艺》于 1941 年 2 月再次复刊，但遗憾的是《中国文艺》仅刊行了这一期后就告停刊。尽管第 2 期稿件大多数已经编好，但最终仍未能出版。

（三）载文构成

　　《文艺突击》所载作品形式多样，内容丰富。包括论文、散文、小说、诗、杂文、报告、通讯、剧本、歌曲、木刻等多种体裁。其中铅印本第 1 卷以诗、小说、报告文学的数量较多，从第 4 期开始论文数量有所增加。总体而言，这四期依然以文艺作品为主，此外又重新刊登了油印本发表过的文章，例如柯仲平的《持久战的文艺工作》、高士其的《不能走路人的呐喊》。

　　新 1 卷的"新"主要体现在内容的调整上，从纯文艺刊物变为了综合性刊物后，不仅在文学之外加重了理论的分量，又新出现了剧本和歌曲，第 4 期封面上开始出现的木刻画也在新 1 卷正刊中占据了一定版面。

　　铅印本前 4 期设有"工厂文艺"栏目，新 1 卷中未单独列出；第 4 期又开始增设"短论"栏；除此之外还不定期编辑有特辑。一是铅印本第 1 期的"纪念鲁迅先生特辑"，包括艾思奇的《学习鲁迅主义》、林山的《誓词》、荒煤的《老头子》以及《鲁迅先生语录》。当时恰逢鲁迅先生逝世两周年，编者组织的这期特辑"从该期文章篇数上看，它占了四分之一，从这期文章的字数说，它占了七分之一"[8]，可见边区文艺工作者对鲁迅先生的推崇和追念；二是同一期上的"工厂文艺特辑"，包括赵鹤的《两个九月》和刘亚洛的《让我也来签个名吧》两篇文章。"而且特制了'工厂文艺专辑'这个专栏的刊头，这在当时的中国文艺刊物中是一个创举"[9]；三是新 1 卷第 1 期上的"生产特辑"，包括塞克的《生产大合唱》和座谈会记录，以及《劳动日记》等六篇文章，艺术地体现了大生产运动的成果。

从文章内容来看，可以说基本上离不开"抗战"的主题，每一篇文章都或多或少地打上了时代的烙印。既有"关于边区各个角落生活的反映和前线战壕里、工作中种种反映"[10]，例如卞之琳的战地生活特写《钢盔的新内容》、野莽的边区映图《山水人物》；又有日占区人民的苦难与反抗，例如周而复的失地情况特写《孤岛上的文化》、严文井的《中国人，觉醒起来吧！》；还有写作者激励大众的呐喊与坚信胜利的决心，例如林山的《战斗与劳动》；即使是学术论文，探讨的也是《论美术上的民族形式与抗日内容》《持久战的文艺工作》。

四、历史贡献

（一）展现了根据地革命工作者迎难而上的工作作风

抗战时期，陕甘宁边区经济基础非常薄弱，再加上国民党对边区实行经济封锁，边区经济曾经陷入了"没有衣穿，没有油吃，没有纸，没有菜，战士没有鞋袜，工作人员在冬天没有被盖"的极端困境[11]。在这种物资匮乏、纸张和印刷设备奇缺的艰苦环境中，尽管中途仍有不得不脱期、停刊的情况，《文艺突击》的编纂者们还是凭着高涨的革命热情，克服种种困难发行刊物，又将油印本发展为铅印本。

（二）展现了党和政府领导人对文艺工作的关心和扶持

《文艺突击》能够从最初的单张的油印刊物发展到了铅印 32 开本半月刊，还得益于毛泽东与其他首长的赞助。最初出版的油印版既不美观，又无法满足读者的需求，但由于经费不足，想要改版困难重重。这时毛泽东带头捐款，许多党、政、军领导也捐款支持。在得到捐款二三百元后，改版计划终于得以实现。

另外除刊头为毛泽东题写外，《文艺突击》新 1 卷第 1 期还刊出了毛泽东为"战地文化资料展览会"的重要题词："发展抗战文艺，振奋军民，争取最后胜利！"后来，它成为抗战时期革命文艺的总方针。

（三）展现了文艺工作者对党的文艺政策的支持

毛泽东在抗战初期就提出文艺应为抗战服务，以文艺作为革命的有力武器。同时他还鼓励文艺工作者到战争中去，到群众中去，走抗日的现实主义道路。"中国的知识青年们和学生青年们，一定要到工农群众中去，把占全国人口百分之九十的工农大众，动员起来，组织起来。"[12]

《文艺突击》作为"文艺界精神总动员"的平台，刊登了一系列明确文艺工作者基本任务、指明文艺应与政治相结合的文章，呈现了当时文人与文艺运动的主流观念。

"我们的文艺，已亲切地与政治联系起来。……现在，文艺工作者的基本任务之一在于：反映转变与发展中的政治号召。创作者要执行这任务，理论者及批评者要推动这任务的实现及完成。"[13]

"我们的文艺工作者，在今天应该是最勇敢的站在战斗最前哨的一个人，应该是最积极的参加于广大人民斗争行列的一员。"[14]

《文艺突击》的作者群中云集了诸多当时在延安的新老作家，如艾思奇、刘白羽、周扬、丁玲、沙汀、严文井、何其芳、卞之琳、柳青、野藜、乔木、高士其、萧三、马达、塞克等。他们都以自己的作品热情地回应了党中央的号召，配合文艺运动创作出了一批具有时代特色、反映抗战生活的作品，如沙汀的小说《堪察加小景》、何其芳的诗歌《大武汉的陷落》。

（四）展现了陕甘宁边区文艺运动前进的方向

大众化是抗日民主根据地文学的显著特征，正如毛泽东在 1938 年 10 月党的六届六中全会报告中明确指出的："洋八股必须废止，空洞抽象的调头必须少唱，教条主义必须休息，而代之以新鲜活泼的、为中国老百姓所喜闻乐见的中国作风和中国气派。"这就"不仅要求文学作品写人民大众的生活、斗争、要求、愿望及情感，做到思想内容大众化，同时更要求文学作品的艺术构思、情节组织、篇章结构、叙述语言，为大众喜闻乐见，适合大众的欣赏习惯与审美情趣，做到艺术表现形式的大众化。"[15]

那么如何做到大众化呢？从理论上来看，延安的文艺工作者大多着眼于旧的文艺形式的利用与改造，进而创造新的大众化艺术形式，例如艾思奇的《旧形式新问题》。从具体的实践上来看，除了作家到前方去之外，又提出了《从大众中培养新作者》，让人民群众真正参与到文艺作品的创作中来。

《文艺突击》积极向工人、战士等业余读者征稿，为他们提供发表的平台，在新 1 卷第 2 期上方绥就提出了《期待着兵士们的作品》，第 1 期的"工厂文艺特辑"中也刊登出了延安印刷厂工人赵鹤、机器厂工人刘亚洛等人的作品。

五、结语

国家图书馆现收藏有除油印版之外的《文艺突击》期刊共 6 期，即 1938 年 10 月至 1939 年 6 月出版发行的第 1 卷 1 至 4 期、新 1 卷 1 至 2 期。包括了第 1 卷 1 至 4 期合订本二册，新 1 卷 1 至 2 期合订本二册，第 1 卷 3 至 4 期合订本一册，此外还有第 1 卷 1 至 4 期、新 1 卷 1 至 2 期影印合订本各一册。这些珍贵馆藏目前已被列入了国家图书馆新善本特藏，统一由善本特藏部保管。所谓新善本特藏即是指 1949 年以后国家图书馆建立的区别于古籍善本的特藏，1954 年开始征集，主要由中国早期革命出版物、解放区印刷出版物等文献组成[16]。

　　无论是《文艺突击》，还是其后的《大众文艺》《中国文艺》，尽管存在的时间都非常短暂，但由于它们圆满地完成了"延安文艺的拓荒者，抗战文艺的突击队，文艺青年的好粮食"的使命，"配合这新的动员，反映和推动这新的动员。……是延安、边区以及延安中心所能达到的地区的一切文学艺术工作的镜子"[17]，因此在抗日根据地产生了很大的影响，得到了广大文艺工作者与读者的喜爱，也为后人研究解放区文艺工作提供了重要的参考资料。

参考文献：

　［1］常紫钟、林理明：《延安时代新文化出版史》，陕西人民出版社，2001 年。

　［2］肖效钦、钟兴锦：《抗日战争文化史》，中共党史出版社，1992 年。

　［3］《陕甘宁边区文化协会简章》，《中国文化》1940 年第 1 卷第 1 期。

　［4］《陕甘宁边区文化界救亡协会成立宣言》，《新华日报》1938 年 1 月 15 日。

　［5］王荣、吴国彬、马亚琳等：《延安文学组织》，太白文艺出版社，2013 年。

　［6］辛萍：《毛泽东与延安〈文艺突击〉〈山脉文学〉》，《西部时报》2005 年 8 月 26 日。

　［7］该刊编辑：《编后记》，《文艺突击》1939 年新 1 卷第 1 期。

　［8］［9］孙国林：《延安时期第一个铅印文艺刊物〈文艺突击〉》，《延安文艺研究》1984 年第 1 期。

　［10］该刊编辑：《编后记》，《文艺突击》1938 年第 1 卷第 1 期。

　［11］毛泽东：《抗日时期的经济问题和财政问题》，《毛泽东选集》第 3 卷，人民出版社，1991 年。

　［12］毛泽东：《青年运动的方向》，《毛泽东选集》第 2 卷，人民出版社，1991 年。

　［13］《政治号召与文艺》，《文艺突击》1939 年新 1 卷。

　［14］鲁藜：《目前的文艺工作者》，《文艺突击》1939 年新 1 卷第 4 期。

　［15］苏光文：《大众化：抗日民主根据地文学表现形式的显著特点》，《西南师范大学学报》1997 年第 3 期。

　［16］《什么是国家图书馆的新善本特藏》，http：//202. 106. 125. 49：8080/faq/#

　［17］周扬：《〈文艺突击〉：文艺界的精神总动员》，《文艺突击》1939 年新 1 卷。

抗战时期馆藏文献保护措施及其启示①

赵建国　姜元刚　王　永

摘　要：抗战初期，国立北平图书馆经过 20 余年发展，已拥有了 30 万册馆藏，成为当时国内规模最大的图书馆。"九一八"事变之后，国立北平图书馆为避免馆藏文献遭受战争洗劫，采取了馆藏文献编目、善本古籍异地保存、普通文献留平等多种措施，全面有效地保护了馆藏文献。这一时期形成的馆藏文献分层次保护思想和异地战略保存思想，对当今图书馆馆藏文献保护工作及文献战略储备库建设仍有重要的指导意义。

关键词：抗战时期；文献保护；异地保存；分层次保护；文献战略储备库

一、引言

从 1909 年清政府学部设立京师图书馆，成为国内第一所真正意义上的国立图书馆，到 1931 年文津街新馆落成，国立北平图书馆不仅建立了规模宏大、中西合璧的现代化馆舍，而且拥有中外兼收的丰富馆藏[1]。当时的馆藏包括普通书籍、善本书籍、四库全书、唐人写经、舆图金石书籍五部分。尤以涵盖宋元明清历代孑遗古籍、善本庋藏宏富而闻名于世。1931 年抗战初期，国立北平图书馆以拥有 30 万册的馆藏文献成为当时国内规模最大的图书馆，并且聚集了一大批专家学者，成为当时的学术重镇和文化中心[2]。但是，"九一八"事变之后，华北局势告急，为避免馆藏文献遭受战火洗劫，国立北平图书馆采取了多项措施，有效地保护了馆藏文献。

二、馆藏文献保护措施

抗战时期，国立北平图书馆面对战争危机，根据文献的不同种类及其重要程

---

① 本文系国家图书馆 2015 年青年科研项目"惰性空气通风技术在文献战略储备库文献资源保存中的应用研究"（项目编号 NLC—KY—2015—31）研究成果之一。

度，采取了分层次、全方位的馆藏文献保护措施。首要的工作是对文献进行编目；其次，将大量善本书籍分散异地保存；最后对于难以转移的文献书籍由留守馆员保护。

（一）对馆藏文献进行编目

当时的国立北平图书馆副馆长袁同礼在抗战刚刚开始的时候，提前采取补救措施，编制出书本目录，以备不测之用[3]。编目工作主要由国内的谭新嘉等专家学者和时在国外的著名目录学家王重民完成（详见表1）。在国内，当时国立北平图书馆约有十余柜的卡片目录，卡片目录分为书名、著者、分类三种，但无书本目录。袁馆长安排当时的谭新嘉、梁启雄、张秀民等十余位专家学者，顺利完成《馆藏普通线装书目录》，大约30册。其中包含谭其骧编写的《地方志目录》、萧璋编写的《目录类书目》、张秀民编写的《史乘类》三册及部分《集部》目录。在国外，当时国立北平图书馆安排王重民先生在美国国会图书馆工作，整理馆藏中国善本古籍并负责收集流失于海外的珍贵文献。抗战时期为确保文献安全，王重民承担了运美的善本古籍的编目工作，王先生对每册书都是自己从原装书箱内取书、著录、撰写提要，最后再由他归还书箱。历时五年，高质量地完成了《中国善本书提要补编》[4]。

表1　抗战时期国立北平图书馆馆藏文献编目人员及成果

地点	主要参与人员	编目成果
国内	谭新嘉、谭其骧、萧璋、爨汝僖、梁启雄、张秀民、王育伊、贾芳、王树伟、王达文等十余人	《馆藏普通线装书目录》约30册。包括《地方志目录》《目录类书目》《史乘类》《集部》等
国外	王重民	《中国善本书提要补编》

资料来源：《北京图书馆馆史资料汇编（1909—1949）》，书目文献出版社，1992年。

（二）异地保存

抗战时期，在形势危急的情况下，大量馆藏文献及馆舍难以全部转移，国立北平图书馆在能力允许的情况下，最大可能地外运文献，保护馆藏精品。抗战初期，国立北平图书馆对善本古籍的全面保护及转移工作做了周密规划[5]。具体措施分为北移、南迁和运美。

1. 善本北移

抗战初期，当时的国立北平图书馆为了安全起见，开始着手善本转移，最初的转移地点是北方的京津两市。1933年5月，教育部要求国立北平图书馆"挑选精本南迁，以防不虞为要"。但是作为国立北平图书馆委员会主要成员的胡适先生提出，"南中天气潮湿，古本书籍在南方不容易贮藏保存。故决定在北方选择妥善地方保存。此意定能为大部所鉴原"[6]。鉴于此,教育部默许了胡适先生的观点。四批文献都存放于北方,分别为北京德华银行、天津大陆银行以及华语学校,北移批次及数量详见表2。

表 2　抗战初期馆藏文献北移概况

北移批次	北移时间	善本数量	地点	善本内容
第一批	1933 年 1 月 13 日	善本甲库 32 箱、唐人写经 46 箱	北京德华银行	古装宋本书与海源阁书,地志之类
第二批	1933 年 5 月 6 日	舆图 13 箱、甲库 30 箱、乙库 38 箱	天津大陆银行货栈	古装元本《通志》《通考》《通鉴》之类
第三批	1933 年 5 月 16 日	善本甲库 40 箱、唐人写经 1 箱、金石拓片 3 箱	北京德华银行	古装明别集,明实录之类
第四批	1933 年 5 月 23 日	善本甲库 30 箱	北京德华银行(14 箱)、北京华语学校(16 箱)	古装史部零种,新购《宋会要》之类

资料来源:《北京图书馆馆史资料汇编(1909—1949)》,书目文献出版社,1992 年。

由表 2 可知,1933 年,国立北平图书馆北移的四批书籍包括善本甲库 132 箱、唐人写经 47 箱、舆图 13 箱、金石拓片 3 箱、乙库 38 箱,总计 233 箱[7]。

2. 善本南迁

随着日本侵华步伐的加快,华北局势日趋紧张,国立北平图书馆开始了馆藏文献的第二次大转移——善本南迁,主要转移地点为上海和南京。

转移之前,国立北平图书馆做了详细登记,密呈教育部文件显示,装箱南迁善本特藏共 586 箱。其中包括善本甲库 197 箱、善本乙库 107 箱、唐人写经 49 箱、内阁大库舆图 15 箱、汉石经楚器及金文拓本 8 箱、西文整部科学杂志 116 箱、西文东方学善本书籍 30 箱、梁任公寄存书 64 箱[8]。

表 3　善本南迁概况表

序号	时间	寄存地点	数量
1	1935 年 12 月 6 日、13 日	中国科学社	书籍 226 箱:中文书 80 箱、西文书 146 箱
2	1935 年 12 月 18 日	上海商业储备银行	书籍 246 箱
3	1936 年 1 月 20 日	国立中央研究院化学、物理、工程研究所	书籍 50 箱

序号	时间	寄存地点	数量
4	1937 年 1 月 15 日	国立中央大学图书馆	书籍 15 箱
合计			537 箱

资料来源：《北京图书馆馆史资料汇编（1909—1949）》，书目文献出版社，1992 年。

表 3 是善本南迁的实际迁移情况，对比装箱数量与寄存反馈数量发现：装箱清单 586 箱，寄存回执 537 箱[9]，相差 49 箱。抗战初期，社会动乱，书籍南迁过程存在各种突发情况，能做到这样实属不易。

3. 精品运美

太平洋战争爆发前，上海租界安全形势紧张，日本宪兵可以随时搜查租界。袁同礼先生与胡适先生商议，通过美国国会图书馆的关系，拟将寄存上海的善本运至美国，等战争结束之后再运回国内，物归原主。但是善本书籍太多，当时条件不能全部运出。袁同礼先生亲自冒险到上海，布置善本运美工作。美国国会图书馆派遣王重民先生到上海协同徐森玉先生挑选贵重的精品善本。从甲库善本中挑选了善本中的精华 102 箱，合计 2954 种，20970 册，包括宋元本约 200 种，明版约 2000 种以及稿本约 500 种[10][11]。并用三周时间将书箱编号，书编目录（中文一份，英文两份）。为防止潮湿，箱内全部用铁皮密封。

善本精品运美可谓一波三折，先后否决了通过海关交由商船运送和通过美国军舰护送两种方案。最后通过海关可靠的外勤，把 102 箱善本化整为零，分成十批，每批约十箱，交由商船运送。为掩人耳目，统一用中国书报社名义开具发票报关，假装是美国国会图书馆购买的新书，发票开出《四部丛刊》《图书集成》等大部头新书。运送海关后，检查不开书箱，由认识人员检查放行[12]。整个精品运美过程，自 1941 年年初准备至 12 月 5 日结束，历时近一年。所有善本精品寄存于华盛顿美国国会图书馆。此后，美国国会图书馆征得中方同意，历时五年，将全部善本书籍拍摄成图书缩微胶片，共 1070 卷，长 11920 英尺。底片存于美国国会图书馆，赠送中国图书馆三套，这三套胶片分别存放于国立北平图书馆、国立中央图书馆以及中央研究院图书馆。

抗战胜利后，教育部派遣钱存训先生赴美交涉善本回迁事宜。一切就绪，国内战事又起，交通中断，遂暂停回迁。直至 1965 年，美国国会图书馆将这批 102 箱善本由国际交换部送往台湾。但是这批善本精品主权归属国立北平图书馆，也就是现在的国家图书馆。迁台是寄存保管，不是归台北图书馆所有。希望这批善本精品能够早日回迁至国家图书馆[13]。

3. 留守人员保护馆藏文献

抗战初期，国立北平图书馆馆藏丰富，集精结粹。但是基于当时的后勤保障能力，全面转移馆藏文献资源是不可行的。对于难以搬运的大量普通书籍文献，馆里决定派留守人员坚守，尽最大努力避免损失。据 1940 年《国立北平图书馆工作报告》记载，全部善本甲库、善本乙库、唐人敦煌写经、内阁大库舆图及参谋部之地图、金石墨本及楚器等安全运出。留平未移出图书包括文津阁《四库全书》（因宋哲元阻挠不许运出）及民国二十年至七七事变所购中文善本。

北平沦陷之后，平馆委员会决议由王访渔、张允亮、顾子刚等人组成的馆行政委员会主持北平图书馆的日常管理工作。"留平职员现共 94 人，以之维持现状，保管馆产"。袁同礼致函留平员工，要求努力维持平馆工作。"本馆一方面为国家保存重要文献，一方面协助全国图书馆积极复兴，职责重要自不待言，允宜分工合作，共同努力，俾能完成使命，为新中国文化事业树一永久基础"[14]。

沦陷期间，北平图书馆留守人员面临各种困难，首先就是经费不足。袁同礼先生致王访渔、顾子刚的信中讲："总之，弟对于平馆之维持，已尽最大之努力。如同人中以家事所累，仍有不能维持生活者，自可另谋出路也。"其次，敌伪侵扰，日伪"新民会"曾强行取走封存图书 4473 册，后经司徒雷登致函馆务委员会，告已阻止[7]。虽然困难重重，平馆留守员工"仍以馆善为重，未敢擅离职守，隐忍于伪组织管理之下，与之相周旋数载"，直到抗战胜利。

三、对当今文献保护的启示

抗战时期，我国图书馆事业所遭受的损失十分惨重，图书文献受损之多，在中外藏书史上是史无前例的。但由于国立北平图书馆在馆藏文献的保护上采取了正确措施，抗战结束对馆藏文献清点时，原有馆藏基本没有遭受太大损失，"本馆图书大体损失甚小，四库及留馆之善本书籍毫无损失，由沪运回之中西文书均完整无缺"。成功地履行了文化典籍守护者与传承者的责任。

（一）当前文献保护思想的继承

斗转星移，如今已过百年的国家图书馆在和平环境中生存发展，但是，作为图书文献资源的收藏与提供机构，如何将最有价值的文献收集和保护好，将有限的力量用于保护社会最需要的文献[15]，永远是图书馆的天职。因此，抗战时期，馆藏文献的保护措施对当今文献保护仍有指导意义。其中最重要的两条保护思想就是分层次保护和异地战略保存。

1. 文献资源分层次保护

抗战时期，国立北平图书馆对不同类型的文献进行了分类，包括善本甲库、善本乙库、唐人写经等。将主要力量用于馆藏善本的保护，其他文献也都得到了有效保护。当今世界已进入知识信息爆炸的时代，文献资源呈指数增长，文献保护工作的任务繁重，对待不同重要性的文献不能平均用力。基于此，国家图书馆针对不同类型的文献，分别建设了安放馆藏善本的善本书库，专门存放《四库全书》的当代"文津阁"稽古厅，以及存放保存本和收藏本的基藏库等。为了保证文献保护工作的效果，国家图书馆针对不同的环境，在不同的书库安装了不同的灭火装置、火灾预警装置以及安防系统，选用的都是在现有技术下，最先进最环保的装置。比如，稽古厅气体灭火系统是 FM200（七氟丙烷）灭火装置，该气体属于环保型，30 秒内迅速灭火，同时还能确保室内恒温恒湿。

国家图书馆还制订了十分完备的库房管理制度，包括开封库房、电器管理、火种控制、污染品控制、湿温度记录、卫生清洁、投药回收、复制前后整理、修复登记、藏品清点、人员出入、藏品出入、应急办法等各个方面[16]。为了规范全国的善本书库，更好地保护善本书籍，国家图书馆（国家古籍保护中心）联合武汉大学、中山大学、中央档案馆等十余家单位的专家学者制订了《图书馆古籍书库基本要求》国家标准。这项国家标准包含了古籍书库的方方面面，它的实施必将使善本书籍的保存更久远。其次，对善本进行了影印出版，读者可以不用翻阅原版即可阅览。这样善本书籍拥有了巨大的实用价值，全面展现中华民族的悠久文明。

2. 文献异地战略保存

抗战时期，为了避免战火给国立北平图书馆带来的损失，前辈们采取异地保存的措施，把善本书籍北移、南迁、运美，费尽周折，成功地保护了馆藏文献。时至今日，国家图书馆不再面临战火的危险。但是水灾、火灾、地震等自然灾害随时威胁着馆藏文献的安全。为了确保重要文献资源的长期保存和永久安全，在国家图书馆"十二五"规划座谈会上，文化部原副部长、国家图书馆馆长周和平提出了建设国家文献战略储备库建议[17]。

建立国家文献战略储备库，目的是居安思危，在特殊情况下保护作为国家重要资源的文献信息不受损失。将对国家图书馆馆藏各类纸质文献的保存本实施异地战略保存，对馆藏数字资源实施异地防灾备份保存。目前，经过文化部及馆领导的不懈努力，该项目规划及项目选址已取得重大进展。韩永进馆长实地考察了人文环境深厚、自然条件良好的河北承德，并与当地政府进行了多次磋商[18]，并且国家战略储备库也已列入"十三五"规划。作为馆藏文献保护者，期待文献战略储备库能够早日落成。

（二）当前文献保护措施的意义及问题

国家图书馆经过近百年的摸索，已经形成了相对完善的馆藏文献保护体系，特别是对馆藏文献的分层次、全方位的保护方法，使我馆各类文献均得到妥善保存。馆藏文献保护措施基本保证了经历抗战风雨的馆藏文献以及后续入藏文献资源的相对安全。

但是现有的文献资源保护工作中也存在一些问题。一是有限的馆藏空间和无限的文献数量增长之间的矛盾。分类保存思想对文献进行分类保护，使得各类文献得到有效保护，但这势必造成库房空间的紧张，馆藏空间将是馆藏文献保护的一个重要制约因素。二是文献资源的服务功能与文献资源保护需要的矛盾。从文献资源的服务功能的角度看，文献使用频率越高越好，但频繁地使用会造成文献的损坏，影响文献保护的效果。三是古籍文献的保护需要更高水平的保护技术及方法。现有的保护技术在文献保护方面取得了一些成效，但是文献的酸化以及氧化问题一直存在，特别是民国时期文献，纸张酸化问题严重。

（三）　未来馆藏文献保护的思考

馆藏文献资源保护受到空间因素的制约，在新的环境、新的技术、新的要求和时代机遇下，也面临许多新问题，有以下需要努力的方向：

（1）加快推进文献战略储备库建设

合理规划，最大限度解决文献保存空间不足的问题，并为未来的馆藏文献预留充裕的空间。2015 年 11 月，国务院已经批准国家文献战略储备库建设工程项目，该储备库将具备文献存储、数字化加工、纸质文本修复等功能。相关部门应做好科学的前期规划，有效解决现有馆藏空间趋于饱和的问题，实现文献资源永久安全保存。

（2）加速文献资源数字化建设进程

纸质文献作为文化的载体固然重要，但从文献保护的角度，以及未来文献资源的流通便利性方面来看，文献资源的数字化建设刻不容缓。数字化阅读将减少纸质文献的翻阅率，有利于珍贵文献的保护，因此未来图书馆应鼓励科技创新，研发便利的文化专用设备、系统、软件，进一步提升图书馆的数字化、智能化水平，推动文献资源数字化建设的发展。

（3）加大文献资源保护技术创新力度

目前对馆藏资源的保护涉及消防、安防等各个方面，通过采用先进的安防消防设备、恒温恒湿系统，国家图书馆在防火、防盗、防水、防虫霉等领域均达到了国际先进水平，领先于国内同行。但是，目前文献资源的纸张酸化问题和氧化问题仍是重大技术难题。尤其是民国时期文献资料用纸特殊，导致短期内如不能有效脱酸将面临严重的损坏。因此，我们应当对文献资源纸张的脱酸、抗氧化技术做进一步研究，寻求更好的保护措施，确保馆藏文献永久流传。

参考文献：

［1］王文凤：《国图善本古籍迁徙之旅》，《图书馆学刊》2012 年第 5 期。

［2］张书美、刘劲松：《南京国民政府时期国立北平图书馆的尴尬境地》，《山东图书馆学刊》2012 年第 3 期。

［3］詹福瑞：《国家图书馆同人文选（第四辑）》，国家图书馆出版社，2009 年。

［4］张秀民：《袁同礼先生与国立北平图书馆》，《北京图书馆馆刊》1997 年第 3 期。

［5］翟志宏：《抗日战争时期国立北平图书馆的危机应对》，《历史教学》2009 年第 20 期。

[6][7]李致忠主编：《中国国家图书馆馆史资料长编（1909—2008）》，国家图书馆出版社，2009年。

[8][9][14]北京图书馆业务研究委员会编：《北京图书馆馆史资料汇编（1909—1949）》，书目文献出版社，1992年。

[10]林世田、刘波：《关于国立北平图书馆运美迁台善本古籍的几个问题》，《文献》2013年第4期。

[11]赖晨：《抗战烽火中的甲库善本》，《湖北档案》2015年第4期。

[12]赵可：《抗战时期北平图书馆善本书籍秘密运美事件》，《文史杂志》2004年第3期。

[13]魏训田：《抗战前后国立北平图书馆馆藏书聚散考略》，《德州学院学报》2004年第1期。

[15]张廷银：《收集地方文献须责任与识见并驾而行——抗战时期北平图书馆收集西南文献述论》，《国家图书馆学刊》2005年第1期。

[16]丁佳文：《让珍贵古籍走近寻常百姓》，http：//www.ndcnc.gov.cn/zixun/xinwen/201402/t20140213_867503.htm，2014年2月12日。

[17]邢宇皓：《国家图书馆拟建国家文献战略储备库》，http：//www.nlc.gov.cn/newtsgj/yjdt/2010n/2y_2173/201002/t20100201_33978.htm，2010年1月22日。

[18]孙占军、姚腾：《国家图书馆馆长韩永进到承德考察"国家图书战略储备基地"建设》，http：//he.ce.cn/gd/201406/30/t20140630_1612741.shtml，2014年6月30日。

馆藏抗战时期美术类文献选介

胡宏哲

摘　要：我国传统绘画艺术在抗战时期经历了一次深刻的历史变革，在艺术救亡口号的感召下，当时的美术工作者以画笔为刀枪，创作了一系列异彩纷呈的艺术作品，构成了近现代美术史上绚丽的一页。国家图书馆藏抗战时期美术类文献种类与数量都较为丰富，具有较高的文献价值与艺术价值。

关键词：抗战时期；木刻版画；漫画；连环画

20 世纪的中国经历了近代以来最为深刻而又影响广泛的社会变革，在这样一个动荡而又多变的特定历史阶段，绘画也经历了一场大的变革。中国传统社会中，绘画并不是社会所认可的正途，古人仅以绘画为文人学士的余事，骚人墨客的消遣。而此时，随着西方各种文艺思想的引进，我国传统文人开始重新审视绘画这一艺术创作类型的意义与价值所在。一批接受了新思想的创作者开始重新对绘画活动的性质与意义进行全新的阐释，绘画被逐渐纳入到当时社会的主流价值观和道德伦理体系中，一批批美术工作者在抗战的洪流中拿起了手中的画笔进行创作，并提出了艺术救亡的口号。国家图书馆收藏的抗战时期美术类文献共计 69 种，160 余册。虽然这部分文献数量在我馆所入藏的民国文献中占比较小，但从文献的内容种类而言，却极为多元，基本囊括了我国抗战时期美术作品的诸多品类；就艺术风格及水准而言，既有阳春白雪，亦有通俗类画册，其中不乏精品，较为全面地体现了我国抗战美术类著作的整体风貌。现分类择要介绍如下。

一、木刻版画作品

鲁迅先生尝言，当革命时，版画之用最广，虽极匆忙，顷刻能办。因可以利用手工拓印，便于散布，有利于宣传。在抗战期间，木刻艺术成为大众革命的利器，涌现出大批主题鲜明聚焦时局的版画作品。20 世纪三四十年代也成为我国近代木刻版画作品创作的一个繁盛期，涌现出马达、野夫、彦涵、古元等一批优秀的木刻家，并成立了平津木刻研究会、中华全国木刻协会等专门机构。

　　国家图书馆藏抗战时期木刻版画著作共计 31 种，其中收录单幅版画作品的著作共计 24 种，木刻连环画著作 7 种。其中从作品的艺术风格与创作水平进行考量较具代表性的有以下几种：

　　（一）《抗战八年木刻选集》（ *woodcuts of war—time china* 1937—1945）

图一　　《抗战八年木刻选集》

　　此书由中华全国木刻协会选编，由开明书店印刷发行，1946 年 12 月平本初版。16 开，精装。本书收录野夫、陈烟桥、夏风、木桦、王琦、刃锋、古元、王秉国、郭钧、李少言、沙清泉、李桦、计桂生、梁永泰、力群、武石、克萍等 75 人的木刻共计 100 幅。书前有叶圣陶序，并有《中国新兴木刻的发生与成长》一文，并附编后一篇。序、文、编后及目录均为中英文。书后有 75 位木刻作者的中英文简介。本书所收录木刻作品，内容选材丰富多样，风格写实凝练，既有表现著名人物形象的作品，例如《鲁迅与高尔基》（陈烟桥刻）、《陀斯妥尔夫斯基像》（新波刻），亦有展现劳动人民日常生活的作品，如《牧羊女》（焦星河刻）、《移民图》（彦涵刻），既有展现军队与战场风貌的作品，如《行军小憩》（刘崙刻）、《神兵的故事》（彦涵刻）。也有体现大后方民众齐心建设家园的作品，如《小组会议》（王琦刻）、《讲授新法接生》（郭钧刻）。分别从不同方面展现了劳动人民的艰辛疾苦与大后方劳动生产的欣欣向荣。其内容主题均与现实斗争和生活紧密结合，充分体现了木刻艺术家对于抗战时期社会问题的敏锐观察与深刻挖掘。本书印刷细致精美，所收作品以黑白为主，间或有色版，线条遒劲而有质感，极富视觉冲击力，是抗战版画中的精品，代表了当时延安木刻的艺术水平。

　　（二）《国立艺专抗敌木刻选》（第一集）

　　此书由国立艺术专科学校抗敌宣传委员会于 1938 年 8 月 13 日编辑出版，大 16 开。书内题名页有副标题："纪念'八一三'一周年"，书前有滕固所作序，说明此书所搜集的木刻，为国立艺专"八一三"周年纪念抗敌宣传艺展中木刻作品的一小部分，因为在沅陵制版的困难，特地用原木版刊印。即用原木刻版印出版画后，将其剪贴至书内版心位置。书内共收录韩秀石、徐铁生、黄守堡、敖纫兰、马基光、夏明、肖远徽、吴藏石、娄连恫9人的木刻作品共计37幅。作品多以展现底层劳动人民的民生疾苦及抗敌战场的浴血画面为主，笔触简洁有力。

（三）《全国抗战版画》（第一辑）

本书由仇宇主编，原野出版社1939年3月初版，32开。书前有鹰隼、蒲军、鸿飞所作三篇序言。书内共收录仇宇、沃渣、陈九、陈烟桥、马达、陈执中等人共计47幅版画。本书制版印刷精美细致，每幅作品均有中英文名称。书内所收录的作品均以战争为主要表现内容，从不同角度对我国军民抗战的各个侧面进行了细腻的刻画与描绘，全书在表现风格与主题内容上保持了高度的统一。

（四）《荡寇图》

王愚绘，教育部民众读物编审委员会印行。小32开。本书封面标有"民众文库"字样，并盖有"中小学教科书编辑组·教育部科教用书编集委员会"字样蓝色印章。书内有"北京图书馆藏（南）"红章，共有图23幅，为连环图画，每页均配有简短文字描述。此书为教育部所编印民众读物，书后有"仿印教育部民众读物及播音小丛书办法"，办法规定书坊如欲仿印此丛书，须呈请教育部，并附样书三册以供核准。并对仿印书籍从定价、用纸等方面进行了规定。本书通过23幅木刻版面及简短的描述文字，再现了游击队收复被日军占领的良乡县城的过程。情节简单，但图文配合，叙事完整，通俗易懂，作为教育部印行的民众读物，无论从书籍的开本或内容来讲，都极为合适。

（五）《抗战必胜连环画》

廖冰兄作，陈仲纲绘；桂林施家园文化供应社印行。1942年2月于桂林初版。书内封一为中日地图，并有"中日战事史料征辑会"蓝色印章及"国立西南联合大学图书馆藏"蓝色印章字样。全书分为两部分内容，第一部分为越打越弱的日本，第二部分为越打越强的中国。封底为一幅名曰《新中国建设》的木刻版画。全书共31页，每页四幅图画，为一小单元。本书文字通俗明了，易于上口；画面吸收了皮影戏的某些元素，线条简洁明了。

二、漫画作品

自清末始，我国近代报刊业崛起，进入一个高远发展期。漫画创作亦随之兴起。发展到抗战时期，更是成为文化抗战中的一股重要力量，涌现了大量优秀的漫画作品。这些漫画记录了我国抗战时期多维的战争与民生景象，为后人留下了一份独特视觉的抗战档案。国家图书馆藏抗战时期漫画类著作八种，虽然数量不多，但却均为个中精品，其中最具代表性的当属丰子恺所著一系列漫画作品。

（一）《战地漫画》

丰子恺绘，《新艺术丛刊》之一，吴川村主编。英商不列颠图书公司 1939 年 5 月初版。32 开。书前有丰子恺所作序言《活的艺术》，全书共收录漫画作品 26 幅。此书虽名为《战地漫画》，但其中所收漫画作品却并未直接描写抗日战场，而是通过战地后方民众生活中的点滴画面，从侧面反映人民抗战的热情高涨、战争的残酷及对人民生活的荼毒。比如其中一幅民众迁徙图，画中以远山为背景，画面主体部分为扶老携幼行走的人群，并无剑拔弩张、流血颠簸之景，但画中题词"豺虎入中原，万人皆失所。但得除民害，不惜流离苦"。通过题字与图画的配合，表达著者胸中真意，蕴激情与愤懑于平淡从容之中，与丰子恺一贯画风保持一致的同时，又很好地与本书的主题"战地"相呼应。

（二）《战时相》

图二　《战时相》

丰子恺绘，《子恺漫画全集》之六。开明书店印行，1945 年 12 月初版。大 64 开。书前有著者所撰《子恺漫画全集》序。本书共收作者所作 64 幅漫画，包括《战地之春》《轰炸》《战时的儿童》《昔年的勇士》《仓皇》等，所刻画的场景与人物，涉及战争时期的方方面面。既有对敌军轰炸后惨状的刻画，也有对后方民众生活的描绘；既关注到正面投入战场的军士，对战时的普通民众亦不吝笔墨。确实为观者刻画出了战时的众生相，为我们留下了宝贵的财富。

（三）《漫文漫画》

丰子恺编著，长流书店 1938 年印行。大 64 开。此书收录丰子恺所剪集的以抗战为主题的漫画共计 100 幅，部分漫画刊自外文报刊，部分漫画则为时人所创，其中不乏名家，例如张乐平、赵望云、廖冰兄、梁正宇等。每幅漫画均配有短文一篇，短文多为丰子恺自作，亦有少量出自他人之手。此书前有丰子恺作序，在序中编者写道："抗战时为人道而战，为正义而战，为和平而战，我们是以杀止杀，以仁克暴。"封底贴有字样为"丰氏"的著者印章。可以说此书是丰子恺进行文艺抗战实践的一份独特的成果。

三、连环画类作品

抗战时期与单幅漫画作品同时兴起的，还有连环图画的创作。然而与漫画作品不同的是，抗战时期的连环画类作品多数走通俗路线。虽名连环漫画，但篇幅大多精悍而不冗长，叙述的故事也往往情节简单，通俗易懂。这些抗战连环画类作品，大多为针对民众进行抗战宣传的通俗小故事。国家图书馆藏抗战连环图画文献共计20种，其中以军委会政治部编印的一系列抗战连环图画（我馆馆藏11种）最具代表性：

图三　《兄弟投军》

（一）《保家乡》
汪璇著，军事委员会政治部编，出版年未注明。
（二）《范筑先一门忠烈》
军委会政治部编，封面标有"抗战连环图画之十"。出版年未注明。
（三）《军民合作》
军委会政治部编，横64开。出版年未注明。
（四）《李四打游击》
军委会政治部编，横64开，出版年未注明。
（五）《舍身报国》
军委会政治部编，横64开，出版年未注明。
（六）《台儿庄某老太殉国记》

军委会政治部编，横 64 开，出版年未注明。

（七）《献金救国》

军委会政治部编，横 64 开，出版年未注明。

（八）《小四捉汉奸》

军委会政治部编，横 64 开，封面标有"抗战连环图画之六"，出版年未注明。

（九）《兄弟投军》

军委会政治部编，横 32 开，出版年未注明。

（十）《许靖远将军反正的故事》

军委会政治部编，横 32 开，出版年未注明。

（十一）《今之秦桧——汪精卫》

军委会政治部编，横 64 开，出版年未注明。

军委会政治部所编抗战连环图画先后出版多个系列，均未注明出版时间，内容多以宣传英雄模范人物事迹、号召群众团结奋起、共同杀敌为主；间有对反面典型与罪行的讨伐。故事简练易懂，画面构图疏朗简洁，所配文字多为民众易于上口的打油诗或三字经，非常适合普通民众阅读，能够起到很好的宣传抗战的作用。

四 、其他类

除上述几类外，抗战时期还出版了许多战地素描、抗战画范类著作。

（一）《战时素描集》（第一辑）

广西省立艺术馆美术部编选，1940 年 5 月出版。大 32 开。本书为素描作品集，共收录 12 幅素描，作者有黄养辉、张安治、夏光、陈晓南、梁中铭、陆其清、徐德华 7 位，封面为陆其清所作《力量集中》，书前有编者序。

（二）《阵中画集》

汪子美等著，军委会政治部阵中画报社编印，1937 年 1 月初版。32 开。《阵中图画丛刊之三》。本书作者大多为活跃于当时的画家，包括汪子美、梁中铭、特伟、何鼎新、胡笳等人，共收录《动员我们整个的力量》《杀尽倭寇为战死先烈复仇》《赶走日寇收复失地》《前方流血后方流汗》《进退两难》《引敌深入》等 59 幅图。

（三）《抗战画范》

陈尔康编绘，正中书局 1940 年 6 月 3 版。32 开。书前有编者自序。书内共收录包括抗战将领、国际巨头、游击勇士、敌寇首脑、汉奸群像以及枪、炮、弹、坦克车、装甲汽车、号兵乐队等 37 种图画范式。

（四）《战时美术论丛》

广西省立艺术馆美术部编辑，1940 年 5 月出版。大 64 开。收录黄显之、陆其清、张安治等人所著《非常时期的美术》《战时艺术的内容与技巧》《画家的正义感及其责任》《如何制作宣传画》等 15 篇美术类论文。

　　抗日战争是我国历史上所经历的一次重大事件，在这一历史进程中，中华民族经历了民族危亡的考验，广大美术工作者也在革命的洪流与炮火的洗礼中完成了一次艺术创作理念的碰撞、嬗变与重构。在民族生死存亡之际，他们自发担负起艺术救亡的历史使命，迸发出了巨大的创作激情。所创作出的艺术作品在当时起到了启迪民智、唤醒民众、宣传抗战、弘扬民族精神的重要作用。这些美术作品也因其独特的创作时空形成了特有的主题内容与鲜明的艺术特色，在中国美术史上写下了独特而又辉煌的篇章。与此同时，这些艺术作品也为我们留下了珍贵的史料，形成了全面而又形象的抗战画史，具有极高的历史与文化价值。

馆藏抗战时期根据地建设文献介绍

范世琦

　　摘　要：本文以根据地相关出版物为基础，对其进行整理介绍，以使更多人了解抗日根据地相关情况，了解共产党是怎样在残酷的战争环境中发展壮大，明白今日和平环境的来之不易。

　　关键词：中国共产党；抗日根据地；图书出版物

　　七七卢沟桥事变后，面对日本帝国主义侵略者的步步紧逼，退无可退的中华民族终于爆发了最坚决的抵抗，掀起了全民族的神圣抗战。在此危急时刻，中国人民不分阶级、阶层、政治立场和利益，为了中华民族存亡的命运而联合起来，组成了最广泛的抗日民族统一战线以抵抗日本法西斯侵略。

　　在全面抗战初始，共产党领导的人民军队就积极配合国民党正面战场的军事战斗，发挥机动灵活的战略战术活跃于日军的后方区域，破坏日军的后勤供给线，极大地牵制了日军正面战场的军事力量。面对日本帝国主义强大的军事力量，国民党正面抵抗战场节节败退，大片国土沦丧，共产党人坚持开展对日斗争，牵制日军进攻力量，打击沦陷区的日伪军事统治。因而在战争进入毛泽东所言的"战略相持"阶段，共产党人放眼敌后，采用独立自主的游击战、山地战等灵活的战略战术积极开辟敌后抗日根据地，一边战斗一边建设，在与敌人的战斗中发展自己，极大地消耗了日军的军事力量，坚定了全民族的抗战信心，成为抵抗日本侵略者的中流砥柱。

　　谈及共产党的敌后战场，中国社科院近代史研究所黄道炫认为，共产党能够在敌后坚持下来的原因在于游击战、正规军和根据地的建设。共产党领导的正规军通过游击战的方法神出鬼没地打击敌人，积小胜为大胜，持续歼灭敌人的有生力量，而根据地的建设则为军事力量提供了坚实的后勤保障基础，通过根据地的巩固与发展来扩大自身的军事力量。可以说共产党人能够在敌后坚持八年之久的抗日斗争，并且在斗争中不断地壮大自己，根据地的建设是一切的根本。

　　对于共产党领导的根据地建设，当时就已经有了很多相关方面的介绍和研究，这其中有共产党的领导人自己撰写的根据地建设经验，有根据地政府发布的公文告示，也有一些国际友人写的新闻报道。通过这些文字内容我们也了解到共产党领导下的抗日根据地发展壮大的历程及根据地内的政治、经济、文化、教育、生活的各个方面。在抗战胜利 70 周年到来之际，国家图书馆专门查阅馆藏，也发现了一批当时初版的有关根据地情况介绍说明的出版物，现就这些出版物做简单情况介绍，以飨读者，期望更多的人能够看到这些出版物，了解抗日战争的艰苦历程，纪念那段永不失色的光辉历程，牢记胜利来之不易，珍惜眼前的和平与安定。

　　本次介绍的抗战时期根据地相关图书主要为国家图书馆保存本库藏，共计有图书 28 种，42 册。从图书具体的出版规格来看，该批图书多数没有具体的出版地址，有些甚至是石印本、油印本，从中我们也可部分了解到根据地艰苦的生活环境。从图书著者来看，主要分为个人著作与政府报告两大部分，图书内容主要围绕陕甘宁边区以及敌后抗日根据地的政治、经济、生活各个方面展开。

　　现择要介绍如下：

　　《冀南行政主任公署周年纪念汇刊（卷一、二、三）》，冀南行政主任公署编，1939 年 8 月，［石印本］。分 3 卷：冀南缩影，工作报告，政令辑要。其中一、二卷为第一册，三卷为第二册，主要是 1938 年 8 月 20 日至 1939 年 8 月期间行政工作概况介绍。

　　《两年来边区大事记》，晋察冀边区行政委员会秘书处编，1940 年 1 月。本书是为纪念晋察冀边区成立两周年所作纪念册，主要收录了晋察冀边区 1938 年 1 月 15 日至 1940 年 1 月 14 日间的大事记。

　　《陕甘宁边区施政纲领》，大众读物社编，1941 年 5 月，《边区群众报增刊》第 1 种。内收《中共边区中央局关于发布新的施政纲领的决定》《陕甘宁边区施政纲领》，内容包括政治、经济、军事、法律、民族、教育等各个方面的政策，让我们清晰地了解当时陕甘宁边区的政府管理制度，更加直观地加深对于根据地建设的认识。

　　《陕甘宁边区政策条例汇编（续编）》，陕甘宁边区政府办公厅编，1944 年 8 月再版。全书分总纲、政制、民政、建设、财政、教育、保安、司法 8 类共 50 余种。

　　《边区的移民工作》，中共西北中央局调查研究室编，1943 年。本书包括边区移民工作的重要性、1940 年至 1944 年间移民工作的概述以及移民工作中的 3 个问题。该书是陕甘宁边区生产运动丛书的一种，重点讲述的是关于边区移民工作的问题，帮助我们了解大生产运动之时，边区政府如何组织民众自力更生，艰苦奋斗以度过国民党的经济封锁，也加深了我们对于南泥湾垦荒的认识。

　　《陕甘宁边区组织劳动互助的经验》，华北书店，1944 年 10 月。内容包括三个部分：边区组织劳动互助的主要经验和今后工作、各地互助运动介绍、论集体劳动。

　　《一九四四年大生产运动总结及一九四五年的任务》，晋察冀边区行政委员会编，1945 年 2 月，油印本。本书为大生产运动的总结报告，主要分为：一九四四年大生产运动估计、组织起来、精耕细作、部队机关学校生产、一九四五年大生产运动的任务五部分内容。

《太行区四二、四三两年的救灾总结》，晋冀鲁豫边区政府编，1944 年。包括：《四二年的灾荒情况及我们的救济办法（从 1942 年 10 月到 1943 年 6 月）》《四三年的灾荒情况及我们的救济办法（从 1943 年 7 月到 1944 年 6 月）》《总的经验教训》共三篇文章。

《太行区三年来的建设和发展》，1945 年 3 月。本文为晋冀鲁豫边区 1942 年至 1945 年期间的工作概况报告，收录有：《太行区三年来的建设和发展：三十四年三月八日戎副主席在晋冀鲁豫边区第一届参议会太行区会议报告》及《一九四五年太行区生产方针和计划》。

《敌后各抗日根据地介绍》，抗战日报社编，1944 年，《时论丛刊》之六。本书分 8 个部分：八路军新四军的抗战成绩与敌后抗日根据地的概况、百炼成钢的晋察冀边区、新四军和华中抗日根据地、战斗中成长的晋绥边区、新山东的成长、屹立在南海上的东江与琼崖抗日根据地、一二九师与晋冀鲁豫边区、冀中平原上的民兵斗争。书后附《敌后战场形势图》。

《敌后抗日民主根据地介绍》，新长城社编，1944 年，扶余解放社翻印。本书分 7 个部分：八路军新四军的抗战成绩与敌后抗日根据地概况、百炼成钢的晋察冀边区、战斗中成长的晋绥边区、一二九师与晋冀鲁豫边区、新山东的成长、新四军和华中抗日根据地、屹立在南海上的东江与琼崖抗日根据地。

《敌后抗日根据地介绍》，抗战日报社编，1946 年 6 月，旅顺民众书店。共由 7 篇文章组成，分别介绍八路军新四军的抗战成绩与敌后抗日根据地的概况、百炼成钢的晋察冀边区、新四军和华中抗日根据地、战斗中成长的晋绥边区、新山东的成长、屹立在南海上的东江与琼崖抗日根据地、一二九师与晋冀鲁豫边区。

《敌后解放区介绍》，鲁中解放区政治部宣传科编，1945 年，鲁中新华书店。内收《八路军新四军的抗战成绩与敌后抗日根据地的概况》《中共抗战一般情况的介绍》《活跃于敌后战场的民兵》《新四军和华中抗日根据地》《百炼成钢的晋察冀边区》《新山东的成长》等 13 篇文章。

《中国敌后解放区的概况》，新华书店编，1944 年 10 月，延安新华书店。本书概述了抗日战争后期敌后解放区的概况，包括：晋察冀边区、晋冀鲁豫边区、山东区、晋绥边区、华中抗日根据地、华南（东江与琼崖）抗日根据地。附录收有《八路军新四军抗战形势图》一幅。

《中国共产党与抗日根据地之民主建设》，新华书店。该书共收录 9 篇文献，内有《代序——抗战与民主不可分离》《毛泽东同志在陕甘宁边区参议会上的演说》《中共中央北方局对于晋冀鲁豫边区目前建设的主张》《彭副总司令在晋冀鲁豫边区临参会上的讲演》《晋冀鲁豫边区民国三十二年度行政工作方针》等。附录收《晋冀鲁豫边区临时参议会组织条例》《晋冀鲁豫边区临时参议会大会闭幕后参议员之权利与义务》。

《中国新西北》，张剑萍著，1937 年，上海战时读物编译社。本书分 6 部分：特区政府之过去与现在、特区的社会和政治组织、改编前之第八路军、新西北的工业、延安印象记、新西北的学校生活实况。附录收《新西北各项新政策的实施》。

《西北的新社会（第八路军的根据地）》，斯诺著，1937 年，上海明明书局。本书为斯诺在陕甘宁边区访查记录，收录有《陕北目前的实况》《陕北新社会》《陕北的生活》《陕北的红军》《陕北的文艺》等 11 篇文章。

《展开反对巫神的斗争》，陕甘宁边区政府办公厅，1944 年 10 月，冀南新华书店，《边政读物》之六。内收《解放日报》1944 年 4 月 29 日社论《展开反巫神的斗争》，以及《各地反对巫神斗争的情况》《巫神的罪恶》等文章。

《晋察冀边区印象记》，周立波著，1938 年 6 月，汉口读书生活出版社；1939年，重庆读书生活出版社。本书记述了著者抗战初期在晋察冀边区的所见所闻。包括：《从河北归来》《劫后的东冶头》《娘子关前》《北冶里夜谈》《洪子店的劫火余烟》《徐海东将军》《聂荣臻先生》《敌兵的忧郁》等 26 篇。书前有序言。附录收《游击队的母亲》《师生游击队》《华北——世界大战的起点》《山西的游击运动》《无公可办的临时政府》《西线所闻》6 篇。

《从战斗中壮大的晋察冀边区》，大风等著，1939 年，民族革命出版社，《西线丛书》第一辑。介绍晋察冀边区的政治、经济、文化教育等方面情况。秋林作序。

《抗日根据地晋察冀边区视察记》，陈克寒著。介绍晋察冀边区的地域、社会情况、产生背景、抗日民主政权和各项事业。包括晋察冀边区产生的时代背景及其开端、五台的重伤兵医院、边区的新闻事业、民族统一战线在边区等 20 个部分。前有薛暮桥《晋察冀边区给我们的教训》（代序）。后附《中共冀热边委员会电蒋委员长致敬》。

《抗日根据地鲁西北区》，姜克夫著，1939 年，重庆生活书店。记述山东西北部抗日根据地军民英勇抗敌的事迹，收有《鲁西北的一般情况》《抗日根据地的产生》《游击队的军火和给养》《在经济困难中奋斗》《鲁西北的文化工作》《鲁西北与各方面的关系》等 17 篇文章。书前有代序《鲁西北抗战殉国的范筑先司令》，附录收有《聊城战役给我们的教训》《敬悼张郁光先生及鲁西北殉难诸烈士》等。

《晋察冀边区青年运动在巩固组织工作中的主要经验教训》，陆平著，1940 年 4月，太行文化教育出版社。简要介绍边区青年工作方法与方式的经验。

《巩固抗日根据地及其各种政策》，杨尚昆著，1941 年。分建立根据地与巩固根据地、决定抗日根据地各种基本政策的原则、华北的经济状况与各阶级的关系、抗日民主政权及其各种基本政策、领导问题 5 部分。

《黯澹的一页》，梅洛萍著，1941 年 11 月再版，重庆胜利出版社。书中主要介绍陕甘边区和"抗大"的一些情况。

《中共晋察冀边区之各种政策》，彭真著，1942 年 1 月。内容包括 7 篇：具体政策、党的建设、土地问题、经济政策、财政政策、金融政策、锄奸工作。

《晋察冀边区行政委员会工作报告（1938 年—1942 年）》，宋劭文著，晋察冀边区行政委员会编，1943 年。该报告主要内容为三部分：从战斗中壮大的晋察冀边区，五年来的政权建设以及简短的总结。

《边区政府简政总结》，李鼎铭著，1944 年。包括：一九四四年一月七日李鼎铭副主席在边区政府委员会第四次会议上的报告、报告精简、统一领导、反官僚主义、提高效能及节约等方面的工作等。

抗战时期进步报刊选介

桑泽轩

　　摘　要：抗战时期我国各党派、爱国民主人士及知识分子为了从舆论上鼓动全民族抗战，创办出版了大量的报纸和期刊，对中国人民的抗日战争产生了巨大的影响。本文选取国家图书馆藏抗战时期比较有代表性的报刊进行简要的介绍。

　　关键词：抗战时期；报刊；《新中华报》；《解放日报》；《八路军军政杂志》；《救亡情报》；《全民抗战》

　　1931 年 9 月 18 日夜，蓄谋已久的日本关东军进攻沈阳，并陆续侵占中国东北三省，是为日本帝国主义侵华的开端，标志着中国局部抗战的开始。至 1937 年 7 月 7 日日军借口一名士兵失踪，进入宛平城搜索遭拒，悍然进攻北平西南的卢沟桥，史称"卢沟桥事变"，标志着日本帝国主义全面侵华战争的开始，也是中国人民全国性抗战的起点。直到 1945 年 8 月 15 日日本宣布无条件投降，并于 9 月 2 日在投降书上签字以前，中国人民为抗击日本帝国主义的侵略进行了伟大的保家卫国的战争。在此期间，各党派、爱国民主人士及知识分子为了从舆论上鼓动全民族抗战，创办出版了大量的报纸和期刊，对中国人民的抗日战争产生了巨大的影响。本文选取了国家图书馆藏抗战时期比较有代表性的数种报刊，如中共中央机关报《新中华报》和《解放日报》、八路军政治部机关刊物《八路军军政杂志》，以及爱国民主人士和知识分子创办的《救亡情报》和《全民抗战》来进行介绍。

　　在解放区方面，《新中华报》和《解放日报》是抗日战争时期中国共产党中央委员会的机关报，在历史上上承《红色中华》，下启《人民日报》，在抗日战争时期充当了党的喉舌，发挥了巨大的宣传作用；《八路军军政杂志》是八路军总政治部机关刊物，是抗日战争时期中国共产党军队系统中最重要的刊物之一。以上三种报刊有代表性地体现了抗战时期共产党的党、政、军系统宣传抗日及对日作战的情况。此外在国统区，爱国民主人士为了鼓动全民族的抗日热情，创办了大量进步报刊，其中以《救亡情报》及《全民抗战》较具代表性：前者发行于抗日战争全面爆发以前，其宗旨在于抨击国民党当局对日妥协退让的态度，呼吁全民族团结抗日；而后者则创刊于卢沟桥事变之后，其目标是通过影响民众和政府，组织全民投入到抗日战争中去，两刊都反映出各自所处历史时期的鲜明特点。选取这五种报刊的目的，就在于多地域、多时间段、多角度地帮助读者了解抗战时期国内主要进步报刊的情况。

一、《新中华报》和《解放日报》

《新中华报》为中国共产党中央委员会机关报，其前身《红色中华》为中华苏维埃共和国中央政府机关报。"西安事变"发生以后，面临日寇的紧逼，国共渐由对抗走向合作。1937 年 1 月 29 日，《红色中华》更名为《新中华报》在延安出版，其刊号仍延续《红色中华》刊号；1937 年 9 月 9 日，《新中华报》由中华苏维埃共和国中央政府机关报变更为陕甘宁边区政府机关报；1938 年 12 月 25 日，《新中华报》发行至第 474 期停刊。1939 年 2 月 7 日，《新中华报》（刷新版）创刊，由陕甘宁边区政府机关报改组为中国共产党中央委员会机关报，自"刷新第一号"重排，至 1941 年 5 月 15 日停刊，共出 230 号。次日，《新中华报》（刷新版）与新华社电讯小报《今日新闻》合并，更名为《解放日报》。1942 年延安开展整风运动，《解放日报》于 1942 年 4 月 1 日正式改版，毛泽东亲自领导了改版工作，使《解放日报》进入了一个新的阶段。直至 1947 年国民党军队进攻延安，报社于 3 月 14 日撤出延安，《解放日报》后又在瓦窑堡出版 13 期后停刊，截至 1947 年 3 月 27 日共出 2130 号。今国家图书馆收藏了这两种报刊的部分原件以及 50 年代由人民出版社出版的完整复印件，具有很高的文物及史料价值，此外还向读者提供缩微品的阅览服务。

图一　《新中华报》（刷新版）第一号　　图二　《解放日报》创刊号

《新中华报》原为五日刊，"刷新版"改为三日刊，采用四开纸铅印。除特刊外，一般每期共四版，有社论、专论、短评、三日国际、三日战况、国内要闻、各县短讯等栏目。主要介绍代表中共中央政策主张的社论、专论，国内、国外的重要新闻，全国军民英勇抗战的业绩，八路军、新四军及其领导的抗日游击队的抗战经验，以及陕甘宁边区政治、经济、军事、文化、教育等各方面的生活。一般说来，第一版除报头外，上半部分为"社论"或"代论"，发表一些针对时局的议论文章，下半部分为"三日战况"，介绍近日敌前及敌后战场的战斗情况；第二版为"三日国际"，介绍今日之国际要闻，特别是各参战国家的状况；第三版一般为地方要闻；第四版内容较复杂，除一般通讯外，常登载一些著名文章。

《新中华报》的宗旨，按照其"刷新版"创刊社论中所说，在于"本着中共中央巩固和扩大抗日民族统一战线巩固国共长期合作，以便在持久抗战中争取最后胜利的基本方针，本着言论机关对民族解放事业的应尽天职，对蒋委员长和国民政府加以热忱的拥护，对国民党和一切抗日党派实行精诚的团结，对全民族抗战力量努力积极的动员，同时，对日寇及汉奸卖国贼一切阴谋毒计加以无情的暴露，以期有利于克服困难渡过难关持久抗战争取胜利的伟业，以期有助于增加抗战力量停止敌之进攻准备我之反攻的大计，以期在驱逐日寇出境和建立民族独立民权自由民生幸福的新中华民国的伟大斗争中，贡献绵薄的力量"。

同《新中华报》一样，其后的《解放日报》也将"团结全国人民战胜日本帝国主义"作为其刊物的使命。然而随着国民党当局反共倾向的日益强烈，特别是1941年1月"皖南事变"的爆发，抗日民族统一战线遭到了极大破坏，这是《解放日报》遇到的新问题。在其"发刊词"中，《解放日报》直斥"一切对日本帝国主义的进攻加以轻视的意见是不对的，在这种意见之下，就是国共摩擦，就是反共高潮，就是两个战争。我们主张是国共团结，是消灭摩擦，是一个战争。须知只有一个战争，一个专对日本帝国主义的战争，才能打退日本帝国主义的进攻与驱逐日本帝国主义"。在这一背景下，《解放日报》不仅主张抗日，同时也主张民族团结对抗国民党反动势力，主张联系苏联反对一切帝国主义。

二、《八路军军政杂志》

《八路军军政杂志》（以下简称《军政杂志》）是抗战时期由延安八路军政治部出版的机关刊物，创刊于1939年1月，终刊于1942年3月，由八路军军政杂志社编辑。该刊采用白报纸印刷，铅印24开本，印刷精良。4年间共出刊4卷39期，发文590篇。其中收录的文章主要与军事战争相关，反映了抗日战争时期八路军在敌后战场的斗争情况。今国家图书馆收藏有该刊的部分原件及由人民出版社于50年代出版的全套影印本，此外还向读者提供缩微品的阅览服务。

　　《军政杂志》收录的稿件主要包括四个方面：研究军事、政治、供给、卫生各部门工作的论文及通讯，有关战争、部队生活、战区民众参战及后方民众动员的通讯，翻译国外及敌军关于军事政治方面的论著及文件，以及供战士阅读的文艺作品。杂志中除了收录中共领导人的评论文章之外，还设有"译丛""战地通讯"及"转载"等栏目，在内容和体例上十分丰富。毛泽东在《发刊词》中指出，该杂志的意义在于"为了提高八路军的抗战力量，同时也为了供给抗战友军与抗战人民关于八路军抗战经验的参考资料"。

　　1938 年年末，广州、武汉相继失守，中国东部半壁江山落入日军手中，但也使得日军深入内地，在中国的腹地中不能自拔，至此抗日战争转入了新的阶段。《军政杂志》正是在这一背景下创刊的，毛泽东为杂志题词"停止敌人的进攻，准备我们的反攻"，概括了此时中国军民的抗战任务。

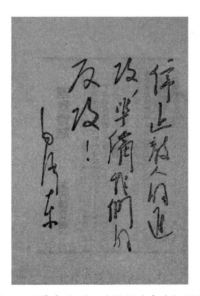

图三　毛泽东为《八路军军政杂志》题词

　　中国共产党领导的八路军等部队，承担着敌后战场的抗敌任务，其战略方针是"基本的游击战，但不放松有利条件下的运动战"，采取游击战和运动战相结合的作战方式。《军政杂志》第四期就收录了刘伯承的文章《论游击战与运动战》，总结了对于游击战与运动战一般的了解、敌人在作战中表现的特点、现在我军应进行的游击战与运动战等内容，为敌后抗战的作战策略做了很好的总结。

　　在《军政杂志》的各个栏目中，《译丛》栏目专门译介国外军事、政治理论和技术，其中又以马、恩著作和苏联文献为主。而《战地通讯》。栏目较少理论，最为贴近战士们的生活。如署名"康濯"的通讯《捉放俘虏记》，讲述了在陕北的抗日战斗中，八路军在老乡的指引下抓获了两名日军俘虏。他们原本是日本的普通工农，被武士道教育洗脑后被派遣到中国参与侵略战争；后来在陕北军民的优待和感召下，二人意识到侵略战争的荒谬，希望能够停止战争，并最终被放归军营的故事。文章反映了在残酷的中日战争中，中国军民对待被绑架上战车的日本普通士兵的宽容态度。《战地通讯》中的文章浅显易懂，寓道理于家常之中，最适合文化程度不高的普通战士阅读。

抗战爆发以后，面对着强大的侵略者，中国共产党十分重视统一战线的建设，争取团结一切可以团结的力量。这一特点在《军政杂志》中也有很好的体现。其中《转载》栏目就经常刊发国民党要员有关军事、政治等问题的文章，给八路军的建设提供参考。此外杂志中还偶尔引用国民党高层人士的讲话，如蒋介石在1939年国民党五届五中全会的开幕词中称："我们一定要持久抗战，奋斗到底，不但使敌人过去速战速决的目的不能达到，而且要使他现在速和速结的狡谋，成为粉碎；这就是我们唯一的方略，这就是敌之失败，就是我国胜利的基础！"这段话呼应了毛泽东《论持久战》中的论断，就为《军政杂志》所引用。又如白崇禧说："敌人占去的只是交通的点和线，整个的面完全把握在我们的手中，譬如山西一省，我们就有游击队三十万人，在那里牵制敌人，袭击敌人。我们要明白，'游'是我们的手段，'击'是我们的目的；我们绝不是'游来游去'，我们正是击来击去！"将八路军游击战中的"游"与"击"的关系讲得很清楚，也为杂志所收录。

三、《救亡情报》

1935年"一二·九"运动以后，全国各地民众抗日情绪高涨，其中尤以爱国知识分子与民主人士最为活跃，许多以抗日救亡为宗旨的群众组织应运而生。1935年12月，"上海文化界救国会"与"上海妇女界救国会"渐次成立。1936年年初，"上海各界救国联合会"成立。5月6日，《救亡情报》作为其宣传刊物出版，由上海文化界救国会、上海妇女界救国会、上海职业界救国会、上海各大学教授救国会、上海国难教育社共同编辑与发行。5月31日至6月1日，全国各省市救亡团体代表在上海召开全国各界救国联合会成立大会，全国各界救国联合会（简称"全救会"或"救国会"）正式成立，选举沈钧儒、章乃器、李公朴、史良、沙千里、王造时等14人为常务委员，《救亡情报》随即成为全救会的机关报。

《救亡情报》为四开铅印，自1936年5月6日创刊，初为每周一期，后改为不定期出版，至同年12月25日休刊，共出版正刊30期。该刊每期篇幅不定，多为一张半或一大张，初期设《救亡言论》《亡国消息》《时事批判》《救亡消息》《救亡通信》《救亡意见箱》《特载》等栏目，由标题即可窥见其鲜明的政治立场。同全救会与《救亡情报》相关的，还有中国学生救国联合会发行的《学生报道》、国难教育社发行的《国难教育》，以及《上海文化界救国会会刊》《上海职业界救国会会刊》等刊物，皆是宣传抗日救亡的爱国民间刊物。新中国成立初期，红旗出版社

图四 《救亡情报》创刊号

将上述几种刊物的全部期次装订为合订本发行，今国家图书馆收藏有该合订本，且向公众提供缩微品的阅览服务。

《救亡情报》虽然仅仅刊行了 30 期，但其中有许多文章观点鲜明、针砭时弊，激发了全民抗战的热情。如有数篇文章抨击冀察政务委员会与日本关东军签订《防共协定》，称其"断送华北"，甚至关系到"中国全部存亡"，呼吁"停止一切内战，枪口一致对外"；又有数篇文章讽刺挖苦 1946 年国民大会（即所谓"制宪国大"）制订的《中华民国宪法》是"假货冒充真货，伪币冒充真币"；此外如纪念五卅运动的文章《怎样纪念五卅》《用英勇的行动纪念五卅》《统一行动的伟大胜利——把联合战线的旗帜举得再高些》；还有全救会的声明文章《全国各界救国联合会对时局紧急通电》《全国各界救国联合会成立大会宣言》《抗日救国初步政治纲领》等等。此外《救亡情报》遇重大事件还推出特辑，如为抵制日货、劝用国货的《缉私抵货运动特辑》，纪念鲁迅先生的《悼念鲁迅先生特辑》，等等。除正刊之外，《救亡情报》另发行了数期号外，如纪念"九一八"事变的《"九一八"五周年纪念血案号外》，纪念孙中山先生的《中山先生诞辰纪念号外》，声援上海日商纱厂华工罢工的《援助日厂华工罢工号外》，呼吁进行和平磋商，停止内战，联合各方共同抗战的《西安事变号外》，为全民族的共同抗战鼓与呼。

然而《救亡情报》同情中国共产党、要求积极抗日的立场得罪了国民党当局和驻沪日军。1936 年 11 月 23 日，南京国民政府以"危害民国"的罪名逮捕了全救会领导人沈钧儒、章乃器、邹韬奋、史良、李公朴、王造时、沙千里七人，史称"七君子事件"。全救会执行委员宋庆龄随即在《救亡情报》上发表《为全国各界救国联合会七领袖被捕声明》，抗议罗织罪名的当局以及作为背后推手的日本帝国主义。

随后社会各界纷纷致信慰问七位爱国民主人士的亲属,并发表宣言要求政府释放七人。无奈蒋介石政府不为所动,拒不释放"七君子",《救亡情报》也在次月仓促间停刊。

图五　《全民抗战》"保卫大武汉特刊"

四、《全民抗战》

《全民抗战》是抗战时期在国统区发行的进步刊物,其前身是《全民周刊》和《抗战》三日刊。《全民周刊》由沈钧儒于1937年12月12日在汉口创办,编辑有柳湜、李公朴、钱俊瑞、张志让、张仲实、王昆仑、张申府等人。《抗战》三日刊则由邹韬奋于1937年8月19日在上海创办,上海沦陷后又迁往汉口。1938年7月7日是卢沟桥事变一周年的日子,当日两刊在武汉正式合并,并更名为《全民抗战》,由邹韬奋任主编,柳湜任副主编。于1941年2月出版第157期后停刊。据笔者的了解,今国家图书馆、四川大学图书馆及重庆图书馆皆保存有《全民抗战》各版本的部分期次,可惜均不完整,亟待进一步整理和开发。

邹韬奋先生一生投入新闻出版事业,宣传爱国民主理念,先后主编或创办《生活》周刊、《大众生活》周刊、《生活日报》、《全民抗战》等刊物,又因此与国民党当局交恶,被迫流亡甚至身陷囹圄却从未屈服。

至于《全民抗战》的刊名,顾名思义,指的便是发动全民投入到抗日斗争中去,口号是"全民动员,抗战到底",坚定表明了其立场。在创刊号《〈全民抗战〉的使命》一文中提到,该刊的任务"一是巩固全国团结,提高民族意识,灌输抗战知识，传达、解释政府的国策，剖析国内政治、军事、经济、文化以及国际之情势，为教育宣传的任务"，"另一是使政府经常听到人民的声音，民间的疾苦，动员的状况，行政的优劣，使政府在领导抗战、实施庶政上得到一种参考，为我们政治的任务"，包括了教育动员民众与影响政府两个方面。

《全民抗战》创刊后不久，即遭逢日军攻打武汉，情势十分危急。《全民抗战》随即推出《保卫大武汉特刊》，呼吁全民参与到抗击日本侵略者的活动中去。根据记载，当时有三百多个民众团体都参与到"保卫武汉运动"中，征集寒衣、防毒面具、药品、书报、慰劳信等物资与书信，动员一切民间力量支持前方抗敌；又组织儿童参与抗战宣传，激发同胞的爱国情感；并将因战争而流浪的儿童送至后方，保证他们的人身安全。在这场轰轰烈烈的全民运动中，《全民抗战》当仁不让，从舆论上引导鼓动民众，积极组织抗日宣传。

不过随着前方战事吃紧，武汉的沦陷已不可避免。1938 年 10 月 15 日，《全民抗战》正式迁往重庆出版，并于 1939 年相继推出了"战地版"和"通俗版"，分别面向前线将士和文化程度不高的民众。其中"战地版"免费赠阅给前方战士，主要分为评论动员文章、每周时事、战地文艺作品（快板书、唱词等）以及抗战漫画等内容，形式丰富，切合前线需求，广受将士们的好评。

然而日趋反动的国民党当局对新闻出版界的审查愈发严格。1941 年 1 月，国民党同室操戈，悍然发动皖南事变，突袭新四军并扣押军长叶挺，一时舆论哗然。邹韬奋指斥皖南事变令"亲者痛、仇者快"，因此在《全民抗战》上发表社论，却被当局封杀，只得转而在刊物上"开天窗"抗议。此举令蒋介石政府恼羞成怒，在当局的压力下，《全民抗战》于 1941 年 2 月在出版第 157 期后被迫停刊。

抗战时期儿童杂志选介

朱丹阳

　　摘　要：本文系统介绍了国家图书馆收藏的 1937 年七七事变至 1945 年抗战结束八年间出版的儿童刊物五种，分别为：《儿童世界》《小朋友》《少年读物》《中华少年》《新儿童》。

　　关键词：抗战时期；儿童杂志；国家图书馆

　　七七事变后中国进入全面抗战。战争的爆发使得当时曾经十分繁盛的儿童报刊的出版受到严重打击。许多儿童报刊被迫停刊，许多作家、出版人被迫离开沦陷区开始颠沛流离的生活。当时最著名的儿童刊物——中华书局出版的《小朋友》，在1937 年年初推出 777、778 期合刊之后宣布暂时休刊。商务印书馆出版的《儿童世界》，抗日战争时期，编辑部先后迁往长沙、香港等地，但是最终还是于 1941 年宣布停刊。抗战前，上海是儿童报刊的出版中心，在上海沦陷后，重庆、武汉、桂林等城市先后取而代之。当时面临敌人残酷入侵，儿童报刊的内容宗旨也比较统一，多围绕抗战救亡发表言论，如抗战新闻、抗日宣传、抗战文艺、新式武器介绍等。由于抗战期间物质条件十分艰苦，印刷工业水平落后，抗战期间出版的儿童刊物，除敌伪刊物之外，纸张印刷都较为粗糙，再加上战争的影响，多数只出版几期就宣告夭折。结合 ALEPH 系统并实地调查我馆这一时期的馆藏发现，我馆馆藏的这一时期出版的儿童报刊约有四十余种。本文重点介绍抗战时期出版时间较长、影响较大的儿童刊物五种。

一、《儿童世界》

　　《儿童世界》是商务印书馆发行的综合类白话文儿童期刊。创刊于 1922 年 1月，初为周刊，1932 年"一·二八"事变中，商务印书馆被日军炸毁，《儿童世界》因此停刊。同年 10 月 16 日，《儿童世界》新一号复刊，改为半月刊。1941 年《儿童世界》最初由郑振铎编辑，之后由徐应昶接任编辑。后由于战争原因停刊。我馆现保存自 1922 年创刊号至 1941 年停刊完整的《儿童世界》，并已拍摄缩微胶片。

　　抗日战争时期上海沦陷，《儿童世界》编辑部辗转多地。1937 年 8 月 5 日在发行了新 117 号之后，编辑部迁往长沙。两个月之后，1937 年 10 月 15 日在长沙发行了新 118、119 号合刊。在新 118、119 号合刊编辑的话里，编辑这样解释了推迟出版的原因："本期在八月十日早就付印，不幸沪战爆发，鄙馆三厂皆在战区，无法工作，故本志不得不延期出版。现因本馆当局努力的结果，排印工作已能勉强进行，故本志亦即继续出版。惟是战时纸张来源缺乏，不得不酌减篇幅，以期持久，尚希读者鉴谅为幸。""本志因战事关系延至本月五日才出版，为求补足宕延的期数，特将第四期及第五期合刊；第六期及第七期亦如此办法。以后各期，如能力所许，或可照常半月出版一

图一　《儿童世界》封面

期。"《儿童世界》在长沙坚持出版发行一年之后，从 1938 年 9 月 20 日发行的新 142 号起，《儿童世界》编辑部迁往香港，直到停刊。

　　抗战前的《儿童世界》杂志十分注重思想性、科学性和趣味性。强调适合儿童心理和欣赏情趣。主要栏目除了有儿童文学类如童话、儿童小说、寓言、诗歌、儿童剧本等，还包括音乐、美术、科普、卫生、手工、常识、算数、游戏等各类内容。抗战开始，编辑部迁往长沙以后，杂志的风格就发生了一些变化。首先是篇幅减少，由原来的每期 85 页左右变为 50 页左右。内容上开始加入大量的宣传抗日救亡的内容，除了自然常识，其他内容包括文学、科普、新闻、音乐美术、图画新闻等几乎都与抗战内容相关。最后是杂志的封面。抗战前的《儿童世界》封面多为表达儿童生活的绘画作品。从 118、119 合刊开始，封面每期刊登一幅与抗战相关的新闻照片。

二、《小朋友》

　　《小朋友》周刊创刊于 1922 年 4 月，由儿童文学作家黎锦晖创办，中华书局出版发行。后因日寇侵略休刊。之后又在重庆由原来《小朋友》重要撰稿人之一的陈伯吹主持复刊。抗战胜利后《小朋友》迁回上海，新中国成立后由上海的少年儿童出版社接管，出版发行至今。是我国办刊时间最长、影响最大的儿童刊物。我馆保存了自创刊至今几乎完整的《小朋友》，但是遗憾的是，由于种种原因复刊第一期我馆没有收藏。

　　《小朋友》周刊主要刊登童话、历史知识、常识、科学游戏、故事画、动物照

片、简易地图等，图文并茂，内容丰富。抗战爆发后，《小朋友》在出版了 777、778 期合刊之后暂时休刊。

1945 年 4 月 1 日，《小朋友》复刊。复刊后的《小朋友》由周刊改为半月刊，至 1945 年 12 月 16 日，共在重庆出版 18 期。陈伯吹主编《小朋友》时期，努力团结各方作者，使《小朋友》杂志获得了许多优质稿件。如陈伯吹就邀请老舍为刊物创作童话《小白鼠》，刊登在了复刊第一期上。著名古典文学学者李长之为复刊后的《小朋友》编写了一些浅显易懂的历史故事。而陈伯吹自己也为复刊后的《小朋友》撰写了长篇故事《黑衣人》和《奇怪的旅行》。抗战期间的《小朋友》栏目设置与抗战前无太大区别，但是在每个栏目中都相应加入了抗日救亡、揭露日军暴行的

图二　《小朋友》封面

内容。抗战期间，由于条件艰苦，《小朋友》一改之前每期用一幅常识画作为封面的做法，用手绘的三个小朋友作为封面，封面重复使用。第一期至第七期、第八期至第十二期、第十三期至第十八期共计使用了三幅封面。

三、《少年读物》

《少年读物》半月刊是由上海文化生活出版社发行的面向初中学生和同等文化水平读者的综合性刊物，主编为陆蠡。《少年读物》创刊于抗战爆发之后的 1938 年 9 月 1 日，出至第六期时，被上海法租界当局以含有"抗日"内容封闭。1946 年《少年读物》复刊，1947 年停刊。我馆现存抗战前发行的六期。抗战后《少年读物》发行过四卷，我馆存有第二卷第四期和第三卷第三期。

由于《少年杂志》主要面向初中水平读者，所以杂志内容主要以知识性内容为主，包括论说文章、史地知识、医学常识、科学常识、时事新闻、介绍中国各地的地方特写，还包括小说、诗歌，以及处在颠沛流离中的文化生活出版社的编辑作家为杂志撰写的旅行杂记。如当时出版社的编辑、著名作家巴金远赴广州筹备广州分社，《少年读物》每期都有巴金撰写的赴各地的见闻杂记。除巴金之外，《少年读物》的作者还

图三　《少年读物》封面

有芦焚、李健吾、靳以、许广平、王统照、唐弢等。文化生活出版社与鲁迅关系密切，在 1938 年 10 月 16 日发行的《少年读物》第五号上，刊登了鲁迅纪念特辑，

以纪念鲁迅逝世两周年。

虽然《少年杂志》创刊于上海沦陷之后，但是杂志还是坚持进行抗日救亡的宣传，在创刊号上就刊登了巴金的散文《做一个战士》，激励少年学生学习知识，磨炼意志；在第二期上刊登了散文《团结与御侮》，号召广大少年学生，面对强敌要团结协作抗敌斗争，不能偷生苟安一走了之。但是这样的宣传最终引起了沦陷区当局的注意，杂志在发行了六期即被强令封闭。

四、《中华少年》

《中华少年》是面向初中学生水平的综合性刊物，于 1944 年 1 月创刊，由中华书局重庆办事处发行，主编为廖湖金、张梦麟。抗战胜利后杂志社迁回上海，继续发行，于 1951 年停刊，共发行八卷，我馆现存八卷，第三卷第六卷有缺期。

作者在《发刊词》中阐述了办刊目的、刊物主旨，即"今后的中华民众应体现民族的道德，获有现代的知识，发挥科学的知识，完善美的修养"。刊物栏目设置十分符合办刊宗旨，既有很强的知识性，又兼具审美和趣味。栏目包括《科学知识》《社会知识》《卫生常识》《修养读物》《各科教学》《人物传记》《时事常识》《文艺读物》《家庭娱乐》等。《中华少年》作者阵容强大。著名翻译家、散文家钱歌川为《中华少年》创设专栏《英文法初步》，每期介绍一期基本的英语语法知识。时任重庆中华书局《新中华》杂志社社长、总编辑的语言学家金兆梓，在《中华少年》上开设专栏《瞰江流阁文

图四　《中华少年》封面

话》，讲授语文知识。当时在中央大学地理系攻读硕士的我国著名地理学家金祖孟，每期为《中华少年》撰写一篇地理常识。身为优秀翻译的主编张梦麟，每期在杂志上发表一篇翻译作品。《中华少年》杂志除了像一切诞生于抗战时期的杂志一样不忘进行抗日救亡的宣传之外，还着重注意向读者宣传"开眼看世界"的思想。每一期的时事常识都以当时世界上发生的重要事件为主。杂志开设了《当代文献选注》栏目，节选了《开罗会议公报》《德黑兰会议公报》等，对会议相关的专有名词、背景知识、参与人员等进行注释，以帮助读者理解内容、获得知识。

五、《新儿童》半月刊

《新儿童》半月刊是一份以文艺为主的综合性儿童杂志，创刊于 1941 年 6 月，由香港进步教育出版社发行，主编为香港岭南大学儿童文学研究生黄庆云。1941 年 12 月香港沦陷，《新儿童》半月刊停刊。1942 年 5 月黄庆云离开香港到桂林筹备复刊。1942 年 10 月 1 日，《新儿童》半月刊在桂林重新发行。抗战胜利后，《新儿童》半月刊杂志社迁往广州，1948 年杂志社又迁往香港。1950 年，《新儿童》半月刊又迁回广州，由共青团广东省委接管，更名为《少先队员》，出版发行至今。我馆现存完整的《新儿童》半月刊。

图五　　《新儿童》封面

《新儿童》半月刊主要是面向小学生，栏目包括时事与消息、寓言与童话、儿童作品、诗歌与戏剧、游戏与漫画。杂志主编黄庆云是优秀的童话作家，《新儿童》半月刊上很多童话作品和儿童剧作品都出自黄庆云之手。香港大学教授许地山以"落华生"为笔名，为《新儿童》半月刊创作了《萤灯》和《桃金娘》两篇童话。此外，《新儿童》半月刊还专门面向家长老师开设了"家长与教师"栏目，为栏目撰写文章的是时任岭南大学教务长的朱有光和岭南大学教授曾昭森。

浅析国家图书馆藏抗战照片的史料价值

孟　化

摘　要：国家图书馆收藏照片资源迄今已经有几十年的历史，照片入藏量非常可观，其中有关抗日战争照片经初步整理有千余种数千张（件）。照片资源作为国家图书馆馆藏的一种重要文献类型，具有强烈的时代感和真实性。本文试分析国家图书馆藏抗战照片中的几个特色系列，以点带面，揭示其所蕴含的史料价值。在照片中找寻历史的真相，追寻照片背后众多默默无闻的爱国者的身影，并借此向抗战时期奋战在文化战线上的图书馆人致以敬意。

关键词：国家图书馆；抗战照片；中日战事史料征辑会；成都大轰炸；全国基督教青年会军人服务部

国家图书馆收藏照片资源迄今已经有几十年的历史，照片入藏量非常可观，初步估计达到万余种数十万张（件），内容庞杂，主题众多。其中有关抗日战争照片经初步整理也有千余种数千张（件）。照片资源作为国家图书馆馆藏的一种重要文献类型，将一定时空中过程的瞬间予以真实客观记录，具有强烈的时代感和真实性，开阔了历史研究新的视野，其所提供的史料价值是不可替代和值得重视的。

本文试以国家图书馆藏抗战照片为例，选择几个特色系列，对其作者、时间、内容、来源等相关信息进行综合分析，揭示其所蕴含的文献参考价值和社会作用，记录和探求其入藏国家图书馆并得以保护保存的历史，纪念和缅怀那一段峥嵘岁月中坚守在抗战文化战线上的图书馆界同仁。

一、中日战事史料征辑会征集的抗日照片

国家图书馆的前身北平图书馆于全面抗战爆发后，在副馆长袁同礼力促下，1939 年 1 月 1 日，与西南联大合组"中日战事史料征辑会"，以图书馆人的实际行动支持抗战。袁同礼任主席，冯友兰任副主席，姚从吾任总编纂。众多学者参与工作，成绩斐然。8 年间，共整理史料 200 余箱，保存了宝贵的抗日战争原始资料，

现存国家图书馆。其中战地照片是中日战事史料征辑会资料搜集 12 大类中的一项①。笔者目前所见国家图书馆馆藏带有"中日战事史料征辑会"标志的照片共有 7 种 7 张，"中日战事史料征辑会"以灰色印章形式出现在照片背面右侧，竖体排列，呈长方形。照片为 9×14 厘米规格，以明信片的形式发行。

图一　我军之高射机枪（正面）

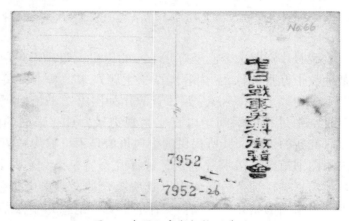

图一　我军之高射机枪（背面）

　　在照片正面左下方均有从右往左写的繁体字的"战影团摄"字样，右下方有简短的手写的图片内容标注，字数不等。有"伪装下之我军机枪阵地""我军之高射机枪""瞄准着敌人""我军之骑炮队""向敌人冲锋""我夺获敌人之战利品""战火弥漫的上海"等内容。其中标注为"伪装下之我军机枪阵地"以及"我军之

---

　　① 戚志芬：《战火中的抗日战争史料征集委员会》，《百年潮》2011 年第 3 期，75 页。文中所述中日战事史料征辑会资料搜集包括：远东问题专家论著单行本、外国人士同情抗战之讲演稿、各国驻华新闻记者稿件、外侨之机要函件及报告书、各国教产被毁损失调查、各国商业损失调查、各国社团及工会抵制日货之宣传品与广告、海外中国各政党之出版物、文化机关被毁调查、医药防疫及战地救护设施报告、敌人汉奸之宣传品、战地照片共 12 项。

骑炮队”照片背面左下方有繁体的汉字“如蒙采用　务请注明　现代中国社摄”以及英文“PLEASE MENTION CHINA TO-DAY NEWS PHOTO SERVICE”的方形印章，字体呈蓝色。

“战影团”为战时摄影服务团的简称，是一支流动在前线的摄影团队，由毕业于上海美术专科学校的沈逸千、俞创硕、顾廷鹏三人组建。1935年年初，他们就参加“上海美专国难宣传团”参与摄影，同时在“国难画展”中展出其所拍摄的照片。赴西北、华北、蒙边旅行宣传长达14个月之久。“八一三”事变前夕，他们再次组成“战时摄影服务团”，赴华北和大西北进行摄影采访，以“战影团”名义在上海各抗战画报上发表新闻照片。“战影团”的活动大约持续至1938年年初。

从内容上看，这些照片既揭露了日军侵略上海的暴行，又从正面展示了我军的军事实力和英勇杀敌的气概。从拍摄者来看，补充了相关研究的史料。从照片上叠加的印章信息看，背后的机构人员、拍摄的背景、辗转收藏的历程尚待我们去探知，其所蕴含的历史信息量还需要进一步地研究揭示。

这些照片历经战火，保存至今，弥足珍贵，承载着众多爱国志士的心血和热忱，证明了中日战事史料征辑会的远见卓识，为图书馆界人士参与文化抗战留下了真实的写照。

二、芳威廉（W. P. Fenn）所标注的日军轰炸成都照片

抗日战争期间，日本法西斯为摧毁中华民族的抗战意志，对战时中国首都重庆及战略大后方四川进行了长达6年多的战略大轰炸。从1938年11月8日至1944年12月18日，日机对成都主城区及邻近郊县先后实施数十次空袭。不仅轰炸军事目标，还轰炸城区居民居住区、学校、医院等民用目标。这种无差别的轰炸使得成都损失惨重，给人民带来巨大的伤害。

芳威廉（亦有翻译为芳卫廉）博士（Dr. William P. Fenn）[1]，1902年出生在中国，来自美国一个长老教会传教士家庭。幼年在中国度过，长大后回美国完成学业。曾在中国金陵大学外国文学系任英语教授，并主持系务十余年。历任纽约中国基督教大学联合托事部驻华专员、秘书长，亚洲基督教高等教育联合董事会主席等职务。抗日战争时期，芳威廉随金陵大学西迁成都华西坝。

国家图书馆馆藏芳威廉所标注的照片记录了1939年6月11日日军首次袭击成都市区后的惨状。共计15种15张，规格为9.3×14厘米一种，其中14张照片背面上端均贴有一张打印的纸条，随着时间的变迁，纸条已经发黄，上面有英文的描述，署名为“W. P. Fenn-Chengtu”。照片中有9张记录了内迁成都的金陵大学、华

---

① 黄光域编：《近代中国专名翻译词典》，四川人民出版社，2001年，486页。

西协和大学、中央大学校舍受损情况，有 6 张反映了成都街头、庙宇、民宅的惨状。通过笔者比对，除了有两张照片背面的纸条贴混了以外，其他纸条记录的内容都跟所贴照片的内容相符。

　　抗日战争时期，为避战乱，一大批高等学府和科研机构颠沛流离，内迁大后方的西北、西南诸省。其中内迁成都的大学有 8 所，先后为金陵大学、金陵女子文理学院、上海光华大学、山东齐鲁大学、中央大学医学院及附属国立牙医专科学校、国立清华大学航空研究所、山西私立铭贤学院、燕京大学。教会学校华西协和大学给这些内迁的大学提供了校舍以及各方面尽可能的支援。

　　芳威廉在照片的英文备注中，非常详尽地描述了照片中的场所、时间以及经过。通过简单排序比对，我们可以通过芳威廉的文字说明和图片，由近及远，追忆那些惨痛的历史片段。

　　6 月 11 日的空袭后，金陵大学外国语系办公室由于炸弹的冲击，书柜上的书籍落地，一片狼藉。金陵大学的教室窗户被炸毁，地板上散落着各种碎片和灰烬。

　　华西协和大学宿舍附近 30 米的塔楼被炸弹击中。华西协和大学医学院大楼的门窗都被炸毁。

　　稍远处，一枚炸弹爆炸破坏了中央大学校舍（原浸信会设立的华西协和大学的公园），园区中央的树已经只剩下枯枝。后半部为金陵大学的教室，已经被严重毁坏。右侧的新医院所有的窗户被炸毁。

　　校园内的居民区也未能幸免。如华西协和大学生物学系胡小姐和她母亲的家被毁，家人因及时离开而幸免于难，房屋周边有一个女学生被炸死，一个学生受伤严重。卫理公会成员 Lilestrand 博士和夫人住的房子被击中，夫人被飞溅的玻璃划伤。金陵大学校长 Y. G. CHEN 的家庭住房也在空袭中被毁坏，墙壁倒塌，全家人当时大多数都在后廊，奇迹般地逃过一劫。

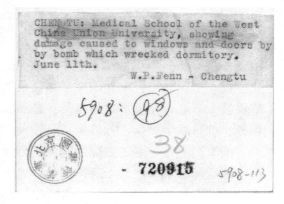

图二　遭 6 月 11 日空袭后的华西协和大学教学楼（照片正、背面）

　　成都市区内，无论是平民百姓还是小康之家，都遭受家破人亡的惨痛。寺庙遭遇轰炸，寺中的神像也未能幸免。

空袭的第二天，成都市区大街的交叉口处瓦砾遍地，不少地方还在燃烧，悲愤的民众在灰烬中默默寻找自己的物品。

芳威廉标注的这批图片以西方人的视角记录和揭露了日军在成都犯下的滔天罪行，尤其是日军对文化教育地区的破坏，对于相关方面的研究还是很有意义的。作为成都大轰炸的见证者和亲历者，芳威廉的记述是较为可靠的。从记述语言上看，也是翔实和客观的。芳威廉对中国人民遭受战争之苦深感同情，斥责日军的罪行。其有关照片中反映出来的战时成都大学的分布和楼宇写真，对于相关教育史研究不无裨益。

据笔者了解，这些照片并非是国家图书馆独有的，但是有芳威廉标注的却是国图独有的，照片的拍摄者是芳威廉还是另有他人，现在还未可知，尚待进一步史料的发现和考证。

三、抗战时期全国基督教青年会军人服务部照片

在国家图书馆馆藏抗战照片中，经过初步整理和考证，有关全国基督教青年会军人服务部的照片共计85种85张，有8.5×6厘米和6×8.5厘米两种规格。其中由周素安摄影，并钤有周素安印章的照片为48种48张。周素安的印章为蓝色，两行字，上下排列，从左到右，第一行为"周素安摄"，第二行为"PHOTO BY S. A. CHOW"。

全国基督教青年会军人服务部是中国基督教青年会（以下简称"青年会"）适应时事环境而设立的组织。从1937年8月成立至1945年抗日战争胜利最后一个印缅区分部结束而结束，有明确的为抗战服务的部歌和"非以役人，乃役于人"的会训。在抗日战争时期，青年会军人服务部是青年会工作时间最长、规模最大、与抗战相始终的组织。

七七事变后，中国开始全面抗战。1937年8月中旬，青年会全国协会决定由萧涧千（化名肖奉元）任总干事，联合北京、天津、保定、济南、郑州、太原等地青年会干事，在济南正式成立全国基督教青年会军人服务部。内部分设会计、文书、庶务等组，各设主任一人，分别负责工作设计、人事调整、经费分配等。工作活动中心大多集中在华北区铁路干线。

在各地设立服务分部，服务于某一指定部队或工作点。招收大批战区青年和学生，成立卫生列车服务工作队和随军服务工作队，派驻津浦铁路沿线开展服务工作。至1937年12月，服务站遍布保定、正定、石家庄、顺德、彰德、邯郸、新郑、郑州、新乡、许昌、郾城、驻马店、信阳、确山、明港、西平、德州、济南、泰安、兖州、济宁、太原、介休、临汾、风陵渡、徐州、开封、归德，共28个。

1938年元月，华北战事逐渐南移，全国基督教青年会军人服务部随战区的变化

而延伸，总部从济南相继迁移到郑州、许昌、汉口和重庆，而服务站也随着向各省市地方扩展变动。1938 年 1 月至 5 月，先后在郑州、许昌、台儿庄、徐州、渭南、临汾、潼关、华阴、宝鸡、归德、驻马店、信阳、郾城、渭南、洛阳、咸阳、兴平、开封、兰考、菏泽、西安、陕州、广水、安陆设立了服务站。1938 年 6 月，设24 个支部。1938 年 10 月总部移至重庆后，设支部 30 余个。1938 年 6 月至 12 月，设立 22 个服务据点，包括万家坝、广水、汉口、宜昌、郑州、郾城、驻马店、信阳、宝鸡、渭南、咸阳、汉中、祁阳、黎家坪、南阳、新喻、株洲、萍乡、长沙、金华、岳阳、衡山。到 1940 年，青年会服务部组织到了鼎盛时期，扩展至河北、河南、山东、山西、陕西、江苏、安徽、湖北、湖南、四川、广西、江西、广东和浙江 14 个省，共有 50 个支部和 5 个游行工作队①。周素安，生卒年不详，浙江绍兴人，曾在太原青年会任职，1933 年抽调到全国基督教青年会战区服务部工作。据同时代参加全国基督教青年会军人服务部工作的陈培桢回忆，1936 年在归绥（今内蒙古呼和浩特市），见到周肃庵（即周素安），其"身材不高，面色红润，年龄较大，社会经验丰富，善于言辞，携带着照相机给我们照了不少的照片"②。周素安后参加全国基督教青年会军人服务部工作，曾任庶务主任一职。

结合相关文献和研究成果考证，国家图书馆馆藏全国基督教青年会军人服务部的照片时间多集中于 1938 年前后，涉及第一支部（即许昌军人服务部，系第一个随军服务部，张春和为主任）、第二支部、第三支部、第五支部、第六支部、第七支部、第八支部、第九支部、第十一支部、第十三支部、第十四支部、第十六支部、第十九支部、第二十支部等组织。服务范围集中在许昌、宜昌、临汾、潼关、咸阳、郾城、商丘、万县、广水、岳阳、萍乡、衡山、郑州、衡阳、信阳、新喻等地。

从照片中可见，全国基督教青年会军人服务部服务对象为抗日军队、伤病员及难民。其服务站都有明显的青年会旗帜，上面绘有倒红三角，青年会军人服务部干事都佩戴基督教青年会的 Y. M. C. A. 圆形证章，袖子上套着印有会徽的白色袖标，会徽为红色三角形中间加一蓝色横杠，代表着"德智体群"。

这一批照片内容非常丰富，基本上反映了全国基督教青年会军人服务部的工作和生活内容。因为战时战事特殊需要，全国基督教青年会军人服务部日常工作方式和内容因地制宜、灵活多样。简单分为以下几类：

（1）车站服务。在火车站设立伤兵接待站，提供茶水、食物、药品等生活物资，安排休息地点。组织担架队从卫生船上抬送伤兵。

（2）军人俱乐部。或租借教会场地，或租借当地民众教育馆，或因地制宜利用码头等场地，成立军人俱乐部，引导读书等健康正确的娱乐方式，提倡体育，举办

① 全国基督教青年会军人服务部编：《全国基督教青年会军人服务部三周年报告》，4—17 页。
② 陈培桢：《百灵庙抗日后青年会战区服务部在绥远省的活动情况》，全国基督教青年会军人服务部工作同工编：《抗日救亡时日的历史回顾》，1994 年 10 月，17 页。

篮球赛等活动。如临汾第三支部借当地民众教育馆作军人俱乐部，设立图书馆，组织军人打篮球；潼关第三支部俱乐部组织军人下棋，并开展球类比赛；宜昌第二支部、万县第七支部等根据实际情况在码头设立俱乐部。

（3）军民互动。代写书信，教抗日歌曲，举行军人演讲会，举办电影会以及各种鼓舞士气、安抚军心的慰问活动。如潼关各界纪念"一·二八"暨献金救国运动大会上，第三支部干事教民众唱救亡歌曲；第五支部干事、西安第七支部干事举行军人演讲会；郑州第十九支部在大雪后，打扫布置场地，举行军民同乐会。

（4）医疗活动。随着战事的紧张，伤病员的数量日益增多，全国基督教青年会军人服务部医疗救助活动也日益多了起来。除了在火车站接待、服务伤病员外，还开拓了卫生列车和卫生船。医疗队随着列车或者船舰，护送伤员，为伤员换药、送开水。

从照片中可以看出医疗队的大致工作过程：准备医疗器械，敷料消毒，烧好开水。每当列车进站，全体人员列队欢迎，将轻伤员扶下车到棚内换药，对伤重者不能行走的，则上车送水送药，分头进行慰问。

在有关医疗活动的照片中，有两张申新医药队的照片非常可贵，一张为申新医药队的女同工合影，一张为汉口申新医药队乘坐汽车赴前方支援军人服务部工作的照片。申新医药队是由武汉申新纱厂响应抗日救国的号召，捐献资金，与全国基督教青年会军人服务部合办的机构。号召组织青年医务人员参加抗日救亡工作，开办短期培训班训练卫生救护人员，抢救受伤的抗日将士。1938年3月在武汉成立，共20余人。由全国基督教青年会军人服务部统一分配到各地。主要工作是为伤兵急救治疗，为伤兵送开水，给重伤员喂药，安慰鼓励伤兵。在工作之余，还学唱了不少救亡歌曲，并教伤兵同唱，鼓舞战斗意志。在他们的努力下，不少伤员又重返战场。

（5）自助自立。由于经费紧张，全国基督教青年会军人服务部的同工们还需要想尽办法，节省开支，开展许多生产自助工作。如郾城第六支部同工自己搭建招待所以节省经费，信阳招待处主任雷子喆亲自运柴供烧水之用。

（6）随军服务。随军服务应该说是全国基督教青年会军人服务部服务军人的最直接、最方便的一种方式，但由于种种原因，并未能普及和深入。国家图书馆馆藏有全国基督教青年会军人服务部建立的第一个随军服务支部的珍贵照片。从中可窥见全国基督教青年会军人服务部为实现随军服务的努力和具体的服务内容，更与现有的史料相补充，充实了这一方面寥寥的文献资源的不足。

1937年年初的时候，萧洞千委派原保定私立同仁中学副校长张春和去联络第二集团军孙连仲部，有意开展随军服务，获得孙连仲的首肯。1938年2月，因第二集团军26路军在许昌补充新兵，由张春和任主任的第一支部奔赴许昌，开展工作两三个月。

据当时参与此项工作的同工赵亚民回忆："第二集团军总司令部的驻地在许昌

图三　第一支部请朱浩然牧师给第二集团军干部作宗教演讲（照片正面）

图三　第一支部请朱浩然牧师给第二集团军干部作宗教演讲（照片背面）

城外不远的屯里，我们在军人服务部总部（住城内教会里）稍事停留，即由张春和率领到屯里报到。除我们一行 8 人外，又先后调来萧蔼祥、田仁林、李绍华、许斌生、张一鸣等。现在总司令部直属部队开展工作，每天下午到各连队教唱救亡歌曲，领作集体游戏。"他尤其提到："某个周日，孙连仲请许昌当地有名望的基督教会朱牧师来他的司令部主持'礼拜'（第二集团军原是'基督将军'冯玉祥的旧部），我们总部的部分同工也来参加。会散后，总司令部的军官和我们军人服务部的同工比赛篮球。我们临时组队，出场的有杨绳武、张春和、刘宜生、陈泗兴和我。双方势均力敌，但我队后力不济，最后输了一分。"① 比对国家图书馆馆藏照片，我们可以发现朱浩然牧师为第二集团军干部作宗教演讲的照片、第一支部与第

----

① 赵亚民：《片断的回忆——从山东到云南》，全国基督教青年会军人服务部工作同工编：《抗日救亡时日的历史回顾》，1994 年 10 月，47 页。

二集团军部会商工作计划、第一支部与第二集团军篮球赛合影、孙连仲将军与萧涧千以及第一支部部分同工的合影照片。将这些照片顺序摆放在一起，结合当时经历者的回忆，黑白的人物形象也更加丰满起来，栩栩如生，历史场景再现眼前。

（7）个人和集体照片。如白旺云（第十三支部主任）和雷子喆（信阳招待处主任）的个人照、全国基督教青年会军人服务部总部人员、郑州全体服务人员、宜昌服务人员、潼关军人俱乐部工作人员、万县第七支部服务人员、第十三支部卫生列车服务队的合影照片。这些人物合影使得史料中的枯燥无味的人名和组织都鲜活起来。但是由于史料的缺失，目前只有少量的历史人物能够辨识出来。

（8）生活照片。如信阳同工工作研讨会、信阳同工工作完毕练习游泳等，如驻马店被炸后的某部招待处照片，从一个侧面反映了在繁重的工作之余，在残酷的战时，同工们的状态，使得这个爱国的集体形象更加饱满和真实。

虽然中国基督教青年会是一个宗教组织，但是抗战时期全国基督教青年会军人服务部的宗旨、目标、宣传、工作内容、方式等，都是紧紧围绕着抗战的主题。参加的人员不局限为基督教徒，广大的爱国志士都可以参加，都视之为一个爱国的群众性的抗日救国团体。在支援抗日、团结抗日等方面起到了一定的积极作用。这些照片展示了抗日战争史的一个侧面，具有一定的史料价值。国图所藏这些照片在证实了文字文献的真实外，又充实了相关的史料。

值得称赞的是，这一系列的照片从当时抗战的宗教团体的视角，真实记录了战争的惨烈、中国军人的壮烈。反映了国难当前，中国各界人士联合起来、团结一心、无私奉献、共同抗日的社会面貌。

总之，上述或宏大叙事——记录重大战争的照片，或注重细节——记录成都一地的照片，或私人叙事——记录一个团体的照片，各具特色，各有侧重，真实见证和反映着抗战那一段不能忘记的岁月。

国家图书馆馆藏的抗战照片除了上述有特色的系列外，还有许多或以版本见长，或以内容取胜，或有社会名望的捐赠者捐赠的照片，但由于数量较少，需要个案研究。限于篇幅，本篇就不再展开。这些照片的拍摄时间、地点以及在什么情况下被拍摄下来、拍摄者的身份和目的、拍摄后照片的流向，诸如此类种种问题，对研究抗日战争史和现代思想文化史都是重要的，也是尚待进一步整理研究的。笔者以为只有对照片背后的历史元素做一个全面的、立体的审视和考察，才能够真正发现和发掘出照片资源的史料参考价值，如实还原历史面貌，与史料互为补证，发挥其社会作用。

另一方面，这些抗战照片本身如何辗转入藏国家图书馆，并完好保存至今，也是一个有意义的课题。无论在抗战时期还是在和平时期，国家图书馆默默坚持几十年如一日对这类照片进行不懈收藏、整理、编目和提供社会服务的历程，也是值得我们尊重和探求的。

参考文献：

［1］全国基督教青年会军人服务部工作同工编：《抗日救亡时日的历史回顾》，1994 年。

［2］黄光域编：《近代中国专名翻译词典》，四川人民出版社，2001 年。

［3］赵晓阳：《抗日战争时期全国基督教青年会军人服务部研究》，《抗日战争研究》2011 年第 3 期。

国家图书馆藏日本侵华时期宣传图册

白　婧　　王　超

　　摘　要：图像资料以其具有的客观性、直观性、真实性等特点，对历史的记录与研究发挥着不可或缺的作用。本文意在通过分类分析及珍本介绍向读者揭示国家图书馆珍藏的日军侵华背景下的一批旧日文宣传图册，并对文献的保护利用提出了若干建议。

　　关键词：国家图书馆馆藏；战争画；战时照片；日本侵华；抗日战争

　　自甲午战争以来，日本军国主义者一直觊觎着物产丰富的中华大地，不断伺机制造事端，攫取利益，特别是"九一八"事变之后，日本侵略者的野心与气焰日盛一日，终于在1937年悍然发动全面侵华战争。军国主义支配下的日本不仅派遣军队以开展武力侵略，也派出了大量随军的摄影记者和画家，用他们的镜头和画笔记录了这场侵略战争，并将这些图像资料编辑成图册出版发行，以宣传"皇军威武必胜"的神话。

　　国家图书馆藏有一批珍贵的日本图册，共计41种75册，出版年代跨越大正与昭和前期，历时近半个世纪。这批文献全面翔实地记录了大正天皇即位直至抗日战争结束日本所发动的一系列侵略中国的事件与战役，部分反映了日本占领下中国领土内的政治、社会、民俗、地理、民族等诸多情况。其中不乏存量稀少的珍本，如《步兵第五十联队记念写真帖》[①]、《支那事变出征记念写真帖：牛岛部队特辑》等，对于近代中日关系史、日本军事史、近代中国社会生活史、地方史与民俗史等研究领域具有重要的学术意义；同时也是近代日本军国主义发动侵略战争的确凿证据，具有极高的历史研究价值。

　　本文拟通过对文献的整理分析和珍本介绍来对文献内容进行具体揭示，并对文献的保护利用提出若干建议。

---

　　① 　文中所列文献题名均为汉字简体翻译版本，原题为日文（日文汉字写法）。

一、文献总体内容概括

在现藏的这 75 册日本图册资料中,《北支事变画报》(第一至三十五辑) 为杂志, 其余均为图书。图书又可分为战争画集①和照片集, 图片形式多样, 主要有油画、钢笔画、版画、战地速写画、照片原件和照片影印件等。

经过对文献内容的分析整理, 我们将这批图册资料具体划分为以下四类。

(一) 历史纪念

如《日本大记念写真帖》《战役画册: 御国之誉》等, 编者旨在运用绘画与摄影的形式重现日本自明治维新以来的历史发展进程, 大肆宣扬日本开国以来取得的文明进步与天皇政府的内外扩张, 从而激发国民以 "忠君爱国" "灭私奉公" 的精神为战时体制积极效力。

(二) 事变纪念

如《上海事变写真全集》《支那事变与无敌皇军》《满洲事变大画谱》等。日本军国主义者以侵略中国为目的, 发动了 "九一八" 事变、"一·二八" 事变、七七事变等一系列事变。每次事变爆发后不久, 日本方面便收集各类相关材料加以编排出版, 其目的一方面在于构陷中国为开启衅端的一方, 美化日军的侵略行动为"勇敢" "正义" 之举; 另一方面在于罗列各项战果, 向国内宣扬 "皇军" 在中国各地奋战的 "功绩", 庆祝侵略战争的胜利。

(三) 部队纪念帖

如《凯旋: 步兵第五十联队记念写真帖》《支那事变出征记念写真帖: 牛岛部队特辑》《从军: 满洲事变第十四师团记念写真帖》等。这类文献大多由日本军部相关机构负责主持策划, 题词者也多为高级将领②, 属于官方出版的非卖品纪念册, 通常为装帧精美的大开本, 所纪念的部队从联队到师团再到方面派遣军, 级别十分全面。内容布局呈现类型化, 通常前页展示部队主要指挥官的肖像, 之后是大量记录本部队军容军貌及生活起居的照片, 也杂有部队驻扎地及攻陷城市的照片。另外, 各纪念帖也往往附有较为详尽的部队战史, 涉及战斗时间、地点、对阵双方的

---

① 在日本军国主义发动侵略战争的大时代背景中, 受日本军方及《朝日新闻》等主流平面媒体的委托和推动, 日本美术界出现了长时期的 "画笔报国" 风潮, 涌现了大量描绘日本侵华战争以及一切跟这场战争相关题材的画作, 开启了日本美术史上的战争画时代。

② 如《支那事变从军记念帖: 北支派遣军○○部队》有谷口中将题词 "忠烈勇武";《从军: 满洲事变第十四师团记念写真帖》有载仁亲王题词 "军民和"、司令官白川义则题词 "皇威震八纮"。

基本情况及战斗经历。军部发行这类纪念帖的目的一方面是用于宣传，标榜"神威无敌""赫赫武功"的"皇军"创造了不可战胜的神话，一方面也是作为抚恤的手段，将此书赠予战殁者家属，以追忆逝者的"伟业"，"告慰"其亡魂。

（四）风景民俗

如《素描大满洲》《建设复兴的新支那大观》《满洲百三十景》等。自晚清以来，东北地区一直为日本军国主义者所窥伺，"九一八"事变发生至伪满洲国成立期间，日本更是全面占领东北。因此为了向国内外宣传占领中国东北的"正义性"，美化其殖民统治，日本方面出版了大量主题围绕东北风景民俗的画册。这些画册介绍了东北地区广袤的土地、富饶的资源、美丽的风光与淳朴的民情。虽然在"东亚联合防共""营建王道乐土"的宣传语境下，回避了殖民统治给中国人民带来的苦难，但同时也记录下了当时东北地区的历史风貌，为后人留下了珍贵的图片史料。另外，在其他类型的文献中，也有相当数量的风光图片，或者作为介绍日军进攻路线或部队生活的补充内容，或者作为夸耀武功的证明，但也有部分为随军记者与画家为中国的山水和民情所感动而记录下的瞬间。

总体而言，尽管这批图册资料的内容与出版目的不尽相同，但究其实质，大抵为美化战争与殖民统治、输出皇国史观与军国主义思想，是为日本侵略战争与战时体制服务的宣传品。

二、珍本介绍

下面笔者选取这批文献中部分收藏价值及史料价值较高的珍本，加以详细的介绍。

（一）《日本大记念写真帖》

本书于日本大正元年（1912）出版，为这批文献中年代最早的一种（精装，尺寸为30×23厘米）。编者收集了自明治维新到乃木希典殉死为止对日本具有重大意义的大事件的照片，希望读者能够通过这些历史照片快速了解日本从国力不振一跃为世界强国的文明进步之路，从而培养日本国民为国家自豪与感动的心情。编者为搜集珍贵的照片，遍访地方与外国，向友人、亲戚、官衙、商社、图书馆，甚至艺妓处访求。书中的照片内容包罗万象，包括皇族肖像、重大事件、明治时代的流通货币、华族及一般市民的穿戴、奈良以来各时期官员与武士的服饰图，等等，宛如明治时代的生动总结。

（二）《支那事变与无敌皇军》

本书在此批文献中装帧最为精良，有盒，缎面精装，红绒布封面，尺寸为 31.5×23.5 厘米，重达两公斤。1938 年日军为纪念其所谓"支那事变"（即"七七事变"）一周年，由宇都宫谦编纂，陆军大佐保科贞次、海军大佐成泽关水监修出版了此书。卷首有多名海陆军高级将领及时任内阁总理大臣近卫文麿的题词。该书以大量文字和照片详细记述了日本军国主义发动侵华战争，占领北平、天津、上海、南京等地的情况及所谓的"战功"，内有珍贵历史照片共计 300 张，均为当年日本军方和报社的随军记者所拍，从反面提供了丰富的战争史料。

（三）《从军》系列

该系列一共包含四册书，分别是《昭和六、七年满洲事变关东军记念写真帖》（关东军司令部昭和七年出版，有复本）、《昭和七年上海派遣军记念写真帖》（陆军恤兵部昭和七年出版，有复本）、《昭和六年满洲事变第十四师团记念写真帖》（陆军恤兵部昭和八年出版，有复本）、《满洲事变关东军记念写真帖》（陆军恤兵部昭和九年出版），系日本官方作为"恤兵"的一部分精心制作而成的非卖品纪念册。此系列书大小为 30.5×24 厘米，装帧精致，有墨绿色绒布护边装订，封面镶嵌不同的军人肖像铜版画，统一写有系列题名《从军》，书页间有蜡纸衬页。书中以部队为主线，用大量图像记录了日本陆军 1933 年至 1937 年在中国作战的情景，包括部队照片、作战地图、彩色宣传图，日本天皇、侵略者顶级头目、最高统帅等人的大幅照片、手迹，另外还有详细的阵亡者名录和作战概要，为日军侵华的真实历史资料。

（四）《支那事变出征记念写真帖：牛岛部队特辑》[①]

牛岛满是旧日本帝国时期最后一位陆军大将，1937 年侵华战争开始时在中国晋升为少将、步兵第 36 旅团长，冲绳战役时任日军第 32 军指挥官，后被登陆美军击败而切腹自尽。其指挥发动的神风攻击和玉碎战使美军付出了高昂的代价。该照片集以时间为顺序，以 480 张照片的篇幅详细记载了牛岛指挥的侵华日军 1937 年从杭州湾登陆，参加东湖会战、南京会战、杭州会战、徐州会战直到退出中国战场的全过程。书前附有黄色《牛岛部队战斗经路要图》一张，图中用红线标示出牛岛部队的主力部队和分部侵略军在中国行军作战的线路；附有《牛岛部队主要战斗一览表》一张，表分战区、时间、战斗名称、战斗概况四项，介绍了牛岛部队所参与的

---

① 本书是《圣战记念》的第一辑，原书各部位显示的书名不统一，书皮处题名是《圣战记念·第一辑，牛岛部队》，书脊处题名是《圣战记念》，书名页处题名是《昭和十二年支那事变出征记念写真帖，第一辑，牛岛部队特辑》，书后版权页处题名《牛岛部队》，日本国立情报学研究所将此书定名为《支那事变出征记念写真帖：牛岛部队特辑》，本文采用日本国立情报学研究所规范后的书名。

十三次战斗的情况，图片基本按此表所列的战斗顺序编排而成，全面直观地反映了牛岛侵略军行军、作战、休息等情况。有少量所经地风光、民俗图片编排在其中。书后附有照片《原版提出者名一览》。该书为精制皮装版，属非卖品，出版量有限，现存量稀少。

（五）《支那事变画报》

该画报创刊于昭和十二年（1937），前二辑名为《北支事变画报》，第三辑名为《日支事变画报》，从第四辑起改名为《支那事变画报》，至 100 辑截止。发行所为大阪、东京朝日新闻社，在日本国内印刷后运到中国发行。

创刊号上印有"陆军省许可""支那驻屯军司令部许可和发行所大阪每日新闻社、东京日日新闻社"等字样，其后均标明为"大阪每日、东京日日特派员摄影"。画报中的照片和文章均为随军记者拍摄采写，真实地记录了 1937 年七七事变至 1941 年 10 月日军侵华期间所有战线的战役战况，报道兼及日军铁蹄所至的北京、上海、南京、合肥、保定、武汉、济南、重庆、海南岛等地的情况。每辑《支那事变画报》里都有大量的照片，每幅照片均有详尽的说明与署名。《支那事变画报》的末页辟有《支那事变日志》专栏，记录七七事变后，每天发生与侵华战争有关的一切要闻动态。

国家图书馆收藏了《支那事变画报》的第一辑至第三十五辑。杂志虽为 70 多年前发行，但多数保存完好，内容完整，画面清晰。无论是照片还是文字，都极力美化日军所谓"力量强大""不可战胜"。然而，令军国主义者没想到的是，昔日炫耀"皇道浩荡""武运长久"的《支那事变画报》，今天成了侵略中国罪行的铁证。

（六）《满洲建国和满洲上海大事变史》

国家图书馆入藏的这批图册文献除部分属于"缅怀""追溯"明治维新以来日本的国家扩张之路外，大部分都是记录、宣扬日本帝国主义在中国拓展殖民地与势力范围，发动侵略战争的"文治武功"。日本方面往往在事件发生后不久便收集材料加以编排出版，具有极强的时效性，虽然他们以自己的视角和观念记录编排，仍然具有很强的史料价值①。如《满洲建国和满洲上海大事变史》一书即为典型的例证。

本书于 1932 年由神户又新日报社出版，大小为 26×38 厘米，黄色硬皮精装。

---

①　1932、1933 年间，围绕"'满洲建国'和'满洲上海大事变史'"这一主题出版的图册性日文图书有 8 种之多，分别是由东洋文化协会编辑、上毛新闻社出版的《满洲建国和满洲上海大事变史》，夕刊大阪新闻社编辑出版的《新满洲建国和满洲上海大事变史》，日出新闻社编纂出版的《满洲建国和满洲上海大事变史》，新潟新报社编辑出版的《满洲建国和满洲上海大事变史》，横滨贸易新报社编辑出版的《满洲建国和满洲上海大事变史》，信浓日报社编辑出版的《满洲建国和满洲上海大事变史》，四国民报社编辑出版的《满洲建国和满洲上海大事变史》，还有本文所介绍的神户又新日报社编辑出版的《满洲建国和满洲上海大事变史》。

前附有彩版《满洲事变关系地图》和《上海事变战争经过图》各一张，全部图片按"满洲事变"①、"上海事变"②、"满洲建国"三部分组织编排，共形成图版214页，一页一个主题，每页收录的图片数量不等。

"九一八"事变部分所收图片首先详细介绍了与此事件有密切关系的中、日两国的首脑要人，包括昭和天皇、犬养毅、本庄繁、溥仪、张景惠、袁金铠、蒋介石、张学良等55人，接着介绍了中国的反日浪潮及"九一八"事变前东北相继发生的万宝山事件、中村事件、柳条沟事件，最后用84个主题详细介绍了"九一八"事变爆发后日本军队对中国东北全面占领和中国人民奋勇抵抗的全过程。本部分结尾附有《满蒙地区日本特殊权益》《满洲大事变经过》《满洲大事变日志》三篇文章来补充说明事变原委。《满蒙地区日本特殊权益》介绍了东北地区的资源情况、日本在东北地区获得殖民特权的过程以及工业发展的情况，直观反映了日本帝国主义侵略者对我富饶国土的贪婪野心；《满洲大事变经过》介绍了中国人民反日抗日的情况、"九一八"事变的起因、国际联盟的调解、日军与黑龙江驻军交战、天津事变、锦州会战等；《满洲大事变日志》以日志的形式记述了自1931年6月25日至1932年3月9日间发生的重要事情。

"一·二八淞沪抗战"部分所收图片首先介绍了三友事件，然后用45页专题详细介绍日本军队在上海作战的过程及上海十九路军情况和上海人民抗日情况，最后介绍了中日在英、美、法、意各国调停之下签署《淞沪停战协定》，日军返回战前防区，中国军队暂留现驻地，交战区划为非武装地区。本部分结尾附有《上海事变日志》，以日志的文字形式纪录"一·二八"事变及其发展过程。

伪"满洲建国"部分主要收录了伪满洲国政府首脑人物、"建国"时举行的各种活动的照片，另外大量收录了伪满洲国统治范围内各大城市的主要建筑物、东北各地有名的自然风光、景点照片，有关蒙古族、满族的生活情况的照片也有少量收录。本部分后列专页简要介绍了伪满洲国产生的原因，政府主要人物简历，并收录伪《满洲国政府组织法》全文。

（七）《满洲事变大画谱》

该画册出版于1934年（昭和九年），内有16幅日军战地速写画，均为日本著名军队画家今村嘉吉中佐所画。画作配有日文解说，解说作者为日军山中峰太郎少佐。16幅战地速写画中，有日军入侵上海（即1932年1月28日淞沪抗战期间）一幅，侵占辽宁、吉林各地10幅。另外五幅画是记录日军入侵今天黑龙江省的，其中有三幅是入侵黑龙江省西部：1931年11月5日天野旅团滨本联队进攻马占山东北军的大兴战斗、石川炮兵中队为进攻马占山部的嫩江渡河战斗、大岛联队——第

① 即"九一八"事变。
② 即"一·二八淞沪抗战"。

四联队的齐齐哈尔昂溪战斗；日军入侵东部地区的两幅——上田大队的镜泊湖战斗、第十联队小坂小队与民间抗日武装红枪会的乌吉密战斗（即今尚志市滨绥铁路线上的乌吉密）。作画的时间虽未注明，但既然是战地速写，肯定是在发生战斗后不久，而且每幅都配有日文解说，对战事记录详尽，十分难得。由于出自当时的随军日本军官之手，又是战斗记录性质的图文，日本陆军省与日本参谋总部十分重视。

三、图册资料潜在的价值及其开发利用建议

英国著名历史学家彼得·伯克曾在其著作《图像证史》中指出，图像如同文本和口述证词一样，也是历史证据的一种重要形式①。图像可以生动地复原历史的片段，为再现已经消失了的人和事提供最直观的根据，并以其客观性对重建历史场景起到不可替代的重要作用，成为历史叙述与研究中不可或缺的部分。

从日本出版的这批珍贵旧图册文献中，我们可以直观了解到大正、昭和时期日本军队的部队编制、装备、操练、行军作战以及生活状况，等等，有助于国内学界从另一个角度深入研究抗战史并揭露侵华日军的罪行；图片与解说的结合，使我们得以了解到战时日本的军国主义体制如何宣传与美化侵略战争、宣扬战争的"正义"和"神圣"；而文献中大量以图文记录的国统区情况，包括风光、建筑、古迹、民俗、民生、文化等诸多方面，对于民国地方史志的研究也是非常宝贵的一手材料。

为了更好地保存保护这批珍贵的文献，同时秉承保护为利用服务的宗旨，笔者提出以下建议：组织专业人员，对文献进行修复和维护；建立专门图片库，以保证文献在适宜的环境中集中储存；建设图片数据库，重新对图片进行命名整理，详细记录各项信息以便查找；与学界建立合作机制，共同研究，保障文献的开发与提供；开展多种咨询模式，广泛提供图册应用信息。在图像资料的价值日益突显的今天，相信通过我们的努力，珍贵的文献将被充分利用，更好地服务于社会。

参考文献：

[1]　[英] 彼得·伯克（Burke Peter）：《图像证史》，北京大学出版社，2008 年。

[2]　[日] 神坂次郎、福富太郎等：《画家たちの戦争》，東京新潮社，2010 年。

[3]　[日] 司修：《戦争と美術》，東京：岩波书店，1992 年。

[4]　朴承之，[英] 彼得·伯克：《图像史料重要价值超出你的想象》，《中国图书商报》2008 年 6 月 17 日，A07 版。

---

①　[英] 彼得·伯克（Burke Peter）：《图像证史》，北京大学出版社，2008 年。

一批特殊的抗战文献

——国家图书馆所藏日伪新民会禁书发现始末记

李　娟

　　摘　要：七七事变北平沦陷后，在日伪的殖民统治下，伪北平地方维持会、新民会等组织机构大肆查禁图书，实施文化高压政策。面临这场劫难，留守在京的国立北平图书馆员工"仍以馆善为重，未敢擅离职守，隐忍于伪组织管理之下，与之相周旋数载"，一直坚守到抗战胜利北平解放，以生命与心血保护了这批文献。新民会所查禁的图书不仅数量庞大，而且类别情况较为复杂。不论在出版次序还是在整理分类以及题名标注上都呈现出独特之处。这批文献具有重要的现实意义与学术价值。

　　关键词：日伪；禁书；新民会；国立北平图书馆

　　1937 年，七七事变爆发后不久，北平沦陷，日本侵略者先后在北平建立了伪北平地方维持会、伪中华民国临时政府、伪新民会等一系列伪组织机构进行殖民统治。北平沦陷后，国立北平图书馆副馆长袁同礼带员南下，在后方开展馆务工作。在京日常工作由王访渔、顾子刚、赵万里等人组成馆务委员会维持，图书馆照常开门阅览，提供服务①。在日伪的殖民统治下，伪北平地方维持会、伪新民会等组织机构大肆查禁图书，实施文化高压政策。以国立北平图书馆为代表的文化机构，遭受了一次又一次的文化侵略，中国文化事业经历了一场史无前例的浩劫。面临这场劫难，留守在京的北图员工"仍以馆善为重，未敢擅离职守，隐忍于伪组织管理之下，与之相周旋数载"②，一直坚守到抗战胜利北平解放，以生命与心血保护了这批被新民会查禁的文献。这些沦陷时期幸存下来的文献，历经风雨沧桑，成为国家图书馆所藏民国文献的重要组成部分。近年来，社会各界对民国文献的关注日益增加，国家图书馆加大对民国文献的保护整理与开发力度，笔者有幸参与了其中的部分工作，在整理文献的过程中，发现了这批历经磨难的被禁文献。

---

① 北京图书馆业务研究委员会编：《北京图书馆馆史资料汇编（1909—1949）》，480、491、504 页。
② 同上，803 页。

与其他民国文献不同，这批被禁文献共有一个明显的特征，不论在该书的封面或是封内，均盖有"新民会禁书调查科资料室"或"新民会研究资料室"或"新民会宣传局第三科"的藏书印章。那么，这批书是否为新民会查禁之书？新民会为何要查禁这批书？这批书有何价值？经过笔者的一番考证，逐步弄清了以上问题。

一、有关新民会的若干问题

（一）新民会禁书的确认

究竟这批盖有新民会印章的图书是否为新民会查禁的图书？

在翻阅文献的过程中，笔者发现了五本目录：1939 年 7 月，新民会中央指导部调查科编《禁止图书目录：抗日之部·第一辑》；1939 年 9 月，新民会中央指导部调查科编印的《禁止图书目录：社会主义之部》；1940 年 5 月，新民会中央总会设计部资料室编印的《杂志目录》；1942 年 6 月，新民会编印的《杂志目录》（改订版）以及 1944 年 9 月由中华民国新民会编印的《公报：国民党图书目录》。其中，《禁止图书目录：社会主义之部》上印有"国立北京图书馆中文采访服务组"的蓝色章印。国立北平图书馆改名为"国立北京图书馆"，是在 1942 年 1 月 2 日，遭到伪教育总署接收之后①。由此来看，这些目录应为北平沦陷时期平馆工作目录，也就是说，这些目录曾经成为图书馆相关工作的参考资料。

究竟什么样的工作需要用到这些参考目录？

1938 年 6 月，新民会开展剿共灭党运动，组织实践班"没收反日抗日图书，反新民主义文书及国民党标识"②。此后，新民会又组织了若干次查禁活动，查禁了大批书籍，并编制了相关目录，"敝科前曾与北京市内各关系机关，履行折冲，于各机关谅解之下，由市内各学校各图书馆，接收搜集之有害图书杂志为数颇多，约六万数千余部，此等图书杂志，尔来逐次整理，其大部分已编成《禁止目录》矣"③。

由此可见，这批由新民会编印的禁书书目是为了配合新民会查禁图书活动所用的特殊书目。基于此点并结合馆史相关资料推测，国立北平图书馆所藏的这批书目，应是用于同样查禁活动的具体需要。

据国家图书馆馆史资料记载显示，1938 年 6 月 23 日，司徒雷登曾致函北平图

① 李致忠主编：《中国国家图书馆馆史资料长编（1909—2008）》，351 页。
② 《剿共灭党运动实施大纲》，《新民会报》1938 年 6 月 15 日，第 6 号，27 页。
③ 《冒暑彻底讨论本会之工作　第一回　直辖总会事务主任者会议》，《新民会报》1940 年 8 月 20 日，通卷第 72 号，28 页。

书馆行政委员会，阻止新民会再取杂志①。

　　可见，伪组织曾多次来馆查禁图书。1941 年 11 月 11 日，伪华北政务委员会教育总署训令第 1982 号，核发《管理北京图书馆暂行办法》，其中一项规定："该馆对于全部图书应加以严密之检查，所有违禁籍册应开具清单，呈报教育总署，听候核夺。其详细办法另行订定。"② 1942 年 4 月，伪教育总署训令第 770 号检查禁书，"约请新民会中央总会遴派该会职员稻叶诚一等五人担任检察工作"③。

　　根据以上情况记载，这些目录应是新民会在平馆查禁图书所依据的工作目录，这些文献应为新民会在平馆查禁的文献。随后，笔者又做了随机抽样调查，发现目录上记载的许多文献，不论从题名项，还是作者项，包括版本项在内的各项描述都与库中所发现的、盖有"新民会"字样的文献信息完全吻合。由此，可以完全确认这批文献确为新民会在平馆查禁的文献。

（二）新民会性质及查禁图书原因

（1）新民会成立过程及机构设置

　　日本发动"九一八"事变，占领东北后，扶植组建了傀儡政权伪满洲国。为巩固侵略成果，在日本殖民者的支持下，由"满洲协和党"转化而来的协和会粉墨登场，配合伪满洲国开展殖民活动④。

　　此后，日本侵略者又发动华北事变，不断扩大侵略范围。七七事变后，日本侵略者便迫不及待地在华北地区组建了各类伪政权。1937 年 12 月 14 日，伪中华民国临时政府成立。伪中华民国临时政府成立 10 天之后，在伪满洲国前外交大臣、协和会会长张燕卿的策划组织下，新民会粉墨登场⑤。1938 年 12 月 24 日，新民会发布宣言，宣告成立⑥。新民会成立当日，伪中华民国临时政府行政委员长王克敏、日军特务部长喜多诚一、日本驻华大使馆参事森岛守人等人到会祝贺⑦。新民会仿照协和会，设立了从中央到地方的包括会务执行机关、行业分会在内的一系列机构⑧。并且沿袭发扬了其在宗旨、纲领以及工作方针上为日本侵略统治的"服务精神"⑨。

　　在创立宣言中，新民会宣称："本会与新政权表里一体，首先拥护新政权为反

---

　　① 北京图书馆业务研究委员会编：《北京图书馆史资料汇编（1909—1949）》，612 页。

　　② 同上，783 页。

　　③ 李致忠主编：《中国国家图书馆史资料长编（1909—2008）》，354 页。

　　④ 《古海宗之笔供》（1954 年 8 月 3 日），中央档案馆等编：《伪满傀儡政权》，中华书局，1994 年，567 页。

　　⑤ 张燕卿：《新民会与中国》，《新民会讲演集》（新民丛编第三辑），新民会出版部，1938 年，234 页。

　　⑥ 《中华民国新民会宣言》，《新民会报》1938 年 4 月 1 日，第 1 号，1 页。

　　⑦ 《新民会成立大会之状况》《祝词》，《新民会报》1938 年 4 月 15 日，第 2 号，6 页。

　　⑧ 新民会中央指导部：《中华民国新民会机构一览表图》，《新民会年报》1938 年，50 页；满洲帝国协和会：《满洲帝国协和会机构略图》，《我们的协和会》1940 年，29 页。

　　⑨ 《中华民国新民会宣言》，《新民会报》1938 年 4 月 1 日，第 1 号，2 页；《新民会大纲》，《新民会报》1938 年 4 月 1 日，第 1 号，2 页。

共战线之斗士，进而培养民力实现友邻之共荣，而终极之目标，为贡献于人类之幸福，与世界之和平。"① 作为新民会指导精神的新民主义，"主张日华满之联盟，进即为大亚细亚之联盟。然后协和万邦，以达王道天下之理想"②。其五大纲领主要包括：维持新政权以图畅达民意；开发地产以安民生；发扬东方之文化道德；于剿共灭党旗帜之下参加反共战线；促进友邻缔盟之实现以贡献人类之和平③。

从成立过程及组织机构来看，新民会是华北地区的协和会，它服务于伪中央临时政府，是日本对华侵略扩大化的产物。

从创立宣言及其指导精神来看，新民会核心关键在于维持新政权以及剿共灭党。由此可知，新民会查禁这批涉及社会主义、抗日及国民党的书籍，直接目的是为了维持其所谓新政权和剿灭以国共两党为代表的抗日力量的需要。新民会维持前者，在于维护日伪殖民统治，剿灭后者，因其领导中国人民抗日救国。新民会查禁图书的根本目的不是为了和平，而是为了巩固日本侵华活动的需要，为了扩大日本侵略活动的需要。

（2）新民会活动

伪中华民国临时政府成立后，迫切需要从思想文化上巩固统治，"政府几经考虑，金以为第一步工作，宜有建设文化工作之综合的最高机关，设立于北京，由此基础，进而与日满两国文化机关协力向前迈进。其入手之方法，则为（一）一扫国民党指导下之畸形文化。（二）排除国际毒物之共产主义文化。（三）从事民众之启蒙工作，提高智识的水准。（四）普及教育等。兼程并进……其他已见诸事实者，如联合中日满三国教育学术艺术宗教各部门权威者，从事研究确立新文化之方策，陆续创设之文化团体，则有新民会"④。

基于此种思想政策的指导，新民会成立以后，制订了相应的工作要求："我们的主要任务，大别之，可以分为两类，第一类是属于思想的范围，第二类是属于事业的范围。"⑤ 就思想范围而言，简言之，打倒共产主义，打倒国民政府。"……所以不但我们与东方近邻各邦，要保持最紧密的提携，虽远在世界凡立于反共战线诸国，皆为同志，当联成一气，共当此人类之敌，至于党政府容共祸国，焦土抗战，……误国的党阀更是我们应当打倒的，以上是我们属于思想范围的工作。"⑥

新民会以剿灭共产党为首要目标⑦，从 1938 年 6 月 13 日起，在所谓的"剿共灭党运动周"中，新民会中央指导部开展"剿灭共党"大会，颁布《剿共灭党运

① 新民会中央指导部：《新民会年报》1938 年第 3 期，4 页。
② 缪斌：《新民主义》（新民丛编第 5 辑），新民会中央指导部［发行］，1939 年，33 页。
③ 《新民会大纲》，《新民会报》1938 年 4 月 1 日，第 1 号，2 页。
④ 《郅治先声》，（伪）临时政府委员会情报处，1939 年 5 月，14、15 页。
⑤ 张燕卿二月十日在北京中央电台广播：《新民会之任务》，《新民会讲演集》（新民丛编第三辑），新民会出版部，1938 年，17 页。
⑥ 同上，18 页。
⑦ 《新民会工作概况》，《新民会年报》，新民会中央指导部，1938 年，157 页。

动实施大纲》，组织"政府各机关及新民会各地指导部协力实施之"，一方面，"网罗各级职员、教育家及地方士绅等组织演讲班，对各学校各团体巡回演讲"，另一方面，"网罗各级职员、教育家及地方士绅等，组织实践班"，"没收反日抗日图书，反新民主义文书及国民党标识"①。并且通过对外广播、散布宣传品等一切方式开展剿共灭党活动。各学校图书馆等文化机构图书遭到大规模查禁。"二十七年六月十三至十九日北平举行'剿共灭党运动周'全市施行图书大检查，该馆（国立北京大学图书馆。笔者加）所藏俄文图书八、九架及杂志多种，分别为特务机关及新民会所取走。"②　"二十七年春，伪新民会用载重汽车运去中文杂志二万余册。……北平师大图书馆损失书籍一一三册，报纸二九七一册，杂志七三二七册，学生图书一六五八六册（以上送缴伪新民会）。"③　除了"剿灭共党运动周"外，新民会还配合所谓"兴亚纪念周"检查共产主义书籍活动查禁图书，"是时日宪兵队、特务机关新民会及北平公署等合办兴亚纪念周，组织消灭抗日图书检查团，对于各图书馆书籍，封存颇多"④。"北平政治学会图书馆所有图书被伪新民会全部劫走。"⑤

作为中国重要文化机构，国立北平图书馆自然而然地成了新民会的重点查禁对象。

二、新民会禁书概貌特征

（一）新民会禁书概貌

从馆史可知，新民会先后于 1938 年、1942 年来馆查禁图书，那么新民会究竟在国立北平图书馆查禁了多少文献？

笔者将五本目录所记查禁图书的数量，与笔者所查到的实际馆藏量做了一番统计核查⑥。

实际上，新民会查禁的数量是十分庞大的，限于人力，笔者目前所查到的馆藏仅为其中一部分。据《中华图书馆协会会报》上的调查记载："惟是图书一项，因该馆（此处指国立北平图书馆。笔者加）历年搜藏，甚为浩博，内中或不乏所谓'有碍邦交'之文字，该馆曾于二十六年冬，审慎检查，计提出中文新书 2245 册，中文旧书 220 册，中文官书 1270 册，中文教科书 368 册，万有文库 6 册，中文连环

---

① 《剿共灭党运动实施大纲》，《新民会报》1938 年 6 月 15 日，第 6 号，27 页。
② 《七七事变后平市图书馆状况调查》，《中华图书馆协会会报》1941 年第 16 卷 1、2 合刊，8 页。
③ 教育部教育年鉴编纂委员会编纂：《第二次中国教育年鉴》，上海商务印书馆，1948 年，1116 页。
④ 《七七事变后平市图书馆状况调查（续）》，《中华图书馆协会会报》1942 年第 16 卷 3、4 合刊，15 页。
⑤ 教育部教育年鉴编纂委员会编纂：《第二次中国教育年鉴》，上海商务印书馆，1948 年，1116 页。
⑥ 其中，1942 年 6 月编印的《杂志目录》为新民会从清华大学"接收"杂志，故不在统计范围之内。（见《杂志目录·凡例》，《杂志目录》，中华民国新民会，1942 年 6 月）

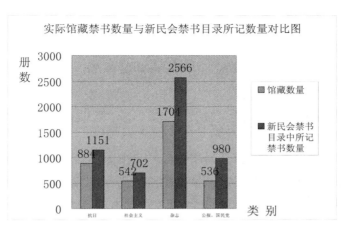

实际馆藏禁书数量与新民会禁书目录所记数量对比图

画等53册，西文书311册，总计4473册，均经装箱封存，嗣于二十七年六月间，全部为北平新民会取去。该馆为慎重起见，其后又经人详查一次，类凡疑似者，又提出若干册，就中以期刊为多，悉数封闭一室，名为禁书库，一概停止阅览。近闻华北教育总署，又令饬该馆再查有无下列四类图书：（一）抗日，（二）共产主义，（三）社会主义，（四）马克斯主义，并限十月底以前查竣，或又不免若干之损失也。该馆图书，经此数次检查，内部不无凌乱，而尤以零本期刊为最，故于利用上，甚感不便。"①

（二）新民会禁书特征

新民会所查禁的图书不仅数量庞大，而且类别情况较为复杂。不论在出版次序还是在整理分类以及题名标注上都呈现出独特之处。

图书名称	出版时间
《禁止图书目录：抗日之部·第一辑》	1939年7月
《禁止图书目录：社会主义之部》	1939年9月
《杂志目录》	1940年5月
《杂志目录》（改订版）	1942年6月
《公报，国民党图书目录》	1944年9月

（1）从出版次序上来看，抗日以及社会主义类的图书率先被查禁出版，其次为杂志类，最后为国民党公报类的图书。这既与新民会的性质宗旨紧密相关，又与新民会活动的阶段性密切相连。

---

① 《七七事变后平市图书馆状况调查》，《中华图书馆协会会报》，1941年10月30日，第16卷1、2合刊，5页。

新民会成立初始，为巩固伪政权，协助其进行思想文化统治，首先大力开展思想战，意图以此消灭全中国人民的抗日活动①。而抗战爆发后，中国共产党率先主张坚决抗战，反对妥协投降，放手发动、坚决依靠群众，实行全民族抗战。鉴于此，抗日、社会主义类的图书自然首先并始终遭到日伪新民会的查禁。1938 年 5 月，新民会下令由总务部所属调查科对北平市新闻事业、市民团体、地方情况、图书馆、各级学校调查②。1938 年 6 月，新民会开展剿共灭党运动，组织实践班"没收反日抗日图书、反新民主义文书及国民党标识"③。

所以，抗日以及社会主义、马列主义类的禁书图书目录成书时间早于国民党类禁书目录，这也成了中国共产党在抗日战争中的重要作用与地位的一个侧面印证。

（2）新民会查禁图书后，对于图书进行了整理，不仅编制了禁书目录④，而且对图书进行了详细的分类⑤。

新民会之所以花费大量人力物力从事这一工作，有其深刻的目的：

一方面，新民会通过编制目录扩大查禁图书范围，妄图查禁更多的书籍，彻底消灭中国人民的抗日思想。1939 年，调查科做了《关于抗日图书保管处理事项》，规定"地方亦须依据《禁止图书目录——抗日之部》（第一辑）对于学校、图书馆等重加调查为荷（目录之第二、三辑，已准备逐次刊行）。对已接收之图书及将来拟行接收者，切勿使其散佚无秩序，务须善为保管为荷，再本科不久予定派整理员前往"⑥。

另一方面，通过对所查禁图书的细化整理分类，为其殖民侵略活动提供相应的服务，达到深层次全方位侵略的目的。

1940 年，新民会调整机构，由设计部所属科室资料科与研究室负责查禁图书以及开展相关研究工作⑦。机构改组后，在查禁活动中，新民会进一步指出查禁图书的用途，要求查禁时整理保管，审慎对待："……以上所述图书杂志，概为事变前发行者，然就吾人负担之使命而言，对于敌方及带有敌性者，其卖弄各种手段，消耗莫大劳力，所企图之扰乱民众思想、宣传抗日思想，亦当加以严重监视，不可须臾或忽，盖彼等散布之印刷品，虽云片纸只字，然就洞察彼等之思想动向而论，颇为重要之资料。"⑧

（3）新民会的查禁整理图书活动持续时间较长，从 1938 年起，一直到 1944 年，

---

① 《中央指导部工作方针之指示及主要会议之报告》，《新民会报》1938 年 6 月 15 日，第 6 号，9 页。

② 《总务部调查科两周来工作摘要》，《新民会报》1938 年 5 月 15 日，第 4 号，4、5 页。

③ 《剿共灭党运动实施大纲》，《新民会报》1938 年 6 月 15 日，第 6 号，27 页。

④ 《关于国共抗日关系资料之搜集及接收》，《新民会报》1940 年 8 月 20 日，通卷第 72 号，28、29 页。

⑤ 《禁止图书目录：抗日之部·第一辑》，新民会中央指导部调查科编印，1939 年 7 月；《禁止图书目录：社会主义之部》，新民会中央指导部调查科编印，1939 年 9 月；《杂志目录》，新民会中央总会设计部资料室编印，1940 年 5 月；《公报，国民党图书目录》，中华民国新民会编印，1944 年 9 月。

⑥ 《第二回地方责任者联络会议记录（摘要）》，《新民会报》1939 年 8 月 1 日，第 34 号，17 页。

⑦ 《指示设计部关系事项》，《新民会报》1940 年 8 月 20 日，通卷第 72 号，27 页。

⑧ 《关于国共抗日关系资料之搜集及接收》，《新民会报》1940 年 8 月 20 日，通卷第 72 号，28 页。

查禁图书的活动几乎贯穿了新民会历史全过程。然而查禁所编制的五本目录，在题名上却有着明显差异。其中，《禁止图书目录：抗日之部·第一辑》《禁止图书目录：社会主义之部》在书名上直接冠以"禁止"二字，两书《凡例》中也注明所收书籍为中央指导部所接收的"调查科附属禁止图书审查室"查禁的图书①，而《杂志目录》、《杂志目录》（改订版）、《公报，国民党图书目录》在书名上毫无禁止之意，《凡例》中仅以"接收"及"保管"二字相称："本目录八新民会中央总会设计部资料科保管こ係ル华文杂志目录こシテ"②，"本目录系将新民会中央总会宣传局第三科所保管之公报及国民党关系图书整理分类合并刊订"③，"本目录八原有目录卜清华大学ヨリ接收セル杂志ヲ合セ编シタルモノナリ"④。然而，在实际工作中，新民会是将四者一并查禁的："应搜集之种类①抗日关系②共产主义关系③蒋政权及伪国民党关系。"⑤《凡例》中"保管"二字的出现显得有些不伦不类。

　　之所以如此，其根源在于新民会职能方针上的调整与变化。抗战进入相持阶段后，日本侵略者的侵略政策发生变化，对蒋介石国民政府在策略上以政治诱降为主，军事打击为辅。在此影响下，国民党阵营发生分化，1938 年 12 月，汪精卫公开叛变投敌。由于日本侵略者承认了汪伪政权，加上汪伪政权公开以国民党的名义活动，并以国民党的正统自居，新民会也随之调整了政策与纲领，将位于重庆的蒋介石政府称呼为"重庆伪政权""蒋军""蒋党""渝伪中政会""渝伪参政会""渝伪军委会"。而对于地处南京的汪伪政权则"均照过去名称（例如国府、中央、中政会、中执委员……）"，并且不再提"灭党"二字⑥。伪新民会查禁的这批文献基本为 1924 年至 1937 年间出版的有关国民党方面的文献以及国民政府公报类官方报刊。为体现汪伪政权的"正统性"，这批有关国民党政党政治的文献便出现了名为"保管"，实为查禁，在图书封面上不做任何解释，仅注明"公报，国民党图书目录"的尴尬局面。

三、国家图书馆所藏新民会禁书的价值

　　1945 年，日本宣布无条件投降，抗日战争取得胜利，新民会也随之解体，国立

---

① 《凡例》，《禁止图书目录：抗日之部．第一辑》，新民会中央指导部调查科，1939 年 7 月；《凡例》，《禁止图书目录：社会主义之部》，新民会中央指导部调查科，1939 年 9 月。

② 《凡例》，《杂志目录》，中华民国新民会中央总会设计部资料科，1940 年 5 月。

③ 《凡例》，《公报，国民党图书目录》，中华民国新民会，1944 年 9 月。

④ 《凡例》，《杂志目录》，中华民国新民会，1942 年 6 月。

⑤ 《冒暑彻底讨论本会之工作　第一回　直辖总会事务主任者会议》，《新民会报》1940 年 8 月 12 日号，通卷第 72 号，27、28 页。

⑥ 《关于对敌用语统一之件》，《新民会报》1940 年 5 月 1 日、1940 年 5 月 10 日，第 61 号、第 62 号（合刊号）：5、6 页。

北平图书馆接收了新民会禁书，这批历尽风雨沧桑的抗战文献得以重见天日。从被查禁起，70 多年过去了，今天读来，这批文献仍然具有重要的现实意义与学术价值。

（一）现实意义

文献是人类历史与文明的产物，它记载、储存、传递着人类社会的文化，在人类文明历程中起着不可替代的作用。国家图书馆所藏新民会禁书经过抗日战争的洗礼而拥有了独特的双重身份，它凝聚着中国人民的爱国精神，遭受了日本侵略者的查禁，是中国人民爱国的产物与日本帝国主义侵华的铁证，成为抗日战争历史的真实缩影与重要见证，具有重要的历史价值与现实意义。

自日本发动侵华战争以来，中国人民奋起抗战，全国各界掀起了抗日救国的浪潮。在抗日政治、军事、经济活动如火如荼进行的同时，文化界也投身于保家卫国的战斗之中，各界联合起来，记录、传抄、编纂、翻译、出版了大量抗日救国的文献。这些文献揭示日本侵略中国的事实，报道中国人民抗日的情况，传递有关抗日的信息，介绍各地抗日的思想，宣传各界抗日政策，推动中国人民的抗日活动以及世界反法西斯事业向更广、更宽、更深层的范围发展，成为中国人民爱国主义精神的重要产物，为我们留下了宝贵的精神财富。

作为知识、信息、思想的载体，这些文献凝聚着中国人民思想智慧与爱国精神，其服务于抗战现实的宗旨与重要的象征意义，极大地支持了中国的抗战，给日本帝国主义以沉重的打击。日本侵略者意识到文献的现实作用与精神力量，妄图以查禁文献、编制禁书书目等方式切断抗日思想文化的传播，通过对文献的研究分析维持扩大其侵略活动。从"新民会禁书调查科资料室"到"新民会研究资料室"及"新民会宣传局第三科"，查禁文献所盖印章完整地反映了日伪新民会侵华思想、组织、机构的变化历程，见证了日本侵华活动的过程，这批标志着日本"战功战果"的文献，成为日本帝国主义侵华的重要证据与材料（见附表1）。

（二）学术价值

这批文献不仅有着重要的现实意义，而且具有重要的学术价值，为抗战时期整体史、专题史、出版史以及我馆历史等方面的研究提供了丰富的原始资料、独特的分析视角与方法途径。

（1）首先，国家图书馆所藏新民会禁书为我们提供了数量可观的、真实反映抗战时期社会概貌的原始资料。其种类繁多，覆盖面广，呈现出丰富、多元的特征。从时间上看，这批文献最早的为光绪二十四年（1898）七月一日在上海出版的《昌言报》，最晚的为伪维新政府实业部秘书处编辑、由该部总务司 1939 年 12 月发行的《实业公报》。文献主要以 30 年代出版的为主，其中，20 世纪 10 年代出版的文献占总量3%，20 世纪 20 年代出版的文献占总量23%，20 世纪 30 年代出版的文献占总量74%。20世纪30年代出版的文献中，又以1936年出版的文献居多。从地域上看，这批文献出版区域覆盖除新疆、西藏、澳门、台湾以外所有地区，还延伸至国外，包括法国巴黎、德国柏林、日本东京和京都、菲律宾、美国三藩市和芝加哥、泰国暹京（曼谷）等国家和地区。其中，以上海48%、北平17%、南京11%、天津3%、浙江3%、广州3%为主。从类型上来看，文献包括书、刊、报三种，其中既有《各省地方行政机关宣传纲要》《各省高级行政人员奉召南昌集会记录》《军政部陆军署军医司工作报告书》等大量原始资料①，又包括《东北铁路问题之研究》《国难中之满蒙问题》《辩证法学说概论》等理论性著作②，还有《帝国主义侵略中国的财团》《蒋介石评传》《社会改造原理》等不同的译作③；在内容上，包括了国民党、共产党、日本侵略者、日伪组织各方出版物以及有关各界情况报道分析的文献。以上各点，既体现了禁书的时间、地域、类型、内容分布的抗战特色，又反映了该批文献受新民会这一日伪机构活动控制影响的特点。

新民会禁书出版年代图

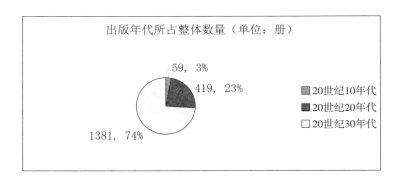

① 国民政府内政部编印：《各省地方行政机关宣传纲要》，1928年；国民政府军事委员会委员长南昌行营第二厅编辑室编：《各省高级行政人员奉召南昌集会记录》，南昌印记印刷所（印），1934年；《军政部陆军署军医司工作报告书》，军政部陆军署军医司编印，1931年。

② 王同文：《东北铁路问题之研究》，交通大学管理学院，1933年；张复生：《国难中之满蒙问题》，东北文化社，1929年；张如心：《辩证法学说概论》，江南书店，1930年。

③ 南满洲铁道株式会社编，肖百新译：《帝国主义侵略中国的财团》，太平洋书店，1929年；（日）石丸藤太著，吴世汉、刑必信译：《蒋介石评传》，经世半月刊社，1937年；（英）罗素著，余家菊译：《社会改造原理》，晨报社，1920年。

20 世纪 30 年代各年新民会禁书出版情况

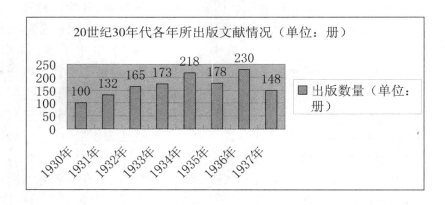

新民会禁书出版地比例图

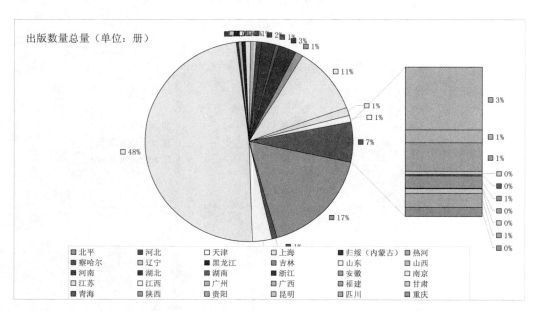

　　这些资料不仅数量繁多，种类丰富，而且实用性强，特别是其中大量的统计调查报告与工具书，为学术研究提供了直观的资料数据。例如，统计调查资料方面，有国民政府主计处统计局 1929 年 1 月编印的《物价统计月刊》，1934 年 9 月 15 日编印的《上海现银移动状况》，1935 年 5 月编印的《中国每日物价指数》，国民党中央统计处 1932 年 2 月编印的《政治成绩统计》，1934 年 11 月编印的《国民政府奠都南京以来主要事业之进步》，立法院秘书处统计科 1933 年 12 月编印的《近四年来东三省出口贸易》，国民党中央民众运动指导委员会 1934 年 6 月编印的《二十二年各地工会调查总报告》，北京内务部总务厅统计科 1914 年 4 月 15 日至 1925 年 4 月编印的《内务公报》，实业部统计长办公处 1933 年 2 月编制的《实业统计》，

审计部秘书处统计科 1937 年 4 月编印的《审计部公报》，铁道部总务司统计科 1932 年 10 月编印的《中华国有铁路统计月刊》，甘肃省政府秘书处统计室 1936 年 9 月编印的《甘肃省统计季报》，中国经济统计研究所 1934 年 1 月编印的《经济统计月志》。此外，还有南京国民政府主计处统计局、南京立法院统计处、广东省调查统计局、国务院统计局分别编印的《统计月刊》等。工具书方面，则有国民政府主计处统计局 1934 年 8 月 5 日编印的《统计资料索引》，外交部情报司 1935 年 2 月编印的《民国二十三年外交大事记》，以及由卞宗孟辑述、1934 年 7 月民友书局出版的《东北文献丛谭》等。

不仅如此，这批资料以其独特的专题性质，成为研究中国人民抗战状况、中国共产党革命思想学说、国民党政权党派活动的重要专题性资料。

中国人民的抗日活动范围极广，形式多样。《抗日之部》图书集中了中国抗日军事（战地记录、战史、战地文书）、国际问题、政治（政治概况、政治史、政治问题）、外交（外交概况、外交史、领事裁判权问题、国际联盟、太平洋问题、军缩会议）、经济（产业、资源、贸易、财政、金融、关税、经济史）、社会（社会问题、社会概况、社会史、人口、移民问题）、殖民（殖民政策、殖民地概况、民族、弱小民族问题、殖民地独立运动）、交通（铁道及其他交通关系著作）、地理（地志、旅行记、视察记）、历史（革命史、国难痛史、帝国主义侵略史）、教育（教育学、教学法、教育史、其他教育机关著作）、思想文化（读本类、思想、文化、哲学、宗教）、文艺（小说、戏曲、诗歌、文艺理论、文学史），言论（个人论文集、著作集、讲演集）以及丛书类、年鉴、年报、报告书、辞典、目录、百科全书、传记、日记、随笔类等材料，是研究中国人民抗日活动的丰富史料。

抗战爆发后，中国共产党以其先进的思想学说与政治主张为指导，制订了抗战纲领、路线、方针、政策，组织发动全民族的抗战，建立广泛的抗日民族统一战线。作为抗日民族统一战线的坚强脊梁和核心力量，在抗日战争中发挥了中流砥柱作用。新民会所查禁的《社会主义之部》的文献，集中了马列主义政治思想、政治史、政治问题、外交问题、经济学说、经济史、经济概况、哲学学说、哲学史、唯物史观、社会主义史、革命运动史、教育学、教育史、小说、戏曲、诗、文艺理论、文学史、传记等方面内容，是重要的红色革命文献，是了解研究抗战时期中国共产党革命思想理论等方面内容的重要资料。

《公报，国民党图书目录》收录国民政府机构编辑或出版的文献，也就是俗称的"官书"。其材料主要来自官方文件、报告、统计调查材料，大多为当时历史的原始记载，又经过官方的编审，具有相应的权威性，其内容以图表数字见长，数据翔实丰富，客观性强，准确性高，因而具有较高的学术价值。其中公报类材料收录了从中央至地方各类政府机构公报、机关公报、专业公报、地方公报、事务公报、建设公报、委员会公报、官报等材料，内容涉及政治、市政、民政、外交、教育、法律、经济、财政、建设等方面内容。国民党文献部分则收录了国民党政党类党务、党义、党建、党史等方面的材料，有关国民会议、国民政府机构组织、方针政策、纲领、议决案、工作报告等方面的材料，以及外交、经济建设、军队建设教育、法律法规、实业交通、民众运动、工农政策、新生活运动、合作运动、地方政治、地方自治等方面材料，还包括国民革命史、国民党政要人物传记、文集、言论集、全集、论著等方面材料，是研究抗战时期国民党、国民政府以及正面战场的重要资料。

（2）其次，国家图书馆所藏新民会禁书还为我们开展抗战史研究提供了独到的视角与途径。譬如抗战研究中目前关注较多的日本对华文化侵略研究，这批资料提供了多种参考角度与思路。首先，由于这批文献经过精心挑选与组织编目分类，新民会的选材角度与分类思想为我们研究日本文化侵略提供了新的视角与素材。又如，青少年作为新民会活动的重要对象[①]，新民会禁书搜集并编纂了大量涉及青年运动、青年教育、青年训练、青年宣传等方面书籍相关文献[②]，这为我们深入研究日本侵略者奴化青年的思想及活动提供了剖析途径；再如，在国共摩擦时期，新民会曾开展相关情报宣传活动[③]，搜集了相关资料，成为我们了解战时日本、中国共产党、国民党多方关系的参照素材；又如，新民会查禁文献后，编辑出版了大量资料[④]，通过对该部分文献的整理，并结合日伪相关活动，我们可以进一步深化扩大对日本侵华的立体、动态的研究。

（3）同时，这批文献还是我们开展抗战时期出版研究以及了解抗战文献版本情况的重要参考资料。一方面，它有助于我们了解抗战时期文献编辑、出版、印刷、发行、销售、传播等情况，也有利于我们研究抗战时期战时文献编辑思想、编纂活动、出版机构特色概况等方面的内容。例如，以出版机构为例，其中既有中华书局、商务印书馆、北新书局这样的大众出版机构，也有中国国民党中央执行委员会宣传部、国民政府军事委员会委员长南昌行营、甘肃省政府等中央以及地方党政军各体系的官方出版机构，还包括个人、报社、学校、研究会、教会团体等其他类型

---

①　新民会成立了新民青年实施委员会，专门组织开展青年奴化活动（《新民会新民青年运动实施委员会成立宣言》，《新民会报》1938 年 5 月 15 日，第 4 号，7 页）。

②　如东北青年学社编：《东北青年学社概况》，东北青年学社，1934 年 12 月；上海民族书社编：《华北青年应有的认识》，上海民族书社，1936 年 10 月；北平市立第二中学校学生自治会：《二中学生》，1934 年 3 月；北平文治中学抗日救国会宣传股编：《文治中学抗日特集》，编者刊，1932 年 1 月；中学生社编：《给中学青年》，开明书店，1935 年 6 月；南京市私立各小学编：《京市小学生演讲集》，儿童书局，1934 年 9 月；……依据此批资料，新民会编纂了大量青年读物，毒化青年思想：《新民青年讲坛讲演集》（第二辑），新民会新民青年运动实施委员会编印，1939 年；《新民青年讲坛讲演集·第三辑》，新民会新民青年运动实施委员会编印，1940；新民会中央总会著：《新民青年读本》（卷一），新民会中央总会弘报室出版，1941 年；《新民青年读本》（卷二），新民会中央总会弘报室出版，1941 年；《告全华北青少年：青少年团团员手册》，新民会中央总会宣传局第三科编印，1942 年。

③　《国共相克宣传计划大纲》，《新民会报》1943 年 9 月 21 日，第 238 号，1 页。

④　如由新民会宣传局第三科编辑，刊登于《新民会报》上的栏目《杂志·新闻资料分类汇报（第七号）》（见《新民会报》，1944 年 1 月 1 日，第 284 号，13 页）。此外，相关科室编辑出版的资料还有《新民会与农民的关系》，新民会中央指导部宣传科编印，1938 年等。

的机构，这对于抗战时期出版机构的整体研究以及个案研究有较大参考作用。特别是其中有关国民政府及国民党出版物方面，材料较为丰富。粗略统计，涉及国民政府国民党出版的相关机构约有数百余家（见表 2）。另一方面，这些文献的装帧风格、印刷方式、版本信息等特征也为版本研究提供了丰富的材料。由于其专题资料的性质，这批文献集中了抗战时期不同出版社出版的，有关中国人民抗日思想活动、国民党党义学说以及中国革命思想理论等内容的各种版本的图书①。尤其是其中有关马克思主义理论学说的新善本文献，为马克思主义经典著作的版本研究提供了相关材料（见表 3）。

（4）最后，就丰富国家图书馆馆史研究而言，它也提供了重要的补充材料。目前学界对于抗战时期国立北平图书馆在昆明后方馆务活动研究较为丰富，而对北平留守地区研究较少，其中，有关国家图书馆与新民会关系探讨的文章几乎处于空白阶段，这批文献则为我们提供了相关材料。

新民会相关资料中曾提到禁书目录的编纂规模较大："地方亦须依据《禁止图书目录——抗日之部》（第一辑）对于学校、图书馆等重加调查为荷（目录之第二、三辑，已准备逐次刊行）。"② 限于时间、人力、资料等因素，笔者目见仅此五本，其他部分目录及相关资料可能因故未能出版。如已出版，从新民会禁书活动范围推测，或许存于北京其他图书馆。此外，新民会禁书封面除了盖有新民会等字样印章外，还盖有"伊"字红色印章，其含义因材料原因，尚不明确，上述资料与问题有待日后进一步补充探讨。

附表 1　新民会机构变化与禁书活动（1937—1944 年）

新民会发展阶段	第一阶段	第二阶段	第三阶段
时间	1937 年 12 月 24 日新民会创立—1940 年 3 月 1 日与宣抚班合并	1940 年 3 月 1 日与日本军方所属宣抚班合流—1941 年 5 月中央机构改革	1941 年 6 月 1 日殷同耕就职—
性格	翼赞性格	宣传性格	指导性格

---

① 例如，有关国民党方面图书馆有：孙文：《民权初步》，三民公司，1929 年 10 月；孙文：《民权初步》，商务印书馆，1927 年 5 月；胡汉民：《胡汉民最近言论》，三民公司，1928 年 11 月；大东书局辑集：《胡汉民最近言论集》，大东书局，1928 年 9 月。

② 《第二回地方责任者联络会议记录（摘要）》，《新民会报》，1939 年 8 月 1 日，第 34 号，17 页。

续表

新民会发展阶段	第一阶段	第二阶段	第三阶段
工作重心	"收拾残破安抚流亡，翼赞临时政府施政，致力于恢复地方秩序，安定人民生计，并在剿灭共产党上，唤起民众"	"更致力于宣抚教化的军事政治工作，以期确立华北治安，由收拾残破进而开始建设，更进而为中国更生和东亚和平树立基础"。	"新民会将代表并综合华北民众的意志，加以合理的高扬，以指导今后的政治，经济，文化之动向，以期激发国民精神，革新国民生活，统一国民理念，完成国民组织"
口号	维持新政权		
禁书负责机构	中央指导部总务部调查科	1940 年 5 月 15 日，新民会发布第五号会令，中央事务总部下设设计部，设计部内分企划、调查、资料研究室诸科。①	1941 年 5 月，"中央事务总部为辅佐部长计，除设专任参事室外，并设弘报室及研究资料室于其隶属下"。②
负责禁书事项	调查没收图书，"禁书之整理"，"禁书目录之编辑"③	"资料科为供给会工作必要资料之机关，现在北京市内各大学图书馆已经接收，关于'抗日'、'国民党'、'社会主义'等图书，既行整理，编成庞大目录④"。	研究资料室掌管："一、关于调查会运动之必要事项；二、关于研究会运动之基本事项；三、关于基础资料之搜集整理事项。"⑤

（除标注部分，其余资料来源：《新民会与新国民运动》，中央电讯社《时事通信》，1944 年 5 月 25 日，第 27 期：1—2）

---

① 《冒暑彻底讨论本会之工作　第一回　直辖总会事务主任者会议》，《新民会报》1940 年 8 月 20 日，通卷第 72 号，28 页。

② 《中央总会断行机构改革》，《新民会报》1941 年 5 月 10 日，第 134 号，2 页。

③ 《总务部调查科六月下半期工作摘要》，《新民会报》1938 年 7 月 1 日，第 7 号，7 页。

④ 《指示设计部关系事项》，《新民会报》1940 年 8 月 20 日，第 72 号，27 页。

⑤ 《中华民国新民会中央机构分科规则》，《新民会报》1941 年 5 月 16 日，第 136 号，1 页。

附表 2 国民政府及国民党相关的出版机构（1937—1944 年）

国民党中央党务机构	国民党地方党务机构	国民党中央政府机构	国民党地方政府省级机构	国民党地方政府市级机构	国民党军事机构
中国国民党中央执行委员会及所属组织部、宣传委员会、民众运动指导委员会、民众训练委员会、党史史料编纂委员会	中国国民党北京特别市党部、天津党务整理委员会	国民政府主计处、国务院统计局	直隶实业厅、河北省政府宣传股、山东省政府秘书处第四科、山西省教育厅、河南省政府	北平市党务整理委员会、天津市政府秘书处、青岛市教育局	军事委员会政治训练部、军事委员会委员长南昌行营
中国国民党中央监察委员会	中国国民党上海特别市执委会宣传部、中国国民党江苏党务整理委员会	行政院	绥远省政府秘书处、热河教育厅、察哈尔省教育厅秘书室、黑龙江省政府秘书处、吉林省政府教育厅、辽宁省政府秘书处、东省特别区教育厅	上海市教育局、南京市政府秘书处编译股、杭州市政府教育科	陆海空军政治训练部

续表

国民党中央党务机构	国民党地方党务机构	国民党中央政府机构	国民党地方政府省级机构	国民党地方政府市级机构	国民党军事机构
中国国民党中央宣传委员会	湖北省党务指导委员会宣传部、中国国民党汉口特别市党务整理委员会、中国国民党湖南省执行委员会	国民政府内政部、中华民国国民政府外交部、财政部盐务署、审计部秘书处统计科、农商部公报编辑处、农工部总务厅、工商部总务处编辑科、实业部农林部公报处、中华民国建设委员会及所属编译委员会、全国经济委员会所属蚕丝改良委员会、公路处、交通部总务厅、铁道部总务司、赈务委员会	浙江省政府秘书处、江苏省政府秘书处、江西省政府秘书处、安徽省政府教育厅	江西九江市政委员会、南昌市政委员会	国民革命军总司令部兵站总监部卫生处、国民革命军第一集团军总司令部政治训练处、第三集团军总政治训练部、第四集团军总政训处、国民革命军第十七军司令部
中央统计处	中国国民党广东省执行委员会青年部、中国国民党福建省党务指导委员会	教育部、电影检查委员会、蒙藏委员会、中央侨务委员会	湖北省政府公报处、湖南省政府秘书处	武汉市市政府秘书处编译室、汉口市政府	军政部陆军署军医司

续表

国民党中央党务机构	国民党地方党务机构	国民党中央政府机构	国民党地方政府省级机构	国民党地方政府市级机构	国民党军事机构
	国民党云南党务指导委员会、广西省党务整理委员会	立法院秘书处统计科、司法行政部、考试院秘书处	广东省政府秘书处、福建省政府秘书处第三科	广州市政府、汕头市市政厅总务科	海军部
	国民党各省市党部联合办事处		甘肃省政府、青海省政府公报局	成都市政府秘书处	陆军第十师司令部、陆军第十八军军工厂
			陕西省政府秘书处、四川省政府秘书处、贵州省政府秘书处、云南省政府秘书处、广西省政府		中央军事政治学校政治部、中央陆军军官学校政治训练处、中国国民党童子军司令部
			西藏班禅驻京办公处、蒙古各盟旗联合驻京办事处		中国国民党国民革命军陆军第八师中国国民党童子军司令部

附表3　国家图书馆藏禁书中的新善本文献

题名	作者	译者	出版社	出版时间
哲学之贫乏	［德］马克思	许德珩	北平东亚书局	1932 年 7 月
哲学之贫困	［德］卡尔·马克思（Karl Marx）	杜竹君	水沫书店	1929 年 10 月
资本论解说	［德］波洽特	李云	昆仑书店	1929 年 11 月

续表

题名	作者	译者	出版社	出版时间
资本论解说	［德］考茨基	戴季陶	民智书局	1929 年 10 月
马克斯的经济学说	［德］考茨基（K. Kautsky）	汪馥泉	［神州国光社］	［1930］年 5 月
马克斯经济学说	［德］柯祖基（K. Kautsky）	陈溥贤	商务印书馆	1920 年 9 月
马克斯主义经济学	［日］河上肇	李季	上海人民出版社	1932 年 4 月
马克斯主义经济学	［日］河上肇	温盛光	启智书局	1928 年 11 月
辩证法的唯物观	［德］狄慈根	杨东莼	昆仑书店	1929 年 7 月
辩证法唯物论	［德］狄根芝	柯柏年	上海联合书店	1929 年 9 月

第三部分

资源建设

抗战时期国立北平图书馆
西南民族文献采访工作述论及启示

柳　森

摘　要： 少数民族文献与汉民族文献一样，不仅是中国各民族精神文化的重要载体，而且是中华民族凝聚力与文化竞争力的核心所在。抗战时期，国立北平图书馆抓住馆务西迁昆明之机遇，审时度势、因地制宜，为了保存独具特色的西南民族文献，避免文化资源湮没毁坏或流失外邦，委派著名学者万斯年、马学良先生前往云南丽江、武定等少数民族地区，以负责精神和专业知识为本馆集中采访了数量颇丰的彝文、东巴文、哥巴文等西南民族古籍文献。此举不仅丰富了本馆的少数民族文献馆藏，更为保护和发展中华民族文化做出了不可磨灭的贡献。同时，此次采访工作也为现今本馆少数民族古籍文献采访工作提供了重要启示。

关键词： 国立北平图书馆；西南地区；民族文献；采访；启示

地处祖国西南边陲的云南，自古以来就是众多民族共存共融之区，亦是中国少数民族文化繁荣发展之地。抗日战争期间，为了保存独具特色的西南少数民族文献，避免文化资源湮没毁坏或流失外邦，受北平图书馆委员会指派，著名学者万斯年、马学良先生历尽艰险、不辞辛苦，以其扎实的专业知识为基础，为国立北平图书馆专项收集了数量颇丰的彝文、东巴文、哥巴文等西南民族文献。这不仅丰富了本馆的少数民族文献馆藏，更为保护和发展中华民族文化做出了不可磨灭的贡献。本文即以这批云南丽江纳西族古籍和武定彝族古籍的入藏过程为中心，对抗战时期国立北平图书馆西南民族文献采访工作展开论述，并重点讨论其对现今本馆少数民族古籍文献采访工作的启示。

一、采访工作之背景

抗战时期的西南地区，既是正面战场的指挥枢纽，也是重要的后方战略基地和文化教育中心。由此，受地缘因素影响，以少数民族语言文献为代表的西南文献的重要性日益凸显，成为中外各方人士采访与研究的热点。其中，除了中国的有关机构与专家学者参与其中外，美、英、德、法等外国学者、藏家也纷至沓来，伺机搜掠西南地区的珍贵文化遗产，此举极大地破坏了中国少数民族古籍文献及其所代表的民族文化的完整性。不过，应当指出的是，相对于远涉重洋而来的外国学者，因受当时国内政局动荡、交通信息不畅及传统"华夷之辨"的民族文化观念影响，在抗战开始之前，国内主流专家学者及公、私文化教育机构，并未对少数民族聚居的祖国西南地区的文献采访工作予以足够重视。对此，有学者认为："西南文献，在抗战以前，恒少为人注意，也因区域遥远，交通艰险，不易实地搜访。但就国防、地理、民族、语言诸端而言，西南地位均极重要，不在他省之下。抗战进入高潮，后方地位加强，人口增多，许多图书馆和学术机关接踵南迁，西南宝藏，才开始吸引大家的注意。"[①]

对此，国立北平图书馆审时度势、因地制宜，馆委员会于 1938 年 3 月制订了《国立北平图书馆昆明办事处工作大纲》，即将抢救性采访西南文献置于文献采访工作之首。在此期间，国立北平图书馆以守护民族文化宝藏为己任，克服经费紧张、人员短缺等诸多困难，抢救民族典籍、搜访西南方志、传拓滇南碑刻，同时特辟西南文献室，分类陈列以服务读者。这批西南文献内容广博、领域众多，带有浓郁的民族特色，是中华民族"和而不同、多元一体"文化格局的重要标志。因其时国立北平图书馆主体驻于昆明，其西南文献采访工作自然是以云南为活动半径而展开，其中，对云南境内的少数民族文献的抢救性搜访即为重中之重，而丽江纳西族古籍和武定彝族古籍的入藏，即是这一时期采访工作成果的直接体现。

二、采访工作之过程

（一）万斯年只身搜访东巴文古籍

纳西族的文字包括两种不同体系的文字，一种是图画象形文字，纳西语称为"森究鲁究"（森即"木"、鲁即"石"、究即"痕迹"，意为"刻在木石上的痕迹"），约有 1300 多个。另一种称为"哥巴特额"（即哥巴文），是标音音节文字，"哥巴"意为"弟子"。这两种文字多为纳西族经师"东巴"（意为"智者"）抄写经文时使用，因此统称为"东巴文"，抄写的经书称为"东巴经"。东巴经一般用本地一种木本植物皮所制厚绵纸书写订册而成，长约 8—9 寸，宽约 2 寸。经文从左至右横写，一般每页 3 行，每行约有两三个直线分段，用以锅底灰拌胆汁制成

---

① 徐家璧：《袁同礼先生在抗战期间之贡献》，朱传誉：《袁同礼传记资料》，台北天一出版社，1979 年，19 页。

的墨及自制的竹笔书写。东巴经所载内容丰富多彩、包罗万象，因此，东巴文古籍文献也被视为古代纳西族社会的百科全书，其文字学研究价值与历史研究价值不言而喻。

目前，大多数学者认为纳西族的东巴文创制于公元 7 世纪的唐初，因其年代久远、流传至今且仍在小范围使用，因此被誉为"当今世界上唯一活着的象形文字"。2003 年，在波兰格但斯克召开的联合国教科文组织世界记忆工程咨询委员会第六次评审会上，由世界记忆工程中国国家委员会申报的东巴古籍文献，经评委审议表决，被列入《世界记忆遗产名录》。由此，东巴文古籍也成为中国少数民族首项世界记忆遗产。这充分体现了纳西族东巴文古籍的稀缺性，同时也证明了其在世界范围内的重大影响力，以及长期以来西方世界对纳西族东巴文古籍重要价值的重视与认可。

事实上，最早发现东巴古籍重要价值并加以重视的，恰恰就是那些在中国抗战时期"潜入"云南丽江地区的西方传教士、学者。丽江地处云南西北部的滇、川、藏三省交界地带，境内聚居着具有悠久历史的纳西族人。在抗战期间，由于其族源关系和活动地域关系，纳西族的东巴象形文字以及相关典籍，亦成为一些西方学者研究和搜集的热门文化资源。例如，美国传教士约瑟夫·洛克于 1921 年 2 月起在滇西北等地区收集东巴经手稿，历时 28 年之久，先后购得 38000 余册。1944 年，美国罗斯福总统之长孙昆亭·罗斯福也在丽江收集到 1861 册东巴经典。西方学者、传教士、藏家对东巴文古籍的搜访活动，虽然催生了纳西文化的国际热潮，但也导致了中国珍贵的纳西族东巴文古籍大量流失海外。

为了避免珍贵的中国少数民族古籍文献进一步外流，身处云南昆明的国立北平图书馆相时而动，义不容辞地承担起了保护纳西族东巴文古籍的文化重任。1941 年 7 月，国立北平图书馆委派当时正在云南从事文献征集工作的馆员万斯年先生，前往丽江地区专项搜访纳西族东巴文古籍。

万斯年（1908—1987），字稼轩，江西九江人，著名历史学家、文献学家，1931 年至 1951 年任职于本馆，主要从事中国少数民族文献及边疆史地文献的采访、整理与研究工作。1941 年 7 月 15 日，万斯年先生奉命从昆明出发，于 8 月 8 日抵达丽江，驻扎约 15 个月，并于 1942 年 11 月 8 日离开丽江。万斯年先生抵达丽江中旬之后，立即着手与当地大姓和东巴经师建立良好关系，在逐渐熟悉了当地的民风民情后，为了采访工作的顺利开展，其采取了本人与委托两种方式，对东巴文古籍进行抢救性采访。最终，此项采访工作圆满完成。万斯年先生在其工作报告中做了以下总结："自我馆迁滇，注意西南文献，二十八九年间曾由周汝诚君在丽采访，并经编目，凡共五百四十七册。斯年抵丽，努力推进，亲至各东巴居住所在访购，并委托东巴和士贵、和之介、和明道、和芳，以及丽江东巴教代表和奉书四出至南山等地采访，至离丽时止，共又入藏三千二百余册。"①

这批文献对于国立北平图书馆来说，意义重大。其与此前周汝诚先生为本馆购藏的 547 册东巴文古籍经典合二为一，共同构成了本馆十分珍贵的东巴文古籍专藏。同时，这批东巴文古籍不仅数量较大，内容丰富，并且具有较高的史料价值。例如，"东巴古籍《创世纪》记录了从九弟兄七姐妹互相婚配的血缘家庭的群婚制到忍利恩找到衬红褒白的对偶婚制的发展变化过程，完全可以看作是纳西族先民从群婚制向一夫一妻制婚姻过渡的真实写照，是研究纳西社会状态变化和婚姻形式变化的重要历史记录"②。此外，这批古籍还具有极高的版本价值。其版本类型包括：东巴文精写本、绘像本及彩绘本、封面装饰本、圣手写本、校读本等多种版本。同时，其中不乏珍善版本，如在精写本中，"其中有一册为祭迷马经，全经之中，所绘马之状态，亦即所写'马'字，形形色色，为状悉皆不同，其生动精彩，即百马图无以过之。且一般经典多为黑墨水写于白裱纸上，本馆入藏者，无论象形字，或更巴字之经典，以白粉写于黑纸经册中者，俱各有之，已不多得"③。

对于万斯年先生只身前往丽江为国立北平图书馆搜访珍贵东巴文古籍的这段历史，此后曾与之共同进行抢救性采访彝文古籍工作的马学良先生，在数年后的回忆中发出了以下评论："万斯年先生当时任职于北京图书馆，是一位热心于少数民族文化事业的学者。抗日战争时期，许多文化单位，避地西南边陲，万先生只身深入各民族地区，为北京图书馆搜集大量行将遗失或被外国人掠夺的民族遗产。如万先生先后在云南丽江纳西地区收集的三千余帙纳西图形文字就是美国人洛克劫余的珍品。洛克久居丽江，专事搜劫纳西文字经卷，而今收藏于美国国会图书馆。1984 年我在美国，专程去国会图书馆参观纳西经卷收载室，但见室内庋藏纳西经卷高大的书架壁立室中。据管理员说，现正由台湾纳西文专家李霖灿先生在编目。面对祖国稀世文化遗产，长嘘不已。当时我立即想起万斯年先生跋山涉水在玉龙雪山收集纳西文残卷，虽说是劫余，也算得为祖国抢救民族文化遗产建立了奇功！"④

（二）马学良、万斯年共同采访彝文古籍

彝族是一个古老的民族，现主要分布于四川、云南、贵州、广西等地。彝文在汉文史书中被称为爨（cuàn）文、爨字、倮倮文、罗罗文、韪书等，而以此为载体的彝文古籍也正是彝族文化的全方位记录。

当然，外国传教士、学者对彝文与彝文古籍的价值发现得最早。"据杨成志考证，外界发掘彝文，最早是西方的法国传教士 Grabouillet、英国探险家 Baber、法国

---

① 万斯年：《迤西采访工作报告》，《图书季刊》1944 年第 3 期，118 页。
② 谭莉莉：《珍贵的纳西族东巴经历史档案》，《档案学通讯》2005 年第 5 期，93 页。
③ 万斯年：《迤西采访工作报告》，《图书季刊》1944 年第 3 期，118 页。
④ 马学良：《追念万斯年先生彝区访书遗事》，《北京图书馆馆刊》1992 年第 2 期，107—108 页。

汉学家伯希和（Peliot）和 Charria 等人"①。不过，相比于东巴文古籍的收集与研究，国内学者对彝文古籍的收集与翻译工作开展得较早。1914 年，著名地质学家丁文江先生在西南地区进行地质调查，在其途经云南武定县环州村时，从彝族土司处获赠一册彝文古籍《占吉凶书》，这使其对彝文产生了浓厚兴趣，并开始注意收集彝文古籍。1929 年，丁文江先生结识了彝族老人罗文笔，约定由罗文笔将其家中珍藏的彝文古籍和丁文江先生搜集的彝文经典译成汉文。1936 年 1 月，时任中央研究院总干事的丁文江先生将自己搜集整理的彝文古籍交由商务印书馆出版，定名为《爨文丛刻》。全书收录《千岁衢碑记》、《说文（宇宙源流）》、《帝王世纪（人类历史）》、《献酒经》、《解冤经》（上卷）、《解冤经》（下卷）、《天路指明》、《权神经》、《夷人做道场用经》、《玄通大书》、《武定罗婺夷占吉凶书》11 种彝文古籍，该丛书是公开出版的第一部彝文古籍巨著。不过，直至此时，对彝文古籍的系统收集与整理工作，仍仅限于学者范围，尚未有公立文化机构对彝文古籍加以系统收藏整理。在此背景下，1943 年，马学良、万斯年两位先生受国立北平图书馆委派，前往云南武定，共同采访了珍贵的彝文古籍。

马学良（1913—1999），字蜀原，山东荣成人，著名语言学家、民族教育家，中国少数民族语言文字、彝族古籍与文化、民间文学及双语教学和研究的先驱。1938 年毕业于北京大学中文系。曾在中央研究院历史语言研究所、中央大学、东方语专、北京大学东语系等单位任职。1951 年调至中央民族学院。

1943 年 3 月，当时身为中央研究院历史语言研究所助理研究员的马学良先生正在云南禄劝、武定彝区进行田野考察，当其得知那氏土司那安和清有出售家藏古彝文典籍之意后，唯恐这批珍贵彝文古籍流散国外，于是，其在规劝那氏土司勿将彝文古籍售予外人的同时，立即函请中央研究院历史语言研究所所长傅斯年先生及时购置。因经费不济，傅斯年即刻将此彝文古籍出让信息转告国立北平图书馆代理馆长袁同礼先生。国立北平图书馆为保留民族典籍的长远之计，立即呈请教育部划拨专项经费予以支持，并于当年 6 月委派万斯年先生前往征购。由此，万斯年先生在刚刚完成纳西族东巴文古籍等西南文献采访工作后，又立即投身到搜访彝文古籍的紧张工作中。

应该指出，此次彝文古籍采访工作的核心人物是马学良先生。马学良先生具有与之相关的专业背景，这是其能够以专业视角及时发现并判断这批彝文古籍重要价值的基本前提。1941 年，马学良先生由北京大学文科研究所研究生毕业，其专业方向为音韵学，即与彝文古籍相关，同时，"马先生的《撒尼倮语语法》毕业论文（后来以《撒尼彝语研究》为名出版）成为中国第一部用现代语言学理论描写实地语料的少数民族语言学著作"②。另一方面，马学良先生此前一直在云南少数民族

①　欧阳哲生：《中国的彝文研究从丁文江开始》，《中国民族报》2009 年 2 月 27 日，7 版。
②　赵杰：《马学良——永远的榜样》，《民族团结》1999 年第 6 期，52 页。

地区尤其是武定彝区进行田野考察，从而了解当地民风民情，同时也与当地彝族群众建立了良好关系。这些实践与情感基础，均为此次彝文古籍采访的顺利完成提供了必要条件。1937 年，马学良先生担任著名学者闻一多先生的助手，在西南少数民族聚居区进行田野考察。两年后，其师从著名语言学家罗常培、李方桂先生，深入彝区实地调查云南撒尼彝语。其间，其不仅拜毕摩为师学习彝族语言文字，还认真研习彝族礼俗。正是这些实践经验在此次彝文古籍采访中发挥了重要作用。

1943 年 6 月，万斯年先生栉风沐雨、历经艰苦，来到交通不便的武定彝区后，立即与马学良先生一起开始对这批彝文古籍进行鉴定。经认真审订，二人确认这批彝文古籍具有重要的学术价值与文物价值。此后，进入了古籍采访工作的最关键阶段，即谈判阶段。据马学良先生回忆，"彝族视其经典为神明，多供奉于其家中的神龛上，因而我和万先生几经周折，我们晓以传授彝文、保存彝族文化的意思，才取得土司那安和清的应允。"[①] 同年 11 月，在耐心细致的说服和艰难的谈判之后，那氏土司深明大义，以国币 9 万元的价格将家藏彝文古籍以出让并捐赠的形式，归诸国立北平图书馆。需要指出的是，这 9 万元购书款对于当时经费捉襟见肘的国立北平图书馆而言，并非是小数目。据 1943 年本馆馆务报告记载："本年预算比照上年度略有增加，计经常费为 185448 元、临时费为 7000 元，专作为购书之用。"[②] 因此，本馆立即呈请教育部划拨专款以助购藏。当然，此举更展现了本馆坚持民族文化平等的信心与着力保护少数民族古籍文献的魄力，而这种不遗余力的搜采精神也影响至今。

这批彝文古籍计有：彝文写经 507 册、卷子 1 轴、刻经 15 册、雕版 15 块，另有汉文档册 12 册。其入藏对本馆意义非常，"填补了馆藏文种的空白"[③]。同时，这些彝文古籍也是研究彝族语言文字、宗教哲学、社会历史、文化教育及民族关系的宝贵资料。正如袁同礼先生在 1943 年 12 月 11 日给教育部的报告中所言："（这批文献）数量虽不甚多，但均为世所罕见，对于西南民族之语言文化历史制度之研究，有绝大之参考价值。"[④] 其中，《指路经》是追悼亡灵时由经师毕摩念诵的，将死者灵魂引导至彝族六祖发祥地，由途中所经地点即可考证出彝族历史上的迁徙路线。而《劝善经》更是研究彝族哲学思想及其伦理道德教育以及彝汉文化交流历史的重要参考史料。马学良先生对此书颇为重视，其在当年的整理工作中即发现了此书的重要价值："书中以道家《太上感应篇》的章句为母题，于每章之后加释义与解说，全文约 22900 字，为今存明版彝文古籍中内容丰富、字数最多的一部彝文著作。继而又于丛书堆下发现书的刻版十几方，证明该书原是由土署刻版印行的。"[⑤]

①　马学良：《追念万斯年先生彝区访书遗事》，《北京图书馆馆刊》1992 年第 2 期，108 页。
②　《国立北京图书馆馆务报告（民国三十二年度）》，1943 年，27 页。
③　彭学云：《少数民族文献在图书馆的价值及利用》，《北京图书馆馆刊》1996 年第 2 期，44 页。
④　李致忠主编：《中国国家图书馆馆史资料长编（1909—2008）》，国家图书馆出版社，2009 年，334 页。
⑤　马学良：《追念万斯年先生彝区访书遗事》，《北京图书馆馆刊》1992 年第 2 期，108 页。

此外，这批彝文古籍还具有重要的版本价值，其中，珍本与孤本较多。例如："馆藏的彝文《劝善经》有三种不同的版本，除了 2 册为手抄本之外，15 册属于两种版式完全不同的明代木刻本，是彝文典籍中稀有的木刻本。馆藏的《彝文六部经书》是明嘉靖四十四年（1565）抄本，为已知彝文典籍中最早的抄本。馆藏的彝文典籍《益博六祖史》都是清代的写本或抄本，最早的是清康熙四十九年（1710）的写本，其次为清乾隆三十二年（1767）、三十四年（1769）、五十八年（1793）写本，较晚的是清道光七年（1827）、十二年（1832）写本。目前各地收藏的彝文典籍大多数都没有抄写年代，这些有确切年代落款的清康乾抄本更显得珍贵"①。

三、对现今本馆少数民族古籍文献采访工作的启示

一方面，抗战时期，国家时局动荡，社会运转失常，加之经费异常紧张，作为一个公立文化服务机构，国立北平图书馆能在如此艰难困苦的社会条件下，在东巴文古籍与彝文古籍为代表的西南民族文献采访工作中取得一系列重大成果，实属难能可贵。另一方面，也应该注意到，正是这个"特殊时期"给此项工作带来了"特殊机遇"。事实上，此前，受中国传统民族观念影响，本馆对中国少数民族文献尤其是地理位置相对偏远的西南地区的少数民族文献采访工作的重视程度并不高。因战事所迫，国立北平图书馆西迁昆明，文献采访工作重心亦随之调整并向西南地区倾斜，而这也正为本馆的西南民族文献采访工作带来了前所未有的历史机遇，由此，对西南少数民族古籍的专项采访得以提上日程并高效实施。同时，其深远意义在于，相比于之前仅重视满、蒙古、藏、西夏等几种少数民族文献的采访，这也为本馆的中国少数民族文献"全面性"采访工作打开了"一扇窗"。当然，从历史唯物主义观点出发，对本馆在当时特定历史时期、特殊环境条件下所取得的这一重要工作成果，应该有审慎且清醒的认识和考量。除了对其时这一采访工作及其重要成果加以肯定之外，更应该从中提炼出一些对现今本馆少数民族古籍文献采访工作的重要启示。

（1）"吃苦精神诚可贵，专业知识价更高"。如上文所述，万斯年与马学良二位先生在此次西南少数民族古籍文献采访过程中发挥了关键作用。诚然，他们个人所秉持的文化救亡的使命感与吃苦耐劳的责任感对于此次文献采访工作的顺利完成是十分重要的，但如果他们仅有一腔热情，而无相关专业知识做基础支撑，则这项重要工作既无缘开展更无法完成。在东巴文古籍采访过程中，万斯年、周汝诚先生均对纳西族历史文化和语言文字有一定的认识和研究，其中，周汝诚先生不仅精通东巴文，还协助万斯年先生用汉文和音标译注了东巴文。而在彝文古籍采访过程

---

① 　杨怀珍：《国家图书馆藏彝文典籍概述》，《文献》2010 年第 2 期，174 页。

中，马学良先生本人即熟悉彝文、彝语。由此可知，熟悉少数民族语言文字，即是开启少数民族古籍文献采访工作的一把"金钥匙"。推而广之，这正体现出专业知识对本馆文献采访尤其是少数民族古籍文献采访工作的重要性。对此，张廷银先生做过有益的讨论："抗战时期直接参加西南文献征集活动的万斯年、范腾端等人，既是图书馆的职员，同时又是某个方面的专家或学者。他们不可能对所有的学科、所有的知识以及所有的文献都了如指掌，但坚实的学术素养和敏锐的专业意识，却可以使他们对一些具有特殊价值的图书表现出异常的敏锐认识，并采取坚定的自觉的保护行动。现代图书馆采选人员整体的工作热忱和牺牲精神当然是无可置疑的，但客观地讲，这种热忱只是一种职业热忱，而不是事业热忱，因为出于事业心的热忱是包含热情在内的做好这项事业的基本素质和条件，但其中最主要的是专业素质和专业能力。"① 此外，这种必要的专业能力不仅有利于少数民族古籍文献采访工作的开展与完成，更有利于古籍入藏之后一系列业务工作的顺利进行，如周汝诚先生即在采访到这批东巴文古籍后，立即开展了整理、分类及翻译工作。

　　同时，本馆也可聘请中国少数民族语言方面的知名专家学者，成立专门性的"少数民族古籍文献采编咨询专家委员会"，以利于相关采编工作的顺利开展。事实上，早在1943年11月1日，本馆即邀请当时的文献专家，成立了旨在推进图书目录编印工作的"图书目录编印委员会"，其成立缘由是："中国图书浩如烟海，又益以东西各国典籍，愈觉纷繁，非有博学多闻之士未足以胜编校著录之功，本馆编目部职员固皆具有专门之学，而包罗众籍、融会贯通，亦或力有未能。本会敦聘各委员皆系艺林耆宿、文化名流，借其卓识作我南针，以匡谬正误，俾无见间缺。"② 现在看来，这种专家委员会的设置对如今仍有一定的借鉴意义。

　　（2）尊重并适应少数民族及民族地区的风俗习惯。熟悉少数民族语言文字，不等于熟悉此民族和当地的风俗习惯和社会环境。在少数民族古籍文献采访过程中，尊重并适应少数民族及民族地区的风俗习惯非常重要，这关系到采访工作能否顺利进行。在这一问题上，应当指出，万斯年先生在云南武定彝文古籍采访工作中也曾遭遇过尴尬与挫折。据马学良先生回忆，"在接洽彝文经书的过程中，曾有段小插曲。彝族自称'纳素'或'馁素'，旧时代多称之为倮㑩，他们认为这是一种诬蔑的称呼，尤其在所谓土司官家面前更不能呼为倮㑩。万先生因为不知道这是侮称，所以与土司面谈中，曾以倮㑩呼之，因而引起土司的大忌和反感，要家奴转告我勒令万先生立即离开慕莲辖区，否则不负责他的安全问题。这不但是下了逐客令，而且有生命的危险，我想种种办法遣人保护万先生安全到达昆明。后来我们在昆明重聚，万先生感叹地说，为了这批经书，险些丧了性命。这虽是事后戏言，犹有余

　　① 张廷银：《收集地方文献须责任与识见并驾而行——抗战时期北平图书馆收集西南文献述论》，《国家图书馆学刊》2005年第1期，27页。
　　② 《国立北京图书馆馆务报告（民国三十二年度）》，1943年，8—9页。

悸，也说明当时取经之艰难。"① 民族风俗习惯，指的是一个民族在生产、居住、饮食、衣着、婚姻、丧葬、节日、庆典、礼仪、称谓等物质文化生活上的共同喜好、习尚和禁忌。民族风俗习惯本身就是各民族在长期历史发展中逐渐形成的，更是其民族文化的一部分。在日常生活和工作的接触过程中，任何不尊重少数民族风俗习惯的言行，即便是开玩笑，都容易刺激以致伤害民族感情，不利于民族团结。因此，尊重少数民族的风俗习惯，即尊重其民族文化。唯有如此，才能在维护民族团结的基础上，与其建立良好的情感沟通与基本信任，才能为少数民族古籍采访工作打下坚实基础。

（3）研究专业多元化。当然，如同万斯年先生一样，既是馆员又是学者尤其是图书馆学专业之外的专业研究人员，是很不容易遇见和培养的。而民国时期以及新中国成立初期，本馆亦曾出现过著名学者云集的情况，但那毕竟是特殊时期、特定历史环境或特殊政策条件下的产物。在当今和平年代的市场经济条件下，欲重塑当年辉煌，则通过政策或经济手段均不太现实。因此，本馆应注重强化自身造血功能，注意内部人才培养。本馆应该抓住近年来入馆毕业生学历层次不断提高、专业背景日益丰富的有利契机，在坚持岗位成才基本原则的同时，也可以引导他们以各自的专业背景为基础，实现研究专业的多元化发展方向，最终实现"百花齐放"式的专业成才。这不仅有利于文献采访、编目、阅览、研究等图书馆基础业务工作的高效开展，更有利于提升本馆的学术知名度与社会认可度。可喜的是，国家图书馆研究院即已对此展开了行之有效的工作并取得了诸多成果。但是，应该以此为基础，借助本馆的人才优势与资源优势，将专业研究人才的培养范围和专业范围由图书馆学、古典文献学而逐步扩大，从而打造一支专业研究人才群落。

（4）注意保证少数民族古籍文献的完整性。众所周知，由非正常渠道而流失海外的中国少数民族古籍文献多属精品，缺失了这部分文献，中国少数民族文献的完整性就相应受到影响，而与此相应的"多元一体、和而不同"的中华民族文化也就缺少了应有的完整性，这不仅是中国文化的巨大损失，也是世界文化的必然缺憾。因此，在少数民族古籍文献采访过程中，在切实做到"去粗取精"的同时，还应该注意保证古籍文献的完整性，从而完整且真实地保存并进一步展示其所代表的少数民族文化的整体性面貌。

---

① 马学良：《追念万斯年先生彝区访书遗事》，《北京图书馆馆刊》1992 年第 2 期，108 页。

抗战期间北平图书馆的金石文献业务工作

赵爱学

摘　要：本文根据国家图书馆馆史资料全面梳理抗战时期北平图书馆金石部机构、人员变迁及业务范围，金石部开展的采访、编目、编纂出版、社会服务等方面的史实和成就，简单梳理金石拓本南迁和运回情况，对抗战时期金石业务工作的开展进行了一定程度的评述。

关键词：抗战；北平图书馆；金石业务；馆史

"九一八"事变后，华北局势逐渐恶化，尤其是"长城抗战"失利后，平津危急。国立北平图书馆重组以来的良好发展势头被打破。时局动荡造成人心不稳，但馆务基本能保证持续发展。"此一年中，外侮日亟，国难日迫，同人深凛职责之重要，复惧来日之大难，兢兢自勉，量力以赴。……当兹举国惶惶占亡无日之中，本馆事业竟能继续发展，同人固引以自慰。"① "本年度当华北战事之后，惊骇甫定，大局粗安，本馆同人于懔慄之余，量力以尽典守之责，得获万全，滋为深幸。"② 全面抗战爆发后，业务工作无法正常开展，势必要进行相应调整。

我们拟从北平图书馆的金石文献业务这样一个微观角度，根据各年度《国立北平图书馆馆务报告》《国立北平图书馆职员录》《中国国家图书馆馆史资料长编》③及其他文献，全面梳理和分析金石文献业务工作在抗战特殊历史时期的表现。

一、机构、人员与业务范围

金石部是国立北平图书馆重组后所设八大部之一。"本馆近鉴于地下物质材料有时较书本为重要，其相互间之关系至密，决特设金石部以处理该项实物及墨

---

① 《国立北平图书馆馆务报告（民国二十一年七月至二十二年六月）》，1933 年。
② 《国立北平图书馆馆务报告（民国二十二年七月至二十三年六月）》，1934 年。
③ 《国立北平图书馆职员录》，王余光主编：《清末民国图书馆史料汇编》第七册，国家图书馆出版社，2014年；李致忠主编：《中国国家图书馆馆史资料长编（1908—2008）》，国家图书馆出版社，2009 年。此三种文献，本文所引业务报告相关内容一般不一一注明出处；《国立北平图书馆馆务报告》，简称为《馆务报告》。

本。"① 这说明当时对金石文献的重视，事实上，金石拓片也是历年收藏的重点。

（一）机构变迁

1929 年 8 月，国立北平图书馆与北平北海图书馆正式合组为新的国立北平图书馆。同年 11 月 28 日，教育部指令第 3066 号核准《国立北平图书馆组织大纲》14条，正式确定设立金石部，为北平图书馆八大部之一。

1937 年七七事变后，北平图书馆工作重心南移，各部之设虽仍保持，但已不能正常开展工作。1938 年 2 月，平馆成立由总务主任王访渔、善本部主任张允亮、编纂顾子刚三人组成的行政委员会，主持日常工作。1942 年平馆北平本部失守后，伪华北政务委员会教育总署改国立北平图书馆为"国立北京图书馆"，施行新的组织大纲，设总务、编目、阅览、善本四部，善本部下设金石组。抗战胜利北平图书馆复原后，北平图书馆组织架构发生变更。据 1946 年 6 月 28 日国民政府令准《国立北平图书馆组织条例》，北平图书馆下设采访组、编目组、阅览组、善本组、特藏组等 8 组，但各组领导为"组主任"，事实上应还是相当于"部"。据 1947 年 6 月5 日教育部训令第 30811 号调查教育复原情形及 7 月 4 日平馆呈送复原情形报告，金石业务不属特藏组和研究组，不知是否隶属善本组。1949 年至 1950 年设金石组，与善本组、舆图组等并列，1951 年，北京图书馆下设善本部、特藏部、总务部等，善本部下设金石股。1958 年，善本特藏部下设金石组，此架构延续至今。

（二）人员变动

主任是金石部业务工作开展的负责人。北平图书馆对部主任任职条件有明确要求。根据 1944 年 2 月 29 日教育部指令第 10078 号核准的《国立北平图书馆人员任用规则》，担任各部主任，需具有"曾任大学教授三年以上，对所司部门有丰富之学识与经验者""曾任省市立图书馆馆长，或专科以上学校图书馆主任三年以上"等，可见要求之高。1929 年，金石部初设，徐鸿宝以采访部主任同时兼金石部、善本部主任。1934 年 2 月，徐鸿宝辞去金石部主任，刘节任代理主任。1935 年 9 月，刘节离馆调燕京大学。同年 10 月谢国桢接任金石部代理主任②。1938 年谢国桢辞职。1939 年至 1940 年，梁启雄任金石部代理主任。各位主任皆一时之选，张秀民回忆袁同礼任馆长期间的工作精神和培养人才，提到多位学有专长的人才，其中就有谢国桢、刘节、梁启雄三位③。日伪统治下"国立北京图书馆"时期，顾子刚曾兼任善本部下属金石组组长。1943 年 4 月，顾子刚不再兼任，杨殿珣接任金石组

①　《馆讯·金石墨本之收藏》，《北平图书馆馆刊》第三卷第二号，1929 年第 8 期，298 页。
②　《委员会记录：第十九次（廿四年十月二日）》，《北京图书馆馆史资料汇编（1909—1949）》，书目文献出版社，1992 年，351 页。
③　张秀民：《张秀民自传》，《文献》1985 第 3 期，143 页。

组长①。

有关金石部工作人员，1929 年至 1938 年各年度《馆务报告》"本馆职员一览"及《北京图书馆馆史资料汇编》所附"工作人员名录"有明确记载。1937 年，全面抗战爆发后，金石业务不能正常开展，平馆本部相关业务由杨殿珣负责，平馆昆明办事处未细致划分业务工作，而是统筹安排，原金石部馆员范腾端负责线装古籍编目，万斯年等负责采访。后万斯年专司西南石刻传拓采集，范、万二位为平馆大力开展西南石刻文献采访做出了重要贡献。纵观抗战时期金石部的人员构成，我们可以发现有人员不够稳定的特点，自始至终未变者仅有范腾端一人而已。

表 1　金石部职员表（1929—1945）

年度	主任	馆员
1929—1930	徐鸿宝（兼）	赵万里（兼）　范腾端
1930—1931	徐鸿宝（兼）	赵万里　（兼办事） 范腾端
1931—1932	徐鸿宝（兼）	刘节　（编纂委员） 范腾端
1932.7—1933.	徐鸿宝（兼）	刘节　（编纂委员） 范腾端　孟桂良
1933.7—1934.6	刘节（兼代理主任）	范腾端　孟桂良 方荫吴　（书记）
1934—1935	刘节　（代理主任）	范腾端　杨殿珣
1935—1936	谢国桢　（代理主任）	范腾端　杨殿珣
1936—1937	谢国桢　（代理主任）	范腾端　梁启雄 黄仲　（书记）
1937—1938	谢国桢　（代理主任）	梁启雄 黄仲　（书记）
1939—1940	梁启雄　（代理主任）	黄仲？
1940—1945		（昆明办事处）　万斯年　范腾端
1942—1943（日伪治下）	顾子刚（兼组长） 杨殿珣（组长，1943 年 4 月接任）	

---

① 《国立北京图书馆馆务报告（三十二年度）》，1943 年，22 页。

　　金石部各员生平及事略：

　　徐鸿宝（1881—1971），字森玉，以字行，浙江吴兴人。金石学家、目录版本学家、文物鉴定家。1922年2月以教育部佥事兼任京师图书馆主任，后任图书部主任。北平图书馆重组成立后，兼任采访部、善本部、金石部主任。1933年辞去金石部兼任，采访部、善本部主任则担任至1937年度。曾任故宫博物院古物馆馆长，抗战期间参与主持故宫文物南迁。新中国成立后历任上海文物管理委员会主任、上海博物馆馆长、中央文史研究馆副馆长等职。

　　范腾端（1891—?），字九峰，湖南湘阴人。湖南群治法政专门警校毕业。1920年12月入京师图书馆工作①。1929年春，梁启超遗书决定寄存北平图书馆，范腾端去天津参与点收。1932年度，与刘节合作，编成多种馆藏金石文献目录，成就突出。期间曾向馆里借款"自费赴武昌图书馆学专校求学"②。1933年10月底，馆方派范腾端去南开大学图书馆，帮助编目整理延古堂李氏捐赠南开大学图书馆的7万余卷古籍，编成《天津延古堂李氏旧藏书目》2册。1934年秋回馆，仍在金石部工作③。平馆工作重心南移后，范腾端随馆长袁同礼先是到长沙，后到昆明办事处。在昆明期间，兼任编目组和庋藏组组员，曾参与传拓云南各地石刻，并继续从事石刻文献编目。在馆工作期间，编成《国子监碑目》（1932）、《馆藏李唐墓志目》（1935）、《国立北平图书馆藏碑目（墓志类）》（国立北平图书馆1941年昆明出版）、《国立北平图书馆藏云南碑目初编》（1947）。袁同礼为《国立北平图书馆藏碑目（墓志类）》作跋赞扬云："范君服务本馆已十余年，工小篆，有邓完白风。其草此目，于疑似及赝品一一剔除，以归于正。临事不苟，有足多者，因并书之，以谂多士。"正是因为范腾端擅长篆书，1922年至1924年间，曾与其他京师馆同仁参与原京师馆主任张宗祥组织的补抄文澜阁《四库全书》，担任"篆隶"之职④。

　　刘节（1901—1977），字子植，浙江永嘉人。1926年毕业于上海国民大学哲学系，同年考入清华大学国学研究院，师从梁启超、王国维、陈寅恪诸先生研习古代史。1928年毕业到南开大学任讲师，1930年任河南大学文学院教授。1931年6月始任北平图书馆编纂委员⑤，属金石部馆员；1934年2月任金石部代理主任，1935

---

　　①　据《国立北平图书馆职员录（民国三十年十月）》，范腾端时年48岁。1920年6月入京师图书馆，与前几年度《职员录》及其他资料不合，暂存疑。下文同类情况不再说明。

　　②　《委员会记录：第十五次（廿三年九月二十五日）》，见北京图书馆业务研究委员会编：《北京图书馆馆史资料汇编（1909—1949）》，344页。

　　③　董明道：《今日之南大图书馆》，《南开大学校史资料选（1919—1949年）》，南开大学出版社，1989年，300页；《南大半月刊》，第15期，1934年，10页。另，北平图书馆委员会会议记录载"范腾端君上年派往南开大学，代该校整理中文旧籍，今秋事毕回馆，拟仍派在金石部办事。"［《委员会记录：第十四次（廿三年六月二十二日）》，见北京图书馆业务研究委员会编：《北京图书馆馆史资料汇编（1909—1949）》，343页。］

　　④　王国平主编：《补抄文澜阁四库确简在事诸员姓氏录》，《西湖文献集成第20册（书院·文澜阁·西泠印社专辑）》，杭州出版社，2004年，362页。

　　⑤　"审查馆长推荐之职员编纂委员刘节、王庸，馆员陈贯吾、张秀民、徐俊。"《委员会记录：第一次（二十年六月六日）》，见北京图书馆业务研究委员会编：《北京图书馆馆史资料汇编（1909—1949）》，334页。

年 9 月离馆调燕京大学。全面抗战爆发后，南下任上海大夏大学、重庆中央大学、成都金陵大学等校教职。1946 年起，长期担任广州中山大学历史系教授。抗战期间1940 年至 1944 年间，刘节旅居重庆，生活较为窘迫。根据馆史人事档案资料记载，1941 年平馆重庆办事处任职的工作人员有刘节①。《国立北平图书馆职员录（民国三十一年十一月）》记载刘节任"特约编纂"，"在渝办事"。《中国国家图书馆馆史（1909—2009）》附录四"主任、处长任职年表"亦有"1944 年 12 月—"，则刘节在此期间又回平馆从事一定工作。

　　刘节在平馆任职期间，主持编纂了多种馆藏金石藏品目录，不但新采拓本及时完成编目，还完成了多年积压的拓本编目。编目之外，积极就藏品开展研究。入馆几月间，就根据馆藏王懿荣旧藏《新罗真兴王巡狩管境碑》辑译《新罗真兴王巡狩管境碑之研究》（1931 年 12 月），另外撰写《麤氏编钟考》（1931 年 12 月）、《汉熹平石经周易残字跋》（1931 年 12 月）、《跋麤羌钟考释》（1932 年 2 月）。其他有《〈两周金文辞大系〉商兑》（1932 年 6 月）、《中国金石学绪言》（1934 年 6 月）、《周南召南考》（1934 年 8 月）等文。1934 年 9 月平馆刚接收寄存之寿县新出楚器 9 件，刘节即做《楚器图释》，并于 1935 年上半年出版。梁启超遗文《跋刘子植好大王碑考释》曾评价刘节云："门人永嘉刘节字子植，承其乡先辈孙氏父子、黄氏父子之学风，善能以核持博，在清华研究院两年，所业大进。"② 在馆期间，刘节与赵万里、谢国桢、孟桂良等皆加入 1934 年 1 月成立的考古学社，刘节为考古学社创始者之一，期间曾计划与北平图书馆合办"中国金石学展览"，后因时局变化而未果。

　　谢国桢（1901—1982），字刚主，晚号瓜蒂庵主，祖籍江苏常州，出生于河南安阳。1926 年考入清华学校国学院研究院。1927 年毕业，到天津协助梁启超编纂《中国图书大辞典》，兼梁家家庭教师。1929 年 9 月 12 日入平馆工作，在编目部任职③。1930 年 9 月，为编纂《晚明史籍考》搜集资料，经袁同礼馆长安排赴江浙访书。1932 年入国立中央大学史学系任教。同年加入营造学社，任编纂。1934 年到开封应聘编纂民国《河南通志》，不久又回北平图书馆工作。1935 年 9 月接替刘节任金石部代理主任。1937 年编成《吴愙斋尺牍》。七七事变后随袁同礼副馆长南下，任职于国立长沙临时大学图书馆。1938 年春，根据中华教育文化基金会孙洪芬要求，未经袁副馆长同意自回北平，又因任伪北平大学史学系教授，故遭袁副馆长勒令辞职。后由傅增湘介绍入上海大中银行供职。1948 年赴昆明云南大学任教，1949 年到南开大学历史系任教，1957 年调中国社会科学院历史研究所明清史研究室任研究员。平馆任职期间，发表《清初三藩史籍考》（1929 年 12 月）、《晚清流寇史籍考》（1930 年 2 月）、译日本

---

　　① 李致忠主编：《中国国家图书馆馆史资料长编（1909—2008）》，304 页。

　　② 梁启超：《跋刘子植好大王碑考释》，《北平图书馆馆刊》第五卷第四号，1931 年第 6 期，1—2 页。

　　③ "本馆于本月间特聘谢国桢君为本馆馆员，业于十二日到馆，在第一甾编目部办事。"（《馆讯·新聘馆员》，《国立北平图书馆馆刊》第三卷第三号，1929 年，9 期，455—456 页。）

内藤虎次郎著《明奴儿干永宁寺碑考》（1930年12月）、《清开国史料考》（1931）、《清开国史料书名著者通检》（1932年8月）、《〈营造法式〉版本源流考》（1933年3月）、《晚明史籍考》（1933）、《清初史料四种》（1933）、《记辽陵石刻及其他关于讨论辽陵之文字》（1935年9月）、《吴愙斋尺牍跋》（1937）。

梁启雄（1900—1965），字述任，原籍广东新会，生于澳门。梁启超之弟。1925年从兄在清华学校国学研究院做助教，得兄教诲学习先秦诸子。以此为基础，利用工余刻苦自学成才。历任东北大学、北平交通大学、燕京大学、辅仁大学讲师，燕京大学、北京大学教授。1955年中国科学院哲学研究所成立，梁启雄调任该所研究员。1932年至1934年间曾加入营造学社，任编纂。1932年为编辑《哲匠录》，至北平图书馆研究室从事研究，见载于当年度《馆务报告》。1936年入北平图书馆工作，任金石部馆员。1939年12月至1940年任金石部代理主任。在平馆任职期间，著有《荀子柬释》（1936）、《廿四史传目引得》（1936）。另曾编有《馆藏古器物学书目》一册①。

杨殿珣（1910—1997），字琚飞，河北无极人。1929年考入北平师范大学预科班，1931年12月到北平图书馆编纂部索引组半工半读，此后一直在国家图书馆工作。在索引组工作期间，协助王重民编纂《清代文集篇目分类索引》，同时根据袁同礼副馆长指示开始着手编纂《石刻题跋索引》。1934年，因王重民去法国交流，索引组业务范围缩小，杨殿珣调任金石部馆员。1936年又调入采访部中文采访组。同年曾受馆里委派，去北京私立木斋图书馆担任业务部主任三个月。1937年任采访部中文采访组代理组长。抗战期间，杨殿珣一直在北平图书馆本部。平馆失守后，先是在"国立北京图书馆"庶务组任职，后调任金石组组长，为平馆失守期间金石文献的守护人。抗战胜利平馆复原后，又回中文采访组工作。后曾到华北人民革命大学学习。新中国成立后历任采访部副主任、参考书目部主任。抗战期间编著有《跋四部丛刊本〈南雷文集〉》（1934年12月）、《跋缪辑集古录目》（1936年2月）、《宋代金石书考目》（1936年6月）、《宋代金石佚书目》（1936年6月）、《石经论著目录》（1936年12月）、《佛教石经目（一）（二）》（1937年5月）、《石刻题跋索引》（1940）。

孟桂良（1907—?），字仲循，河北大兴（今属北京市）人。曾任职国立北京大学考古学会、京师大学国学研究馆考古组。1930年春参加北大考古学会与北平研究院、古物保管委员会合组的燕下都考古团。据馆史资料记载，孟桂良1932年10月至1935年1月任国立北平图书馆金石部馆员。期间，1934年9月考古学社成立，孟桂良首批加入。自平馆离职后，孟桂良服务于中国博物馆学会。著有《燕下都访碑录》、《易县碑目》（1936年11月）、《易水金石志稿》（1937）、《龙门造像录文》、《唐仵钦墓发掘报告》、《北平歇后语研究》等。

---

① 李致忠主编：《中国国家图书馆馆史资料长编（1909—2008）》，349页。

赵万里（1905—1980），字斐云，号芸盦，浙江海宁人。抗战期间任北平图书馆编纂委员会委员兼考订组、中文采访组组长，并兼任北京大学副教授，清华大学、辅仁大学讲师，中央研究院历史语言研究所通信编辑员、故宫博物院专门委员。据1929、1930两年度《馆务报告》，赵万里亦兼任金石部馆员。1931年赵万里应中研院史语所之约编纂《汉魏六朝冢墓遗文图录》，1936年由中研院史语所出版。另撰有《元龙墓志跋》（1935年12月）、《彭城王元勰妃李瑗华墓志跋》（1935年12月）、《魏宗室东阳王荣与敦煌写经》（1943年9月）等金石相关论著。

顾子刚（1899—1984），原籍上海，曾任清华学校图书馆参考员，1928年专至北平图书馆前身之北平北海图书馆工作。后任北平图书馆编纂委员会委员、西文期刊组组长、编目部主任等。抗战期间，留守北平，为平馆"三人行政委员会"委员之一，为维持馆务、保护馆产做出了很大贡献。新中国成立后曾任阅览部主任①。据北平沦陷时期国立北京图书馆《国立北京图书馆馆务报告》（三十二年度），时任帮办秘书事务顾子刚兼任金石组组长，本年4月不再兼任。可见顾子刚也为沦陷时期看护馆藏金石文献做出了贡献。

除以上金石部馆员外，见于各年度《馆务报告》的金石部馆员还有方荫吴，任职时间为1933年10月至1935年1月，黄仲（1918—?），字泽乡，湖南长沙人，任职时间为1936年8月至1939年，二人生平事迹有待进一步考察。

北平图书馆馆员万斯年等虽非金石部馆员，但在昆明办事处时期，担任采访工作，从事西南石刻文献采访。万斯年（1908—1987），字轩稼，江西九江人。1932年毕业于北平大学法学院经济系，随后入北平图书馆工作。1951年10月离馆，调任文化部社会文化事业管理局图书馆处副处长，1955年4月调中国科学院历史研究第二所（以中古史研究为中心，现为中国社会科学院历史研究所）。抗战期间，万斯年在特殊历史条件下，不畏艰险，为平馆西南石刻文献采访做出了重要贡献。撰有《以滇南碑传为例略论碑传之史料价值》（1941）、《国立北平图书馆西南各省方志目录》（1942）、《记武定土司那氏所藏雍乾间军务案稿》（1944年3月）、《迤西采访工作报告》（1944年9月）等。

（三）业务范围

1929年11月28日，教育部指令第3066号核准《国立北平图书馆组织大纲》14条，其中第十条为"金石部之职掌如左：一、关于金石拓本之采购事项；二、关于拓本之整理编目事项；三、关于拓本之阅览及保管事项；四、关于拓本之装潢修补事项"。此四项职责即民国时期金石部的基本业务工作范围，其实也不外乎图书馆"采、编、阅、藏"基本业务范畴。其中采访、编目等自是中心工作。抗战时期，工作重心

---

① 顾子刚生平事迹可参看：赵爱学、林世田：《顾子刚生平及捐献古籍事迹考》，《国家图书馆学刊》2012年第3期，94—101页。

虽根据形势有所调整，仍以采访和编目为重，且取得了辉煌的成就。"阅览"等服务读者相关工作，平馆各年度报告都有着墨。至于"装潢修补"则着墨较少，但在当时应该也是持续开展的一项工作。平馆各年度报告所附之"收支对照总表"，皆列有"善本金石舆图装潢费"一项。"装潢修补"无论是对于方便读者阅览和利用，还是藏品自身延长寿命，都是必不可少的。1934年度《馆务报告》专门记载金石拓片装裱工作量，"装裱墓志全部及铜器全部拓片一千余种"。

在实际工作中，金石部部分工作在一定程度上对上述业务工作范围有所突破。比如收藏范围方面，上述"金石部之职事"从字面来说应该是仅限于"拓本"，不包括器物。但实际采访中往往有器物，品类涵盖铜器、石刻、陶器、木器、甲骨等众多门类。当然这些器物大多是通过寄存、捐赠而来，而非馆方利用采购经费放开购买，个别的采购实例应该是看重其在图书馆中的标本价值，如《熹平石经》后记残石。总的来说，对于器物采访，当时馆里是不排斥的。其实，上文所引设立金石部初衷时云"决特设金石部以处理该项实物及墨本"，则明确说明收藏范围包括实物。1931—1932年度《馆务报告》记载采购金石拓片情况时，列有"伏庐印谱12册"，则当时"印谱"亦为金石部收藏范围。此外，各年度采访往往有"照片"一类，应该是从资料和补充馆藏的角度采进，而不仅仅在乎照片本身是否如其他藏品一样富有收藏价值。1933年度拟成立美术版画组，专司美术版画采编事宜，后因数量不多，令金石部暂为兼管。此亦为金石部收藏范围的临时变动。京师图书馆时期，馆史资料多提及"墨迹"，且与碑帖拓本作为同类进行统计，应该也为金石部收藏范围，但抗战期间采编等方面似基本未涉及。

另外，服务大众方面，此时期几次举办金石藏品展览也是金石部开展业务工作的一个方面，但是在金石部四条业务工作范围之外。除"闽县何氏金石赠品展"外，曾举办专门的金石文献展，从金石文献业务开展的角度来说，应该承认展览是金石部一个新的业务范围。

二、采访工作

（一）抗战期间采访工作概述

1931年"九一八"事变前，北平图书馆藏有金石拓片大约近4600种[①]。抗战前期，金石部采访工作虽受时局影响，但在经费基本能保证的情况下，加之寄存制度和鼓励捐赠的种种措施，采访量有大的攀升。1937年七七事变后，购书费当年9

---

① 此数字根据"1934年1月国立北平图书馆概况"［北京图书馆业务研究委员会编：《北京图书馆史资料汇编（1909—1949）》，1234—1251页］，以及"最近六年增书统计（起十八年七月讫二十四年六月）"，《北平图书馆馆务报告（二十三年七月至二十四年六月）》附录二。

月即停止拨付，采购珍本善拓自属奢想；社会动荡大背景下，人心惶惶，加之交通、邮政不便，捐赠也基本归于沉寂。随着北平图书馆工作重心南移，以及昆明办事处等设立，工作重心也相应做了调整，"北平部分侧重编纂及整理，昆明部分侧重采访及出版"①。平馆昆明办事处担采访之责，立足西南本地，因地制宜开展西南石刻文献的传拓，为特殊时期金石文献的采访开出了一条新路。1931 年至 1945年，各年度金石采访量概数列表如下：

表 2　1931—1945 年各年度采访情况表②

年度	捐赠	购买	合计
1931—1932	526	72	598
1932—1933	63	225	288
1933—1934	84	451	535
1934—1935	79	945	1024
1935—1936	29	2876	2905
1936—1937	0	2500	2500
1937—1945	374	559	933

从表中可以看出，虽然个别年度捐赠数量较多，总体来说，金石拓本的采访还是以购买为主。1931—1932 年度当时北平图书馆新馆投入使用，各界纷纷捐赠庆贺，故捐赠数量相对较多。而全面抗战爆发至抗战胜利八年间，虽然大力开展西南石刻文献采集，也不过 900 余种。

（二）捐赠

捐赠是全面抗战爆发之前藏品增加的一个重要渠道。我们根据《中国国家图书馆馆史资料长编》、各年度《馆务报告》及《馆务报告》所附"赠书人名录"，对各年度接受金石拓本及实物捐赠情况一一梳理。

1931—1932 年度

本年度接受捐赠金石拓本 526 种，456 册，101 张。其中较为重要且为大宗者，有刘体智赠善斋藏吉金拓片 437 份；陕西省政府赠西安大碑林拓片全份 438 种，新城小碑林拓片全份 30 种，共 468 种。另有徐恕赠《大齐故宇文君墓志之铭》《石辅益墓志》《温体仁合葬墓志》《辞金记》等拓片 6 张；张玮捐赠铜器等拓片 11 张。

---

① 《学术及出版消息·国立北平图书馆工作近况》，《图书季刊》新第二卷第二期，1940 年第 6 期，264 页。
② 因各年度《馆务报告》一般仅分"购入""捐赠"两类，此表不细分"寄存"和"自拓"。且各年度《馆务报告》关于采访数量或有矛盾之处，此表数据仅供大致了解各年采访情况。

本年度受赠古器物有西安绥靖公署参谋长何遂（字叙甫）所赠汉熹平四年陶甕1座、汉朱书卫字瓦当1块、《唐米萨宝墓志》1方等实物。

1932—1933 年度

本年度共接受捐赠金石拓本 63 种，20 册，又 315 张，12 包①。其中有何遂再次捐赠陕西新城小碑林全集、汉中汉魏碑 13 种及各种碑拓片 1 包；美籍教育家、活动家福开森捐赠匋斋旧藏古禁全器 15 张；本馆馆员徐鸿宝捐赠辽碑拓片 22 张（此批拓片详情见下文"自拓"部分）；邓衍林捐赠翁方纲摹刻汉石经残字拓片 5 张；顾子刚捐郭子壶拓片 1 张；爨汝僖捐《九成宫醴泉铭》1 册、《大唐河东盐池灵庆公神祠颂》拓片 1 张、《解州盐池新堰箴》拓片 1 张，为本年度亮点。

1933—1934 年度

本年度共接受捐赠金石拓本 84 种，1 册，300 余幅。其中河北易县乡绅陈子蓬捐赠郾王戟拓片、燕下都半瓦当拓片等 54 张值得注意。陈氏与时任平馆金石部馆员孟桂良同为 1930 年春燕下都考古团成员，陈氏所捐当为此次考古所得。另有李俨捐赠南阳草店汉画拓片 20 张；傅惜华捐赠唐宋木雕造像 12 张及照片多幅。

个人赠书之外，机构赠书为本年度亮点。本年度收到山东、河南两省地方县政府所赠地方碑刻拓片多种，如山东聊城县政府赠博州《重修庙学记》拓片 4 张；山东桓台县政府赠元张养浩古石题咏拓片 1 份；河南汝南县赠《汝帖》拓片、《秋亭记》拓片等共 30 张。关于此次地方县政府踊跃捐献地方碑刻拓片，当与北平图书馆 1929 年 11 月 18 日向教育部所呈第 105 号文有关，该文呈请教育部通令各省征求新发现之彝器拓本、新修志书、新制地图②。1929 年年初至 1930 年，各省收到教育部所转此文后，纷纷饬令属下各县为平馆寄送地方文献③。本年度《馆务报告》"赠书人名录"所见除上述寄送拓片者外，又有甘肃、广东等众多省份寄送新修县志等文献。

拓片之外，本年度接受捐赠大批古器物。何遂先生先前寄存之古器物多种，本年度悉数捐赠本馆。包括玉器 5 件、甲骨 125 片、铜镜 130 面、铜器 26 件、古币 75 件、汉唐瓦当 660 方、唐裴休书《心经》石刻 1 方、汉奠基石螭头 1 个，共计 1000 余件。裴休书《心经》、汉唐瓦当等目前仍藏国家图书馆④。

1934—1935 年度

---

① 此年度《馆务报告》附录一"图书统计（甲）本年度图书增加统计"记载金石类捐赠 63 种，然前文介绍"重要赠书"时又云"金石拓片共四百零七种"，似乎矛盾，我们暂从"本年度图书增加统计"说。

② 袁咏秋、曾继光主编：《1909 年—1949 年北京图书馆纪事》，《中国历代国家藏书机构及名家藏读叙传选》，北京大学出版社，1997 年，134 页。

③ 如：《令各县政府为奉省政府令饬准北平图书馆征集各地碑石刻拓本及新修志书由》，《辽宁教育公报》1930 年第 1 期；《令各县县政府准国立北平图书馆函请转饬检送方志邑乘仰查照文》，《山西教育公报》1933 年第 57 期。

④ 20 世纪 50 年代国家图书馆不少古器物移交故宫博物院和中国历史博物馆，国家图书馆现仅存部分古器物。

本年度接受捐赠金石拓本 79 种。其中有孙壮赠天津李氏藏楚器拓本等 12 件，北平图书馆委员会委员孙洪芬赠济南大明湖刻石拓本等 15 件，徐鸿宝赠魏元子邃墓志拓片 4 张，日本学者桥川时雄赠《文溯阁碑》拓片 1 张、《藤塚邻赠成兴新罗真兴王巡狩碑》拓片 1 张。

1935—1936 年度

本年度接受捐赠金石拓本 29 种，计 26 册，77 张，2 轴。

另受捐实物铜虎符 1 件，及 "17 方"，亦当为实物。

1936—1939 年度

无相关捐赠情况。

1939—1940 年度

本年度昆明办事处接受捐赠石刻拓本 33 种。

1942—1943 年度

本年度北平图书馆北平部分在日伪治下，接受捐赠金石拓本 341 种。

（三）寄存

寄存是北平图书馆文献采访特殊方式。抗战期间，北平图书馆接受了多起寄存，由于服务到位，有的寄存最终转为了捐赠。"由寄存进而转为捐赠，这是国立北平图书馆吸纳社会资源充实馆藏的典型范例，对此后的馆藏资源建设工作有深刻的启发意义"[1]。抗战期间，金石部也接受了几起金石拓本和器物寄存。

1931—1932 年度

本年度何遂除捐赠实物及拓片多件外，寄存秦汉瓦当 442 块。

1933—1934 年度

本年度何遂将之前寄存的实物及拓本捐赠北平图书馆，馆方特为此举办专门展览，并编《闽县何氏赠品展览会目录》。根据此目录，除大部分展品捐赠外，何遂先生自订之金石拓本以及书画类展品仍属寄存。

1934—1935 年度

1934 年 5 月，北京团城举行西北文物展览会，古董店尊古斋主人黄伯川展出其所得新出土寿县楚器 9 件。同年 9 月，此 9 件由中华教育文化基金董事会购得，连同旧存之明清陶器、佛像 18 座，一并寄存本馆，以供学者研究[2]。

（四）采购

1931—1932 年度

---

① 刘波，林世田：《20 世纪前期国家图书馆的图书寄存服务》，《国家图书馆学刊》2009 年第 3 期，15—19 页。

② "孙代副馆长报告中基会来函，将所购寿州出土之楚铜器九件及明清陶器、佛像十八座寄存本馆，为陈列研究之用。议决接收寄存，并去函致谢"，《委员会记录：第十五次（廿三年九月二十五日）》，见北京图书馆业务研究委员会编：《北京图书馆馆史资料汇编（1909—1949）》，344 页。

本年度购入金石拓本 72 种，670 册，又 2345 张。重要者有：（1）北平孙氏雪园所藏陶器拓片 193 种；（2）嵩山少林寺石刻全份 32 种；（3）居贞草堂藏石拓片 2 份各 131 种；（4）河南博物馆藏石拓片 2 份各 673 种；（5）潍县陈氏藏十钟拓片 10 张，藏泉范拓片 4 册，藏瓦当拓片 18 册，藏封泥拓片 570 张，藏砖拓片 7 册；（6）《伏庐印谱》12 册；（7）《善斋彝器录》照片 341 种①；（8）《上匋室砖瓦文攈》12 册；（9）洛阳各村现存墓志拓片 480 张；（10）司密斯藏甲骨文字拓片 81 张；（11）何遂藏甲骨文字拓片 71 张。

此外，购入金石器物，有铜印 108 方，以及河北涿县新出土之《隋卢文构墓志》《唐卢文构妻月相墓志》《唐张举墓志》各 1 方②。其中嵩山少林寺、河南博物馆藏石，洛阳各村现存墓志等为郭玉堂搜集而来。"本馆曾托郭玉堂君设法购得一石，系序记。……同时并携来洛中新出墓志墨本多种。本馆金石部成立后，新搜得石刻墨本至多，皆郭君之力也"③。本年度所购"司密斯藏甲骨文字拓片 81 张"与何遂藏甲骨拓片，为国家图书馆历史上最早的甲骨文献入藏。

1932—1933 年度

本年度采购金石拓本共计 225 种，76 册，又 995 张④。其中隋唐墓志 74 种、洛阳新出土墓志 377 种，吴式芬藏器拓本 47 份，唐、宋、元石刻 38 种，定兴石刻 19 种。

本年度新购古器物多件，聂氏钟、周内史鼎各 1 尊，《契苾嵩墓志》、《石崇俊墓志》各 2 方⑤，隋大业造像 1 座，西夏文铜牌 1 面，西夏文铜刀 2 柄。其中《契苾嵩墓志》、《石崇俊墓志》现仍藏国家图书馆。

1933—1934 年度

本年度购入金石拓本 451 种，93 册，1305 张。其中"簠斋古钱范、和林碑全份，阮氏积古斋全份拓片一长卷等，为特异之品"。

本年度购入古器物《郭槐墓志》1 方、汉弩机 1 件。

1934—1935 年度

本年度购入金石拓本 945 种，"内中以唐墓志为最多"。

1935—1936 年度

---

① 据容庚《〈善斋彝器图录〉序》，《考古学社社刊》第四期，1936 年 6 月，323—325 页。1931 年 8 月，容庚拜访刘体智时，刘体智"尽出所藏鼎彝四五百事供摄影"。疑即此批照片，现藏国家图书馆。

② 此涿县（现涿州市）出土 3 方墓志现均藏国家图书馆。

③ 《馆讯·汉熹平石经序记到馆》，《北平图书馆馆刊》第四卷第一号，1930 年第 2 期，143—144 页。

④ 按，本年度馆务报告似较为混乱。关于金石拓本购入数量正文云 843 种，然"附录一 图书统计"购入金石数量则为"二二五种 七六册 又九九五张 一座"。本文姑从后者。所谓"843 种"之"种"或为"张"之误，因为下文"洛阳新出土墓志 377 种"已超出"225 种"之数。

⑤ 本年度《馆务报告》第 10 页云"在陕西购来唐契苾嵩、符崇俊墓志各一方"，然据本馆现藏，此二墓志各有志、盖 2 方，且"符崇俊"为"石崇俊"之误。

本年度购入金石拓本 2876 种，又 3 件。其中包括沔阳陆氏①旧藏唐、宋、辽、金、元、明、清历朝碑记 1786 种；陈簠斋旧藏六泉十布拓本 15 种，汉画像 297 种；唐宋碑 160 份；两广宋元人题名 370 份；灵岩寺魏、隋、唐、宋、金、元人题名碑 256 种。

古器物方面，本年度购入商代铜器鼎、瓿、觯各一件。

1936—1937 年度

本年度购入金石拓本 2500 余种。其中重要者有《天发神谶碑》1 轴、端方旧藏《北凉沮渠安周造像碑》1 轴、《宴台金凉国书碑》1 册、《千唐志斋墓志》1500 种、山东及河南汉画像 300 余张、新出土辽金碑 8 种等。另，本年度购入吴大澂致陈簠斋手札 6 巨册，及《石门访碑记》等未刊稿本，亦为重要的金石文献。

1939—1940 年度

本年度昆明办事处购入西南石刻拓本 208 种。

（五）自拓

平馆派员传拓或与其他机构合作传拓是抗战期间金石文献采访一个值得关注的方式。

1931—1932 年度

本年度《馆务报告》记载购入"北平各祠宇碑碣拓片 306 种"，实际此批拓片并非简单的采购，而是与北平研究院合作传拓，且此为第二批。据 1930 年度《馆务报告》"又与北平研究院合拓北平各祠宇碑碣，已收入 800 余种……"北平研究院成立于 1929 年，成立之初即确定国立北平图书馆等为合作学术机关②。1930 年 3 月，北平研究院史学研究会为编《北平志》，开始调查、传拓北平内外城庙宇金石碑刻，"凡各庙宇所有之金石，如钟鼎、炉磬、云板等器，碑碣、经幢、造像、墓志等刻石皆在传拓之列"③。"调查北平内外城庙宇八百八十二处……拓碑一千二百余品……"④ 此次所拓，《北平金石目》例言亦云"都约 1200 余种"。平馆两年度分别采进 800 余种及 306 种，总数正与此合。此次平馆与北平研究院合拓目前不知是采取何种形式，但确实非一般意义上的购进。

1932—1933 年度

1933 年 2、3 月间，热河告警。因热河为清代历代帝王驻跸之所，存有不少经卷古物。为保护这批古物并收归公藏，"北平图书馆即派刘子植君节、于君道泉到

①　应即陆和九（1883—1958），以字行，名开钧，号墨庵，湖北沔阳人。蒙古族。金石学家、书法家。曾任北平中国大学讲师、辅仁大学教授等，1952 年被聘为中央文史研究馆馆员。

②　吴廷燮等纂：《北平市志稿》（六）《文教志》（下），北京燕山出版社，1997 年，154 页。

③　国立北平研究院史学研究会纂：《北平金石目》例言，《石刻史料新编·第三辑》36，台北新文丰出版公司，1986 年。

④　国立北平研究院编：《国立北平研究院十年来工作概况（民国十八年至二十八年）》，1939 年，8 页。

承德与当局商洽，将经卷等物移北平图书馆或其他相当地点保存"①。刘节、于道泉二人到承德不久，热河就已失陷，遂与馆里失去联系。袁同礼馆长随即另派谢国桢、彭色丹二人到沈阳探听消息。在沈阳期间，谢国桢找时任伪奉天图书馆副馆长的金毓黻（当时在收集辽陵石刻资料，编辑出版《辽陵石刻辑录》）商量办法，承金毓黻出示辽陵石刻拓片，并惠赠一份给北平图书馆。不久谢国桢、刘节两拨馆员相继返回北平，此次唯一收获即此辽陵石刻拓片。本年度《馆务报告》"赠书人名录"载徐鸿宝赠"辽碑拓片 二十二张"，当指此。此次行动虽未达到初衷，但反映出当时馆方于国家危亡之际保存文献的责任意识和使命感。

同年4、5月间，北平图书馆派徐森玉、刘节、向达、王庸4人往秦、豫两省采访古碑碣拓片，并考察古物古迹②。此行先后访洛阳伊阙及金墉城、白马寺等，西安碑林、大小雁塔、兴教寺、牛头寺、华严寺、崇仁寺、千福寺及未央宫遗址，盩厔县南之东西楼观台、仙游寺及祖庵镇之重阳宫等处，以及偃师、嵩山少林寺等处。"拓得白马寺、骊山马嵬驿、千福寺、大小雁塔、西安文庙、偃师之升仙观等拓片全份，以及零星稀见之拓片数十种"，"重阳宫系全真教始祖重阳子之道观，有宋金元碑三十余，为研究道教之重要史料，金石家向少注意，此次大部分拓来"，"其他如楼观台、少林寺（在嵩山麓）、河洛图书馆等处调查所得之重要碑志，均拟拓其全份"。上文本年度采购所得之古器物矗氏钟、周内史鼎、《契苾嵩墓志》、《石崇俊墓志》等即此次访古所得。1933—1934年度《馆务报告》"赠书人名录"载洛阳河洛图书馆赠"河洛图书馆石刻拓本共六十七份"，当亦此次秦豫访古成果。此次考古活动对馆藏建设具有非同一般的意义，值得我们今天去深思。

1936—1937年度

本年度北平图书馆决定与中央研究院合作发掘河南洛阳之东汉太学遗址，以供研究与永久保存。③已经拟具发掘计划、呈准政府，获发发掘执照，并拟定经费约需四五万元，向中华教育文化基金董事会申请补助。原定于1937年春开始工作，但因1936年年初"西安事变"发生，洛阳在地理上成为军事重镇，不宜再开展发掘工作。后此项经费决定用于影印敦煌遗书。此次发掘活动虽未成行，但可见当时平馆积极参与学术活动、收集第一手资料的馆藏建设原则。

1939—1942年度

全面抗战爆发后，平馆昆明办事处积极开展西南文献的收集采访，其中传拓收集石刻文献是其中一个重要方面。昆明办事处自1939年开始开展此项工作，"该馆鉴于滇南金石拓片流传未广，自上年起传拓云南各地元、明、清代之石刻，并约集

① 谢国桢：《试论辽陵石刻及其他关于讨论辽陵之文字》，《图书季刊》第二卷第三期，1935年9月，141—147页。

② 《学术机关消息·北平图书馆秦豫访古》，《燕京大学学报》第13期，1933年6月，244—245页。

③ 《国内消息·国立北平图书馆将影印敦煌遗书》，《学觚》第二卷第三期，1937年4月，8页。

国内各学术机关共同参加"①。所谓"约集国内各学术机关共同参加",当为平馆主持派员传拓,而其他机关出资赞助,则每碑可多拓一份,分别收藏。当时参与者有中央研究院②。因广西石刻之前已入藏③,贵州石刻为数甚少,故传拓地区主要集中于云南和四川。

1939 年度,馆方派拓工赴云南各县逐石传拓,拓得 100 余种,如《妙应兰若塔记》《大胜寺修造记》《筇竹寺雄辩法师大寂塔铭》《筇竹寺白话圣旨碑》《重修大胜寺碑铭》《李威侯名宦记》《具足禅院记》《马哈只墓碑》等。1941 年 7 月,平馆专遣馆员万斯年赴迤西地区(旧称云南昆明市以西地区为迤西)采集地方文献,主要是在丽江地区。万斯年曾专为《迤西采访工作报告》文回顾此次采访活动。④此次传拓涉及丽江木土司木氏宗祠诸碑、土司所属人员墓群碑刻以及东河诸碑、崖脚院磨崖、福国寺山坡诸碑,以及当地特有的铜鼓。诸碑似未逐件传拓,如万文述及土司所属人员墓群碑刻时云,"除其重要者已传拓外,余多为文字之过录"。1942年 11 月万斯年始结束在丽江的工作。

抗战期间所采集、传拓西南石刻总的数量,相关文件没有明确说明。当时参与此事的金石部馆员范腾端抗战后作《国立北平图书馆藏云南碑目初编》⑤。据作者文末题记,此目应即抗战期间所采集,共有"汉碑一种,晋碑二种,宋碑一种,唐碑四种,宋碑二种,元碑二十四种,明碑九十二种,清碑一百四十七种,近刻碑七十六种,都三百五十一种"。此仅云南一省,尚不包括四川等省,但由此 351 种碑拓可了解当时取得的辉煌成就。

三、编目、索引

藏品编目与揭示也是金石部业务工作的重要方面。抗战期间金石部人员配置不足且不稳定,主任初期非专任,而是由徐森玉兼任多年,后来又换过几任代理主任。但在这诸多不利条件下,新采金石文献的编目整理、专题目录的编纂等仍取得了很大成就。遗憾的是,除了墓志类总目外,金石文献一直没有像馆藏善本目、方志目、舆图目等类似的金石拓本总目。

---

① 《学术及出版消息·国立北平图书馆传拓滇南石刻》,《图书季刊》新第二卷第一期,1940 年第 3 期,130页。

② "1939 年,本所曾与北平图书馆合作椎拓昆明左近汉魏至宋元碑铭。合作办法是北平图书馆任椎拓之事,我所出资购买。"(邢义田:《画为心声·画像石、画像砖与壁画》,中华书局,2011 年,546—547 页)

③ 上文述及 1935—1936 年度采购情况,有两广宋元人题名 370 份。

④ 万斯年:《迤西采访工作报告》,《图书季刊》新第五卷第二、三期,1944 年 3 月,112—123 页。

⑤ 《国学季刊》新第八卷第一、二期,1947 年 6 月,66—78 页。

（一）各年藏品编目、索引编制概况

1931—1932 年度

本年度刘节入平馆工作，以编纂委员身份从事金石部文献编目，与金石部老馆员范腾端一起大大推进了藏品编目整理工作。编成《㵎阳端氏藏石目》《福山王氏旧藏拓本目》《洛阳各村现存墓志拓本目》《河南博物馆藏石拓本目》《新购六朝墓志目》《新购唐墓志目》《簠斋金文拓片目》《善斋金文拓片目》《贞松堂金文拓片目》《海上嘉月楼金文拓片目》《周希丁手拓金文目》《文津阁集古录目第一集》。其中既有清理历史积压，如"周希丁手拓金文"早在北平北海图书馆时期即已入藏，"簠斋金文拓片""福山王氏旧藏拓本"为 1929 年度购进，"端匋斋金石拓片""新购唐墓志"为 1930 年度购进，"善斋金文拓片"则为当年新采。可见当年编目工作推进力度之大。

本年度索引方面完成《攈古录金文索引》《愙斋集古录索引》《周金文存索引》《殷周古铜器铭文索引》等铜器铭文索引。编制此类索引，对于学者深入研究铭文内容极为便利。本年度同时在编制金石题跋及论文索引，为尚在编纂部索引组工作的杨殿珣编制。

1932—1933 年度

本年度编制《饮冰室金石文字目》《北平各祠宇碑目》《何叙父寄存金石目》《何叙父寄存瓦当目》《馆藏墓志目》。馆藏墓志目的编纂，说明除了完成新采藏品外，已开始按分类进行藏品整合编目。

索引方面，殷周古铜器铭文索引继续编制，本年度进行"鼎类"。继续进行《金石题跋索引》编制，本年度致力于分类方面，石类之部分碑志、造像、石经、刻经、诗文、摩崖题名等目，各断以朝代，据其刻制朝代分系于帝王建元之下。

1933—1934 年度

本年度馆藏金石文字总目全部编竣，金石藏品编目取得阶段性成果；本年度还开始编纂殷周彝器录，并完成了《闽县何氏赠品目录》，以配合 1934 年 5 月举行的闽县何氏捐赠展览。

"金石题跋索引"继续进行，已收录金石书 87 种。

1934—1935 年度

本年度"馆藏及梁任公寄存金石文字目"全部竣工，计 8 厚册。又改写卡片，完成金文及墓志之一部，计 50 余种。

索引方面，"金石题跋索引"暂停，大概是因为本年度索引组组长王重民赴法国交流，索引组业务缩小，编者杨殿珣由索引组调至金石部工作。

1935—1936 年度

本年度馆藏魏齐以来墓志约 4000 余种已编目完成者四分之三。又着手编辑汉画像目、六朝造像目、唐宋人题名目等石刻分类目录。铜器铭文方面本年度没有着手，应与刘节调离有关。

原《金石题跋索引》因编者得知美籍学者福开森正在编《历代著录吉金目》，所以决定专编石刻题跋，改名为《石刻题跋索引》①。本年度已收录金石书籍 130 种，并编成分类索引，正在整理中，拟下一年付印。

1936—1937 年度

本年度拟把历年所采金石拓本编成总目，已完成《六朝隋唐墓志目》，收录墓志 4000 余种。

杨殿珣入金石部工作后，《石刻题跋索引》编制更为便利，本年度收录金石书籍由上一年度的 130 种增至 150 种，共完成资料片 34000 张，顺利结束编纂，已委托商务印书馆排印出版。

1937—1938 年度

本年度各项业务工作受时局影响，且馆员范腾端随袁同礼馆长南下，编目必然受影响。所进行的工作主要还是馆藏墓志目录的编纂，所收三四千种，即将付印〔范腾端后于 1941 年出版了《国立北平图书馆藏碑目（墓志类）》〕。其余六朝造像类目录、汉画像目录，及其余各项碑碣仍在编制中。本年度馆里安排整理馆藏旧档，其中旧藏名人墨迹，"以五十人为一辑，已得二辑，并为考订个人之手迹"②。

1938 年 1 月 5 日香港办事处邓衍林致函袁同礼，报告平馆香港办事处工作情况，提及寄存美国大使馆友人高冲天之件共计三大皮箱，其中有《馆藏古器物学书目》一册③，并注明梁启雄编。此当为梁启雄 1936 年至 1940 年间在金石部工作时所编。国家图书馆普通古籍库房藏有一部《国立北平图书馆书目：古器物学类》校本。根据此本卷前"述例"相关内容分析，很可能即梁启雄所编书目。

1938—1945 年度

全面抗战期间，编目工作受很大影响。1940 年《国立北平图书馆工作近况》提及编纂《唐墓志总目》④，具体情况不详。1942 年 11 月 30 日，平馆昆明办事处填写"国内学术机关抗战以来概况调查表"，提及编纂《西南碑志目》，应即范腾端后来发表之《国立北平图书馆藏云南碑目初编》。1943 年伪国立北京图书馆《馆务报告》关于编目事项，云编成石刻拓本目录卡片 3499 种。

（二）历年发表的金石目录

（1）范腾端：《国子监碑目》，《图书馆学季刊》1931 年第 3、4 期。

（2）范腾端：《馆藏李唐墓志目》，《国立北平图书馆馆刊》第九卷第 3、4、5、

---

① 杨殿珣：《对袁同礼馆长的回忆》，《国家图书馆学刊》1989 年第 1 期，68—70 页。

② 《国立北平图书馆馆务报告（民国二十六年七月至二十七年六月）》，1938 年，11 页。

③ 国家图书馆普通古籍库房目前存有一部《国立北平图书馆书目·古器物学类》，稿本，索书号为目 150/925。

④ 《学术及出版消息·国立北平图书馆工作近况》，《图书季刊》新第二卷第二期 1940 年 6 月，264 页。

6 号，1935 年。

（3）杨殿珣撰，容庚校补：《宋代金石书考目》，《考古学社社刊》第 4 期，1936 年 6 月。

（4）杨殿珣撰，容庚校补：《宋代金石佚书目》，《考古学社社刊》第 4 期，1936 年 6 月。

（5）赵万里：《汉魏六朝冢墓遗文图录》，中央研究院历史语言研究所，1936 年。

（6）孟桂良：《易县碑目》，《考古学社社刊》第 6 期，1937 年 6 月。

（7）杨殿珣：《石经论著目录》，《国立北平图书馆馆刊》第 10 卷第 6 号，1936 年 12 月。

（8）杨殿珣：《佛教石经目（一）（二）》，《微妙声》1937 年第 7、8 期。

（8）梁启雄：《国立北平图书馆书目：古器物学类》。

（9）杨殿珣：《石刻题跋索引》，商务印书馆，1940 年。

（10）范腾端：《国立北平图书馆藏碑目（墓志类）》，民国三十年（1941）昆明国立北平图书馆出版。

（11）范腾端：《国立北平图书馆藏云南碑目初编》，《图书季刊》新第 8 卷，第 1、3 期，1947 年 6 月。

四、藏品及研究论著编纂出版

（一）研究论著出版

刘节《楚器图释》（1935）。据 1934 年度《馆务报告》，"其业经出版者为馆藏目录类书目及《楚器图释》。此种系中华教育文化基金董事会寄存之寿县出土楚器九件，经刘节君为之辨释考订以成此篇"。1934 年 9 月，平馆接受此批楚器，几个月后刘节即撰成《楚器图释》出版。其书封面与内页分别由傅增湘、容庚于 1934 年 12 月和 1935 年 1 月题署。前半部分为器影和尺寸等著录，后半部分为"寿县新出楚器考释"。

赵万里《汉魏六朝冢墓遗文图录》（1936）。此书 1936 年由中研院史语所出版，后来作者在原有的基础上补充修订，改名为《汉魏南北朝墓志集释》。书中收录汉魏至隋墓志的拓片 609 种，基本囊括了当时已出土的墓志。

杨殿珣《石刻题跋索引》（1940）。此书乃为便学人计，馆长袁同礼安排杨殿珣编撰。自 1931 年度即开始着手编纂。书中分墓碑、墓志、刻经、造像、题名题字、诗词、杂刻七类，每类之中，按时代编排，收录有关碑刻考证题跋索引。

《海外中国铜器图录》（1946）。此书是 1936 年受中央古物保管委员会委托，从事调查海外所藏之中国古器物之成果。书中所收多为袁同礼参访欧美时所调查拍摄。后委托陈梦家重加整理，编成第一集共二册，上册载有《中国铜器概述》一篇，各器目录及说明；下册为图版，共选150器，由上海商务印书馆用珂罗版影印。此胶卷底版现均藏国家图书馆。

《甲骨丛编》与《国立北平图书馆考古学丛刊》。《甲骨丛编》为《国立北平图书馆考古学丛刊》之一。抗战期间平馆昆明办事处曾约请陈梦家、郭宝钧、董作宾、石璋如等学者，撰写系列考古学著作。董作宾所撰即此《甲骨丛编》。该书为甲骨文字材料之总结集。拟就现已出土之甲骨文字，一一精摹，以"五期"为纲，按卜辞史实，以类相从，分别编纂考释。拟分集编纂，每集图版一百叶，释文、考证共百余叶，预计十集。"现已完成第一集二大册，共收甲骨一千余号。第二集以下，继续编辑中。"① 此稿本与郭宝钧《中国古器学大纲——铜器篇》②、石璋如《古墓发现与发掘》③ 稿本目前皆藏国家图书馆。1940年9月24日，袁同礼致平馆上海办事处通知书提及《甲骨丛编》，"本馆委托董作宾先生编《甲骨丛编》共十集，须自购纸，照附上之样子约需二百万叶。请详细估计约需纸若干，并请各种不同之纸样各捡一份寄下，以便定夺"④。后来不知何故，此考古学丛刊皆未出版。

（二）藏品编纂出版

范腾端《国立北平图书馆藏碑目（墓志类）》（1941）。收北平图书馆藏历朝墓志目3407通，附释氏塔铭目74通，末附年代、种数统计表。各碑著录题名、石刻时间、书体。

《吴愙斋尺牍》《唐墓志文录》与《金石丛编》。此吴大澂致陈簠斋手札为1936—1937年度购入，不久作为平馆《金石丛编》之一影印出版。从购藏到整理公布，时间非常短，由此可见当时平馆学术公器意识。此书从事整理者为时任金石部代理主任谢国桢，其并作《吴愙斋尺牍跋》。"金石丛编"是当时拟编纂的系列金石文献资料书。据1936—1937年度《馆务报告》，"就本馆所藏旧本精拓及有关史料掌故者，陆续纂成专书。"除《吴愙斋尺牍》外，当时《唐墓志文录》《汉画像辑录》等亦正在编辑中，《唐墓志录文》已写成500余种。据1937—1938年度《馆务报告》《唐墓志文录》继续缮校唐墓志数十种，但1938年5月以后暂行停止。

馆藏实物拓印。《国立北平图书馆馆刊》自第八卷第三号（1935年6月）开始，每期《国立北平图书馆出版书籍目录》广告页中有"影片及拓片"一类，包括："国立北平图书馆全景　二十张　一元；汉熹平石经后记残石拓片　每份二张

①　《学术界消息·国立中央研究院董作宾氏之甲骨学研究工作》，《图书季刊》新第五卷第一期，1944年3月，93—95页。

②　邹衡、徐自强：《郭宝钧传略》，晋阳学刊编辑部编：《中国现代社会科学家传略》第八辑，山西人民出版社，1987年，398页。

③　曹菁菁：《新发现石璋如未刊书稿》，《文津学志》第三辑，国家图书馆出版社，2010年，177—183页。

④　李致忠主编：《中国国家图书馆馆史资料长编（1909—2008）》，340页。

四元；隋卢文构墓志 一元；唐张举墓志 四角；唐□夫人月相墓志 五角；唐裴休觞象拜心经 四角；造像 四角；郭槐墓志 三元；本馆馆记 拓片一张 八角；闽侯何氏藏古镜拓片一百一十张 每份 二十元；闽侯何氏藏瓦当文拓片 一百二十 每份 十元。"其中所及基本为平馆新近所采实物藏品。以此制作拓片售卖，这在今天是不可想象的，但在当时传播手段有限的情况下，新资料快速公之学界也许只能采取此种方法。平馆 1930 年新采汉熹平石经序记残石后，"序记本月中已开始椎拓，墨本每份售价四元"①。当时故宫博物院也在期刊发表器物拓片广告，"故宫博物院古物馆精拓吉金拓片出售，散盘 文字二十元 器形十二元 颂鼎文字十二元 器形十二元……"② 可见拓印馆藏器物售卖，在当时实属平常。至于是出于获利还是公布新资料或二者兼而有之，则未可知。

五、社会服务

（一）阅览与咨询

抗战期间平馆金石阅览情况，我们没有更多的资料参考。1931—1932 年度《馆务报告》云："设专门阅览室供研究专门学术之用，设有善本阅览室、金石阅览室、舆图阅览室"，似有"金石阅览室"之设。但在更多时候，《馆务报告》说到善本特藏方面的阅览室，多是"善本阅览室""舆图阅览室"，很少提及金石阅览。所以我们很怀疑，当时金石阅览与善本阅览室大多时候是合在一起的。抗战胜利后，平馆专设了"金石拓片研究室"。据 1947 年《国立北平图书馆复员情形报告》③，"本馆于复员后，为贯彻研究参考之宗旨起见，除原有之普通阅览室、善本阅览室、舆图阅览室、杂志阅览室、日报阅览室外，新辟有边疆文献阅览室……金石拓片研究室、满蒙藏文研究室、苏联文史研究室、日本研究室等"。

答复社会咨询是图书馆社会服务工作之一。也许是因为金石文献较为专门和冷门，政府机关和普通人很少涉及，专家则可亲自到馆查阅，所以抗战期间各年度《馆务报告》中所载有关金石文献的咨询相对较少，如 1935—1936 年度《馆务报告》提及"中国墨砚书目""馆藏中国铜器书籍简目"。

（二）展览

北平图书馆自 1929 年改组后，一般每年在双十国庆日举行图书展览会。改组

---

① 《馆讯·汉熹平石经序记到馆》，《北平图书馆馆刊》第四卷第一号，1930 年第 2 期，143—144 页。
② 故宫博物院古物馆精拓吉金拓片出售，《中华图书馆协会会报》第二卷第三期，1926 年，13 页。
③ 李致忠主编：《中国国家图书馆馆史资料长编（1909—2008）》，369—370 页。

当年 10 月 10 日至 13 日，平馆即在居仁堂举办展览，展品包括古器物拓本①。1934 年 5 月 1 日至 3 日，举办闽县何氏赠品展览会。何遂寄存平馆古器物为数不少。1934 年 5 月 1 日，何先生决定以全部物品赠平馆为其母古稀庆寿，馆方与何氏签订捐赠契约，其中即有举办此次展览要求。此次展览展品相当丰富，包括瓦当、墓志、陶器、玉器、甲骨、铜器、石刻、陶器、木雕、乐浪遗物、拓本、书画等等。展览可以说是此次捐赠采访工作的一个环节，既满足捐赠者要求，又起到了宣传捐赠的作用。

金石部代理主任刘节兼任学术组织考古学社执行委员，1935 年 6 月其在《考古学社之使命》② 中提出考古学社三大项工作，其中之一即为"中国金石学展览会"。1935 年 9 月考古学社决定与北平图书馆合作举办金石展览，时间定在 1936 年 1 月 1 日。展期一周，展品为金石、甲骨、陶、木各类古物之罕见者及其拓本，以及金石书籍和金石家书画。展览确定以字体变迁为主，分甲骨文、金文、篆碑、隶碑、三体石经、鸟篆、章草、飞白、木简、砖瓦、陶文、正书、行草书各类。遗憾的是，此次展览终"以时局严重，保管征求均不易负责"而停止进行③。

1936 年 9 月 9 日至 13 日，平馆与国立北平研究院在中海居仁堂联合举办拓片展览。此次展览是由时任金石部代理主任谢国桢与北平研究院史学研究会考古组徐炳昶商量确定。此次展览共分画像、雕壁、出土铜器、刻经等 11 组，其中 6 组为平馆藏品，即河南南阳汉画像、河南巩县石窟寺雕壁、和林碑、唐吐蕃碑、辽陵石刻、寿县所出楚器等，皆有重要文献价值和艺术价值。展览受到当时北平学术界重视。

六、善本拓片南迁及运回

"九一八"事变之后，华北局势日益恶化。国民政府决定北平图书馆和故宫博物院等机构的珍贵文物南迁，以确保安全。金石部典藏的珍贵拓本、部分古器物与馆藏其他善本一起，由此走上了南迁之路。

1933 年 1 月 12 日，馆委员会第八次会议议决："因时局关系，下列各项善本书籍应暂寄存于安全地点：（一）善本中之罕传本；（二）唐人写经；（三）方志稀见本；（四）四库罕传之本；（五）内阁大库舆图。"④ 金石拓本尚不在其列。

1933 年 4 月 19 日，教育部密令北京大学、北平图书馆等机构将贵重书籍南迁。平馆委员会委员长胡适致函教育部，表示"南中天气潮湿，古本书籍在南方不容易

---

① 《国立北平图书馆之图书展览会》，《中华图书馆协会会报》第 5 卷第一、二期，1929 年，46 页。
② 刘节：《考古学社之使命》，《考古学社社刊》第二期，1935 年 6 月，3—5 页。
③ 《社务纪要·社讯一、二》，《考古学社社刊》第 3 期，1935 年 12 月，246—247 页。
④ 《委员会记录：第八次（廿二年一月十二日）》，《北京图书馆史资料汇编（1909—1949）》，339 页。

贮藏保存。故我们决定在北方选择妥善地方保存"①。选择北平德华银行保险库、天津天主教之工商大学、天津大陆银行货栈三处为暂存地点。馆藏善本分四批分别寄存至上述三处地方。当年 5 月 16 日，金石拓片 3 箱寄存至德华银行。

　　1935 年 11 月 23 日，馆委员会第二十一次会议议决，"本馆因时局关系，应即将贵重书籍暂寄存安全地点"，并决定向教育部申请经费②。12 月 6 日，馆方再次致函教育部请求报销运费，随函附南运装箱清单。清单记载南运善本共 586 箱，其中"汉石经、楚器及金文拓本" 8 箱，"梁任公寄存书" 64 箱（含金石拓本）。时任平馆上海办事处馆员的钱存训，回顾存上海的南迁善本时说："时送往上海的部分，除善本甲乙库约五千余种六万余册外，尚有敦煌写经九千余卷、金石碑帖数百件（如汉熹平石经残石、周鼎、楚器、铜镜、古钱及梁任公家属寄存碑帖等），均存放公共租界仓库……为了安全起见，存在公共租界仓库内的中文善本，不久便迁移到法租界内的震旦大学。"③ 1942 年伪华北政务委员会教育总署接收北平图书馆北平部分后，谋划把存上海善本古籍运回北平。当年 11 月 3 日、12 月 16 日，存上海的善本书籍 128 箱分两批北运回北平。"本馆藏书前以一部分运存上海，上年周前馆长派员向京沪当局接洽运回……本年中已全部清查完毕，计运回中文书二四八五种，西文书三三五种，铜器十件，石刻一方，金文拓本一百三十七册，又十轴。金文拓本册页一百十七叶，何氏寄存古器物一百八十九匣，梁氏寄存碑帖一百八十三册，又二轴，均经整理校勘编成专目，刻正印刷中。"④ 较详细地介绍了南迁金石拓本内容。

七、结语

　　整个抗战时期，随着侵略者脚步的一步步逼近，金石部和整个北平图书馆的业务工作也随之调整变化。全面抗战爆发前，虽然局势恶化，但总体上还能正常开展业务，馆方也为金石部延聘了一流的人才，所以金石文献的采访、编目工作等都有很大推进。可以说全面抗战爆发前这段时间，是国家图书馆历史上金石文献业务工作的一个黄金时期。抗战期间走出去的"自拓"采访方式取得了很大成效，是国家图书馆金石文献采访史上的一个亮点。金石部与其他学术机构合作进行考察、采访或者举办展览，平馆本身即作为学术活动或学术界的一分子，学术活动与业务工作相辅相成，这也许是北平图书馆在民国时期成为学术重镇的原因之一，这值得今天

---

① 李致忠主编：《中国国家图书馆馆史资料长编（1909—2008）》，272 页。
② 李致忠主编：《中国国家图书馆史（1909—2009）》，101 页。
③ 钱存训：《北平图书馆善本书籍运美经过》，《北京图书馆馆史资料汇编（1909—1949）》，1332—1333 页。
④ 国立北京图书馆：《国立北京图书馆三十二年度馆务报告》，1943 年，11—12 页。

的我们去思考。当然抗战期间局势恶化的影响也是显而易见的，热河考察抢救珍贵文献、与考古学社合办金石文献展览等无功而返或不了了之，即为特殊时期无法正常开展工作的明证。全面抗战爆发后，北平图书馆工作重心南移，北平部分失守，平馆作为文化机构，也许本可以"苟且偷生"，无所作为，却反而开辟了西南文献采集的新天地。馆员不畏艰险，深入西南民族地区开展采访，为国家图书馆补充了云南、四川等地重要的石刻拓本。这种逆境求生、时刻不忘馆藏建设的精神永远值得我们学习。

抗战期间国立北平图书馆的舆图业务工作

白鸿叶

　　摘　要： 在长达 14 年的抗日战争中，国立北平图书馆作为中国重要的文化机构，担负着保存保护、传承发扬中国传统文化的重任，一直坚守在文化抗战阵线上，以坚韧的毅力和坚强的意志，因地制宜，因时制宜，维持着图书馆的运转，努力发挥着图书馆在爱国救亡运动中的作用。本文试图通过梳理抗日战争时期国立北平图书馆的舆图业务工作，以管窥豹，追忆那段图书馆同仁保护传承中华文化的艰难岁月，展示图书馆界的爱国热忱及其在文化抗战阵线上的贡献。

　　关键词： 国立北平图书馆；舆图；采访；编目；抗日战争

　　舆地图籍是国土疆域、山川河流的形象图记，历来被认为是一个主权国家领土疆域的主要依据和凭证，是特定时间点、特定地理区域内经济、文化等现象的重要承载和表现，具有重要的文化价值和学术研究价值。历朝历代都重视舆地图的收集整理。国家图书馆从其前身京师图书馆接收内阁大库百余种明清绘本地图开始，经过百余年的广搜博采，迄今已经收藏 1949 年以前编制的中文地图达 8000 余种，在国内外都是首屈一指。这一骄人的成绩是历代图书馆人共同努力的结果，而抗战时期的国立北平图书馆的舆图工作更是值得称道和让人感慨的。

　　本文试从国立北平图书馆舆图工作的采访、编目、读者服务、保存保护、社会服务、研究出版等几个方面，以时间的顺序，梳理这一艰辛曲折的发展历程，展示图书馆同仁们的远见卓识和不屈的意志，展示图书馆界人士在国难危机面前对责任的坚守和担当。

一、舆图部概况

　　国立北平图书馆对舆图的重要性有着深刻的认识，早在北平图书馆与中华教育文化基金会董事会所辖之北海图书馆合组为国立北平图书馆的时候，就提出设置舆图部，"按照组织大纲，就写经室分出古地图及两馆旧藏舆图，组织舆图部；善本、舆图两部设在第一馆①。" 1929 年 11 月 28 日,教育部指令第 3066 号,核准《国立北平图书馆组织大纲》14 条。舆图部职责为舆图的采购、整理编目、阅览及保管以及装潢修补事项②。在 1931 年合组后的国立北平图书馆正式成立后,舆图为八部之一。"本馆组织设正副馆长各一人,下设总务、采访、编纂、阅览、善本、金石、舆图、期刊八部,各设主任一人,得互兼领,无其人则缺。"③ 这种结构基本上沿袭到抗战后期。

舆图部自成立以来,据国立北平图书馆历年职员录记载,先后有钱稻孙、王访渔、茅乃文、王庸、金勋、赵炳勋、赵荫厚、马龙璧、贺昌群等人任职,从事舆图的相关工作。其中钱稻孙、王访渔(兼)曾先后短暂地任舆图部主任。1931 年 7 月,王庸④任舆图部代理主任,1936 年 5 月,因王庸改就浙江大学之聘,先后请假离馆⑤出任浙江大学图书馆主任一职。王庸在平馆近五年之久,这一段时间是他整个学术生涯中生活最为稳定,取得成就最多的时期⑥。

全面抗战爆发以后,国立北平图书馆工作重心南移,面对战事的残酷和人员的不足,国立北平图书馆依然尽可能地推动舆图工作的展开。1938 年 3 月 11 日,北平馆委员会在香港九龙柯思甸道蔡元培宅召开谈话会,通过《国立北平图书馆昆明办事处工作大纲》。大纲中指定岳梓木为舆图采访负责人,并委派邓衍林进行编辑西南边疆图籍录的工作⑦。1938 年 4 月 29 日,袁同礼致函王访渔等,指示在平馆务。其中对于从事舆图工作的茅乃文还有专门的批示,"茅乃文君现任编审,应即停薪。一俟解除编审职务,再行恢复原薪⑧。"

二、采访工作

国立北平图书馆秉承"本馆为国家庋藏要籍之图书馆,其事业自以采访最为重要"的原则,着力于地图的采访,多方拓展渠道,形成中外人士、机构赠送,利用经费购买,寄存、国际交换、摹绘摄影等多元的采访途径。抗战 14 年,受时局和战事发展的影响,舆图部的采访业务呈明显的阶段性。1931—1937 年,入藏数量都比较多;1938—1945 年,全面抗战爆发后,入藏藏品数量直线下降,甚至一度为

①　《各部之改组成立》,《国立北平图书馆月刊》第 3 卷第 4 号,574 页。

②　国家图书馆档案,档章则 2,9。

③　《国立北平图书馆概况》,《北京图书馆馆史资料汇编(1909—1949)》,1235—1236 页。

④　王庸(1900—1956),字以中,江苏省无锡市塘山乡靡巷桥村人,1919 年王庸考入南京高等师范学校文史地部,1925 年考入清华学校新成立的国学研究院,1928 年 6 月离开清华大学,赴南京女子中学任教,1929 年受聘为上海暨南大学历史社会学系讲师,主讲中国通史。

⑤　《国立北平图书馆馆务报告(民国二十四年七月至二十五年六月)》,1936 年,23—24 页。

⑥　谭其骧:《悼念王庸先生》,《地理学报》1956 年第 3 期,261 页。

⑦　北京图书馆业务研究委员会编:《北京图书馆馆史资料汇编(1909—1949)》,1078—1079 页。

⑧　同上,587—591 页。

零。下面试分类以数字和表格证之。

（一）赠送

1929 年 11 月 18 日，国立北平图书馆呈请教育部通令全国征求各省志书、金石拓本及地图。"通咨各省转行所属，将新发现之彝器碑铭拓本，及民国以来新修县志，径行检送职馆，用资庋藏，而便艺林。"馆中分函各省政府，征求各项新制地图。1932 年继续进行相关地图征集工作，并在国立北平图书馆创办的馆刊《读书月刊》中就多次刊登《本馆征求地图启事》"启者：图书馆中，图书与书籍并重，而图书之有关学术者，尤以舆图为最要。近代人事日繁，讲学用世，胥舆图是赖。是以本馆除骈罗典籍，供众研讨外，对于舆图一项，亦尽力搜求，以期蔚成大观，俾餍学者之望。海内外藏书人士如存有精印或原绘图本，以及其他珍贵罕见之地图，愿为割爱者，本馆悉可收购。即希随时与本馆舆图部接洽办理。倘承惠赠或寄存本馆者，无论巨细皆所欢迎。特此布达，惟希公鉴。"①

在国立北平图书馆的努力下，1931—1937 年接收的赠送地图数量稳中有涨。

1932—1933 年度便获赠各县政府新测地图 483 种，887 张②。1933—1934 年度接受各方赠地图 900 余张③。1934—1935 年度各方赠地图 87 种，12 册，186 张④。1935—1936 年度接收捐赠地图 457 种，12 册，865 张（多为各省县政府所制各县疆域图）。此外，又有水利工程照片、灾区照片 1，364 张，4 册，亦殊可贵。1936—1937 年度各方赠地图 117 种，照片 23 种，工程图 2 种。西文地图 34 种⑤。

赠送地图的重要人士有袁同礼、王庸、茅乃文、万斯年、爨汝僖等，赠图机构有各省政府、各县政府、中国营造学社、外交部、故宫博物院、交通部等。如 1932 年袁同礼赠《中华疆界今昔图》一幅，1932 年爨汝僖赠《富荣盐场井灶视号仓垣关卡全图》四幅。1932 年故宫博物院赠《故宫全图》一幅。1933 年中国营造学社赠金勋绘制的《圆明园复旧图》一幅。1933 年王庸赠《湖北省城内外街道总分图》一幅。1933 年徐森玉赠《西安市区域全图》两幅。1933 年外交部赠《中华民国驻外使馆分布图》一幅。1933 年交通部赠《中华邮政舆图》等四幅。1934 年茅乃文赠《旅顺要塞之炮备及工事图》《咸同贵州军事舆图》两幅。1934 年万斯年赠《河南全省地图》一幅。穆林德遗赠《大清一统图》两幅，等等。

这一时期，还值得一提的是普意雅赠书。前平汉路局总工程师法国人普意雅⑥

---

① 1932 年 6 月 10 日出版的《读书月刊》第一卷第九号封底。
② 《国立北平图书馆馆务报告（民国二十一年七月至二十二年六月）》，1933 年，1—2 页、附录 7 页。
③ 《国立北平图书馆馆务报告（民国二十二年七月至二十三年六月）》，1934 年，1—2 页。
④ 《国立北平图书馆馆务报告（民国二十三年七月至二十四年六月）》，1935 年，1—2 页。
⑤ 《国立北平图书馆馆务报告（民国二十五年七月至二十六年六月）》，1937 年，1—2 页。
⑥ 普意雅曾任法国国立中央工艺学院工程师，1898 年来华，任平汉铁路北段总工程师。1906 年升任全路总工程师。1927 年去职。1930 年 9 月去世。曾经受中国政府委托，测绘沿铁路线详细地图，已成 32 种，未成之稿本也是重要贡献。

去世后，经法国公使同意，其夫人朱德容女士将测绘地图及普意雅生平购藏和自著各种书籍 2 000 余册，地图 6000 余张，稿本、照片、小册子 10 余箱捐赠国立北平图书馆。国立北平图书馆专门开辟专室庋藏[1]。1932 年 10 月 4 日，国立北平图书馆与朱德容订立捐赠图书契约。"兹为纪念普意雅先生，特以其所藏遗书及地图，由普意雅夫人朱德容女士，全数捐赠于国立北平图书馆。北平图书馆愿接受此项赠品，特立专室庋藏，整个保存，以为永久纪念，经双方同意，特订契约，以垂不朽。附目录一份。"[2]

全面抗战爆发以后，由于形势的紧迫，社会的动荡，捐赠数量急剧下降。1938—1939 年度，赠送舆图 3 种 3 张；照片 2 种 20 张；西文舆图 3 册 5 张；日文地图一张[3]。1939—1940 年度，北平馆接收赠地图二种[4]，昆明馆接收赠送舆图 48 种[5]。到了 1940—1941 年度，无捐赠[6]。

（二）购买

国立北平图书馆非常重视地图的采访工作，舆图部自成立以来不仅在数量上每年增购，且由最初仅仅收藏地图到扩大范围入藏如工程图、工程做法册、相关参考书和照片等。在保存中国旧有古本地图，对于实用的新制地图，如参谋部各省陆地测量局实测以及私家绘制的地形图、河流水利矿产图等，也都一并收购收全。

但是 1938 年至 1942 年，中华教育文化基金会由于种种原因，停付了国立北平图书馆的购书费，其采访工作受到很大影响。1939 年至 1941 年，国立北平图书馆的档案也显示这几年新增馆藏主要来源于社会捐赠，有中文、西文、日文三类，以书刊、杂志、地图为主。从文献种类和数量上都远逊于抗战前。下面以历年馆务报告数据来说明舆图的购藏情况。

---

[1] 《国立北平图书馆馆务报告（民国二十一年七月至二十二年六月）》，1933 年，2—3 页。
[2] 北京图书馆业务研究委员会编：《北京图书馆史资料汇编（1909—1949）》，367—368 页。
[3] 《国立北平图书馆馆务报告（二十七年七月至二十八年六月）》，国家图书馆档案，档年报 2。
[4] 《国立北平图书馆馆务报告（二十八年七月至二十九年六月）》，国家图书馆档案，档年报 2。
[5] 《国立北平图书馆廿八年度馆务报告（昆明之部）》，国家图书馆档案，档年报 2。
[6] 《国立北平图书馆馆务报告（二十九年七月至三十年六月）》，国家图书馆档案，档年报 2。

1931—1945 年购买地图汇总表

序号	年代	数量	介绍
1	1931—1932 年度①	古本地图共得 34 种，2 幅，2 长捲黄河图，黄、运河工程图说 27 种，台湾图 1 长卷（长约二丈）	古本地图主要者清阿桂旧藏乾隆御制铜版武功图，如平定回疆、金川、廓尔喀、安南、台湾 5 种；
		普通地图共得 251 种约 3，000 余幅	普通地图主要者有南京陆地测量局及海道测量局前北京参谋部之实测各省分道水陆道里图、顺直水利委员会及河工处局测制之河道水利图、日本陆地测量部出版之百万一东亚地图、关东州地形图
		各省兵工厂工程图 30 余种	
2	1932—1933 年度②	247 种（旧绘、新印）	旧绘有：明绘《杭州城图》清绘《长江图》《黄河图》《陕西图》《江西图》《台湾图》《河道工程图》《乾隆南巡图》《中兴名将图》《基隆战绩图》《平定台湾铜版图》。新绘有：《参谋本部实测二万五千分一详图》《日本陆地测量部测制二十万分一日本朝鲜台湾等详图》等。
		普通地图共入藏 800 余种计 1200 余幅	如中央参谋部各省建设厅及陆军测量局、各县政府及武昌亚新上海日新出版者，或寄赠或函购③。
		样式雷工程图样及长春园全部图样	
3	1933—1934 年度	300 余种	以绘本《六省海防图》《台湾建置图》《浙江海塘图》《兰州黄河浮桥图》，刘氏所藏各种沿海河流图为清代掌故之参考，均较为重要④。

① 《国立北平图书馆馆务报告（民国二十年七月至二十一年六月）》，1932 年，14—15 页。
② 《国立北平图书馆馆务报告（民国二十一年七月至二十二年六月）》，1933 年，9 页。
③ 《国立北平图书馆馆务报告（民国二十一年七月至二十二年六月）》，1933 年，19 页。
④ 《国立北平图书馆馆务报告（民国二十二年七月至二十三年六月）》，1934 年，6 页。

续表

序号	年代	数量	介绍
4	1934—1935 年度	565 种，105 册，3348 张 5 卷	其属于古本最为珍贵者有《黄淮河图》《巧家县采铜图》《广东省图》、乾州、永绥、保靖三厅碉卡图，皆当时进呈或私家绘藏之珍本。绘本及木刻图 300 余种内，有王希隐氏旧藏光绪时代中俄交界、中越交界及黄河工程图，最有价值。其余各图亦大都关于前代文献，可供历史上之参考。此外，新制之图关于实用者，有参谋部实测之五万分之一、十万分之一等地形图及私家绘制之地形图、应用河流水利矿产图等①。
5	1935—1936 年度②	舆图 364 种，1122 幅，8 卷，124 册	一年以来坊间及参谋部各省陆地测量局出版之地图，均大致采购无疑，尤便研考。
		工程图 44 种，1286 幅，40 面，25 册	
		照片 13 种，96 幅，7 册	
		万寿山三海等处之工程图样 1000 余幅	
6	1936—1937 年度③	特藏地图 5 种，中文地图 246 种	就中精品有明刻《广舆考》、清绘《广东边疆图》《江海扼要图》，绢本《淮河图》《皇舆全图》《江西全省图》，大都为进呈之本。
		工程图 15 种，工程做法册 48 种	
		照片 4 种	
	1937—1938 年度	0	自 1937 年 9 月以后，采访事务加以紧缩，现在尚未恢复原状④。

---

① 《国立北平图书馆馆务报告（民国二十三年七月至二十四年六月）》，1935 年，7 页。
② 《国立北平图书馆馆务报告（民国二十四年七月至二十五年六月）》，1936 年，5—6 页。
③ 《国立北平图书馆馆务报告（民国二十五年七月至二十六年六月）》，1937 年，4—5 页。
④ 《国立北平图书馆馆务报告（二十七年七月至二十八年六月）》，国家图书馆档案，档年报 2。

续表

序号	年代	数量	介绍
	1939—1940 年度	0①	该馆既迁滇工作，对于西南各省之文献，负有采集整理之责。一年以来，购入四川、广西、云南、贵州、湖南五省之方志、地图、诗文集等为数颇夥，内中以四川省为最多。爰在该馆新址设立西南文献室，将所有资料集中一处，分省陈列，以便研究②。重要者如《广东舆图》十二卷（因入善本，所以未统计入舆图）。
	1940—1941 年度	0③	

（三）寄存

20 世纪初期，我国图书馆界即已开展图书寄存服务。国立北平图书馆时期的图书寄存服务走在行业前列，制订了《收受寄存图书规则》等规章制度，通过各种途径吸纳寄存图书，成果丰硕。1932 年 2 月，营造学社瞿兑之④寄存家藏中文书1770 种，计 21862 册，炮式图 22 幅，舆图 153 幅⑤；1933 年 12 月又将家藏余书203 种，839 册，图 25 幅二次寄存。

1934 年 3 月 9 日，中国工程师学会、中国水利工程学会、中美工程师协会、河北省工程师协会、中国营造学会联合发出资料征集函，为国立北平图书馆新近建立的工程参考室征集图书文献。征集函所附的"征书范围及办法"中称："自藏书籍愿出让或寄存该馆者，请迳函该馆接洽。"⑥ 赵世暹⑦时任职国防设计委员会，得知

---

① 《国立北平图书馆馆务报告（二十八年七月至二十九年六月）》，国家图书馆档案，档年报 2。

② 《中华图书馆协会会报》13 卷 5 期，1939 年 3 月，24—25 页。

③ 《国立北平图书馆馆务报告（二十九年七月—三十年六月）》，国家图书馆档案，档年报 2。

④ 为清季军机大臣、外务部尚书瞿鸿玑的幼子。早年就读上海圣约翰大学及复旦大学，曾任北洋政府顾维钧内阁国务院秘书长、编译馆馆长、河北省政府秘书长及南开、燕京等大学教授。瞿兑之幼年随宦及长期居住北京，于京师建置数百年来的风土人情、街道变迁、人物景色熟悉无遗。著有《燕都览古诗话》，为咏览燕都之作，以诗系文，诗文并茂。在众多记述北京风土诗文中是首届一指之作。1949 年后长期居住上海，以著作为业。瞿兑之学问渊博，精研文史，于职官、方志等学均有深湛研究，尤精于掌故之学。著有文史掌故笔记：《杶庐所闻录》《养和室随笔》和《人物风俗制度丛谈》《两汉县政考》《骈文类纂》及《人物风俗制度丛谈》《中国骈文概论》《方志考稿》《汪辉祖传述》《李白集校注》《刘禹锡集笺注》等等。

⑤ 《国立北平图书馆馆务报告（民国二十年七月至二十一年六月）》，1932 年，3—4 页。

⑥ 北京图书馆业务研究委员会编：《北京图书馆馆史资料汇编（1909—1949）》，396 页。

⑦ 现代藏书家、水利学家、集邮家。字敦甫，自号琴城赵二，江西南丰人。20 年代供职于哈尔滨铁路局，最大贡献是发现宋本《金石录》并无私捐献给国家。

平馆建有工程参考室，便将自己关于工程的新旧书籍 136 册寄存该室①。

（四）国际交换

书刊国际交换是国际学术文化交流的一个重要方面，是补充馆藏的重要途径之一，也是采访工作的一个重要组成部分。1929 年原京师图书馆与北海图书馆合并前，北海图书馆就曾有交换官书 53082 册。抗战期间国际交换一直没有中断，1935—1936 年度西文交换地图 19 幅②。

（五）复制

珍贵的地图，我馆缺藏，又不便通过购买赠送等方式获取，只能通过复制形式保存，复制的手段有多种，抗战期间主要通过摹绘和摄影进行复制。1933 年 11 月我馆摹绘《清光绪八年中俄分界图》等 8 幅。1933—1934 年度从欧美各杂志中摹绘外人制中国地图，已绘成 20 余种③。1934 年我馆自摄清内阁大库舆图《直隶全省道里总图》等 16 幅。

（六）抗战史料征集

1939 年，平馆与西南联大组抗战史料征集会，发布征集抗战史料启事。"按此次对日抗战，为前古未有而意义重大之民族战争，又为我国救亡图存之关键。惟历史陈迹，最易泯没，其资料苟不加搜集，转瞬即逝。今兹中华民族抗战之事迹，既系极可宝贵之史料，且可为后世之殷鉴，则其亟应从速搜集，加以整理，善为保存，传之方来，自不待言。就其形式言之，所蒐集之资料，有以下各类：（一）新闻纸；（二）期刊杂志；（三）学术团体及民众团体之刊物；（四）私人记载信札及日记；（五）政府公报及官书；（六）各种情报；（七）秘密军事报告；（八）书籍及小册子；（九）布告宣言及传单；（十）地图及统计图表；（十一）照片及电影片；（十二）各种宣传品（包括伪组织之公报日报等）；（十三）医药防疫赈灾等救护团体之文件及报告；（十四）战时前方后方服务之各公共团体报告④"。

由于相关史料的缺失，相关的地图征集的数量无准确的数据，但是据笔者日常工作中发现若干张带有"中日战事史料征辑会"印章的地图文献，"中日战事史料征辑会"印章为灰色，竖体排列，呈长方形。具体数量尚有待继续整理确定。

---

① 《国立北平图书馆馆务报告（民国二十二年七月至二十三年六月）》，1934 年，4—5 页。
② 《国立北平图书馆馆务报告（民国二十四年七月至二十五年六月）》，1936 年，1—3 页。
③ 《国立北平图书馆馆务报告（民国二十二年七月至二十三年六月）》，1934 年，15 页。
④ 《中华图书馆协会会报》第 13 卷 5 期，1939 年 3 月，24 页。

三、编目工作

图书馆文献编目是指对馆藏文献的加工、整理工作，它包括对文献著录、文献分类标引、主题标引、目录组织等工作程序，最后形成一个可供检索的体系，便于读者查找和使用，同时为文献管理提供支持。由于受战事影响，1938 年 7 月卡片目录停止印行①。

（一）编目条例及分类法

1934—1935 年度改订中文舆图编目条例及分类法条例，较之前要详细。制片分图名片、排架片、地名片、登记片。其附记有制图人及比例者与涉及他类互有关系者，并另制著者片、比例片、分析片②，当年入藏各类地图均按照新条例编辑。1936—1937 年度缮制登录、排架、图名、分类、著者等目录片共 7000 余张③。

馆藏西文地图用美国国会图书馆分类法编制，有著者目录和分类目录两种。1931—1932 年度馆藏西文地图由曾宪三用美国国会图书馆分类法编制，编有著者和分类两种目录④。

（二）书本式目录

1933 年馆藏清内阁大库特种舆图单独编成目录，并在馆刊第六卷第四号发表，1934 年增订内阁大库及新购特藏舆图目录⑤。截至 1932 年年初止，馆藏中文舆图目录已编印成册馆藏中文舆图目录第一版已售罄，进行重编，并加入新购千余种，重编后预备再版⑥。1936 年完成《馆藏中文舆图目录续编》（包括 1934—1936 年征购的地图，凡 2300 余种，待印。）⑦，1937 年付印出版，共 420 余面，末附地名索引，极便检查⑧。双十节舆图展览之后编制了舆图展览目录⑨。普意雅遗书捐赠本馆之日起，舆图部一直在编辑翻译普意雅氏遗书地图目录。编辑圆明园工程图详目。1937 年编制中国地理书目⑩。

---

①　北京图书馆业务研究委员会编：《北京图书馆馆史资料汇编（1909—1949）》，587—591 页。
②　《国立北平图书馆馆务报告（民国二十三年七月至二十四年六月）》，1935 年，16—17 页。
③　《国立北平图书馆馆务报告（民国二十五年七月至二十六年六月）》，1937 年，8 页。
④　《国立北平图书馆馆务报告（民国二十年七月至二十一年六月）》，1932 年，16 页。
⑤　《国立北平图书馆馆务报告（民国二十二年七月至二十三年六月）》，1934 年，15 页。
⑥　《国立北平图书馆馆务报告（民国二十二年七月至二十三年六月）》，1934 年，15 页。
⑦　《国立北平图书馆馆务报告（民国二十四年七月至二十五年六月）》，1936 年，8—9 页。
⑧　《国立北平图书馆馆务报告（民国二十五年七月至二十六年六月）》，1937 年，8 页。
⑨　《国立北平图书馆馆务报告（民国二十二年七月至二十三年六月）》，1934 年，15 页。
⑩　《国立北平图书馆馆务报告（民国二十五年七月至二十六年六月）》，1937 年，8 页。

(三) 卡片目录

截止到 1933 年年初，入馆中文舆图均已编目完毕，共制成目录片 4200 余张[①]。1932—1933 年度编目加工西文地图 344 幅[②]。1933—1934 年度编制入藏地图 400 余种，制成目片 2000 余张[③]。1934—1935 年度共编 700 余种，制片 3000 余张；工程图原无目片，工程参考室成立后，拟将所藏新旧工程图公开阅览，此项目片也在编制中[④]。1935—1936 年度新增舆图 800 余种，陆续编制目录，共写卡片 2000 余张。此外，工程图样 1000 余幅，制片 2000 余张[⑤]。

四、读者服务

国立北平图书馆为推广舆图的服务工作，根据不同的服务群体，开拓和摸索实践不同的服务方式——面向普通读者的舆图阅览室以及为专业人士提供的工程参考图书馆。

(一) 舆图阅览室

1931 年 6 月 25 日国立北平图书馆文津街新馆落成，并自 7 月 1 日起开始提供阅览服务。舆图阅览室是供研究专门学术之用的专门阅览室。阅览时间：6 月—9 月为 8：00—21：00，10 月—5 月为 9：00—22：00（午餐晚餐时间书库停止半小时。除新年、国庆日及星期日外，全年开放）。1933—1934 年度舆图阅览室增加新设施。增添参考书架，制作悬挂地图之升降架。1934—1935 年度读者阅览舆图 1903 人[⑥]。

1935—1936 年度舆图工程阅览室增加阅览时间，星期日亦照常开放。并改善阅览手续。将阅览、庋藏两组职员分班接替，重新规定轮流办公时间，免因工作人员吃饭影响读者阅览，将原停取书时间予以取消，每日开放达 13 小时，阅览者均可随时取阅，非常便利[⑦]。

北平沦陷后，1937 年 7 月，阅览人数较为减少，阅览时间也随之缩短，每日下午五时闭馆[⑧]。

---

① 《国立北平图书馆馆务报告（民国二十一年七月至二十二年六月）》，1933 年，21 页。
② 《国立北平图书馆馆务报告（民国二十一年七月至二十二年六月）》，1933 年，22 页。
③ 《国立北平图书馆馆务报告（民国二十二年七月至二十三年六月）》，1934 年，15 页。
④ 《国立北平图书馆馆务报告（民国二十三年七月至二十四年六月）》，1935 年，16—17 页。
⑤ 《国立北平图书馆馆务报告（民国二十四年七月至二十五年六月）》，1936 年，8—9 页。
⑥ 《国立北平图书馆馆务报告（民国二十三年七月至二十四年六月）》，1935 年，20—27 页。
⑦ 《国立北平图书馆馆务报告（民国二十四年七月至二十五年六月）》，1936 年，14—21 页。
⑧ 《国立北平图书馆二十六年度馆务报告》，国家图书馆档案，档年报 2。

（二）工程参考图书馆

1934 年 2 月，国立北平图书馆与中国工程师学会、中美工程师协会合作，取北平馆旧藏及两学会藏工程书 2000 余种，成立工程参考室，并制订阅览规则，于 3 月 1 日开始提供阅览服务。

为适应国家经济建设之需要，并便利工程界人士参考，1936 年 9 月，国立北平图书馆将原来的工程参考室迁至南京珠江路 942 号地质调查所图书馆内，定名工程参考图书馆，"为本馆附属事业之一，馆内藏书籍杂志可分六种：1. 工程参考书，2. 普通工程书，3. 工程期刊，4. 工程小册，5. 工程公司出品目录，6. 工程照片。"工作除阅览咨询外，还编辑论文索引。铁路工程索引已经出版。其他在编辑中①。

1937 年 5 月，国立北平图书馆附设之工程参考图书馆假上海博物馆举行铁路工程照片展览，将各国最近铁路设施状况用照片图表说明之，并由铁道部代表谢奋程、京沪沪杭甬铁路管理局局长黄伯樵致开幕词，会期共三星期②。

1938 年 2 月 10 日，王访渔、张允亮、顾子刚三人组成的行政委员会召开会议，通知南京邮局，关于本馆在南京珠江路所设立之工程参考图书馆所有邮件请转寄北平本馆③。

五、舆图的保存保护

国立北平图书馆 1931 年文津馆区建成，库房条件大大改善，其中舆图库房钢架由伦敦 Roneo 钢厂承造④。同时，舆图相关的日常修复保护也卓有成效地进行。1932—1933 年度裱订内阁大库图 90 余种⑤。1933—1934 年度旧藏各图均有破损，重新装裱以资保藏，共装裱 150 余种⑥。

随着战局的紧迫，为保护馆藏内阁大库、清学部遗书等善本图书，1933 年 5 月 3 日教育部指示国立北平图书馆的蔡元培馆长、袁同礼副馆长，挑选精本装箱陆续南运寄存。内阁大库舆图 13 箱列为南迁之列。考虑到南方天气潮湿，不利于古籍贮藏保存，所以将内阁大库舆图 13 箱作为第二批，于 5 月 6 日存放在天津大陆银

①　《国立北平图书馆馆务报告（民国二十五年七月至二十六年六月）》，1937 年，24 页。
②　《国立北平图书馆馆务报告（民国二十五年七月至二十六年六月）》，国立北平图书馆，第 25—26 页，1937 年。
③　北京图书馆业务研究委员会编：《北京图书馆馆史资料汇编（1909—1949）》，622—641 页。
④　《1933 年 1 月国立北平图书馆建筑委员会报告》，见北京图书馆业务研究委员会编：《北京图书馆馆史资料汇编（1909—1949）》，1222—1227 页。
⑤　《国立北平图书馆馆务报告（民国二十一年七月至二十二年六月）》，1933 年，21 页。
⑥　《国立北平图书馆馆务报告（民国二十二年七月至二十三年六月）》，1934 年，15 页。

行货栈①。据 1935 年 12 月 6 日国立北平图书馆密呈教育部解决善本图书南运经费办法所附报表册各一份，可知南运舆图箱数共 586 箱，其中内阁大库舆图为 15 箱②。留在北平未能运出的地图为普通地图③。

1943 年 8 月 6 日，教育部密电第 39495 号，令平馆速报战时财产损失情况。9 月 20 日，袁同礼具文密呈教育部报告战时损失情况。本馆所藏图书，如善本部甲库之宋元明旧椠，乙库之清代精刻批校以及罕见之本，文津阁本四库全书，敦煌唐人写经，以及内阁大库明清舆图，皆为国家瑰宝，非仅能以货币价格估计。国立北平图书馆战时损失估价表中舆图（贰拾万元）、样式雷宫殿模型（拾万元）、工程参考图书馆藏书（拾万元）④。

六、研究出版

国立北平图书馆在研究方面的定位和宗旨是：为行政机关而非研究机关，其性质与科学研究院不相同，故其事业不在研究本身，而在如何供给研究者之便利。研究范围是索引编制、翻印书籍、校勘整理、目录编制等，相关成果借各种出版物发表推广，主要供社会参考。因而舆图的相关工作也在这个原则指导下进行。

（一）中国地学论文索引

索引作为近代目录学的重要组成部分，对于推动目录学的发展、开展学术研究起到了重要作用，而王庸与茅乃文合作编纂的《中国地学论文索引》和《中国地学论文索引续编》，开创了编制地理学论文索引的先河。王庸、茅乃文于 1932 度开始编制中国地学论文索引。第一年收杂志 70 余种，研讨中国地理论文 3000 篇，分类纂辑⑤。第二年度收 5000 余则，参考杂志 120 余种⑥。本书正编出版于 1934 年 6 月，第三年度续编继续在收集中，已收得中文杂志内 2000 余篇，西文杂志内已收 4 000 余篇，其自然地理及农业地理之一部分已分类完竣⑦。1935 年赓续前篇，共收杂志 130 余种，所收论文自 1933 年 7 月起至 1935 年 12 月止，共收 5000 余篇，于该年度出版，全书 2 册，末附地名及著者索引。

1935—1936 年度编辑史地论文索引。所收论文约 500 篇，业已编竣，并在《禹

---

①　北京图书馆业务研究委员会编：《北京图书馆馆史资料汇编（1909—1949）》，370—375 页。

②　同上，424—428 页。

③　同上，716—724 页。

④　同上，765—769 页。

⑤　《国立北平图书馆馆务报告（民国二十一年七月至二十二年六月）》，1933 年，23—24 页。

⑥　《国立北平图书馆馆务报告（民国二十二年七月至二十三年六月）》，1934 年，17—18 页。

⑦　《国立北平图书馆馆务报告（民国二十三年七月至二十四年六月）》，1935 年，18—19 页。

页》半月刊第五卷第六期内发表①。1941 年，平馆昆明办事处宋友英负责编纂《地学论文索引》②。1942 年度编辑《地学论文索引》三编③。

（二）圆明园史料汇编

圆明园为清代最有名的建筑，有"万园之园"之称，闻名中外。英、法联军之役，英法联军破京师，入园劫掠珍宝，并纵火焚毁，圆中殿宇，毁灭几尽。这是帝国主义侵略中国的最大的罪状之一。为此将馆藏材料编为《圆明园专号》，用以揭露帝国主义者的横行霸道，也是一件有意义的工作。这个《专号》首目录有三篇，均为金勋④所编，一为《馆藏样式雷制圆明园及其他各处烫样目录》，一为《馆藏样式雷旧藏圆明园及内庭陵寝府第图籍分类目录》，一为《圆明园详细地名表》。

1931—1932 年度编纂圆明园史料汇编。分三部分，第一部分汇录汉籍中关于圆明园事件的记录文字，第二部分将关于圆明园之地样缩写模型为之摄影，第三部分将东西人士论述及圆明园文献广为搜罗，加以迻译，在馆刊史料分期登载⑤。

（三）馆藏地图目录

王庸、茅乃文编著《国立北平图书馆馆藏中文舆图目录》，1933 年出版，共174 页，该书收录 1932 年以前国立北平图书馆馆藏舆图目录，分区域图与类图两大类。全书共收录各类地图 2000 余种，补遗部分收图 25 种。《国立北平图书馆中文舆图目录续编》于 1937 年出版，共 426 页，收录国立北平图书馆 1934 年至 1936 年入藏舆图 2300 余种，也分区域图与类图两大类。

王庸编著《国立北平图书馆特藏清内阁大库舆图目录》，1934 年出版，共 42 页。该书是国立北平图书馆 1918 年及 26 年两次编目及新购进的清内阁大库舆图目录的合集。目录标出图名绘制形式（制法）、尺寸、装裱及出版日期等项目。

1933 年出版王庸、茅乃文编纂舆图版画展览会目录⑥。1936 年度编纂《中国边疆图籍录》搜集关于东北、蒙古、新疆、西藏、云南、广西及海防之中文书籍及舆

---

① 《国立北平图书馆馆务报告（民国二十四年七月至二十五年六月）》，1936 年，10—11 页。
② 《1941 年平馆驻外办事处职员表》，国家图书馆档案，档人事 2.13。
③ 北京图书馆业务研究委员会编：《北京图书馆馆史资料汇编（1909—1949）》，1101—1102 页。
④ 金勋（1882—1976），字旭九，满族人，生于海淀营造世家。熟悉西郊园林建筑，精于绘事。金勋先生的父亲金书田于清末在北京天利木厂任事，曾参加同治、光绪年间修缮圆明园、颐和园等宫廷园林的工程，负责设计和丈量工作。1924 年，金勋通过仅存的标志性建筑物遗迹和历史上的书画资料，重新绘制了圆明三园的地图，是较早的一幅圆明园全图，是这以后从事圆明园研究和绘制圆明园地形图经常参考的一份资料。1931 年前后，金勋任中国营造学社绘图员，根据其实测资料及样式雷图档，作《圆明园复旧图》。1932 年起，金勋任国立北平图书馆舆图组馆员，主要从事样式雷图档的整理编目和圆明园的研究工作，绘制了很多圆明园图。1961 年，年进八旬的金勋先生根据少年时对圆明园的印象并参考法国浦式思（P·BOUTSEIS）及意大利郎世宁绘铜版画等相关资料绘制而成《圆明园西洋楼图》。
⑤ 《国立北平图书馆馆务报告（民国二十年七月至二十一年六月）》，1932 年，21—26 页。
⑥ 《国立北平图书馆馆务报告（民国二十二年七月至二十三年六月）》，1934 年，19—20 页。

图，约及万种，依地依时为次，业已编竣①。1934 年编纂并出版舆图部概况（1928—1933 年）②。

自七七事变以后，内部工作分北平与昆明两部分。北平部分侧重整理及编纂；昆明部分侧重采访及出版。北平部分之重要工作为保管馆产，虽所藏善本图书均已迁移，但现存北平之普通书及文津阁《四库全书》价值上逾数百万。除责成原有职员负责保管外，并利用存平图书之便利，编辑书目及各种刊物。如《馆藏舆图目录续编》③。

1939 年 1 月 1 日北平图书馆与西南联合大学合组正式成立中日战事史料征辑会，地址在昆明大西门外地坛，在开始的四个月中已初步编成《卢沟桥事变以来战局转移地图》。④

七、社会服务

由于地图的图形直观，方位准确，一览性强，外交、国防、经济、文化以及科学研究都把地图作为重要资料。舆图部在其工作中，利用各具特色而又比较丰富的地图藏品，为各条战线的研究工作者提供服务，发挥了地图资料的重要作用。

展览即是向公众展示馆藏珍品，通过展览可以进一步拓展图书馆对公众的服务。国家图书馆举办展览的历史由来已久。北平沦陷前夕，国立北平图书馆多次举办舆图、样式雷图档、历史照片的展览。

1. 舆图版画展览会

1933 年 10 月 10 日起 3 天，将旧藏新购历代各种地图，如宋至清代各朝旧式地图、明清两代边防河道工程驿铺道里等图，以及各地、私人出版地图 700 余幅，还有馆藏版画一并展览，参观者 3000 余人⑤。

2. 水灾展览

1935 年秋，各地发生水灾，灾情奇重。国立北平图书馆于双十节日特举行水灾展览会三天，陈列历代水利工程、现代水利工程及灾区照片，以门券售价连同职员捐薪，悉数汇交天津大公报馆代送灾区，聊资赈济。

3. 赴外地展览

馆藏关于江苏及南京之历史地图，选送镇江图书馆展览。1935 年 4 月又以样式

---

① 《国立北平图书馆馆务报告（民国二十五年七月至二十六年六月）》，1937 年，12—13 页。

② 《国立北平图书馆馆务报告（民国二十二年七月至二十三年六月）》，1934 年，18—19 页。

③ 北京图书馆业务研究委员会编：《北京图书馆史资料汇编（1909—1949）》，716—724 页。

④ 戚志芬：《袁同礼与中日战事史料征辑会》，见北京图书馆业务研究委员会编：《北京图书馆馆史资料汇编（1909—1949）》，1352—1359 页。

⑤ 《国立北平图书馆馆务报告（民国二十二年七月至二十三年六月）》，1934 年，27—29 页。

雷旧制圆明园、万春园、长春园等处工程图样，选送上海中国建筑展览会展览，以资各该地人士之观摩①。

　　综上，国立北平图书馆在国难当头、时局混乱的抗战时期，始终坚守在文化抗战阵线上，默默而艰难地履行职责。这一时期的舆图业务也在血雨腥风中艰难开展和推进着。此时的舆图部承担着承前启后、继往开来的使命。一方面将其所延续的前京师图书馆的珍贵舆图馆藏妥善保存保护；一方面在艰难时局中积极开拓收藏渠道，因时因事，利用所藏舆图为社会各界提供各层面的服务，克服财力、人力种种不足，开展整理研究，仍然取得了一定成绩。舆图部同仁不仅为国家和民族保护并保存了大量珍贵舆图，也为图书馆后人树立了爱国爱馆、服务社会的精神和脚踏实地、不辱使命的作风。

参考文献：

　[1] 刘波、林世田：《20 世纪前期国家图书馆的图书寄存服务》，《国家图书馆学刊》2009 年第 3 期。

　[2] 马静、黄曼丽：《国家图书馆书刊国际交换发展史浅析》，《图书馆理论与实践》2007 年第 2 期。

　[3] 全根先、赵红：《王庸目录学成就略述》，《河南图书馆学刊》2012 年第 2 期。

　[4] 郭渊：《南海九小岛事件与中法日之间的交涉》，《世界历史》2015 年第 3 期。

　[5] 张雅芳、卢海燕、王磊：《履行国家图书馆职能，为国家立法与决策服务——国家图书馆为中央国家机关立法与决策服务八年回顾》，《国家图书馆学刊》2005 年第 3 期。

---

　① 《国立北平图书馆馆务报告（民国二十四年七月至二十五年六月）》，1936 年，23 页。

袁同礼馆长与国家图书馆抗战文献收藏

段洁滨

摘　要：1938 年，国立北平图书馆随着西南联大在昆明的成立，也迁至昆明，和西南联大共同组建了图书馆，袁同礼出任馆长。1939 年，为了征集抗战史文献，国立北平图书馆又与西南联大共同组建了"中日战事史料征辑会"。期间袁同礼积极应对时局，多方征集抗战史料，为今日国家图书馆抗战史料的收藏做出了重要贡献，也为后人研究抗战史留下了一笔宝贵的精神财富。

关键词：袁同礼；抗战史料；北平图书馆；国家图书馆

袁同礼先生在 20 世纪 20 年代初至 40 年代末，曾主持国立北平图书馆的工作，是"一位有口皆碑、众望所归的领袖人物"。

1965 年袁同礼逝世后，其好友童世纲先生曾在普林斯顿写《忆怀片片》一文以示悼念："北人南像，眸子明亮，闪耀着高度的智慧光芒。服饰：质朴适当，起居：简单平常，虽曾荣任政府高级首长，其生活好像普通的公教人员一样。秉性，直爽，态度，堂皇，笑颜里固然含蓄着端庄，而严肃中却又呈现着慈祥，典型的学者，后进的榜样，在文化界里久负盛望，诚然，图书阵营里的一员'上将'。"[①]

袁同礼先生在北平图书馆主持工作的 20 多年，正是旧中国风雨飘摇的时代，特别是期间发生的抗日战争，更是中华民族奋起抵抗外来侵略的一场惨烈战争，这期间，袁同礼为北平图书馆的建设呕心沥血，为搜集抗战史料做了许多事情，特别是中日战事史料征辑会的工作值得后人铭记。

一、北平图书馆与"中日战事史料征辑会"

（一）袁同礼高度的职业敏感性

袁同礼先生"愤日寇之暴行，不甘为敌傀儡"[②]。出于图书馆人高度的职业敏

---

① 朱传誉：《袁同礼传记资料》，台北天一出版社，1979 年，45 页。
② 《中华图书馆协会会报》，1938 年 7 月，13 卷 1 期，19 页。

感性，深深认识到：作为履行国家图书馆职能的北平图书馆，一定要抓紧收集抗战时期的所有文献资料，因为此事有一个特定的时间限制，唯时效之关系最巨，着手愈缓，搜集愈难，他日时效已过，文献无征，即便勉强编成，亦必远于事实。因此，及时搜集，完善保存，为后人留下一部完整的全民族抗战记录甚为紧迫。由于工作量巨大，袁同礼于1938年秋天，特致函西南联合大学的蒋梦麟、梅贻琦和张伯苓三位常委，希望联大能与北平图书馆共同来征集中日战事史料。1938年12月10日，蒋、梅、张联名复函，同意袁同礼的建议"①。双方认识到："惟念生此强敌压境，国家民族存亡绝续之时，……将此日我国民为国家民族抗战图存所留之记载及时征辑，整理保存，以为后来治国史者之采用。"

由此不难看出：中日战事史料征集一事，体现的是西南联大师生与北平图书馆员工乃至全体中国知识分子的爱国情怀与责任担当。

（二）成立"中日战事史料征辑会"

最初设想来自1938年8月，西南联大史学教授姚从吾起草了一份《卢沟桥事变以来中日战事史料搜辑计画书》，书中说，欲及时搜集发表的中日战事史料，集中保存，以免日久散佚，他日得以成立一个"中日战史史文库"。这是中日战事史料征辑会的最初萌芽，为西南联大与北平图书馆合组中日战事史料征辑会打下了基础。1939年国民参政会一届三次会议上提出了《提议从速编纂抗战史以重战时文献案》。案中强调："溯自抗战军兴，行将二载，前方将士浴血奋战，不顾万死一生，何等伟大，实开吾国有史以来之新纪元，亦为五千余年国史中最光辉之一阶段，此不为之记载，近之无以酬其劳苦，远之无以昭示方来。"②

该案还特别强调：凡今日所不甚注意之事迹，皆为异日极可珍贵之史料，又因不甚注意目前事迹之故，致极可珍贵之史料，烟灭而不可传者，不知凡几。异日虽多方搜求，或竟不能得其仿佛。

为了全面收集抗战资料，北平图书馆既与西南联大在昆明联合组建了"中日战事史料征辑会"，（1938年12月10日，蒋梦麟、梅贻琦、张伯苓致函袁同礼：关于征辑中日战事史料事宜，本校愿与贵馆合作），同时成立委员会，袁同礼馆长任主席，冯友兰任副主席，征辑会于1940年出版了《中日战事史料征辑会集刊》。西南联大史学教授姚从吾任总编纂，刘崇鋐任副总编纂，郑天挺等任中文编辑、张荫麟等任英文编辑，吴达元等任法文编辑，刘泽荣等任俄文编辑，冯文潜等任德文编辑，王信忠等任日文编辑。这些人都是当时我国知名学者，他们能亲自参加史料会的工作，可见北平图书馆和西南联大对收集抗战史料工作的重视程度。

---

① 李致忠主编：《中国国家图书馆馆史（1909—2009）》，122页。
② 闻黎明：《抗日战争与中国知识分子——西南联合大学的抗战轨迹》，社会科学文献出版社，2009年，338—339页。

（三）征集的目的和意义

中日战事史料征辑会从事的是一项十分重要的工作，当时的《益世报》就撰文说："此次抗战为我国有史以来第一大事，将来史家必有极翔实且极生动之记载，为我民族万年千祀人人所必读者。惟史料最易亡失，且在抗战期间，机关与个人皆日在流离播越之中，保存材料自未易为。"① 而中日战事史料征辑会就是要"大规模地搜集抗战史料，编辑战争大事记，以起到唤起民族精神的作用"。

在人们迁徙流离的恶劣环境中，为什么要做如此浩大的搜集工作呢？对此，"中日战事史料征辑会"副主席冯友兰说："中日战争是中华民族的历史转折点，一个民族的独立自由，是他们自己争取来的……我们的民族，四千年来巍然独立于天地之间，这不是一件侥幸的事情，这是我们祖先不知流了多少血，才得来的成绩。"现在中华民族又一次遇到了重大危机，这次危机是空前的，我们的人民能够继续民族四千年来争取独立自由的精神，因此这段历史是我们将来震古铄金事业的张本。接着冯友兰又说："我们无数有名或无名的英雄，用他们的血，在四千年的锦绣河山上面写下了这段历史，英雄们用血写的历史，历史家要赶紧用墨抄下来，因为用血写的历史是历史的本身，用墨抄下来的历史是所谓写的历史，历史的本身固然永存于天壤，但如果没有完全的历史，那历史的本身是不容易传之于后人的。"② 可见全面完整地记录抗战史是为民族立碑、为英雄立传的一项不朽事业。

二、中日战事史料征辑

（一）与西南联大共订征集方案

中日战事史料征辑会的工作是搜集直接或间接有关抗战的文献。在清华大学的档案中，至今还保存着《国立西南联合大学、国立北平图书馆合组中日战事史料征辑会办法》，共八条："第一条、国立西南联合大学（以下称甲方），及国立北平图书馆（以下称乙方），为征集抗战史料起见，共同组织中日战事史料征辑会。第二条、本会设立委员会主持会务，委员七人，有甲、乙两方共同组织。第三条、为办事便利起见，设常设委员会，下设助理员分组办事。第四条、关于中文及日文资料由甲方担任，关于欧美资料由乙方担任。第五条、关于征集、采访，由甲方图书馆和乙方分别担任。第六条、整理、编辑由甲方历史、社会学系教授同学生担任。第七条、除文具、纸张、家具由甲方担任外，购置费暂定一万元，由甲、乙两方各认一半。第八条、助理员之薪金由原派机关分别担任，遇必要时得接受其他机关补助

---

① 《史学界消息》，《益世报》1939 年 5 月 30 日 3 版。
② 冯友兰：《本刊旨趣》，《中日战事史料征辑会集刊》第 1 期，1—2 页。

费。"① 并规定，北平图书馆负责前期的收集，而后期的编辑整理由西南联大负责，因此，北平图书馆负责的搜集工作就成了史料会前期工作的重点，而所收集的范围不仅限于中日两国，只要与抗战有关的文献，均在收集之列。

（二）征集的范围

《益世报》曾报道说："国立北平图书馆为了征集抗战史料，特与联大合组中日史料征辑会，凡欧美日本各项刊物均在征集之列。"1939 年 1 月 12 日，征辑会撰写了一份工作报告，将入藏资料分为 15 大类：政府机关各社会团体出版物，如公报、宣言、油印文件、外国政府及国际联合会出版物，私人著作及讲演稿，前线战况报告，各国援华情况，海外中国出版物等。还编制了《俄文真理报社论选录》《伦敦泰晤士报论文选录》等剪报以及《日寇朝野谬论选译》等文摘，还有诸如《中文抗战论文索引》《中日战事论文索引》《日本问题论文索引》等目录索引，出版了《中日战事史料丛刊》《建设中之中国》等专题汇编以及《中日战事史料征辑会集刊》等刊物。今天后人得以看到这批珍贵文献，无疑得益于北平图书馆前辈们的远见卓识。

（三）沪、渝、港三地办事处的史料

为搜集抗战史料，袁同礼还特别安排在沪、渝、港三地设立了史料征集办事处。

上海：1938 年，袁同礼指示上海办事处代表钱存训加紧搜集在沪的抗战史料。在敌占区搜集文献非常困难，凡一书、一报往往几经周折。经钱存训的多次联系，《申报》《大晚报》《大英夜报》《中美评论报》等都同意赠送北平图书馆不同份数的报纸。此外钱存训还搜集到许多外国驻沪新闻机构的宣言、传单等。袁同礼、胡适、钱存训、王重民还多方策划，于 1941 年 9 月把北平图书馆的 3 万多册善本图书化整为零，运到美国，为保护古籍不遗余力。

重庆：1937 年 10 月，国民党决定迁都重庆，袁同礼又设立了北平图书馆驻重庆办事处。针对经费短缺的问题，袁同礼特呈请教育部，自 1940 年起教育部向北平图书馆拨发补助费，解决了资金短缺的燃眉之急。袁同礼还委托驻美大使胡适帮助采购书刊，然后邮寄回国。1942 年袁同礼赴美期间，还把 1790 年至 1906 年间有关中美关系的档案复制一份，为北平图书馆增添了一项难得的馆藏。

香港：1938 年北平图书馆驻港办事处设在了冯平山图书馆，袁同礼特派北平图书馆四人到港履职。袁同礼嘱咐四人："征集专业书籍，以补充北馆西书之未备，以供国人之研究参考。"由于香港与国外邮寄便利，北平图书馆向国外订购的刊物和抗战史料都是通过香港寄往国内的②。

---

① 清华大学校史研究室编：《清华大学史料选编》第 3 卷下册，清华大学出版社，1994 年，262 页。
② 李致忠主编：《中国国国家图书馆馆史资料长编（1909—2008）》，325—349 页。

三、国立北平图书馆与中国共产党的第一次交往

北平图书馆除了在沪、渝、港三地设立办事处征集文献外，袁同礼还请求周恩来给予帮助，收集中国共产党出版的抗日史料，周恩来做出了积极的回应。国民革命军第十八路军以公函致北平图书馆："兹有周副部长交下书籍数十本，特函附上并附书单一纸。"[①] 随后周恩来派人送去了一批 1938 年至 1939 年间解放区出版的书籍，包括《毛泽东救国言论选集》《什么是马克思主义》《抗日民族统一战线指南》《拂晓报》《论三个阶段》《吴玉章抗战言论集》等，此外林伯渠同志也派人送去了50 册图书，这是国立北平图书馆自 1909 年成立以来与中国共产党的第一次交往[②]，是中国共产党早期出版物正式入藏北平图书馆的新纪元。今天，抚今追昔，当我们重新回忆这段历史时，仿佛又看到周总理、林伯渠等老一辈革命家对图书馆事业的关怀。

北平图书馆还积极与延安解放社、新华日报社、延安新华书店、重庆新华日报社等中国共产党文化机关建立联系，按期购得《解放》《中华》《群众》《新中华报》《新华日报》《联共党史》《解放周刊》等珍贵资料。在袁同礼和社会各界的共同努力下，有关中日战事文献源源不断地汇集到了昆明国立北平图书馆。

当得知中国共产党代表团离开北平前有一批图书无法带走时，袁同礼馆长立即派人前去联系，希望能把这批资料赠给北平图书馆，代表团答应了这一要求，可见袁同礼先生对搜求抗战文献的细微之处。

现存于国家图书馆的《馆藏解放区出版文艺作品书目》一书中，就收集了抗日战争和解放战争时期解放区出版的文艺作品 800 多种。这批文献共 8 大类，文艺理论方面有毛泽东的《文艺问题》《在延安文艺座谈会上的讲话》，周扬的《马克思主义与文艺》等；戏剧方面有《打的好》《开荒一日》等；秧歌剧方面有《兄妹开荒》《劳动英雄回家》等；小说方面有鲁迅的《朝花夕拾》；散文方面有《解放》《军政民一家》等；苏联文学方面有《列宁论文化与艺术》、西蒙若夫的《俄罗斯人》等；民间文学方面有《保卫好时光》《快板集》；歌曲方面有 1942 年八路军一二九师政治部出版发行的《抗日先锋歌集》《解放歌选》等。这些极具历史价值和文物价值的抗战文献，虽说已过去 70 多年，但都真实地反映了抗战八年延安出版界的面貌，许多文献目前都已经成为国家图书馆的新善本，由此可见这些抗战文献的价值所在。

---

① 李致忠主编：《中国国家图书馆馆史资料长编（1909—2008）》，325 页。

② 李致忠主编：《中国国家图书馆馆史（1909—2009）》，124 页。

四、积极筹办抗战史料展

收辑史料，似易实难，八年辛劳，每惧中辍。收集整理中日战事史料的工作于1946年西南联大复员北上而告一段落。自1938年起至1946年6月止，中日战事史料征辑会"共得日报、期刊、小册子、文件等168箱，历时九年，幸未一日中断。现已由西南联大正式点交北平图书馆接收"①，采购有关中日战事之图籍就已逾2万种，有关抗战论文3万余条，分类简报50大箱，辑录欧美论中国的论文数百篇。

抗战胜利后，北平图书馆还接收了日伪在华机构的书刊，袁同礼尽全力为北平图书馆补充抗战文献馆藏，如闻国民党中央信托局接收了敌伪几十万册书刊的消息后，袁同礼亲自出面，上下联络，多次交涉，终于将这批书刊全数留在了北平图书馆。

1947年，北平图书馆昆明分馆将所征集到的抗战资料陆续运回北平，暂存于北海的静心斋。为了宣扬中华民族英勇抗战的精神，揭露日本侵华的罪行，1948年5月16日，在北海静心斋举办了抗战史料展览。展览分为"抗战史料、敌伪资料、战时期刊及剪报、战时日报、敌伪期刊、敌伪日报等六个陈列室，总共约一万五千余件"。这些国内外仅有的史料，对研究编写抗日战争史是不可或缺的文献。

2015年是中国人民抗日战争暨世界反法西斯战争胜利70周年，8月14日，抗战胜利70周年馆藏文献展隆重举办，这是新中国成立以来，国家图书馆举办的最大一次馆藏抗战文献展，其展品之全，规模之大，时间之长，影响之广都是空前的，展览分为"烽火连天、血肉长城、抗战文化、鉴往知来，抗战中的国图"五部分，展品包括善本、日记、手稿、缩微胶片、影音资料等各种珍品文献1500多件。史料丰富，为后人了解那段历史提供了丰富的资料。

八年抗战间，从国共两党高层到前线作战的将领，从延安的文艺团体到东北抗联战士，从海外华人华侨到国际友好团体，从外国来华记者到富有正义感的日本作家，大家都在奋笔疾书，鼓舞士气，伸张正义，声讨日本的侵略行径。

在延安，毛泽东的《论持久战》、朱德的《论解放区战场》、彭德怀的《巩固敌后抗日根据地》、张闻天的《抗日民运的原则》、宋庆龄的《中国不亡论》都大大鼓舞着抗日军民的士气。

著名社会活动家杨先健的《山河泪》、欧阳予倩的《曙光》、艾芜的《故乡》、鲁迅的《中国人失掉自信力了吗?》以文艺的形式告诫人民：中国必胜，日本必败。

美国作家斯诺的《西行漫记》、史沫特莱的《打回老家去》、英国记者贝特兰

---

① 闻黎明：《抗日战争与中国知识分子——西南联合大学的抗战轨迹》，社会科学文献出版社，2009年，347页。

的《中国的新生》从另一个角度真实地反映了中国人民的抗战历程。

关于"九一八"的史料有曾宗孟的《九一八周年痛史》、沪粤爱国社的《日本侵吞满蒙毒剂之大披露》、胡愈之的《东北事变之国际观》、文华美术图书公司出版的《东北失陷与抵抗》、黄宝山的《日本侵掠我东北暴行之真相》等。

全民抗战方面的史料有东北图存出版社出版的《卢沟桥血战纪录》、神州国光社的《十九路军抗日血战史料》、华美出版公司的《中国全面抗战大事记》、生活书社的《抵抗》、文萃书局的《卢沟桥血战史》等，这些史料展现出了中国全面抗战的实情与卓绝。

东北抗日联军方面的史料有东北编译社出版的《日本侵掠我东北暴行之真相》、上海杂志公司的《东北抗日联军游击实录》、松五等人的《东北抗日联军游击实录》、张志渊的《东北抗日联军中的女儿们》、大众出版社的《东北抗日联军的过去、现在和未来》，这些史料为人们再现了"九一八"之后东北人民抗敌的悲壮故事。

新中国成立之后北京图书馆（国家图书馆）首任馆长、东北抗日联军主要领导人冯仲云的著作《东北抗日联军十四年奋斗简史》《东北抗日联军十四年苦斗史》则把人们带回了东北抗日联军英勇抗敌的峥嵘岁月中。

而陈嘉庚的《南侨回忆录》、胡率尔的《来华助战美空军素描》，以及1940年出版的《檀香山华侨美金捐款征信录》等反映了海外华侨援华的史实。

抗战的胜利，全国欢庆，这方面的史料更是鼓舞人心，有《云南日报》的《血战八年胜利告成，日寇投降还我河山》、《益世报》的《八年苦战终赢得最后胜利》、读者之友社的《中国胜利与日本投降》、《新华日报》的《日本接受投降条件》、在华美军印刷的日军投降传单《日本已经投降，战争完全结束了》等报道。

日本人所著书籍有佐藤清胜的《满蒙问题与日本之大陆政策》、宇都宫谦的《支那事变与无敌皇军》等，这些史料更是从另一个侧面反映了日本侵华的真相，以"文献为证，让史实说话"。

在《中国国家图书馆馆史（1909—2009）》中，对70年前北平图书馆收集抗战史料一事是这样描述的：国立北平图书馆与西南联合大学共同组建了"中日战事史料征辑会"，广搜海内外有关此次战争的史料，这是国家图书馆建设史上的一个创举，也是一个壮举，它不仅得到了国内各方的支持，也得到了国际许多国家和友人的赞誉，此举充分反映出了袁氏搜采文献的眼光和不遗余力。今天，国家图书馆有如此丰富的抗战文献收藏，无疑得益于袁同礼馆长超前的眼光和责任，得益于国家图书馆前辈的不懈努力和使命担当。

历史瞬间　民族记忆

——浅谈国家图书馆抗战图片的检索、利用与保护

王萌萌

摘　要：2015 年是中国人民抗日战争暨世界反法西斯战争胜利 70 周年，国家图书馆秉承"以文献印证历史"的指导思想开展了一系列纪念活动。本文通过《东方主战场》图片查询项目这一典型案例，再现国家图书馆对抗战图片的检索与利用。同时，鉴于抗战图片具有特殊史料价值，建议建立抗战图片数据库，以期将新技术应用于传统的参考咨询业务，保护抗战文献，留住历史瞬间，保存民族记忆。

关键词：东方主战场；国家图书馆；抗战图片

引　言

8 集大型电视纪录片《东方主战场》是中宣部确定的抗战 70 周年纪念活动重点项目，2015 年 8 月 25 日起在央视一套晚八点黄金时间播出。从第一集《东方蒙难》到第八集《正义必胜》，带领国人回顾了 70 年前那场战争伟大的胜利。在迄今回顾抗战乃至整个二战历史的纪录片中，堪称一部扛鼎之作。该片的播出和随后举行的胜利日大阅兵，使得包括海外侨胞在内的中华儿女的历史荣誉感和爱国主义激情空前高涨。

文献是历史的载体，图书馆是文献的典藏所在，国家图书馆更是承担着为整个国家、民族保存历史记忆的重任。作为国家总书库，国家图书馆参与了《东方主战场》的图片查询工作，为该纪录片提供了 286 张珍贵的抗战图片，以人物、事件、地图和报纸报道为主，作为重要历史事件节点构成节目中的定格画面。

此次《东方主战场》图片查询项目，咨询馆员协助电视编导将藏在海量馆藏文献中的抗战图片复活在了电视屏幕上，为艺术表达和呈现主题提供了强有力的支撑，是该纪录片不可或缺的组成部分。8 月 28 日晚《新闻联播》对《东方主战场》进行了报道，评价该片做到了"用事实说话、以真实感人"，充分肯定了纪录片中抗战文献资料的珍贵价值。

一、国家图书馆的抗战文献资源建设

国家图书馆馆藏宏富，古今中外，集精撷萃，拥有几乎涵盖各个学科领域、多语种、多种载体形式的文献信息资源。

近年来，国家图书馆的文献资源建设做得有声有色。以抗战文献为例：

2012 年年初，国家图书馆"中国记忆"项目①启动了"东北抗日联军专题"的资源建设，至 2015 年 8 月中旬，项目组完成了对国家图书馆藏抗联相关文献资源的整理与目录编写工作，并先后在北京、辽宁、黑龙江、湖北、新疆等地，收集到了数十份珍贵手稿、日记、大量照片和非正式出版物，并对近 20 位抗联老战士和抗联子女进行了抢救性的口述史访问，获得了 70 余小时、数十万字的第一手口述资料。

依托 2012 年启动的"民国时期文献保护计划"项目，国家图书馆制订了对日战犯审判文献史料的收集、整理、出版、研究计划②。目前，国家图书馆已编纂出版《远东国际军事法庭庭审记录》《远东国际军事法庭审判文献：法庭证据》等东京审判文献资料。2015 年 8 月 14 日，国家图书馆"东京审判资源库"上线③。该资源库下设庭审记录、证据文献、判决书、影像记录等 8 个字库，内容包括国家图书馆近年来从海外征集到馆的东京审判庭审记录 4.9 万页，中英文判决书各 1200 页，证词、证据文件 4949 份，庭审现场历史照片 384 张等，全方位揭示东京审判原始资料和研究成果。2015 年 12 月 10 日，国家图书馆充分发挥史料文献在推动抗战研究、服务国家战略方面的作用，推出《国际检查局询问记录》《抗日战争史料丛编：第二辑》与《中华抗战期刊》三部新书，并举办抗战文献出版座谈会。

截至目前，"民国时期文献保护计划"整理出版工作已立项 81 项，共 6098 册；出版 43 项，共 2707 册，其中抗战相关文献 26 种，1090 册，有力驳斥了日本右翼歪曲否认侵华历史的言论，也为开展爱国主义教育提供了生动教材。

除此之外，值得一提的亮点是国家图书馆的抗战图片。图片是国家图书馆的重要馆藏，包括独立的图集、画册、舆图等，也包括在书、刊、报中刊登的图片。作为国家图书馆抗战文献资源的一部分，抗战图片以其独特的载体形态，以生动、形象的特点直观地再现当时的场景，保护与充分利用抗战图片对于了解历史，并以史为鉴、面向未来具有重要意义。

---

① 中国记忆项目：是国家图书馆以中国现当代重大历史事件、重要人物为专题，以口述文献、影像文献等新类型文献的建设为核心的特色文献资源体系建设与服务项目。

② 高红、梁爱民、李丹：《国家图书馆东京审判文献史料征集与整理》，《国家图书馆学刊》2014 年第 2 期，32—37 页。

③ 国家图书馆：《以文献为证　用史实发言　纪念抗战胜利 70 周年馆藏文献展隆重开幕》，《国家图书馆通讯》2015 年 8 月 15 日。

二、抗战图片的检索与利用——以《东方主战场》图片查询项目为例

图片资料包括图、画和照片等，习惯上统称为"图片"。图片以其独立的平面艺术载体、瞬间的形象记录、庞大的数量、广博的社会生活内容和不失历史的真实以及一定的文物价值等特点区别于其他资料，占有重要的地位。抗战图片因具有社会记忆的功能在抗战文献中格外珍贵。

美国学者保罗·康那顿指出：对个体来讲，我们对现在的体验在很大程度上取决于我们有关过去的知识；对于群体来说，现实的社会秩序就是建立在"过去形象"之上并使其合法化。有了绵延不断、经久不衰的社会记忆，人类社会就避免了混乱、倒退；同时，杰出的历史、人物、事件也得到了永恒。保存社会记忆的方式很多，最为直观有效的方式还是利用图片将"过去形象"记录下来，储存在能够保存的知识媒介——书籍中，同时图书馆作为完善的社会机制将其保存和保护。

图片查询属于参考咨询业务中的事实查询。参考咨询服务是图书馆与用户之间联系的桥梁，是衡量一个图书馆服务能力的重要标志之一。一直以来，依托国家图书馆的资源优势，国家图书馆提供的咨询服务为决策部门、重点科研、教育生产、单位提供了有力的参考支持。《东方主战场》的图片查询工作是参考咨询部社科咨询组众多典型咨询案例的一个代表，286 张珍贵图片，以文献为证，用史实发言，充分印证了中国抗战作为东方主战场的历史地位。

（一）需求充分沟通　将资源整合增值

从国家图书馆参考咨询部的实践来看，用户对图片的检索需求逐年增加，而且需求内容越来越精细。以此次《东方主战场》的图片查询为例，随着查询邮件附带的 word 文档中，八集纪录片各自的主题都是确认好的，每一集所需的每一张图片都有明确的需求。部分需求如表 1 所示：

表 1　《东方主战场》第五集查询内容

序号	年代	内　容	备注
1	民国二十六年 8 月 10 日	行政院第 324 次会议上递交的资源委员会拆迁上海工厂的提案	
2	1929 年	《时事月报》中公布的《田中奏折》相关的内容	
3		二战中的英国、苏联、日本、中国的武器装备技术等	
4	1938 年	毛泽东写《论持久战》时期在延安的图片资料	

序号	年代	内　　容	备注
5	抗战各时期	"草鞋兵"的图片资料	
6		回民支队、马本斋等相关的图片资料	
7		奇俊峰相关的图片资料	
8	1940—1941 年	拉卜楞寺著名活佛洛桑嘉木祥·益西丹贝坚赞（即第五世嘉木祥呼图克图）相关图片资料	
9	1943 年	《驼工日记》中记载的关于新疆驼工队的相关图片资料	
10	1937—1945 年	上海工厂西迁、武汉撤退等大迁徙的相关图片资料、船运的相关图片资料、当时民生轮船公司的相关图片资料、卢作孚相关照片	
11		滇缅公路的资料照片（包括修筑时期和使用时期）	
12		海外华侨支持抗战的相关图片资料、陈嘉庚相关照片	
13	20 年代初	田中义一的照片	
14	40 年代	台湾义勇队相关资料图片	

　　图书馆的图片查询需要权威、准确的信息源，目前图书馆的图片检索主要以图书、报纸文献为主。上述表格中每一张图像都相当于一个专题检索，需要咨询馆员提取并浏览大量的全文文献，再甄选符合读者需求的图片。

　　目前国家图书馆的图片检索，除了使用传统的 OPAC（馆藏目录检索系统），还通常会使用馆藏数据库，例如《人民日报》全文数据库、瀚堂近代报刊、全国报刊索引，以及读秀学术搜索等查询线索，这样，可以减少部分提书以及人工翻查文献的时间，提高工作效率（图一—图四为此次图片查询提取的部分文献）。

图一　部分提取文献

图二　部分提取文献

图三　部分提取文献　　　　　　　　图四　标签标记所选图片

在参考咨询服务过程中，咨询馆员扮演的是信息检索和整合的角色，参考咨询服务的价值在于通过对信息源的开发使信息增值。同时，检索过程中和用户的有效沟通非常必要，了解需求重点才能精确进行主题分析，提高检索效率和服务质量。这些通常在一定的准备工作之后进行，因为用户多是行业专家，咨询馆员需要研读大量的文献资料才能达到与之平等对话的良好效果（图五为5月中旬，负责此次图片查询的老师与中央电视台《东方主战场》的编导进行沟通）。

图五　与编导沟通图片检索细节

（二）唤醒沉睡图片　与新媒介共生主体

国家图书馆图片查询工作关于图片的筛选，要求必须符合用户需求，尽量体现独特性，提供最原始的文献，选取最具代表性的图片，内容符合、版本不符合的也全部重新调阅，以期达到完美的图片效果。国家图书馆参考咨询馆员这份对工作精益求精的态度，保证了图片查询业务的服务质量（表2为终选的部分图片目录）。

表 2 《东方主战场》图片查询终选的部分图片目录

《中国共产党 70 年图集》上册			
序号	页数	位置	图片简述
1	373	中上 2	1933 年 3 月，中国军队国民党二十九军在喜峰口与古北口之间的罗文裕布防
2	425	上 1	1932 年冬，鲁迅在北京师范大学演讲
3	441	上 1	1935 年 12 月 9 日，中共北平临时工作委员会，爱国学生游行队伍图片
4	491	右下	1937 年 10 月 8 日，八路军第一二〇师一部在山西雁门关以南伏击日本军队，图为燃烧着的日军汽车
5	500	左上	1938 年 3 月，八路军一二九师伏击日本军队
6	541		1940 年 8 月 20 日—12 月 5 日，百团大战，图为彭德怀在前线指挥
7	547	右下	中共中央所在地延安，延安杨家岭的中共中央大礼堂
8	582	上 1	日军为封锁抗日根据地修碉堡和封锁沟
9		上 2	为封锁抗日根据地，日军在河北阜平县设置铁丝网
10	583	中	1942 年 7 月 7 日大青山游击队以野菜充饥
11		下	抗日根据地人民在商量躲避日伪军的扫荡
12	586	右上 1	冀中民兵地雷阵
13	587	左上 1	冀中抗日根据地民兵在白洋淀组织水上抗日游击队——雁翎队
14	589	上 1	狼牙山五壮士幸存者：葛振林、宋学义
15	601	右上 1	延安干部学院学员在开荒
16	521	右下	1944 年 9 月八路军进攻山西汾阳日军
17	645	右下	1945 年 4 月联合国，中国政府签字，董必武
《正义的审判》新星出版社			
序号	页数	位置	图片简述
1	7		1931 年 9 月 18 日，日本军国主义挑起"九一八"事变
2	9		横行在东北的日军
3	37		被日军洗劫后的华北农村

续表

序号	页数	位置	图片简述
			《中国共产党 70 年图集》上册
4	47		日军"731 部队"锅炉房的残迹
5	60	左上	重庆视频正在冒险救火
6	61	下	日机轰炸给重庆带来巨大损失
7	87	右下	日本兵疯狂地用铁镐砸破居民的门以抢掠
8	110		审判日本甲级战犯的远东国际军事法庭
9	112		东条英机
10	113	上	板桓征四郎
11		下	土肥原贤二

此次《东方主战场》的图片查询工作贯穿了 2015 年整个夏天，从 4 月到 7 月。4 月 16 日工作部署后，咨询馆员立即就各自的分集内容开始了检索提书工作。5 月中旬，负责查询的老师和中央电视台编导在国家图书馆社科咨询室进行了面对面、一对一的沟通和交流，确认扫描图片，以及挖掘进一步的检索需求。7 月底，图片查询工作完成；8 月 20 日，全部所需图片扫描提供完毕。历时 4 个月，此次图片查询项目圆满结束。由此可见，图片查询作为传统的社科咨询业务，正是因其服务过程中聚集着大量咨询馆员创造性的脑力劳动和体力劳动，才能一直以来在用户中享有盛誉。

科技高度发达的今天可以说是一个致炫的时代。以《东方主战场》的图片查询为例，咨询馆员发掘出沉睡在文献中的史实图片，电视台运用各种现代化的多媒体技术和电视制作手法将其展现在观众眼前，浓厚历史感和强烈的媒体表现力碰撞在一起，特别生动感人。

正如 CCTV 大富副社长兼总编辑张焕琦所说：看了《东方主战场》之后，有耳目一新的感觉，该片就中国抗战对于世界反法西斯所付出的巨大牺牲，所做出的巨大贡献，表现得清晰有力，令人信服，令人震撼。有史实，有细节，有大量珍贵史料镜头，也有恰当的真人再现，把事情讲得很清楚，而同时又引人入胜，更能被如今年青一代的受众所接受①。从之前的为他人作嫁衣裳为主，到现在直接参与构成项目主体框架内容之一，国家图书馆参考咨询服务在新媒体时代实现了华丽转身，是时代的需求，是机遇也是挑战，大大提升了图书馆员的成就感和使命感（图六—

---

① 中国新闻社：《旅日媒体人纷纷"点赞"〈东方主战场〉》，《文化新闻》，2015 年 9 月 13 日。

图七为《东方主战场》纪录片截屏，图六为第一集 14 分 43 秒，出现的第一张国家图书馆提供的"东方会议"图片）。

图六　第一集 14 分 43 秒，出现的第一张
国家图书馆提供的"东方会议"图片

图七　《东方主战场》纪录片截屏

三、抗战图片的保护与构建数据库

图书馆事业的发展水平是衡量社会文明进步程度的重要标志之一。网络时代，文献信息数字化、资源共建共享是时代趋势。我们也应该顺势而为，通过良好的导航和整合，实现资源的重新提炼。

（一）统一部署　协同合作

按照统一部署，首先在全国范围内组织抗战图片普查及调研，全面掌握各级图书馆、档案馆及个人收藏；其次，进行抗战图片征集，以期全面收藏；第三，进行图片整合，建立全国统一的抗战图片检索平台，方便公众使用；最后，将各地图书馆、档案馆、研究机构收藏的抗战图片进一步保护与开发，编辑整理出版图片图录、索引系列。

（二）构建抗战图片数据库

抗战图片具有特殊史料价值，将抗战图片数字化可以在保护抗战文献的基础上，使抗战图片化身千百，支持学术研究，提供公众便捷的使用。前事不忘，后事之师，这一计划的付诸实施，将使更多的专家学者、社会公众充分利用抗战图片，使国家图书馆馆藏资源更好地为社会、为国家战略服务。

以《东方主战场》图片查询项目为例，耗费大量人力物力的图片扫描件等资料如果只能提供一次使用，利用率很低。显然，除了抗战胜利 70 周年，以后抗战胜利 80 周年乃至 100 周年，这些抗战图片依然很有价值，甚至价值与日俱增；但是重复的检索和扫描打印没必要，也不利于抗战文献的保护。笔者认为，构建基于图书馆馆藏的图像数据库是发展的必然，可以从录入每一单图像检索的档案着手。这样，一方面方便检索，可以实现图像的再次利用，充分发挥文献的价值；另一方面，可以规范并整合图像检索的存储方式，进一步实现图像咨询档案的规范化管理。

四 、结 语

图书馆凭借其文化空间的特质，几乎贯穿了人类社会的每个阶段，承载着人类发展的记忆与文明。图书馆是社会记忆"活"下去并生生不息的生命摇篮，发挥好保存社会记忆的职能，图书馆将在社会公共文化空间中起到至关重要的作用。

抗日战争是近代以来中国反抗外敌入侵第一次取得完全胜利的民族解放战争，是中华民族由衰落走向复兴的伟大转折。当今是和平年代，协调推进"四个全面"战略布局的伟大理想，我们依然需要继承和弘扬当年这种百折不挠、坚忍不拔的精神。国家图书馆是我国的知识宝库，如何守护好她，将传统的业务薪火相传；以及如何将现代元素融入其中，使之更加光彩照人，是我们每一位图书馆员需要实现的"中国梦"。

参考文献：

[1] 中国新闻社：《旅日媒体人纷纷"点赞"〈东方主战场〉》，《文化新闻》2015 年 9 月 13 日。

[2] 国家图书馆：《以文献为证　用史实发言　纪念抗战胜利 70 周年馆藏文献展隆重开幕》，《国家图书馆通讯》2015 年 8 月 15 日。

[3] 国家图书馆：《第二个"南京大屠杀死难者国家公祭日"前夕　珍贵抗战史料新书发布　抗战文献出版座谈会同期举办》，《国家图书馆通讯》2015 年 12 月 15 日。

[4] 高红、梁爱民、李丹：《国家图书馆东京审判文献史料征集与整理》，《国家图书馆学刊》2014 年第 2 期。

[5] 田苗、汤更生：《中国记忆项目的构想与实践》，《国家图书馆学刊》2015 年第 1 期。

[6] 张立朝：《图书馆作为公共空间价值的实践与思考——以国家图书馆为例》，《中国科技信息》2011 年第 18 期。

[7] 王萌萌、黄伟杰：《基于文本检索的事实查询专题图像数据库构建及服务模式研究》，《图书馆学刊》2015 年第 8 期。

国家图书馆日文满铁资料馆藏建设调查研究

王　薇　黄术志

摘　要：满铁资料不仅是日本帝国主义发动侵华战争，疯狂掠夺中国资源矿产、妄图称霸亚洲的铁证，也对研究当时的历史情况有着巨大的研究参考价值。国家图书馆馆藏日文满铁资料是全国馆藏满铁资料的非常重要的一部分，对国家图书馆馆藏满铁资料进行调查分析与研究，具有重要的现实意义和史料价值。

关键词：南满洲铁道株式会社；满铁资料；日文文献；馆藏建设

"南满洲铁道株式会社"（South Manchuria Railways Co.，简称为 SMR）成立于 1906 年 11 月 26 日，中文通常简称"满铁"，是日本帝国主义对中国东北地区进行殖民统治的大本营，除管理南满铁路和经营农林畜牧、煤炭、冶金、矿业、医疗、文化教育、水电等产业外，还设立了庞大的情报调查机构，大肆搜集中国及周边国家地区的政治军事、经济金融和社会文化等情报，调查覆盖范围广，规模巨大，为日本对外扩张和殖民统治积极出谋划策。满铁调查机构最盛时期有情报收集人员4500 名，其中专门分管对华情报搜集研究与宣传的人员达 2000 多名，总共提出了1 万多份调查报告，代表性的有《满铁调查研究资料》《满铁调查资料》《满铁调查月报》《特调资料》等。

满铁资料是指满铁及相关日伪机构公开出版或内部印行的满铁相关的书籍、调查报告、专题材料、说明材料、文件汇集、各种刊物、剪报等，大多为铅印本、油印本或打印本。中国国家图书馆馆藏满铁资料 3 万册左右，图书类单行本约有28000 册，期刊类约为 280 种 2000 册，其中，日文文献占 95% 以上，内容丰富，具有极高的学术价值和历史价值。

一、资料来源与保存状况

国家图书馆馆藏满铁资料图书来源除了国立北平图书馆所藏之外，还包括原收藏于全国人民代表大会常务委员会图书馆、沈阳铁路管理局图书馆、国立南京图书馆、吉林省立长春图书馆等的资料图书。大部分资料是 1945 年日本战败后和 1949

年新中国成立以后通过收缴、接受赠送等形成的。这些资料上大都盖有原始收藏机构的收藏章，最早存于满铁北支经济调查所、满铁北支事务局调查室、满铁上海事务所、满铁奉天事务所、满铁天津事务所、满铁北满经济调查所、东亚同文书院、东亚文化协议会、沈阳铁路管理局图书馆、华北电业股份有限公司等处。

满铁先后共建立了31所图书馆，其职责包括搜集适合侵略中国所需要的图书资料、为战争提供便利的资料查阅、为宣传战争开展资料展览等活动，还出版了大量的书刊杂志，编著了一系列的分类目录。50年代初至60年代末，对16000种册左右的油印本、手抄本、打印本等形式的日文旧书资料、档案进行了简单编目，形成了"夕"和"资"字头文献，约占资料总量的50%以上。资料内容相对完整，但损毁程度非常严重，散页、缺页及纸质老化现象严重，目前集中保存于国家图书馆老馆南区书库地下3层。其余部分保存于各处，基本都是图书形式的正式出版物，保存状况相对良好，但是也有比较严重缺损状况，缺失封面、封底或者部分正文。

二、满铁资料的主要责任者

满铁机构从1906年到1945年间不断地扩充、重组、改名、解散，导致满铁资料的责任者极其庞杂，据统计团体责任者多达300多个。

在这些机构当中，大多数为满铁所属的分支机构和子公司，可划分为以下几种机构类型：（1）总裁室、调查部、总务部、铁道部、运输部、矿业部、殖产部等总裁直属部门；（2）东京支社、新京事务所、北支事务局、奉天事务所、北京事务所、上海事务所等支社和事务所；（3）经济调查会、临时经济调查委员会、东亚经济调查局、北支经济调查所等经济调查机构；（4）抚顺碳矿、鞍山制铁所等工场和矿场；（5）北鲜铁道管理局、吉林铁道局、哈尔滨铁道局、奉天铁道局、锦州铁道局、北满江运局等铁道和航运机构；（6）铁道技术研究所、中央实验所、农事试验场、奉天兽疫研究所等研究实验所；（7）教育研究所、铁道教习所、满洲医科大学、南满洲工业专门学校等教育机构；（8）大连图书馆、哈尔滨图书馆、哈尔滨铁路图书馆、奉天图书馆、新京图书馆等图书馆。

三、日文满铁资料的形式

（一）根据出版形式划分

根据出版形式，馆藏日文满铁资料分为正式出版物和非正式出版物两类，非正式出版物又可分为油印本、铅印本、打印本和手写本 4 种类型。

（二）根据资料类型划分

根据资料类型，馆藏日文满铁资料可划分为满铁调查资料、满铁档案资料和满铁图书资料 3 种类型。其中，满铁调查资料占绝大部分，为油印、手写或打印版的满铁内部刊行物，具体类型包括调查报告、专题资料、会议记录、年报、月报和目录等。

四、日文满铁资料的类别

馆藏日文满铁资料的内容涉及我国东北乃至全国的自然地理、矿产资源、政治、军事、法律、外交、经济、交通、教育、民族、宗教、社会、风俗习惯以及文化历史等等各个领域，此外还包括西伯利亚、蒙古、朝鲜、印度尼西亚等亚洲地区以及大洋洲和欧美大陆等地的资料。以满铁调查课为例，编著有《满洲旧习调查报告书》《经济调查资料》《交涉资料》《调查报告书》《满铁调查资料》《满蒙全书》《工农苏联研究丛书》《俄国经济调查丛书》等，涉及中国、俄国等国的政治、外交、法律、经济、交通、文化各个方面。各个门类的主要资料如下：

（1）经济产业类：《华北财政方略》《中国经济开发方略及调查资料》《山西省金融状况》《华北经济统计摘要》《满洲经济年报》《南满洲经济调查资料》《华北货币金融调查资料》《华北纺织工业调查资料》《满洲火柴工业》《东西伯利亚经济调查资料》等；

（2）政治军事类：《中国与满洲的治外法权撤废问题》《东三省主要官绅录》《抗日民族统一战线运动史》《欧美各国国际团体及国际研究机构》《第八路军及新编第四军相关资料》《维新政府浙江省地方行政组织法典》《中华民国产业法规集》等；

（3）历史地理类：《物语满洲历史》《西南亚历史与文化》《满蒙地理历史》《满洲地理素描》《东西伯利亚地区自然地理概观》等；

（4）社会文化类：《满洲金石志稿》《旧满洲的乡村统治形式》《满洲旧习调查报告书》《满洲国习俗》《满洲人的节日》《满洲文化活动》等；

（5）地方志类：《满洲帝国地方情况大全》《满洲与中国地方志概观》《满洲国地方志》《各省别黄河流域舆志》等；

（6）农牧林类：《华北畜产调查资料》《中国桐油生产及贸易状况》《满洲林业资源调查报告》《华北农业与经济》《满洲家畜动态及役畜劳动状况》等；

（7）矿产资源类：《满洲西南部的地质与地方志》《华北盐业开发方略与调查资料》《河北省北部地区金矿开发方略与调查资料》《龙烟铁矿调查资料》《华北煤

田开发方略与调查资料》等；

（8）水利电利能源类：《满洲水产业》《黑龙江水系航行指南》《中国电力实业调查资料》《冀东电力实业统制方略与调查资料》《山西省河川测量报告书》《满洲石油统制方略》等；

（9）医疗卫生类：《日本红十字会各医院患者统计》《满洲药学学会会报》《军营卫生》《满洲医学杂志》《满洲医科大学东蒙巡回诊疗报告》；

（10）满铁铁道类：《南满洲铁道株式会社三十年略史》《南满洲铁道会社研究》《满铁庶务事情》《中国铁道概论》《满蒙铁道概要》《满铁设计基准》等；

（11）目录类：《满铁大连图书馆藏书目录》《南满洲铁道株式会社上海事务所调查室资料分类目录》《满铁资料综合目录月报》《全满24家图书馆通用满洲关系和汉书主题目录》等；

（12）照片写真类：《中国民众风俗写真贴》《满洲勘察纪念写真帖》《满洲事变写真帖》《满洲写真帖》等。

五、馆藏日文满铁资料的价值

部分馆藏满铁资料上标有"秘""极秘""部外秘"，如《红军兵要地形学》《抗日游击战争的战术问题》《第八路军及新编第四军相关资料》《远东苏联的路上运送器材》等都有着非常重要的军事和外交价值。馆藏资料中还含有少量珍贵的档案资料，如《军用物资使用调查》等。满铁档案大部分是满铁负责人及各部门、各企事业内外联系、请示报告、处理各种事务中形成的，反映了满铁的真实活动、真实意图、某些历史事件的真实原委、某些历史人物的真实面目。另外，馆藏中还含有部分手写资料，例如《旅行研究日志》《大旅行日志》《旅行日志》和《调查日志》等，这些均为孤本，具有无可替代的价值与意义。

作为日本在中国进行资源掠夺，为其军国主义扩张服务的机构之一，满铁从建立之初就不满足于修建铁路，搜集一切有用的资料和情报，企图发展成为日本在中国东北进行政治、经济、军事等方面侵略活动的大本营。为了进一步攫取中国的铁路修筑权和矿产资源，满铁在东北许多地区进行地质调查，并在与东北相邻的内蒙古、朝鲜乃至西伯利亚等地广泛搜集资料。"九·一八"事变后，满铁除集中全力于铁路、煤矿及调查情报工作外，更对日本帝国主义发动的侵华战争予以积极配合，对各领域的情况进行了摸底调查，资料浩繁。国家图书馆馆藏满铁资料是全国馆藏满铁资料的非常重要的一部分，在内容方面以调查研究中国的文献占大多数，极少部分是有关东南亚各国以及伊朗、蒙古和俄罗斯等国的资料，生动地反映出日本政府称霸亚洲的侵略野心，是近代史研究的宝藏，在学术研究中占有重要的地位。

六、馆藏建设建议

国家图书馆拥有丰富的满铁馆藏资料，但在文献系统性、文献保护、文献整理和文献开发利用等方面还存在诸多问题，亟待解决。

(一) 提升馆藏资源的系统性

国家图书馆的满铁文献收藏量非常丰富，其中的大量资料是通过收缴、调拨的形式而获得的，原为抗战胜利后从华北战场收缴调拨的军事战利品，文献系统性不强，经常存在缺卷的情况，需要补全，使之更加完整。工作人员可以从现有馆藏资料为入手，充分利用网络手段，通过查找、比对日本国立情报研究所网站等国内外网站，仔细梳理与核实资料信息，确认缺卷的馆外收藏情况，通过馆际互借和收藏复制品等方式补充缺卷，有效提升馆藏资源的系统性，从而从整体上提升馆藏建设的质量。

(二) 细化整理文献

目前，馆藏满铁资料分散存放于国家图书馆各处，其中部分资料尚未进行编目加工，还处于堆放状态，造成了管理和利用障碍。馆藏满铁资料应该集中建库，统一管理，对于未编目的文献要及时进行分编加工处理，加强收藏管理。此外，通过提升借阅级别、开设特色阅览等办法，提升文献利用率，充分发挥历史研究价值。

(三) 加大文献保护力度

馆藏满铁资料由于民国时期的纸张状况和库存时间长、库藏条件差，加之多次辗转换库、运送等一系列原因，酸化、老化和损毁现象非常严重，有的资料已经不能提供正常翻阅，处于一翻页纸张就折断的状态。而且大部分资料的老化程度正在日趋加剧，必须马上着手制定保护政策，及时进行修补，延长资料的保存期限和使用寿命。这批满铁资料具有极强的战史资料性质，是日本精心策划侵华的证据，在其他机构的现存量非常少，馆藏中还含有部分孤本，一旦馆藏原件毁掉，将会造成难以估量的损失。

虽然这批满铁资料还达不到古籍善本级别，但对于其中内容重要、老化严重的资料，在保护力度上要等同善本，对于一般性文献也需要通过加装文献袋、文献盒等方式进行保护性处理，尽量减少在摆放、查阅等过程中的磨损。对于缺页、残页的资料要适度修复，恢复文献原貌，延长文献使用寿命。对于实在无法进行修复的文献，要通过馆际互借、复制等方式印制替代品进行补充，保证文献的可利用性。

参考文献：

［1］满铁资料编辑出版委员会：《中国馆藏满铁资料联合目录》，东方出版中心，2007 年。

［2］李致忠主编：《中国国家图书馆馆史（1909—2009）》，国家图书馆出版社，2009 年。

馆藏民国时期抗战文献的整理与揭示

刘永梅　　王彦侨

摘　要：抗战文献主要指反映 1931 年"九一八"事变爆发到 1945 年日本战败投降这一时期的历史文献，内容不局限于战事。抗战文献的整理与揭示，对国人了解当时的政治、经济、社会状况具有非常重要的意义。本文在简要概述国家图书馆收集、整理抗战文献情况，分析抗战文献特点的基础上，着重论述该类文献编目时制订统一标准、判别政治倾向、增加抗战因素、加强规范控制等方面的问题。

关键词：抗战文献；国家图书馆；整合；揭示

抗日战争是自鸦片战争以来，中华民族反抗帝国主义侵略斗争中第一次取得完全胜利的民族解放战争，是中华民族走向复兴的转折点，也是世界反法西斯战争的重要组成部分。自 1931 年日本发动"九一八"事变至 1945 年取得抗战的胜利，中国进行了长达 14 年的抗日战争。在这场艰苦卓绝的战争中，留下了许多弥足珍贵的文献和史料。抗战文献的收集、整理及揭示，对后人了解这段波澜壮阔的历史、传承中国的近代文化具有重要的意义。

一、抗战文献的界定与特点

抗战文献是指在抗日战争时期出版发行的各种报纸、杂志、书籍、调查资料、调查报告及电影资料等，涵盖当时国内外的各种印刷品、档案、通讯报道、前线记事、画册画报，以及传单和各种宣传品等。此外还包括战时和战后对参战人员采访记录的口述资料等[1]。民国文献主要指形成于 1911 年至 1949 年这一特定历史时期的各种知识和信息的载体。换言之，凡是 1931 年日本发动"九一八"事变至 1945 年中国取得抗日战争胜利期间出版、印刷的文献均属于抗战文献的范畴，民国文献中的很大一部分属于抗战文献。其特点为：

（一）内容广泛

除涉及国统区、敌占区、解放区，正面战场、敌后战场，国民党军、八路军、新四军、游击队以及国内各阶层、各人民团体的抗战和日军侵华罪行等直接反映中国人民抗日战争的文献外，还包括反映中国战时的政治、军事、经济、交通、文化、教育等多方面的资料。

（二）破损严重

由于长期以来受保护观念的滞后、文献自身的先天不足以及保护技术因素的影响，抗战文献普遍具有不同程度的破损[2]。从纸张、印刷、装潢上来看，抗战期间出版的文献质量不及清末民初的文献。由于战时经费紧张，很多文献使用含有大量杂质的木浆纸，容易脆断，再加上战乱运输等原因，破损更为严重。

（三）出版信息不完整

抗战文献不仅包含书籍，还包括抗战宣传小册子以及仅供内部使用的军事作业图纸等印刷品。本身出版信息不完整，再加上破损等原因，很多重要的信息源（如题名与责任者项、版本项）无从找到。

（四）各类文献出版不均

抗战期间各方面的研究工作均受到不同程度的影响，出版重点偏向于政治、法律、军事、历史和地理，尤其是军事类。像社会科学、文化、科学、教育、体育类图书出版受影响巨大，其他各类出版物也都有所减少。但由于抗战文艺宣传的需要，文学和艺术类文献还保持着正常的出版量[3]。

二、国家图书馆抗战文献的馆藏建设

"九一八"事变后，华北局势日益恶化，尤其是长城抗战以后，北平成为一座危城。北平图书馆的珍贵善本开始了艰辛的南迁历程。八年抗战期间，国家图书馆以昆明为本部（与西南联大共同办馆），以平馆为留守，并在上海、重庆、香港等地设立办事处，形成战时的特殊格局[4]。时任馆长袁同礼在抗战期间首倡成立"中日战事史料征辑会"，除了在抗战前方、后方、沦陷区及国外搜集与抗战有关的资料，袁同礼还亲自向第十八集团军驻渝办事处领导人周恩来提出申请，从延安和各解放区收集到不少革命书刊、文献史料和相关纸品资料[5]。所收集的史料，内容不局限于战事，而是包括政治、社会、经济、交通、教育等各方面[6]；采访范围不局限于本国及中文书刊，还包括欧、美、日本、苏联、南美各国出版物在内；形式包括新闻纸、期刊、学术团体及民众团体之刊物、私人记载信札及日记、政府公报及官书、各种情报、秘密军事报告、书籍及小册子、布告宣言及传单、地图及统计图表、照片及电影片、各种宣传品、医药防疫赈灾等救护团体之文件报告、战时前方后方之各公共团体报告等。抗战史料会征集的史料，据不完全的记录，仅昆明部分入藏中文书约5180种6000册，中文小册子400余件，中文杂志2350种，中文报纸169种；日文书520册，日文杂志120种，日文报纸8种；西文书1922册，西文杂志373种，西文报纸49种[7]。

此后，国家图书馆一直非常重视抗战文献的收藏整理。通过征集、受缴、调拨、购买、复制、受赠等渠道收集抗战文献，不断丰富国家图书馆的馆藏。除加强抗战文献原件的入藏外，还通过复制、缩微、数字化等方式增加文献类型的多样性。2011年，"民国时期文献保护计划"立项，国家图书馆积极开展抗战史料调研征集、整理出版、广泛宣传等工作，对美国、英国、日本、俄罗斯等国家以及我国台湾地区的文献进行重点征集，探索通过合作保护方式促进文献征集回归。项目实施以来，征集、复制了大量的抗战文献史料，包括"东京审判"庭审记录5万余页、日本二战罪行档案2212卷、日本二战乙级和丙级战犯审判相关文献史料缩微胶片4种104卷、远东国际军事法庭审判相关文献史料胶片8种49卷以及其他史料档案、照片、日记等。此外，"中国记忆"项目采访以东北抗联老战士为代表的抗战老兵，做好战争亲历者记忆中活资料的搜集工作，取得丰硕成果。

三、抗战文献揭示与整理

抗战文献是民国文献的重要组成部分，国家图书馆对其整理从未间断。其中最具成就的是由北京图书馆、重庆图书馆、上海图书馆共同整理编写的书本式目录——《民国时期总书目》。书目收入各类中文图书124000余种，自1992年始由书目文献出版社陆续出版。随着卡片目录时代的远去和书目数据的机读化，民国文献经历了"束之高阁"和如今的炙手可热，文献整理又被赋予了新的内容。国家图书馆2006年成立"回溯书目数据组"，陆续对馆藏民国文献进行整合，当然包括其中的抗战文献。这一阶段，以全面揭示馆藏为目标，对已有馆藏民国文献进行核查、编目加工，实现了文献实体与书目数据的对应。至2012年，无书目数据的民国实体文献已整理完毕，并转至恒温恒湿通风的库房保存。2013年始，重点对错误数据和存疑数据进行核查与修改，完善主题标引与分类标引。这些工作为"民国时期文献保护计划"提供了数据基础，也为全国的民国文献普查与保护积累了经验。

（一）统一书目数据制作标准

国家图书馆在抗战文献回溯时，聘请业界专家和熟悉采编全流程的工作人员，坚持端正政治立场和尊重客观历史相结合的原则进行整合。与中文普通文献的编目标准和规范一致，采用《中国文献编目规则》（第二版）、《新版中国机读目录格式使用手册》及《中国分类主题词表》（第二版）（以下简称《中分表》），在

ALEPH 系统中进行。

民国抗战文献出版形式各异，缺乏统一标准，破损文献还进行了修补、装订等补救措施。出于民国文献普查和书目数据共享的需要，应统一编目标准，规定信息源不详应多方考证。例如，若无题名页时，题名与责任者说明项按照"版权页—封面—书籍—卷端—序言—后记"的顺序选取；自拟或考证的题名加于方括号之内（如残本著录）；出版发行项的信息可通过序跋、前言、后记甚至互联网等多渠道查寻，考证或推测出相对准确的信息，更准确地揭示文献。

（二）增加抗战因素和互见类标引

抗战文献在经济、政治、军事、文化、教育等方面都包含有抗战因素，例如战时经济、教育、抗战方针政策、战争背景下的文学作品等。随着《中分表》的版本更新，增加了一些与抗战文献对应的主题词。这就要求编目员熟悉主题词和类目的变动情况，多角度思考和检索，标引时增加抗战因素和互见类，满足用户族性检索的需要。

例：长沙会战纪实［专著］/第九战区司令长官司令部编纂组编——中兴书店，1940。原主题标引为：国民党军/抗日战争时期战役战斗/长沙/1939，组配标引比较烦琐，专指性差。《中分表》新增了"长沙会战"一词，直接用该词标引即可，类号入：E296.93（抗日战争时期军事史）。

例：经济救国［专著］/经济救国研究社编——经济救国研究社，1931。该书主要内容为分析不买日货的利益、不买日货的方法、历次抵制日货所受之损失、抗日后日货输出入今昔比较等。主题标引为：抵货运动，类号不仅要分入 K25（中国近代史），还要增加：F752.96（民国对外贸易史）。

（三）判别政治倾向

抗战时期，各种势力并存，社会复杂，民族矛盾和阶级矛盾交织交错。当时存在的政权包括中国共产党领导建立的中华苏维埃工农民主政府和各革命根据地政府、国民党统治的南京政府、日本帝国主义侵华期间扶持建立的伪满洲国、伪华北政务委员会、伪华北临时政府、日伪北京新民会、伪维新政权、汪精卫伪国民政府等。在揭示抗战文献内容时，除注意各种政权及抗战力量在特殊时期的称谓（如国民政府军和国民党军、国民革命军的区别）、使用恰当的专有名词外，还应准确判断文献内容隐含的政治倾向，正面揭示，客观标引。一般从著者、出版者来判断出版立场，从政权存在时间和势力范围来判断政权机构名称。当然，阅读全文，甚或查阅互联网领略文献主旨要义，并在内容提要及附注项加以阐释，也是帮助读者判断文献立场和政治倾向的方法。

例：上海特别市农会成立纪念专刊［专著］/上海特别市农会整理委员会编辑——上海特别市农会，民国二十九年三月。从题名上不能判别是哪个政权的出版物，但从出版时间和势力范围看，是汪伪政府的统治。因此主题应标引为：汪伪政府（1940）/农民协会/上海/资料；类号入：K265.65（汪伪政权）。

例：毛泽东所著的《论持久战》，初步总结了全国抗战的经验，批驳了当时盛行的种种错误观点，系统阐明了党的抗日持久战方针。该书曾伪装成《文史通义》出版，印刷的出版者为"上海广益书局"。有人认为在晋察冀抗日根据地印制的，但也有人认为是1944年在敌占区秘密印制的。在编目时，应当遵循客观著录的原则，将需要说明的信息著录于附注项，按文献内容标引，才能正确引导读者。

（四）重视名称规范控制

抗战文献的作者名称和题名形式，尤其是翻译作品与现代存在较大差异。为了汇集同一责任者以不同形式名称（如笔名、原名、翻译名称等）出版的作品，以及汇集同一作品的具有不同题名形式的不同版本或译本，名称规范控制非常必要。规范文档控制检索系统，可以方便用户使用喜欢的任意名称或题名的形式进行查找，从而提高查全率和查准率。

例：蒋介石，又名"蒋中正""蒋志清""蒋瑞元"等。在建立名称规范数据时应当选取"蒋介石（1887—1975）"作个人名称规范检索点，将其他名称作变异检索点，以便汇集该作者的作品。在对"《中国青年之责任》/蒋中正著"进行责任者规范控制时，将"蒋介石（1887—1975）"著录于书目数据的知识责任字段。

例：莎士比亚（William Shakespeare），又名"索士比""莎翁""威廉·莎士比亚"等。在建立名称规范数据时应当选取"（英）莎士比亚（Shakespeare，William 1564—1616）"作个人名称规范检索点，将其他名称作变异检索点，以便汇集该作者的作品。在对"《哈姆雷特》/莎士比亚著"进行责任者规范控制时，将"（英）莎士比亚（Shakespeare，William 1564—1616）"著录于书目数据的知识责任字段。

例：《罗密欧与朱丽叶》，又名《萝密欧与琚丽晔》《罗米欧与朱丽叶》《柔密欧与幽丽叶》《柔蜜欧与幽丽叶》等。在建立题名规范数据时应选择"罗密欧与朱丽叶"作题名规范检索点，其他形式名称作变异检索点，以便汇集该作品的各种版本和译本。在对《罗蜜欧与朱丽叶》进行题名规范控制时，将"罗密欧与朱丽叶"著录于书目数据的统一题名字段。

四、思考与建议

经过多年的工作，国家图书馆抗战文献数据与实体已对应，书目数据制作也有相应的标准，在文献资源共享上初具规模。若要为用户提供更加方便、便捷的应用，就必须在深度揭示文献和数据关联方面下功夫。首先，图书馆员应注重积累相关知识，提升综合素质。其次，加强抗战文献的深度揭示。目前，一些抗战文献的书目数据著录欠准确或缺乏内容提要；数字资源的检索途径仅限于题名、责任者、出版者、主题词等传统形式，未实现篇名乃至全文检索。需要继续在资源揭示的深度上投入更多精力。第三，做好不同类型抗战文献的关联。国家图书馆存在图书、缩微品和数字资源等类型的抗战文献，有的内容完全相同，只是载体不同。目前的做法：图书和缩微品在 ALEPH 系统中分别编制书目数据，缩微品著录 455 字段（复制自…）记录原书的题名、出版地、出版者、出版时间等信息，未通过系统号进行实质连接，因此不能实现直接关联与跳转；数字资源存在于"民国专栏"数据库中。虽然文津搜索可以实现一站式检索，但多版本、多译本文献准确度较差。笔者以为，根据现有规则，可通过增加或完善 455 字段、856 字段、LKR 字段等实现同一作品、不同文献类型之间的关联与跳转，更加方便读者的检索和使用。

五、结语

值此抗战胜利 70 周年之际，笔者为能够参与国家图书馆抗战文献的整合工作，感到由衷的骄傲。国家图书馆只有做好抗战文献的整理，建立具有特色的优质数据库，才能带动全国抗战文献的保护与开发。借此缅怀先烈，与各界人士共勉，为中华民族的伟大复兴、为世界的和平与发展，贡献我们的智慧与力量。图书馆人任重而道远。

参考文献：

[1] 白群、白琳、刘金双：《关于建设抗战文献资源共享保障系统的思考》，《大学图书馆学报》2012 年第 3 期。

[2] 刘永梅：《民国残本回溯查重问题探究——以国家图书馆馆藏数据为例》，《国家图书馆学刊》2012 年第 4 期。

[3] 王志昆：《重庆市现存抗战大后方文献及其特点》，《图书馆界》2011 年第 3 期。

[4][5] 李致忠主编：《中国国家图书馆馆史（1909—2009）》，国家图书馆出版社，2009 年。

[6][7] 北京图书馆业务研究委员会编：《北京图书馆馆史资料汇编（1909—1949）》，书目文献出版社，1992 年。

北平图书馆民国时期参考工作述要

蔡成普

　　摘　要：笔者根据北平图书馆史料全面梳理民国时期北平图书馆参考组（科）业务发展历程、服务对象的变化，以及为党政军服务的最早记录咨询以及典型服务案例、馆员出版论著及发表文章，全面展现这一时期北平图书馆参考工作取得的成果，更正学者提出抗战期间北平图书馆参考工作中断的说法。

　　关键词：民国时期；北平图书馆；参考业务

　　1928 年 9 月北京图书馆①成立参考科后，北平图书馆（以下简称"平馆"）参考工作在读者咨询的持续推动下不断发展，业务范围扩大，服务对象类型增加，在参考工作处于起步阶段的民国时期积极探索参考工作业务发展的模式。抗战全面爆发后，北平沦陷，平馆参考工作受到影响。戚志芬②、黄俊贵③等学者认为，抗战期间平馆参考工作中断，这样的看法有待商榷。

　　为全面呈现民国时期平馆参考业务发展的全貌，笔者从《国立北平图书馆馆务报告》《北京图书馆馆史资料汇编（1909—1949）》和《国家图书馆馆史资料长编（1909—2009）》等资料中尽可能全面搜集平馆参考业务的线索，分析其发展历程，按工作内容逐项考察，并梳理服务对象的变化，分析平馆为党政军服务的典型案例。

一、参考业务发展

　　1918 年京师图书馆分馆记录记载了最早的口头答复咨询，但京师图书馆并未设立专门的参考咨询机构。1928 年 9 月，北京图书馆设立参考科，在读者咨询需求的

---

　　①　1925 年 10 月，教育部与中华教育文化基金董事会签订合办国立京师图书馆契约。1926 年，教育部因国库支绌，函告中华教育文化基金董事会难于履约。1926 年 2 月，中华教育文化基金董事会先行自办北京图书馆，是国立北平图书馆前身之一。1928 年 10 月北京图书馆更名为北平北海图书馆，1929 年 9 月暂称国立北平图书馆第二馆。

　　②　戚志芬：《参考工作与参考工具书》，书目文献出版社，1988 年，7 页。
　　③　黄俊贵、邓以宁：《社会阅读与图书馆服务》，安徽大学出版社，2010 年，241 页。

推动下，参考业务不断拓展。1935 年，平馆参考业务格局较为完备，包括口头咨询、剪报和代编书目。

（一）口头咨询

口头咨询作为参考咨询的基本工作内容之一，是参考工作的基础。1918 年京师图书馆分馆记录记载了最早的口头咨询，由于时局动荡，京师图书馆参考工作记录很少。北平北海图书馆开放的第二年度，读者已经达到 9023 人，当时并未设立参考科，只能安排编目科的工作人员代为解答，咨询数量较多，以致耽误编目科的正常工作，"阅览室有一种络绎不绝而事涉专门之咨询，在本馆现在组织之下无所专属者。此一年度中所受国内外来函与当地咨询之件为数至多，虽有立即答复者，而其中亦有颇需翻检者，上列之各书目多为年来应答之一部分资料。至馆员之分配于阅览室者，本已极少，年来需要渐增。凡有咨询之件多由编目科人员为之担任，而该科事务遂不免时有停顿之苦。是增设咨询专科之需求愈为迫切也"。在北京图书馆开放的初期，读者的咨询量已经远远超出图书馆的设想和承受能力，致使馆方不得不增设专门的咨询机构负责此项业务。

1928 年 9 月，北京图书馆设立参考科，派两名馆员负责咨询工作。当年阅览人数已达 11752 人，阅览书籍册数多达 67967 册。当时的咨询方式有到馆咨询、电话咨询，也有书信等书面咨询，终日不绝。1934 年，为便于答复读者咨询方式，参考组设立咨询处，并派专人提供咨询服务，"本年为来馆阅览人士之便利及指导读书、使用目录与随时答复口头之咨询起见，特设咨询处于出纳柜，由参考组员专任其事。成立半年来，阅者颇称其便利"[1]。由于口头咨询数量繁多，答复内容较为简单，平馆各年度报告均省略口头咨询和书面答复的简单咨询，亦无统计，但可以肯定，历年口头咨询业务量应该不小。

（二）剪报

1935 年，平馆参考组开展剪报业务[2]，但 1935 年至 1938 年《馆务报告》未记载剪报业务成果，相关资料有待进一步挖掘。1939 年 1 月，平馆和西南联大历史系合组成中日战事史料征辑会，平馆负责搜集资料，编书目、索引及剪报工作。剪报以《大公报》《中央日报》《扫荡报》为主，其他报纸为辅，采用编年、分类两法逐日剪裁[3]，编年按日期排序，按月储存，分类按照政治、军事、外交等类目进行整理。当时时局动荡，经费、人力有限，无法收集到大量报纸。平馆馆员克服困

---

① 《国立北平图书馆馆务报告（二十三年七月至二十四年六月），1935 年，22—23 页。
② 《国立北平图书馆馆务报告（二十四年七月至二十五年六月）》，1935 年，16—17 页。
③ 张思敬等主编，北京大学等编：《国立西南联合大学史料三教学·科研卷》，云南教育出版社，1998 年，717 页。

难，编年剪报自 1937 年 7 月至 1938 年 12 月剪出报纸 7 种，装 18 箱，分类剪报装 13 箱①。1948 年 5 月 16 日，平馆举办了中日战争史资料展览，展出抗战史料、敌伪资料、战时的期刊和剪报等，共计 1.5 万余种②。

（三）代编专题目录

代编专题目录是参考组（科）的中心工作，每年都根据读者咨询需求编制出大量专题目录。因咨询调查、委托编制专题目录的工作繁多，平馆各年度《馆务报告》仅择要记载耗时长且作用较大的代编专题目录。现将散见于《北京图书馆第二年度报告》（民国十六年七月至十七年六月）之"专门目录之编纂"、《北海北平图书馆第三年度报告》（民国十七年七月至十八年六月）之"目录及咨询"、平馆《馆务报告》（民国十八年七月至二十七年六月）之"阅览及咨询"中年度代编专题目录整理如下表：

1918—1938 年参考组代编专题目录情况表

序号	年度	代编专题目录种类
1	1918—1927	
2	1927—1928	24
3	1928—1929	24
4	1929—1930	17
5	1930—1931	18
6	1931—1932	31
7	1932—1933	40
8	1933—1934	32
9	1934—1935	46
10	1935—1936	59
11	1936—1937	72
12	1937—1938	18
合计		381

京师图书馆没有专门的咨询机构，因此没有代读者编制专题目录。但有馆员编

---

① 赵其康：《北京图书馆变迁纪略》，《文史资料选编》第三十二辑，北京出版社，1987 年，250—284 页。
② 张树华、张久珍编著：《20 世纪以来中国的图书馆事业》，北京大学出版社，2008 年，125 页。

制馆藏目录，揭示馆藏，便于读者利用馆藏。如缪荃孙据清点内阁大库移交京师图书馆的方志，编成《清学部图书馆方志目》，是国家图书馆藏现存首部方志目录①；1919 年，夏曾佑、彭清鹏主编《京师图书馆善本简明书目》。

自 1927 年至 1937 年，参考组（科）共编制专题目录 381 种。由上表可知，1927 年至 1937 年抗战全面爆发前，参考组年度代编专题目录的数量总体呈增长趋势，1936—1937 年度创出最高峰；抗战全面爆发后，平馆馆务南迁，工作重心南移，本馆"侧重整理及编辑"，昆明办事处"侧重采访及出版"。时局动荡，参考组的业务并未中断。搜集边疆史料、编制边疆书目、收集整理抗战史料、开设咨询室解答咨询问题，平馆参考馆员在特殊时期仍然坚持参考工作。

1. 1918 年至抗战全面爆发前

1918 年，京师图书馆分馆年终工作报告出现关于口头答复咨询的记载，但京师图书馆只有馆员编制的馆藏目录，如前文所举。北平图书馆的代编专题目录工作始于北京图书馆。

1927—1928 年度北京图书馆并未设立参考科，但读者咨询问题很多，只能安排编目科馆员代为解答咨询并编制专题目录，编成《中国音乐书举要》《欧美考古学会名称及其出版物目录》《散见于中国杂志关于国际法庭之文字》等 24 种专题目录。馆内虽无专门负责解答咨询的机构及参考馆员，仅安排编目科的馆员临时负责，但工作成果丰硕。1928—1929 年度北平北海图书馆正式设立参考科，派汪长炳、翟可舟两名馆员负责咨询。该年度编制专题目录包括《最近五年来关于港政之英美书目》《关于中国卫生立法书目》《关于无线电之书目》和《关于自然科学定期刊物书目》等书目 24 种。

1931—1932 年度编成专题目录包括《关于满洲问题书目》《关于苏俄在中国活动论文集目》《关于市政书目》和《关于编制中日鲜满蒙藏文目录之论文简目》等 31 种目录。本年度参考组还有另外一些工作：结合时局举办专题书籍展览，将满蒙问题和中日关系的书籍陈列在大阅览室，供读者自由取阅，并将杂志中关于此项问题之论文编成索引以便阅览。此外，本年度参考组还为国际联合会调查委员会、国际联合会调查委员会中国代表处、中央研究院历史语言研究所、中国营造学社、沪江大学等 24 个团体提供研究资料。平馆参考工作服务对象包括个人读者、高校、科研机构和国外研究机构，服务对象进一步拓宽。

1932—1933 年度《馆务报告》首次谈及代编专题目录用户单位性质，"本年度答复咨询耗时最久者为参谋本部以及国防设计委员会委托调查关于边疆图书目录为最"②，所编专题目录中与边疆图书目录相关的有《中国边务图籍目录（东北，蒙古，新疆，西藏，西康，西北，云南，苗猺及海防等）》《研究西北问题之中文新

---

① 韩章训：《方志接受学基础教程》，杭州出版社，2005 年，154 页。
② 《国立北平图书馆馆务报告（二十一年七月至二十二年六月）》，1933 年，29 页。

书及杂志目录》《研究云南之中西文书目》，以及《威海卫问题书籍及论文简目》。
此前只有 1931—1932 年度《馆务报告》列出服务对象名称，只是高校、科研机构
和一些外国研究机构，此前其他年度均未谈及服务对象单位性质，本年度首次明确
服务对象，且是军队机关，说明平馆已为党政军等国家机关提供参考咨询服务，这
是平馆参考咨询史上首次为党政军服务的记录，是北平图书馆参考工作的一个里程
碑；也是平馆作为国家图书馆的体现之一。如邓衍林所说，"国立北平图书馆系属
国立学术机关，对于国家物质建设及行政立法上参考资料之供给，均负有重大之
使命。"①

　　1933—1934 年度参考组代编专题目录工作更加深入、精细，该年度按服务对象
类别将所编制目录按用户性质分为答复国际、政府咨询和各方面三类，全年度编制
专题目录合计 32 种。代编专题目录内容涵盖宗教、教育、数学等学科，说明当时
平馆参考咨询服务广博与专深并具。值得一提的是，本年度参考组只有邓衍林一人
从事咨询工作，取得如此丰硕成果，实属不易。

　　1934—1935 年度增加了丁潜、万斯年和李兴辉。随着咨询馆员队伍的壮大，本
年度编制专题目录数量出现较大增长，编制专题目录 46 种，其中有很多与战争内
容相关的目录，包括《国防书目及论文索引》《关于化学战争之西文书目》《馆藏
关于原子制造及镭之放射西文书目》等 10 种目录，占本年度编制专题目录总数的
比例超过 20%。虽然本年度没有谈及需要这些目录的服务对象，但在民族危难关
头，参考组以自己的实际工作支持抗战。

　　2. 抗战至新中国成立前

　　抗战全面爆发后，参考组一些馆员南下，组内员工只有丁潜、万斯年，书记李
兴辉，咨询业务受到影响。1937—1938 年度编制专题目录 18 种，包括《古物流出
国外著述目录（西文）》《馆藏北平书志选目》和《琉球群岛参考资料辑目》等。

　　馆务南迁后，根据馆方政策，昆明办事处"侧重采访及出版"。在此政策指导
下，在昆明的参考组馆员有了新的业务，万斯年负责征购西南文献（包括各特种民
族照片）、传拓西南石刻，与馆长袁同礼共同编辑云南研究参考资料。莫余敏卿负
责征购安南缅甸文献、征购西文书籍及整理西文期刊。邓衍林负责编辑西南边疆图
籍录、云南书目②。此时虽未见有参考组的机构设置，但是万斯年、邓衍林均负责
编辑云南的研究资料或专题目录，都是参考组的正常业务。

　　1939 年 1 月，平馆与西南联大历史系合组中日战事史料征辑会，平馆主要负责
搜集资料、编制专题目录、索引及剪报工作。当时平馆昆明办事处仅有十几个人，
几乎全部投入此项工作。编辑有《中日战事论文索引》（外文）、《中国问题论文索
引》、《日本问题论文索引》三种索引。据 1940 年 1 月 18 日平馆呈报教育部《本馆

---

① 邓衍林编：《中文参考书举要》，国立北平图书馆，1936 年，1 页。
② 北京图书馆业务研究委员会编：《北京图书馆馆史资料汇编（1909—1949）》，1078—1079 页。

二十八年度馆务概况》记载，"馆内设参考室，解答各项参考问题。或代编书目，或代制索引，或用通讯方法答复各地之咨询。其主旨均在对读者有所辅导，增加其便利，促进其研究。值此抗战期间，此项服务尤感需要焉"①。虽然没有记载参考咨询馆员代读者编制的书目，但是参考组的各项业务均正常开展。

自 1918 年京师图书馆记录最早的口头咨询，到 1928 年北京图书馆成立参考科，再到 1934 年设立咨询处，平馆参考工作在读者需求的推动下不断发展，业务范围不断扩大，并为党政军提供参考服务。抗战全面爆发后，平馆参考馆员在恶劣的环境中坚持提供参考服务。

二、出版著作及发表文章

（一）出版著作

汪长炳《馆藏西文参考书目录》　　此书曾于 1927 年出版，由汪长炳编辑，收重要西文参考书及杂志 2637 种，末附索引。1933 年再版。

邓衍林《中文参考书举要》　　此书主要收录中文书目、索引、类书、辞典、字典、年鉴、年表、图谱以及各科主要参考书 1500 多种；书目、类书、字典、期刊、年鉴等书各为一类，其余各书按刘国钧分类法排列；各书著录按照书名、卷数、编撰人、出版（刻印）时间、刻印版本和册数等顺序著录。此书是我国图书馆学史上首部中文参考书书目著作②，对同行及读者具有重要参考作用。1936 年 6 月，此书由国立北平图书馆印行。

邓衍林《北平各图书馆所藏中国算学书联合目录》　　1934 年数学家李俨委托平馆调查北平各图书馆所藏中文算学图书，邓衍林完成咨询后将书目出版。该书收录北平 19 个图书馆收藏的近千种中国算学书。各图书馆名称用简称，正文前附有各图书馆简称表；收录中国历代算学书或当时研究中国算学的图书，当时通行的教科书不予收录；目录排列以书名笔画为序，笔画相同则依点、横、直、撇为序，末附索引；各书著录顺序依次为书名卷数、编撰人、版本（先单行本后丛书本）、某馆藏列于藏本之下。1936 年 6 月，此书由北平中华图书馆协会暨北平图书馆协会印行。

邓衍林《中国边疆图籍录》　　这是一部关于我国少数民族地区和边疆资料的书目。该书著录 1939 年以前有关边疆的专著和舆图近万种，先以地区，再以作者时代先后为序排列。每书著录书名、卷数、编撰人姓名、版刻及其他有关事项。各类

---

①　北京图书馆业务研究委员会编：《北京图书馆馆史资料汇编（1909—1949）》，697—707 页。

②　参见卓连营、李晓娟主编：《中国图书馆学著作书目提要》，国家图书馆出版社，2012 年，132—156 页，745—764 页相关书目提要。

图书著录存佚，有传本的书就编者访查知见所及详列版刻，罕见的写本、刻本或绘本舆图均标明馆藏，亡佚或未见有传本者列入存目，并载出处，末附书名和著者索引，依四角号码排列。该书稿成于 1939 年，编者原计划写成提要并收录外文论著，但书稿和外文书卡在日军轰炸西南联大时悉数被毁，商务印书馆留有清样，1958 年由商务印书馆出版，是研究边疆问题的重要参考书。

（二）发表文章

平馆参考馆员完成咨询后，选择与时局相关或者参考价值较高的目录在图书馆学期刊或者其他相关期刊发表。民国期间平馆参考馆员发表与工作相关的文章如下：

1. 邓衍林、丁濬：《九一八以后关于东北问题之西文书籍及论文目录》，《外交月报》1932 年第 1 卷第 3、5、6 期。

2. 丁濬：《一九三二年九月至十二月关于东北问题之论文目录》，《外交月报》1933 年第 2 卷第 2、3 期。

3. 丁濬：《有关儿童图书馆问题之杂志论文目录》，《图书馆学季刊》1936 年第 10 卷第 1 期。

4. 邓衍林：《西书华译目录》，《图书季刊》1934 年第 1 卷第 4 期。

5. ［日］长泽规矩也作，邓衍林译：《宋元刊本刻工名表初稿》，《图书馆学季刊》1934 年第 8 卷第 3 期。

6. 邓衍林：《关于太平天国史料史籍集目》，《图书馆学季刊》1935 年第 9 卷第 1 期。

7. 王宜晖：《一九三四年西文期刊关于中国论文索引》，《国立北平图书馆馆刊》1935 年 9 卷第 5 期。

8. 邓衍林：《元太祖成吉思汗生平史料目录》，《图书馆学季刊》1936 年第 10 卷第 2 期。

9. 万斯年：《鸦片战争时代华北经济史料的新发现》，《图书季刊》1935 年第 2 卷第 3 期。

10. 万斯年：《西域闻见录之板本与著者》，《图书季刊》1936 年第 3 卷第 4 期。

11. Kenyon，F. 著，万斯年译：《欧美博物馆史略》，《国闻周报》1936 年第 13 卷第 29 期。

12. 邓衍林：《图书馆员与国防总动员》，《中华图书馆协会会报》1937 年第 12 卷第 5 期。

13. 万斯年：《云南最近的金融动态：云南最近经济动态之一》，《益世周报》1938 年第 1 卷第 6 期。

14. 万斯年：《云南战时文化动态》，《战时文化》1939 年第 2 卷第 1 期。

15. 万斯年：《国立北平图书馆西南各省方志目录》，《图书季刊》1941 年新 3

卷第 3—4 期。

平馆参考馆员积极进行图书馆学研究，不仅可以提高自身参考咨询服务能力，还能提高平馆参考工作整体服务水平。

三、结　语

民国期间平馆参考咨询业务的发展给我们很多启示。第一，重视读者需求，以读者需求为出发点，设立参考科是因为读者咨询增多，设立咨询处也是便于为读者咨询服务。服务读者，既是参考工作的出发点，也是参考工作的落脚点，民国参考咨询业务发展即是如此。第二，民国期间平馆参考馆员为全科馆员，代读者编制的书目既有社会科学类，也有自然科学类。第三，平馆主动向国家机关提供参考服务，已有宣传参考工作的意识。宣传、营销能力是参考馆员必备的技能之一，在实际工作中，不仅是参考馆员，图书馆领导也要积极宣传参考工作，可以在更高的平台上宣传，效果更明显，如袁同礼馆长主动为外交部提供资料，既是为党政军服务，也是宣传平馆参考工作的有效途径。

民国时期虽是平馆参考咨询工作初创期，但起步高、发展快，自参考科成立至1935 年，参考组的咨询业务全面展开，并开展为党政军服务，取得骄人成绩。可以说，1928—1937 年是平馆民国时期参考咨询业务发展的黄金期。北平图书馆虽不是最早成立独立参考机构的图书馆，但其参考工作在读者的需求推动下发展完善，业务范围之完善、服务对象之全面、工作实践之丰富，在民国图书馆参考咨询史上处于领先地位。抗战期间时局动荡，参考咨询业务虽受到影响，但仍坚持提供咨询服务，搜集编辑抗战史料，积极开展各项业务，为以后的发展奠定了良好的基础。

参考文献：

[1] 戚志芬：《参考工作与参考工具书》，书目文献出版社，1988 年。

[2] 黄俊贵、邓以宁著：《社会阅读与图书馆服务》，安徽大学出版社，2010 年。

[3] 《北京图书馆第二年度报告（十六年七月至十七年六月）》，1928 年。

[4] 《国立北平图书馆馆务报告（二十三年七月至二十四年六月）》，1935 年。

[5] 《国立北平图书馆馆务报告（二十四年七月至二十五年六月）》，1935 年。

[6] 张思敬等主编；北京大学等编：《国立西南联合大学史料三教学·科研卷》，云南教育出版社，1998 年。

[7] 赵其康：《北京图书馆变迁纪略》，《文史资料选编》第三十二辑，北京出版社，1987 年。

[8] 张树华、张久珍编著：《20 世纪以来中国的图书馆事业》，北京大学出版社，2008 年。

[9] 韩章训：《方志接受学基础教程》，杭州出版社，2005 年。

[10] 《国立北平图书馆馆务报告（二十一年七月至二十二年六月）》，1933 年。

[11] 邓衍林编：《中文参考书举要》，国立北平图书馆，1936 年。

[12] 北京图书馆业务研究委员会编：《北京图书馆馆史资料汇编（1909—1949）》，书目文献出

版社，1992 年。

　　［13］《珊瑚岛被占事件》，《时代公论》1933 年第 71 期。

　　［14］袁咏秋、曾季光主编：《中国历代国家藏书机构及名家藏读叙传选》，北京大学出版社，1997 年。

为战事而奔走　为文化而努力

——从抗战时期国立北平图书馆文献采访策略看其战时文化服务职能的发挥

陈传媚

摘　要： 抗战时期，国立北平图书馆面临着南北分离、经费紧缺等严重困难。在此背景下，国立北平图书馆高瞻远瞩，采取不同措施、开辟不同渠道，洞察各类书刊需求，用有限的经费坚持搜采重要文献，不仅极大地保障了战时科研、学习的需要，而且最大限度地保存了珍贵的文化资源，履行了作为国家文化机构在战争的特殊时期服务社会、传承文明的神圣职责。

关键词： 抗战时期；国立北平图书馆；采访策略；战时服务；文化救亡

引言

1937 年，日本悍然发动全面侵华战争。抗战期间，我国文化事业遭受了极大摧残破坏，图书馆事业也困难重重。现实的困境没有动摇国立北平图书馆对于自身职责的坚守。图书馆人始终不忘为大众服务的社会责任、传承文化的民族责任以及救亡图存的文化重任，采取一切可能方式采访文献资源，掀起了一股文化救亡的热潮，为满目疮痍的战时社会提供了及时有效的文化服务，为历史悠久的中华文明长河留存了古籍经典。

一、战时文献采访工作面临的现实困难

七七事变后，北平迅速沦陷，国立北平图书馆馆务中心南移，转以昆明为本部，以北平为留守，并先后在上海、重庆、香港等地设立办事处，形成战时的特殊格局。馆务分离、战火纷飞给文献采访工作带来了巨大的现实困难。

（一）时局动荡，采访渠道多方受阻

自行购藏、接受缴送、政府调拨和私人捐赠、国际交换一直是图书馆藏书增长的基本保证，但是在战争的硝烟中这些方式方法几乎被破坏殆尽。自行购藏和国际交换因战时交通不畅等原因，订购和交换之书经常不能寄到。抗日战争爆发后，各地出版事业也遭重创，图书呈缴制度遭到严重破坏，缴送书目非常有限。政府调拨也因战时格局的变化而难以为继。战乱使得人心惶惶，私人捐赠同样异常艰难。这一系列重要的馆藏建设渠道纷纷被战争阻断，使图书馆采访工作面临前所未有的艰难局面。

（二）经费困难，采访资金捉襟见肘

国立北平图书馆从成立起就一直存在财政困难的问题，虽有拨款但始终不能到位。抗战期间国立北平图书馆 1937—1945 年经费见表 1，抗战前期 1931—1937 年经费支出见表 2。

表 1　抗战期间国立北平图书馆经费一览表　　（1937—1945 年）[①]

年度	经常费（元）	购书费（元）
1937	152466	57342
1938	145000	
1939	130445	
1940	135000	
1941	165000	
1942	120195	
1943	245000	20000
1944	294000	12000
1945	1441000	

表 2　国立北平图书馆经费支出情况（1931—1937 年）[②]

年度	经常费（元）	购书费（元）
1931—1932	143117.92	250267.62

---

① 北京图书馆业务研究委员会编：《北京图书馆馆史资料汇编（1909—1949）》，1121 页。
② 1931 年度至 1936 年度《国立北平图书馆馆务报告》附录。

续表

年度	经常费（元）	购书费（元）
1932—1933	153065.37	249939.78
1933—1934	161986.19	193639.68
1935—1936	149667.53	159317.09
1936—1937	154117.62	164450.82

对比两表不难看出，用于购书的费用大幅缩水。不仅如此，此时还面临严重的恶性通货膨胀。据记载，1943 年，重庆物价指数飙升至 20930，此时的 100 元，仅相当于战前的 0.47 元[①]。如此一来，购书经费更是捉襟见肘。经费的极度短缺已成为图书采访工作的最大困难，留守北平的北馆几乎停止了购书工作。"从 1938 年 7 月至 1939 年 6 月，中文方面仅购入新书 58 种，92 册，续购杂志 2 种 10 册，以及 1937 年 6 月时预购的新书 1 种 8 册。外文方面仅购入西文书籍 1 册，续订西文杂志 136 种，订购日文杂志 49 种，388 册"[②]。南迁昆明的南馆亦由于"购书费及出版费寥寥无几，既无法广事搜求，尤未能发扬文化。"[③]

二、战时文献采访策略

基于战争给文献采访工作带来的种种困难，南北馆迅速分工——北馆主要负责保护馆产、整理和编纂基础文献。位于后方的南馆主要负责采访工作。同时根据需要，先后在上海、长沙、昆明、香港、重庆等地设立办事处，协同进行文献采访工作。基本格局既定，一整套采访策略也付诸实施。

（一）拓展采访渠道

敌人的封锁和破坏使得原来的采访方式受到约束，亟须寻找新的采访渠道，为此，图书馆进行了积极有益的探索。

第一，加强合作，实行资源共享。

鉴于馆务南北分离，力量分散薄弱，国立北平图书馆采用灵活机动的方式，与社会各阶层开展各种形式的合作以搜集文献资源。

与高校及学术机构积极合作。1937 年 9 月，袁同礼馆长以国立北平图书馆的名义与长沙临时大学合作[④]。合作办馆时，"三个月之间，入藏中文图书及小册子约

① 杨培新：《旧中国的通货膨胀》，人民出版社，1985 年，34 页。
② 李致忠主编：《中国国家图书馆馆史（1909—2009）》，113 页。
③ 同上，117 页。
④ 同上，104—105 页。

六千册，西文原版书及翻版书约二千册”①。随着战局的变化，1938 年 3 月，国立北平图书馆随临时大学迁往昆明②。迁到云南后，我馆迅速致力于寻找珍贵西南文献，为保证所访文献的安全性和搜访工作的连续性，“与国立丽江师范学校签订了合组边地文献室的协议书，将本馆购藏的东巴经典存寄于该处”③。为与国外通讯方便，与香港大学合作，在冯平山图书馆内设临时通讯处，征集西文工程及专门科学书籍。抗战期间，影响最为深远的一次合作当属 1939 年 1 月 1 日，南馆与西南联合大学在昆明合组中日战事史料征辑委员会④。与西南联合大学的这次合作对于收集和保存抗战文献意义十分重大：“据不完全统计，截至 1944 年，史料会已入藏中文书籍 5180 种，约 6000 册，小册子 400 余件，杂志 2350 种，报纸 169 种；日文书籍 520 册，杂志 120 种，报纸 8 种；西文书籍 1922 册，杂志 373 种，报纸 49 种。”⑤

与党政军机关联系。抗战迫使中国境内分为国统区、抗日根据地以及沦陷区三个不同的区域。根据地和沦陷区的文献搜集非常不易，需要积极取得党政军机关的帮助。在根据地，国立北平图书馆向中国共产党当时驻渝办事处领导人周恩来提出支援收集抗日史料工作的申请，得到了大力支持，使我馆得以珍藏一些中国共产党早期出版的书刊文献资料。此后还征集到 1938—1939 年间解放区出版的大量书刊文献。之后，平馆昆明、重庆两办事处直接与延安解放社、延安新中华报社、延安新华书店、重庆新华日报社建立了经常征订书刊、日报的业务联系⑥。在沦陷区，一方面通过征订不在日伪“禁例”的刊物，另一方面与党政军机关联络，搜集宣言、传单、秘密刊物及报纸；同时又与外国驻华使馆、报社各方取得联系，征求“外人投资损失调查”等材料及各种刊物，利用多种途径搜集了大量的文献资料⑦。多方合作的采访策略拓宽了文献采集的渠道，这一方式符合了当时抗战的实际需要。

第二，国外求赠，以解燃眉之急。

囿于国内局势的动荡以及经费的限制，争取国际援助，是全馆上下为克服经费短缺的困难而采取的一项积极的措施。

战争爆发后，国内文献资源损失惨重，国立北平图书馆馆长袁同礼分别致函美、英、法、德等国图书馆协会、各大学和各学术团体，痛陈日军暴行，并广泛向他们征集书刊资料。此举得到了美、英等国的积极响应，至 1939 年年初美国各图书馆、学术机关、出版家捐赠了图书期刊逾 25000 册。法国图书馆协会、德国图书

①《中华图书馆协会会报》第 18 卷 5、6 期合刊，1944 年，2 页。
② 李致忠主编：《中国国家图书馆馆史（1909—2009）》，116 页。
③④⑤ 同上。
⑥ 北京图书馆业务研究委员会编：《北京图书馆馆史资料汇编（1909—1949）》，1356—1357 页。
⑦ 同上，1357—1358 页。

馆协会也复函表示将尽量以所藏图书副本赠予中国助其复兴①。征集工作一直进行了 3 年，到 1941 年年初，太平洋战争爆发，交通阻断，书籍无法运送才被迫终止②。

1943 年年初，重庆办事处鉴于战时国内最需要的是医学书籍，便向美国罗氏基金董事会争取援助。经商洽，该会同意资助美金 4500 元，由重庆办事处负责采购国外最新出版的医学书报。③ 此举得到了国内医学界的广泛赞誉。

抗战期间来自国外的对中国图书馆事业的及时援助，不仅帮助中国图书馆事业度过了战时的艰难，给当时的中国教育文化发展提供了有力保障，更是给苦难中的中国学者带来了知识上的慰藉。

第三，多种形式采集文献，缩微胶片引入。

战时我国教育文化界对西文书刊的渴求和美国政府的积极推动，成为缩微胶卷进入我国图书馆的内外动力。

据记载，早在 1942 年，袁同礼赴美公干时，了解到美国国家档案局藏有 1790 年至 1906 年间有关中美关系的档案，当即决定将其复制，运回国内，供学者参考④。可是，"民族血战当前，就愈觉着它们的体积笨重，既不便携带，更无法运输。这种情形，对于国外书刊，尤其如此。无论它们对于教学研究如何重要，也不能超过作战的需要。因为这样，就不得不寻求书刊适宜的代替品，于是显微图书影片便应运而生"⑤。鉴于此，缩微胶卷成为不二之选。"1943 年开始，美国大规模地将重要出版物制成缩微胶卷输入中国，以满足战时大后方学术科研的需要，促进中美两国间的文化交流"⑥。

战时缩微胶卷的输入，不仅促进了我国图书馆事业的技术改进，而且也加强了中外学术文化交流。

（二）筛选重点采访门类

抗战时期，在动荡的局势中，利用有限的经费积极筛选重点采访门类，以不遗余力的搜采精神继续扩充馆藏。

第一，重点采访西南文献。

抗战时期西南地区的特殊地位急剧显现，成为日本甚至欧美各国十分关注的对象。国立北平图书馆意识到需要立刻对西南的地方文献展开抢救式的采访工作。

1938 年 3 月，国立北平图书馆馆委会将征集西南文献放在采访工作的首位。经

① 李致忠主编：《中国国家图书馆史资料长编（1909—2008）》，319—320 页。
② 同上，319 页。
③ 李致忠主编：《中国国家图书馆史（1909—2009）》，130 页。
④ 李致忠主编：《中国国家图书馆史资料长编（1909—2008）》，316 页。
⑤ 朱传誉：《袁同礼传记资料》，台北天一出版社，1979 年，43 页。
⑥ 刘劲松：《抗日战争与缩微胶卷输入中国图书馆》，《国家图书馆学刊》2013 年第 6 期。

过大量图书馆人的细致而又辛苦的工作，北平图书馆成功地征购到大量武定彝族文献、丽江纳西族文献等珍稀文献。至 1939 年年初，拓就《妙应兰若塔记》等元碑 9 种，《李威侯名宦记》《具足禅院记》等明、清碑刻 100 余种，并购入西南石刻拓本 208 种①。截至 1945 年 6 月，国立北平图书馆入藏四川方志 276 种、云南方志 93 种、贵州方志 34 种、广西方志 24 种、西康方志 15 种。此外，万斯年还对云南独具特色的少数民族纳西族东巴经典进行了采访和整理。后续又征集到东巴经典 3200 余册，收集丽江方志 5 种、纳西族谱 3 种、纳西人诗文集 21 种、其他纳西族文献 13 种，并传拓了纳西族人的墓碑、庙碑和摩崖石刻等②。这些西南志书的入藏，大大补充了馆藏之缺，积累了珍贵藏品。不仅在当时保障了大后方的科研学术教育活动，而且在更大范围、更深领域保存了民族文化成果，有益于整个国家民族的科学文化事业发展。

第二，积极征集抗战史料。

抗战爆发后，袁同礼先生认识到此次战争是一次对中华民族影响空前的战争，关于战争的文献资料，应及时搜集整理，加以保存，以留下完整的抗战记录。自此，搜集工作便如火如荼地开展起来。所搜集的抗战资料，不仅限于军事，还有社会、经济、政治、教育、交通等各方面相关资料。1931 年"九一八"事变以来抗战发动的缘起、日本侵华经过、中国抗战的实绩、民众运动的发展、沦陷区的情况、国际关系的变迁等等内容，都在搜集之列③。袁同礼先生还亲自向国民政府、八路军驻重庆办事处发函征集抗战文献，为我们现在研究这段历史留下了珍贵的资料。据馆史记载，仅仅 4 个月时间，史料会便搜集中文书籍 846 种，西文书籍 177 种、西文小册子 238 种、日文书籍 267 种；订购中文期刊 359 种，西文期刊 133 种，日文期刊 32 种；中文日报 94 种，西文日报 39 种④。1939 年，国立北平图书馆还专门在云南昆明柿花巷 22 号设立了抗战史料室，大规模搜集有关抗战之资料⑤。凡中国、日本以及欧美出版之报纸、通讯社稿、战地通讯员之报告、沦陷区内之通信等，皆在搜罗之列。国立北平图书馆把经过整理后的抗战史料公开展示，对大众开放，以期宣传抗日，提高民众的爱国之心，弘扬前线将士英勇杀敌的精神。

第三，参考工具书及医学研究书籍的搜采。

抗战时期大量高校云集西南地区，但因搬迁及战争缘故，高校图书馆文献资源匮乏，日常工作难以正常运行。针对此情况，国立北平图书馆积极协助战时高校图书馆进行文献资源建设，将参考工具书作为采购重点。利用香港冯平山图书馆办事处的便利条件，将在港的期刊编制西文期刊目录索引以供大学使用。考虑到战时医

---

① 李致忠主编：《中国国家图书馆馆史资料长编（1909—2008）》，330 页。
② 李致忠主编：《中国国家图书馆馆史（1909—2009）》，121 页。
③ 同上，123 页。
④ 同上，123 页。
⑤ 李致忠主编：《中国国家图书馆馆史资料长编（1909—2008）》，324 页。

学研究工作的重要性，专门订购欧美出版的医学杂志 200 余种，分寄成都、重庆、贵阳、昆明等各医学机关，轮流参考①。时任北平图书馆馆长的袁同礼还以国际联盟文化关系委员会中国代表的身份和名望，到印度为国立院校代购急需的图书、仪器。

第四，其他珍本古籍的入藏。

抗战使许多民间的私藏图书流入市面，国立北平图书馆为了保护好这些文化瑰宝，防止珍贵典籍落入日寇之手，决定开始广泛的收购工作。"据不完全统计，仅 1940 年 1 至 9 月，南馆先后购到的珍贵古籍有宋刻元印本《新编方舆胜览》、元刊本《罗豫章集》《黄文献公集》；旧抄本《桂胜》；明刻本《殿粤要纂》等 20 种；明抄校本《东国史略》；清刻本《华亭海塘纪略》等 19 种；清精抄本《清文宗实录》《清穆宗实录》等。此外，还先后购入《新安休宁汪溪金氏族谱》《绩溪戴氏族谱》《大港赵氏宗谱》《新安休宁名族志》《吴氏本枝墓谱》等明本家谱多种，均系不经见之秘籍。"②

三、战时文化职能的发挥

作为全国最大的公共图书馆，国立北平图书馆的职能定位一直在不断完善。在抗日战争时期，公共文化服务也许尚未被意识到或提出来。但是在举国上下救亡图存的危难时刻，国立北平图书馆亦毫不退缩，炮火连天中坚守后方继续开展文献搜采工作。并根据战时需要和自身能力最大限度采集和保存优秀文献资源，在文化战场掀起了一股爱国主义文化救亡运动的浪潮。

正是因为拥有全力捍卫文化主权的职能定位，艰难时局中，能够制订明确的采访方针，采用灵活的征集渠道。抗战结束后，在对国立北平图书馆馆藏资源清点时，文献资源不仅没有遭受太大的损失，反而增添了部分新的馆藏，增添部分的内容正是丰富多样的抗战文献与独特珍稀的西南地方文献以及中国共产党早期出版的珍贵革命文献。这些珍贵文献的收集具有重大的历史与现实意义，是国立北平图书馆在特殊时期充分履行文化服务职责、发挥文化职能的明证。

第一，服务于战时需求：支持教育事业、保证战争需要。

直观地看，抗战时期收集到的文献资源为战时南迁的各大高校战时的教学和人才培养做出了贡献。在经费紧缺之时，国立北平图书馆秉持优先采访教学工具书的策略，保证学校学习研究的需要。据记载，自 1937 年 8 月至 1946 年 7 月，西南联合大学与其前身长沙临时大学虽仅存九年，但在此期间，"西南联大师生在科学研

---

① 李致忠主编：《中国国家图书馆馆史（1909—2009）》，118 页。
② 同上，117 页。

究工作上也做出了令人注目的成绩，在国内外各类学术期刊上发表论文数百篇，出版了若干很有影响的学术专著，而且师生们还结合抗战的需要和社会需要，进行工程技术和其他应用学科的研究，取得了不少成果，为抗战和国家发展做出了贡献"①。取得如此丰硕的成果不能不说国立北平图书馆提供的研究资料发挥了巨大的作用。

战时收集的丰富的抗战资源，不仅为前方的抗战活动提供了大量有效的情报资源，也为后方的文化建设提供了丰富的研究材料，不仅有利于当时的抗战形势，而且为后人研究当时政治、经济、文化保存了极为重要的文献资源。

第二，履行文化传承职责：抢救文献资源，传承中华文明。

在日本侵略者铁蹄践踏中国的危难时刻，当时的国立北平图书馆曾这样要求自己："根据国家之需要，以谋适当之供给，于建国程序之中努力所事。"② 1938 年，图书馆学家刘国钧在《图书馆与民众动员》一文中说："图书馆在平时是增进人们治事能力的机关；在战时，更是坚强人们意识的工具。……图书馆可以控制或指挥人民的思想和行动，这在战争时期似乎更为显著。"刘国钧先生所倡导的文化救亡精神在战时的国立北平图书馆得到了最好的践行。

国立北平图书馆馆员们时刻以文化救亡和复兴为己任，不畏时局艰难，忘我工作，积极搜采馆内外各种资源，以激昂的热情投入到艰苦的工作中，不仅客观上保存了大量珍贵的文献资源，使得国图庋藏宏富，名闻遐迩，屹立于世界知名国家图书馆之林；同时成为传承和传播中华文明的圣地，还从思想上增强了民众的抗敌情绪，供给人民战时知识，培植了人民自卫的能力，唤醒了中华民族的民族意识。

四、结束语

本文主要从战时文献采访工作面临的现实困难、战时文献采访策略等方面论述了国立北平图书馆在抗战时期发挥的支持教育事业、保证战争需要、抢救文献资源、传承中华文明等主要职能。

当然，也应该看到，在这一段特殊的历史时期，由于受政局的混乱、经费的匮乏和自身制度建设中的问题等影响，国立北平图书馆在服务层面、开放程度、社会教育方针等方面也存在着一些局限和不足，内部人士虽努力奋进，终力有不逮，也留下了历史遗憾。但无论如何，它在战争环境中坚持生存和发展，这种坚持本身就是对中国图书馆事业的巨大贡献。今天新时代的图书馆已无亡国之虞，但是，作为图书文献的主要收藏与提供机构，如何将最有价值的信息予以收集、典藏并服务社

---

① 张爱蓉、郭建荣：《国立西南联合大学史料》（会议记录卷），云南教育出版社，1998 年，2 页。
② 《国立北平图书馆馆务报告（1939 年度）》（昆明部分）。

会，永远是图书馆的天职。鉴往知今，我们要继续为今天的时代需求而奔走，为中华文化的大发展大繁荣而继续努力！

参考文献：

［1］李致忠主编：《中国国家图书馆馆史资料长编（1909—2008）》，国家图书馆出版社，2009 年。

［2］李致忠主编：《中国国家图书馆史（1909—2009）》，国家图书馆出版社，2009 年。

［3］北京图书馆业务研究委员会编：《北京图书馆馆史资料汇编（1909—1949）》，书目文献出版社，1992 年。

［4］中华图书馆协会执行部：《中华图书馆协会会报》（第 1—5 册），国家图书馆出版社，2009 年。

［5］朱传誉：《袁同礼传记资料》，台北天一出版社，1979 年。

［6］杨宝华、韩德昌：《中国省市图书馆概况（一九一九——一九四九）》，书目文献出版社，1985 年。

［7］王酉梅：《中国图书馆发展史》，吉林教育出版社，1991 年。

［8］谢灼华：《中国图书和图书馆史》，武汉大学出版社，2011 年。

［9］张爱蓉、郭建荣：《国立西南联合大学史料（会议记录卷）》，云南教育出版社，1998 年。

［10］刘劲松：《抗日战争与缩微胶卷输入中国图书馆》，《国家图书馆学刊》2013 年。

［11］张廷银：《收集地方文献需责任与识见并驾而行——抗战时期北平图书馆收集西南文献述论》，《国家图书馆学刊》2005 年第 1 期。

［12］严文郁：《中国图书馆发展史——自清末至抗战胜利》，枫城出版社，1983 年。

基于 SWOT 分析的
国家图书馆抗战文献的缩微工作研究

马玉峰

　　摘　要：作为民国文献的重要组成部分，抗战文献具有极为重要的研究价值，尤其是在我们的文化传承与历史探究领域。受当时社会环境的影响，抗战文献损毁情况异常严重，存在着文献底数不清、纸张酸化脆化、缺页破损等问题，而缩微技术提供了良好的解决途径。本文以国家图书馆抗战文献为对象，运用竞争情报 SWOT 分析模型，从企业战略管理视角，对抗战文献缩微工作的优、劣势与未来发展方向进行分析，提出相应的战略方案。

　　关键词：抗战文献；缩微工作；SWOT 分析

　　抗战文献，是指在中国抗日战争时期（1937—1945），记录或描绘当时社会现状的历史写实资料，主要记载中华民族英勇抗战、浴血奋战的历史，着重反映出中国取得抗日战争胜利的整个过程。作为民国文献的重要组成部分，抗战文献种数多、数量大、内容丰富，具有极高的历史价值、文化价值，更可以视为后人勿忘国耻的精神食粮。基于其特殊的历史背景和研究价值，抗战文献一直就是各图书馆、档案馆重点收藏的对象。目前，国家图书馆是公认的抗战文献存藏最为丰富的单位之一。

　　由于当时社会动荡不安，抗战文献往往在极为艰苦的条件下粗糙印刷或手工抄写。为避免日本侵略者的掠夺与破坏，文献的保存环境往往较为恶劣，这给文献的后期保存保护带来严峻的挑战。因此，仅仅经过 70 余年的时间，抗战文献的损坏程度和完整性出现严重的问题，主要体现在文献底数不清、纸张酸化脆化、部分地区保护条件不足、保护人才缺乏等方面，亟须社会各界对抗战文献进行抢救[1]。

　　2001 年，国家图书馆在全国图书馆文献缩微复制中心（简称“缩微中心”）引领下，会同吉林、辽宁、山西、湖南、广东等多家省级公共图书馆，开始逐步对抗战文献进行缩微拍摄，利用缩微技术对抗战文献进行系统化保护。2011 年，国家图书馆正式实施“民国时期文献保护计划”项目，进一步加快了抗战文献的缩微抢救进程，确保这些珍贵文献得到安全、长久的保护。截至目前已经完成抢救抗战图书 1.3 万余种、抗战期刊 4200 余种、抗战报纸 670 余种。

值此中国人民抗日战争暨世界反法西斯战争胜利 70 周年，本文以国家图书馆抗战文献为研究对象，运用竞争情报 SWOT 分析模型，从企业战略管理视角，对其缩微工作的优势与未来发展方向进行分析，从而对馆藏抗战文献的缩微工作提出相应的战略方案。

一、SWOT 模型介绍

SWOT 模型分析，最早由美国旧金山大学教授海因茨·韦里克（Heinz Weihrich）于 20 世纪 80 年代提出，主要基于内外部竞争环境和竞争条件下的态势进行分析。

在 SWOT 分析模型构成中，S 即优势（Strengths），主要指在产业环境中具有的明显优势；W 即劣势（Weaknesses），主要指在产业环境中处于弱势的方面；O 即机遇（Opportunities），主要指外部宏观环境提供的良好发展机会；T 即威胁（Threats），主要指一些不利的趋势和发展带来的挑战。

从整体上看，SWOT 可以分为两部分：第一部分为 SW，主要用来分析内部条件；第二部分为 OT，主要用来分析外部条件。利用这种方法可以从中找出对自己有利的、值得吸纳的因素，以及对自己不利的、要避开的东西，发现存在的问题，找出解决办法，并明确以后的发展方向。SWOT 模型分析的大体思路是，重点侧重与研究对象密切相关的各种主要内部优势、劣势、外部机会和威胁等方面的分析，建立 SWOT 分析矩阵，借助系统分析的思想，对各种因素进行相关性分析，得出具有一定决策性的结论[2]。

对于抗战文献的缩微工作而言，SWOT 分析模型主要基于当前文献保护现状的大背景，结合文献缩微技术的现状，综合分析抗战文献缩微工作外部环境带来的机会和威胁以及缩微技术自身的优势和劣势，进一步优化抗战文献缩微工作的战略布局，以适应不断变换发展的外部环境与时代潮流。

二、以国家图书馆抗战文献的缩微工作为例

在抗战文献缩微工作的建设与管理中，借鉴 SWOT 分析法，能够为未来抗战文献缩微工作的开展提供有效的理论支撑，多视角、多角度地辩证看待问题，扬长避短，妥善处理好外部带来的机遇与威胁，为抗战文献的长期保存利用以及缩微文献资源的建设战略规划提供有力的依据。

（一）外部环境因素分析

国家图书馆抗战文献缩微工作的外部环境因素主要体现在：（1）国家政府机构制订的相关政策的引导与推动；（2）缩微技术面临的各种机遇和挑战；（3）国家图书馆的相关政策。现就抗战文献缩微工作面临的机会与威胁进行分析。

1. 机会（Opportunities）

（1）文化部"十二五"规划。2013 年 1 月，文化部印发《全国公共图书馆事业发展"十二五"规划》，在"十二五"时期重点任务中明确表示，加快民国时期文献的缩微技术、数字技术等手段，对文献进行再生性保护；加快民国时期文献的缩微和数字化进程，联合馆藏三宝或特色突出的收藏机构，共建一批高质量的民国时期文献全文资源库。这无疑是对缩微技术在抗战文献保护中重要地位的有利肯定，也为缩微技术的未来发展提供了有力保障。

（2）民国时期文献保护计划。为抢救、保护民国时期珍贵文献，继承和弘扬优秀文化，2011 年，国家图书馆联合国内文献收藏单位，策划了"民国时期文献保护计划"项目，得到文化部、财政部大力支持[3]。在此背景下，抗战文献的普查、海外文献征集、整理出版工作得到了各地图书馆积极参与，取得了重要成果。

（3）中国人民抗日战争暨世界反法西斯战争胜利 70 周年。随着时间的推移，人们对那段波澜壮阔的全民族的伟大抗战有了更加深刻的认识，也对留下来的大量珍稀抗战史料有了更多求知欲望。抗战文献的保存利用，将会得到社会各界的进一步重视，这也为抗战文献的缩微工作提供了良好的机遇。

2. 威胁（Threats）

（1）以磁介质和网络存储为代表的文献保存技术异军突起。随着科学技术的迅猛发展，计算机技术、互联网技术、光盘存储技术与数字技术在档案、图书、文献资料工作中的应用越来越广泛，云存储、时间戳等概念的出现，也在解决数字存储的问题上发挥着愈加重要的作用，这在一定程度上挑战缩微技术与数字技术对比所产生的优势。

（2）文献破损严重，需要借助文献修复技术。受当时社会环境的影响，抗战文献损毁情况异常严重，文献的纸张残缺、字迹模糊等现象尤为突出，需要借助文献修复技术对其进行修复，大大削弱了缩微抢救效率，为缩微抢救工作增加了很大的难度。

（3）缺乏统一的抗战文献缩微抢救业务标准规范。多年来，国家图书馆与多家公共图书馆通力合作，突破了地理因素的制约，对抗战文献进行卓有成效的缩微抢救工作。然而，受各馆自身实际情况的影响，抗战文献未能成为一个单独的抢救领域，缺乏统一的业务标准规范。因此，各馆之间尚需不断提高沟通和合作能力，进一步加强对抗战文献的资源建设。

（二）内部环境因素分析

抗战文献缩微工作的内部环境因素主要体现为技术现状、文献保存、文献利用以及学术研究等方面。现对抗战文献缩微工作存在的优势与劣势进行分析。

1. 优势（Strengths）

（1）缩微技术与数字技术实现完美融合。近些年来，国家图书馆以缩微胶片数字化和数字存档两种模式，大力发展数字缩微技术。依托于成熟的加工体系和技术团队，国家图书馆现已对抗战文献开展缩微胶片数字化工作，为我国文化建设提供了珍贵的文献资源。同时，国家图书馆已经形成了完整的数字存档工作流程和质检标准，年产量达到40余万拍，大大提升了抗战文献的缩微技术抢救能力。

（2）缩微技术在抗战文献的存藏与利用上的优势日趋明显。依托于严格的温、湿度，排酸性保护要求及库房维护标准，缩微品的长期保存性已经得到了时间的验证[4]。与此同时，缩微文献已经逐渐成为研究型馆藏中的热门文献。针对珍贵的抗战时期文献进行专题性出版，建立各种针对性的缩微文献数据库，弥补了纸质书籍因残缺原因不能阅读的缺憾，为研究工作提供宝贵的参考资料。

（3）人才与科研带动抗战文献缩微工作取得质的提升。国家图书馆现已储备大量的缩微技术人才，拥有高学历、高级专业技术职称研究人才占据着较大比例，很多人员具有抗战时期史料研究的背景。同时，在各种科研发展规划和试验计划的支撑下，不断增强科研对业务工作的促进作用，积极围绕抗战文献的抢救进行科研立项，以科研提升抗战文献的缩微抢救水平。

2. 劣势（Weaknesses）

（1）缩微经费短缺。目前，国家设有缩微专项，定期对缩微工作给予财政支持。然而，面对缩微技术的改善和不断增长的文献抢救需求，尤其是数字缩微技术的推广与传统缩微设备的更新换代，缩微经费显得尤为紧张，对抗战文献缩微工作的经费投入相对较少。

（2）抗战缩微文献资源缺少社会认知度。缩微技术主要应用于档案系统、图书馆系统、医疗系统等国家相关部门机构，与社会群众的实际接触尚有一定的距离。抗战缩微文献资源并未被社会大众所熟知，很多读者在无法查阅抗战文献纸本的情况下，选择阅读后人撰写的抗战时期史料述评或研究文集，缺失了史料的原始性研究。因此，如何提升大众的认知度是一个需要解决的问题。

（3）缩微胶片的老化、破损问题日益突出。与数字资源相比，缩微胶片在安全性与应用性上的优势不言而喻，但随着时间的推移，缩微胶片作为实体保存，不可避免会出现局部的胶片老化、破损等问题，这需要我们针对这些问题进行研究，制订修复标准及可行策略。

（三） 建立 SWOT 分析矩阵

经过对抗战文献缩微工作的外部与内部条件的多方面分析，可以得出抗战文献缩微工作的 SWOT 分析矩阵，如表 1 所示。遵循"把握机会、发挥优势，克服劣势、避免威胁"的战略原则，提出以下几条战略方案，仅供参考。

表 1　SWOT 分析矩阵

内部条件 外部环境	优势 S	劣势 W
	（1）缩微技术与数字技术实现完美融合； （2）缩微技术在抗战文献的存藏与利用上的优势日趋明显； （3）人才与科研带动抗战文献缩微工作取得质的提升。	（1）抗战文献缩微工作的经费投入相对较少； （2）抗战缩微文献资源缺少社会认知度； （3）缩微胶片的老化、破损问题日益突出。
机会 O	**S—O 战略**	**W—O 战略**
（1）文化部"十二五"规划肯定了缩微技术在抗战文献保护中的重要地位； （2）"民国时期文献保护计划"推动了抗战文献的普查、海外文献征集、整理出版工作； （3）抗战胜利 70 周年进一步激发了社会大众对珍稀抗战史料的求知渴求。	（1）以文化部"十二五"规划和民国时期文献保护计划为契机，大力推进抗战文献缩微抢救进程； （2）以国家缩微母片库建设为重点，加强对抗战缩微文献的保存保护工作； （3）利用缩微文献在揭示与服务方面的优势，加快抗战缩微文献资源建设，方便社会大众的阅读。	（1）把握国家高度重视抗战文献保护工作的时机，建立抗战缩微抢救专题，设立专项抢救经费； （2）借助缩微工作成果的全国巡展工作，提升社会大众对抗战缩微文献资源的认知度； （3）成立国家母片修复中心，对抗战缩微文献资源给予及时的修复。
威胁 T	**S—T 战略**	**W—T 战略**
（1）以磁介质和网络存储为代表的文献保存技术异军突起； （2）文献破损严重，需要借助文献修复技术； （3）缺乏统一的抗战文献缩微抢救业务标准规范。	（1）对重点课题进行科研立项，不断强化数字缩微技术的优势； （2）引进文献修复人才，对抗战纸本文献进行及时修复，提升缩微抢救效率； （3）将抗战文献作为单独的抢救专题，建立统一的缩微抢救业务标准规范。	（1）推进缩微工作转型，以适应日趋复杂的外围发展环境； （2）加强与各公共图书馆间的共建共享合作，形成统一的抗战文献缩微抢救工作机制； （3）建立缩微技术实验室，针对设备国产化研发、数字缩微技术升级等课题进行科学研究。

三、结语

作为民国文献的重要组成部分，抗战文献具有极为重要的研究价值，尤其是在我们的文化传承与历史探究领域。面对这些文献在保存利用上出现的诸多问题，缩微技术提供了强有力的解决途径。然而，每种技术都有着自身的优势与弊端。对于抗战文献的缩微工作，我们需要对涉及的诸多因素进行分类分析，逐步构建自己的核心竞争力，以取得行业的竞争优势。

因此，经过对国家图书馆抗战文献缩微工作的 SWOT 分析，现对未来工作提出以下几点战略方案：

（1）在中国人民抗日战争暨世界反法西斯战争胜利 70 周年的大背景下，以文化部"十二五"规划和民国时期文献保护计划为契机，合理规划缩微事业未来发展，促进缩微技术与数字技术的有机融合，加快抗战文献的缩微抢救进程；

（2）以国家缩微母片库建设为重点，加强对抗战缩微文献的保存保护工作，利用缩微文献在揭示与服务方面的优势，加快抗战缩微文献资源建设，方便社会大众的阅读；

（3）把握国家高度重视抗战文献保护工作的时机，建立抗战文献缩微抢救专题，设立专项抢救经费，引进文献修复技术人才，加强与各公共图书馆间的共建共享合作，形成统一的抗战文献缩微抢救工作机制；

（4）建立缩微技术实验室，针对设备国产化研发、数字缩微技术升级等重点课题进行科研立项，不断强化数字缩微技术的优势；成立国家母片修复中心，对抗战缩微文献资源给予及时的修复；

（5）借助缩微工作成果的全国巡展工作，提升社会大众对抗战缩微文献资源的认知度，提升缩微技术与社会实际应用的贴合度。

参考文献：

［1］张航：《民国时期文献亟待保护》，《北京晚报》2012 年 6 月 19 日，14 版。

［2］王兆辉、王祝康、刘安东：《基于 SWOT 分析的重庆抗战文献资源建设》，《四川图书馆学报》2013 年第 4 期，43—46 页。

［3］张军妮：《民国文献保护计划正式启动》，《中国社会科学报》2012 年 2 月 29 日，A01 版。

［4］《缩微摄影技术等级标准培训教材》编委会：《缩微摄影技术等级标准培训教材》，北京图书馆出版社，1997 年。

国家图书馆藏抗战文化类手稿的揭示与利用

——以"不朽的长城——纪念中国人民抗日战争暨世界反法西斯战争胜利 70 周年馆藏文献展"为例

王 萃

摘 要：本文以国家图书馆"纪念中国人民抗日战争暨世界反法西斯战争胜利 70 周年馆藏文献展"为切入点，剖析了此次展出的国家图书馆藏抗战文化类手稿的内容以及该类手稿在抗战文化中发挥的作用。

关键词：抗战文化；国家图书馆；手稿

2015 年 8 月 14 日，"不朽的长城——纪念中国人民抗日战争暨世界反法西斯战争胜利 70 周年馆藏文献展"在国家图书馆隆重举办。该展览充分发挥馆藏抗战文献在推动抗战研究、服务国家战略方面的作用。笔者结合展出的抗战文化部分的手稿展品，详述此次展出的抗战文化类手稿的内容及对抗战文化发展的促进作用。

一、展览概况及国家图书馆馆藏抗战手稿介绍

本次展览分为"烽火连天""血肉长城""抗战文化""鉴往知来"和"抗战中的国图"五个单元。展览以文献为证，用史实发言，精选馆藏抗战相关珍贵历史资料，展品多达 1500 多件，部分文献资料为首次展出。展出文献类型包括新善本、日记、照片、缩微胶片、影音资料等。本次展品文献展是从 1927 年日本确定侵华思路开始，对日本侵华战争期间每一个重大的历史节点，对整个抗战过程的全面展现，多角度、全方位呈现了抗战那段铁与血的历史。展出的大量史料无论对于普通观众还是对于专门研究者来说，都有很重要的参考研究价值。

抗战文化是抗日战争的时代产物，正如毛泽东 1942 年在延安文艺座谈会上讲话中所指出的："在我们为中国人民解放的斗争中，有各种的战线，其中也可以说有文武两个战线，这就是文化战线与军事战线。我们要战胜敌人，首先要依靠手里

拿枪的军队，但是仅仅有这种军队是不够的，我们还要有文化的军队，这是团结自己、战胜敌人必不可少的一支军队。"本次展览也把"抗战文化"作为独立单元进行了深入解读，以抗战文艺运动相关的新善本、手稿和档案史料为视角，再现了抗战期间中国各行各业文化工作者用文学、戏剧、电影、音乐、美术、新闻及出版等各种形式，用爱国的精神凝聚人、激励人，用优秀的作品鼓舞人、陶冶人，发扬民族意志，抵抗文化侵略，宣传抗战救亡的事迹。

抗战文献是中华民族抗战时期的重要文明成果，是中华民族从衰落到振兴的一个伟大转折点的历史见证，也是中华民族崇高的爱国主义精神的传承。抗战文献全面记载了中华民族英勇抗战、浴血奋战的历史，记载了中国人民空前团结、一致抗日的历史，记载了中国人民取得抗战彻底胜利的史实，记载了中国近代社会的巨大变化。这些文物资料、文献史料对于了解这段波澜壮阔的历史，对于提高世界人民对中国抗战在世界反法西斯战争中历史作用和地位的认识，具有很重要的意义。

抗战文献中存量较少但颇具人文历史价值的就是抗战类的手稿文献。手稿是稿本的一种，专指作者亲笔书写的原稿，是由作者在创作和研究过程中所产生的手书文字记录，包括手稿本（初稿、改稿、定稿）、校改本、复写本等多种类型。手稿是作者为创作作品而做的前期准备，通过最简单、最质朴的方式反映了作品的原始风貌。手稿是作者给自己看的东西，有一种笔记、札记、备忘录的性质，承载了作者的心路历程。因此，对手稿的研究学习，能最直观地感受和认识作者为创作所进行的努力，为创作所铺垫的最原初、最本真、最不经意的心理状态。手稿让人从中感受到一种温度，一种情怀，一种纯真的自然的形迹，进而让人在其手稿的独特性中窥探作者的创作秘密，发掘其历史价值与学术价值。有的还可以从中寻找手稿的艺术价值，感悟手稿的艺术魅力。

值得一提的是在"抗战文化"单元展出了20多件手稿作品，丰富了展览的文献类型，生动再现了文化工作者在抗战期间书生报国的理想与抱负。

抗战时期的手稿不但真实还原了抗日战争这一特殊历史时期的史料，还包含了内容以外的丰富信息，完整客观、生动鲜活地展现抗战历史，为我们记录抗日战争那一段历史提供了不可替代的资料。国家图书馆藏5000余份近现代名家手稿，此次精选20余件抗战类手稿展品，手稿更多地保留了作者思维过程中的线索、书写方式、文字形态、纸墨质地等信息，都为了解写作者身体、情感、思想、经济和社会交往状况等提供线索。

二、展出抗战文化手稿的揭示与利用

抗战文化是中华民族抗日救亡运动的重要组成部分，它以文化作为反侵略斗争的锐利武器，配合抗日的政治斗争和军事斗争，在动员民众、推动文化工作者团结一致、反对日本帝国主义侵略、宣传共产党的全面抗战路线、为人民大众服务等方面起到了巨大的战斗作用。抗战文化在中国文化发展史上具有非常重要的地位。抗战文化在抗日救亡运动前期中心上海得到实现、发展，并迅速在全国走向繁荣、高涨。上海沦陷后，一方面以"孤岛"上海为中心的沦陷区抗战文化在进行着艰难抗争；另一方面随着抗战文化的西迁，出现了以重庆为代表的国统区抗战文化中心和以延安为代表的边区抗战文化中心，抗战文化在曲折中繁荣和发展，形成了抗战文化发展的新格局以及文化机构和文化名人的西迁和抗日根据地的形成。

（一）抗日救亡运动前期，抗战文献的发展与利用

20 世纪 30 年代前期的中国文化界，左翼文化代表着进步倾向的主流。1930 年 3 月，中国左翼作家联盟在上海成立，左联积极提倡革命文艺创作和文艺大众化，培养了一支坚强的革命文艺队伍，为抗日战争时期的文艺事业准备了一批骨干人才。1935 年华北事变以后，中日民族矛盾逐渐上升为主要矛盾。以阶级矛盾为主向以民族矛盾为主的社会矛盾转换，决定了文化的双重性和过渡性的特征，即左翼文化与抗战文化的交替和转换。1936 年年初，为了适应抗日救亡运动的新形势，建立文艺界抗日民族统一战线，左联自行解散。在此时期，抗战文化在上海得到实现、发展，并迅速在全国走向繁荣、高涨。

此次展出包括鲁迅《中国人失掉自信力了吗》的手稿。"我们从古以来，就有埋头苦干的人，有拼命硬干的人，有为民请命的人，有舍身求法的人……虽是等于为帝王将相作家谱的所谓'正史'，也往往掩不住他们的光耀，这就是中国的脊梁。"时隔 80 多年，这份写于 1934 年 9 月 25 日的手稿，墨迹依然清晰，观者默诵之，民族自强的使命感油然而生。此件手稿为新中国成立初期许广平捐赠。手稿用绿格稿纸，字迹朴实浑厚，其上少量修改之处尤为珍贵，后人不仅借此可向鲁迅先生学习遣词造句作文之法，更可由此觅得先生思维的踪迹。

1938 年 3 月 27 日，中华全国文艺界抗敌协会（简称"文协"）在武汉成立，标志着全国文艺界在民族解放的旗帜下，结成了最广泛的统一战线。文协在全国组织了数十个分会及通讯处，提出"文章下乡，文章入伍"的口号，鼓励作家深入现实生活和实际斗争。组织了作家战地访问团，多次访问慰劳各地战场，为推进文艺工作者与实际斗争相结合做出了重要贡献。抗战胜利后，文协改名为中华全国文艺界协会。展品《作家战地访问团日记》是王礼锡、钱新哲、葛一虹等人手书的钢笔原稿，是抗战中这一时期的手稿作品。1939 年 6 月 14 日，中华全国文艺界抗敌协会组织成立作家战地访问团，王礼锡任团长，宋之的任副团长，团员有罗锋、白朗、葛一虹等人。1939 年 6 月 18 日至 12 月 12 日，访问团深入前线与农村进行采访、写稿、演出，此稿是访问团的集体日记。

1937 年 12 月 31 日，中华全国戏剧界抗敌协会在武汉成立，其宗旨为："团结戏剧界人士，发展戏剧艺术，推动抗战工作。"该协会创办会刊《戏剧新闻》，在

重庆举办了 6 届规模盛大的戏剧节，还就抗战戏剧中的许多问题召开各种专题座谈会、讨论会，推动了抗战戏剧的发展。五幕历史剧《虎符》郭沫若钢笔手写毛笔修订稿创作于 1942 年 2 月，取材于信陵君窃符救赵、抗击秦军的故事，表达了团结御敌、联合抗暴的主题，是郭沫若抗战时期历史剧代表作之一。

（二）抗战文化在以"孤岛"上海为中心的沦陷区的艰难抗争

1937 年 11 月 12 日上海沦陷，成为一座"孤岛"。上海大量文化机构团体和大批文化名人纷纷西迁。轰轰烈烈的文化救亡运动突然沉寂下来。然而，租界的相对"独立"在一定程度上阻挡了日军侵占上海的战争火焰。正是这种特殊的环境，使"孤岛"文化出现了奇特的繁荣。滞留沦陷区的很多知识分子，也以种种方式表现出威武不能屈的民族气节。

历史学家陈垣《通鉴胡注表微》发表于 1944 年至 1945 年，不仅有精深的文献考据、高超的史学见解，而且通过阐发元代胡三省为《资治通鉴》所作注解中隐含的爱国思想、亡国之痛与民族气节，抒发出学者本人深切的爱国之情。陈垣曾经这样回忆当时的写作情境："我写《胡注表微》的时候，正当敌人统治着北京；人民在极端黑暗中过活，汉奸更依阿取容，助纣为虐，同人同学屡次遭受迫害，我自己更是时时受到威胁，精神异常痛苦，阅读《胡注》，体会了他当日的心情，慨叹彼此的遭遇，忍不住流泪，甚至痛哭。因此决心对胡三省的生平、处境，以及他为什么注《通鉴》和用什么方法来表达他自己的意志等，作了全面的研究，用三年时间写成《通鉴胡注表微》二十篇。"这不仅是一部史考和史论紧密结合的史学杰作，标志着陈垣的史学成就达到了一个新的高度，还充分反映了作者的爱国情操。

（三）以重庆为中心的国统区抗战文化在曲折中发展和繁荣

随着广州、武汉的相继失守，抗日战争进入相持阶段。大批的文化机构和文化名人继续纷纷西迁，逐渐形成了以重庆为中心的国统区抗战文化中心。皖南事变后，国民政府统治区的进步文化活动受到高压和钳制。在这种背景下，有的作家面对现实，深入揭露抗战中的弊端，解剖民族痼疾；有的转向历史，从漫长的民族历史中总结经验教训作为现实的借鉴，从传统文化中寻找民族脊梁、发掘民族美德。有的作家则面向自己，在抗日战争的广阔背景下，描写爱国知识分子的苦难历程，探寻知识分子的历史道路。在此期间，重庆的抗战文学出现了从未有过的繁荣，尤其是小说创作，发表了一批思想性和艺术性都较强的上乘之作。

此次展出的巴金手写原稿《寒夜》是巴金的长篇小说代表作，写于 1944 年至 1946 年年初。小说以抗战末期的重庆为背景，描写了知识分子汪文宣夫妇的悲剧，真实反映了战争年代处于水深火热中普通民众的不幸遭遇。另一件该时期的小说作品《故乡》是艾芜第一部长篇小说的手稿，创作于 1940 年至 1945 年间。小说描写了抗日战争爆发后一个江南县城的社会生活，触及了战时大后方的各种重要社会问题。

此外，诗歌、杂文、日记等类型的创作也取得了比较突出的成就。臧克家的毛笔手书原稿《泥土的歌》诗集是旧中国农村的真实写照，是对中国农民的热情礼赞。茅盾的《脱险杂记》毛笔手写原稿，于 1948 年 9 月追记于香港，则生动翔实地记述了 1941 年 12 月 25 日日军侵占香港，1942 年 1 月 9 日茅盾夫妇与邹韬奋、叶以群、戈宝权等文化界人士秘密撤离香港的经过。

展品钢笔手写原稿《金陵城》作者为谭小麟，是作曲家、琵琶演奏家。在抗日救亡运动中，他积极参加上海进步音乐界联合举办的"援绥音乐会"等活动。谭小麟因病于 1948 年早逝，遗著手稿由其挚友傅雷捐赠于我馆。《金陵城》作于 1940 年 10 月 26 日，以朱敦儒南渡后所作《相见欢·金陵城上西楼》为词，抒发了慷慨沉郁的爱国之情。广大文化工作者通过创作文艺作品，在音乐、美术、电影、出版等各个文化领域都取得了显著的成绩，出现了重庆文化史上前所未有的繁荣局面。

（四）以延安为中心的边区抗战文化的蓬勃发展

全面抗战爆发后，全国各地成千上万的爱国青年、知识分子和文化名人络绎不绝地奔赴延安和各抗日根据地，逐渐形成了以延安及其所在地陕甘宁边区为中心的抗战文化中心。在以延安为中心的抗战文化的发展过程中，以延安文艺座谈会为标志，延安的抗战文化进入了一个新的阶段。1942 年毛泽东《在延安文艺座谈会上的讲话》发表，着重论述了革命文艺为人民服务，首先是为工农兵服务的根本方向，系统地回答了文艺运动中许多有争论的问题，强调党的文艺工作者必须从根本上解决立场、态度问题。从而开创了延安抗战文化运动的新阶段，出现了文艺为工农兵群体创作的可喜局面。

展品《在太行山时期的一些材料》由阮章竞著，为钢笔手写原稿，是作者 1941 年至 1942 年在太行山区工作时的笔记，真实记录了太行山剧团的文艺抗战工作和当地人民的抗战活动。《新儿女英雄传》由孔厥、袁静著，为钢笔手写原稿，小说采用章回体形式，描写了冀中白洋淀抗日军民同日本侵略者、汉奸、地主展开的斗争，反映了抗日战争的艰苦历程和英雄人物的茁壮成长，情节曲折跌宕，富有传奇色彩。手稿《吕梁英雄传》由马烽、西戎著，为毛笔手写原稿，小说创作于 1945 年，取材于民兵英雄事迹，描绘了晋绥边区人民抗日武装斗争的壮丽图景，具有浓厚的地方色彩。

三、抗战手稿文献的深度发掘与立体应用

抗战时期手稿真实详尽地还原了抗战文化发挥的作用，与抗战其他战线相呼应，也是推动抗战获得最终胜利的主要力量之一。同时手稿承载着作者的智慧与个

性，传承着前人可贵的精神品格，也是后人从事研究的重要资料。此次展览展出的多件珍贵的手稿作品，满足了人们多元化阅读的体验。手稿不仅仅具有丰富的资料性，更多地保留了作者思维过程中的线索、书写方式、文字形态、纸墨质地等信息，为了解写作者身体、情感、思想、经济和社会交往状况等提供了其他文献不可替代的线索，让观者对前辈艰难探索的品格有所体会。

因此对抗战文化类手稿价值的发掘与利用就成为手稿保存机构更加紧迫、更具价值的工作。对于抗战手稿类文献的利用主要通过三个方面：首先，通过展览策划，用直观可视的手稿文献配合相关的文物资料，将抗战文献及抗战文化融入展览的景观主题与表达、空间布局中，同时借助科技手段，发挥文化韵味，让人们穿梭于历史之间，给观众以直接、强烈的冲击力和震撼力。不但使观众在观展中学习抗战史、了解抗战的方方面面，而且还能受到深刻的爱国主义和革命传统的教育；其次，整合手稿、照片等具有视觉艺术价值的抗战文献发行画册、书籍等出版物。可以是综合性的，也可以是专题的。可以是丛书的形式，也可以是鸿篇巨制的单行本。在内容上有适合普通读者的科普读物，也有针对研究人员使用的学术著作。还可以用拓展手稿、图片拍摄口述史、纪录片等音像制品。这是展览的延伸和扩大，打破了时间、空间的限制，拓宽了抗战文献的受众群体，让抗战历史真正走进现代人群，让抗战文化融入人们的日常生活，使其与陈列展览相辅相成、相得益彰；最后，打造现代科技支撑的抗战历史文化平台，建设抗战手稿文献数字信息资源的一体化平台。充分利用数字图书馆建设工程，加快抗战文献的数据库建设与抗战文献的数字化研究开发，构建基于互联网应用的信息导航、身份识别、智能检索、影像纪录、专题推送等抗战文献的信息服务技术系统。同时，广泛应用互联网、云计算等网络信息技术，不断探索开发抗战文献的信息服务的创新业态，进一步拓展抗战文献专题检索、全文提供、专题调研及咨询服务、专题动态、热点追踪等各项融合技术研究与应用，以满足社会发展和不同用户对抗战文献信息的各种需求。此外，进一步加强对国内外抗战文献信息资源的搜集、组织、储存、开发和利用，促进资源的整合检索和服务的集中揭示，促进文献信息机构在更大范围的合作与共享。

总之，抗战手稿文献追诉着抗战往事，展现着那段峥嵘岁月，承载着抗战历史文化内涵，寄托着参观者的崇敬，留给后人无限的启迪，抗战手稿文献价值的多次、深度的拓展与挖掘对延长、焕发手稿的生命力显得弥足的珍贵。充分认识抗战手稿对作者的意义，对其创作时代的价值，是抗战文化能够在更高意义上取得实效的前提，也是抗战精神能够永续不断传承不辍的重要前提。

参考文献：

［1］《毛泽东选集》第 3 卷，人民出版社，1991 年，847 页。

［2］朱敏彦：《抗战文化发展述论》，《探索与争鸣》2005 年第 9 期。

［3］马献忠：《中国抗战大后方历史文化研究与建设前景广阔》，《中国社会科学报》2010 年 11 月 9 日。

［4］曾建勋、邓胜利：《国家科技图书文献中心资源建设与服务发展分析》，《中国图书馆学报》2011 年第 2 期。

［5］王兆辉：《重庆抗战大后方历史文献中心构建的战略价值》，《河北科技图苑》2013 年第 5 期。

国家图书馆抗战时期报纸数字化探索

戈　岳

摘　要： 报纸作为刊载新闻和时事评论的定期向公众发行的出版物，具有反映和引导社会舆论的功能。2014 年，国家图书馆数字资源部开始着手馆藏民国报纸的数字化工作。本文以抗战时期报纸数字化为例，分析了抗战报纸数字化的价值、国家图书馆对于报纸数字化的探索、报纸数字化的流程、难点以及对于报纸数字化工作中的思考。

一、抗战时期报纸数字化的价值

（一）抗战时期报纸的作用及影响

报纸作为刊载新闻和时事评论定期向公众发行的出版物，具有反映和引导社会舆论的功能。诞生于抗战时期的报纸，如实地报道了抗战时期发生的一系列重大历史事件。全国各地新闻报社都投入抗日救亡活动中，如《新华日报》《解放日报》《中央日报》《华北日报》等，不管是中国共产党领导的、国民政府官办的还是社会民办的，都站到一起，揭露法西斯在全世界的暴行，宣传抗日民族统一战线，宣传民主、团结、进步，对反法西斯同盟和全世界反法西斯力量进行了及时并全面的报道，引导人民群众形成正确的价值观并积极投身到反法西斯的队伍中去，起到了正面影响。

（二）抗战时期报纸的个性特点

抗战时期报纸的发行背景涉及中国共产党、国民政府以及社会民办三大类，时间跨度涵盖了 1937 年至 1945 年。在那个没有网络的年代，信息传播极其重要，各派系把报纸作为宣传自己的舆论阵地。在战火交加的历史时期，各种思潮此起彼伏，家事国事天下事，都成为百姓关注的焦点，报业发达成为必然。抗战时期报纸发展已趋于成熟，各种报纸都有自己的特点。

1. 增刊、副刊多

抗战时期报纸增刊、副刊多，有着固定版面和出版日期。这种带着提倡新文化、传播新思想的副刊，与新闻政论并驾齐驱，成为报纸不可缺少的一部分。报纸工作者们利用副刊，反映抗战生活以及丰富多彩的文化活动。很多名家名作都是因报纸连载而产生轰动效应的，比如张恨水的长篇小说《啼笑因缘》《春明外史》《金粉世家》等。

2. 八卦娱乐新闻少，时事政治新闻多

在国难当头、民族危亡的时刻，抗战时期报纸呈现出了极强的政治性。由于阶级对立，政治观点、政治立场不同，同样的一篇新闻，受不同办报者的政治思想指导，呈现出了多元性的特点。

3. 开天窗

国民政府在其统治时期实施新闻检查，某些报道或言论禁止发表，报纸版面上留下成块空白，叫开天窗。最著名的是皖南事变后的《新华日报》开天窗。1941年1月，皖南事变发生后，周恩来指示《新华日报》发表文章揭露国民党的阴谋，但国民党新闻检查机关扣押了关于真相的报道和评论。为了披露真相，跟国民政府进行合法有效的斗争，周恩来在《新华日报》"开天窗"，进行抗议。（见图一）

图一　1941 年 1 月 18 日《新华日报》

二、抗战报纸数字化的必要性

抗战报纸无论在文学性、历史性等方面来说，包含内容广泛，利用价值高，对于中国抗日战争时期的历史研究，报纸的史料作用不可磨灭。但报纸的保存年限只有 50—100 年①。经过时间的洗涤，纸质脆弱、泛黄，一般情况下是不能向读者提供原件阅览的。甚至一些报纸的号外，如《新华日报》在 1945 年 8 月 19 日发行的《抗战胜利号外》，全国存量竟不足 10 张②。抗战报纸在一定程度上来讲，文物价值也非常高。为了抢救这些宝贵的文化遗产，全国图书馆文献缩微复制中心在 1985年应运而生，组织并协调全国公共图书馆开展对馆藏古旧文献和其他需要长期保存文献的抢救工作。缩微胶片占用空间小，胶片不易老化，可以保存 500 年。国家图书馆藏于全国缩微文献中心的民国报纸胶卷为 4300 多种。随着时代的发展，读者的需求日益增多，指定某一月某一日或者某一期，需要检索出现某个关键词的篇目，缩微制品便不能满足了。在这数字的时代，将珍贵文献数字化是极其必要的。

三、我馆对于报纸数字化的探索

将纸质的报纸数字化，成为数字报纸，这种新的传播媒体既融合了数字化媒介的一切特征，适应了数字时代的潮流，又具备了传统报纸的版面优势，构成了图书馆数字馆藏的重要组成部分。国家图书馆在数字报纸收集、整合、使用及保存等方面进行了多方面的探索和实践，开展了"实验性报纸数字化项目"。以馆藏的《大公报》《益世报》缩微胶片数字化资料为基础，共数字化《大公报》14 万拍、《益世报》400 拍。可以实现版面导航、标题导航，并且可以进行标题、栏目、作者、全文的检索。

2005 年，国家图书馆数字资源部开始了"国家数字报纸典藏项目"（http：//192. 168. 30. 129/search/index. html），通过网络采集、向报社征集等方式收集近年来出版的数字报纸，涉及地区包括北京、上海、天津、重庆、安徽等 32 个省、市的《北京晨报》《今晚报》《解放日报》等各种报纸，已达到 200 余种。除了可以看到原版图片，对新闻还进行了全文识别，读者可以进行全文浏览、文献检索，并且可以发表评论。（图二）

---

① 江河：《国图民国文献面临小时殆尽的危险》，《北京档案》2005 年第 5 期，10—11 页。
② 陈桂香：《新华日报抗战胜利号外解读》，《云南档案》2014 年第 3 期，43—44 页。

图二　国家数字报纸典藏项目

2010 年起，国家图书馆联合全国各图书馆共建国家数字图书馆，面向全国各省级公共图书馆等机构，广泛征集数字资源。我馆征集民国报纸资源涉及包括首都图书馆、湖南省图书馆、云南省图书馆、江西省图书馆等多个地方馆的不同资源，如，首都图书馆选送的《益世报》《北平日报》等，辽宁省图书馆选送的《盛京日报》等。反映了民国时期不同地区的不同特色报纸。但由于各征集单位制作和数字化报纸采用的技术规范不一致，我们将元数据、对象数据整理成符合国家图书馆长期保存标准的数据，发布时仅提供图像浏览服务，并不能进行全文检索。

除此之外，国家图书馆还通过商购数据库，来满足读者的需要。目前我馆的中文报纸数据库有中国重要报纸全文数据库（清华同方）、中国报纸资源全文数据库（方正阿帕比）等；外文报纸数据库有真理报、Access World News（世界各国报纸全文库）、Business Insights：Essentials（商业资源中心：精要版）（原商业与公司资源中心）等。

四、报纸数字化流程以及困难

2014 年国家图书馆开启了新的篇章，由数字资源部承担的"民国报纸缩微胶片数字化项目"继承了试验性项目的经验，又根据民国报纸数字化的特点，制订了一系列的技术需求。在制作的过程中一般会有以下几个步骤：

（一）版式阶段工艺流程

将扫描缩微胶片得到的 TIFF 图像进行修正，纠偏。图像分为长期保存级和发布服务级两个级别，修正后的成品 TIFF 不压缩为长期保存级。发布服务级为由成品 TIFF 压缩而来的 JPG 文件和通过文字识别后的双层 PDF。双层 PDF 是上层为图像 JPG，下层为通过文字识别后并置标的篇目标题文本层。

在图像整理完毕后，首先要制作元数据。国家图书馆馆藏元数据为标准的 MARC 格式，用来记录报纸的名称、出版日期、卷期等基本信息。

利用软件进行版式分析，将修正后的扫描图像按照篇目进行区域划分，进行标题置标、篇目置标，将篇目的标题、作者识别，产生了一些坐标值和文字。在数字化过程中，产生的这些坐标、文字等新信息，便利用 XML 文件和 ACCESS 数据库来保存新的元数据内容，在以后的发布过程中，可以用来为读者提供各种检索服务。

抗战时期报纸篇目排版比较杂乱，转版现象常见。一个篇目中经常穿插其他新闻，在画版时要把中间其他的文章抠掉，这对画版软件的要求非常高。报纸内容衔接位置混乱，需要人工判断。

（二）文字阶段工艺流程

利用 OCR（光学字符识别）技术，自动识别篇目标题。抗战时期报纸的印刷字体繁简共存，还有异体字、手写体，给文字识别带来了一定的困难。我们要求全部按照报纸实际印刷情况著录，不对繁体字、异体字进行简化。在涉及一些无法录入的生僻字、公式、符号、手写体、印刷体，或者由于残缺、印刷不清而无法识别的情况时，根据文本类资源数字化规范的规定，可以用"＝"表示。标准印刷汉字的 OCR 识别率可以达到90%，但是抗战时期报纸印刷技术不成熟，图像模糊，再加上时间久远，文献破损，识别准确率还达不到30%，甚至不如古籍文献。通过软件识别后，仍然需要大量的人工干预，多次校对保证质量。

（三）成品阶段工艺流程

对于上述文字、图像、版式文件等进行抽检，以确保数据的正确性。版式文件应著录全面的报纸信息，记录标题及篇目位置等信息，内容与原报内容一致。有些报纸版次卷期号印刷错误，除了如实著录错误的卷期号，还要将正确的卷期号梳理清楚。

五、对抗战报纸数字化的思考

在信息爆炸的今天，国家图书馆的数字资源建设得到了前所未有的重视。除了购买商业数据库外，也在进行建设馆藏特色数据库的探索。将抗战报纸特色资源进行数字化，发布在专业的平台上，利用互联网，为读者足不出户提供远程的信息服务。读者可以根据自身需要的信息进行检索，如关键字检索、卷期检索等，检索的结果定位在所需要的篇目上，可以支持浏览图片，也可以浏览文字（目前仅进行了标题、作者的文字识别工作），方便读者了解所需要的篇目信息。

抗战时期报纸作为当时历史的真实记录者，是重要的原始历史资料，其重要的史料价值和思想文化价值不在古籍善本之下。在数字化过程中，还需要更深一步地挖掘整理更深层、更准确的信息。不仅要了解抗战时期的文化历史，更要了解这种新闻出版物的相关知识。比如报纸怎样划分栏目、没有标题的篇目怎样准确地自拟标题、关于引题标题副题的划分、公告启事通告是否有必要同纯粹的广告一样处理。抗战时期的每一份报纸都有着自己的特点，甚至同一种报纸不同期的个性都不一样，不能一概而论。

参考文献：

[1] 江河：《国图民国文献面临消失殆尽的危险》，《北京档案》2005 年第 5 期。

[2] 张炜：《报纸的保存与保护：缩微化与数字化探究》，《图书馆建设》2007 年第 2 期。

[3] 张炜、李春明：《数字报纸典藏项目（DiNeR）介绍》，《图书情报工作》2008 年第 10 期。

[4] 陈桂香：《重庆图书馆馆藏民国文献源流、特色及数字化》，《数字与缩微影像》2014 年第 3 期。

[5] 方晓红：《抗日战争与解放战争时期中国报刊事业的特点》，《新闻大学》1998 年（秋）。

[6] 吴丽杰：《民国文献数据库建设管见——以辽宁图书馆为例》，《图书馆工作者研究》2011 年第 11 期。

[7] 陈桂香：《新华日报抗战胜利号外解读》，《遇难档案》2014 年第 3 期。

[8] 肖红、吴茗、曾燕：《民国报纸缩微胶片数字化地服务探析》，《图书馆学刊》2015 年第 10 期。

"互联网+"环境下国家图书馆抗战文献开发利用探析

李　健

摘　要："互联网+"时代为图书馆的发展带来新的变革契机。为改变现在国家图书馆抗战文献存储分散、使用不便等问题，提升抗战文献资源的开发利用效率，需要从顶层设计、服务渠道、用户体验和交流合作四个方面进行完善。

关键词："互联网+"；国家图书馆；抗战文献；开发利用

一、引言

随着移动互联网、大数据、云计算、物联网与人工智能等新技术、新业务和新生态的发展，各行各业正在以互联网为平台进行融合创新，进入到了"互联网+"快速发展的时代。"互联网+"以跨界融合和连接一切为主要特点，正在引领和改变着我们的生活方式和生活格局。

"互联网+"是以互联网平台为基础，利用信息通信技术与各行业跨界融合，推动产业转型升级，并不断创造出新产品、新业务与新模式，构建连接一切的新生态①。据中国互联网信息中心（CNNIC）在 2015 年 7 月 23 日发布的《第 36 次中国互联网络发展状况统计报告》显示，截至 2015 年 6 月，中国网民规模达 6.68 亿人，互联网普及率为 48.8%。其中，中国手机网民规模达 5.94 亿人，手机上网使用率为 88.9%②。通过数据可以发现，无论是网民规模，还是互联网的普及率都已经相当可观，而其中移动互联网的发展势头更是风头正劲。面对新的技术环境和资讯需求，如何真正激活国家图书馆馆藏抗战文献，使其在图书馆的物理空间和虚拟空间中畅通流动起来，形成便捷、高效的知识流，提升用户利用抗战文献的积极性和服务体验，成为新时期国家图书馆面临的一个重要议题。

在"互联网+"时代，利用互联网思维，充分发挥"互联网+"在整合并优化资源配置、提高资源使用效率方面具有的得天独厚优势，积极探索并创新服务内容

---

① 马化腾：《互联网+：国家战略行动路线图》，中信出版社，2015 年，91 页。

② 中国互联网络信息中心：《第 36 次中国互联网络发展状况统计报告》，http://cnnic.cn/hlwfzyj/hlwxzbg/hlwtjbg/201507/P020150723549500667087.pdf.

和服务模式，形成抗战文献保护、开发利用的新生态格局成为发展的应有之义。

二、国家图书馆的抗战文献及其开发利用

（一）抗战文献

抗日战争爆发后，北平图书馆副馆长袁同礼等前辈先贤有感于中日战事意义重大、战时资料易毁于战火的问题，积极推动抗战资料的搜集与整理。在袁同礼的奔走努力下，1939 年 1 月 1 日，国立北平图书馆与西南联合大学合组的中日战事史料征辑会在昆明正式成立。1939 年 4 月《中日战事史料征辑会工作报告》序言指出："此次中日战事，其规模之广、意义之大，为我国历史中空前所未有。有关此次战事之文献，亟应搜集整理，加以保存，以备将来国史之采择，及战后研究政治经济社会各种问题者之参考。国立北平图书馆与国立西南联合大学，深感此事之重要，爰合组中日战事史料征辑会，于民国二十八年一月一日正式成立。经费由两机关分担，而以北平图书馆负采访搜集之责，西南联合大学负整理编纂之责。所集史料之性质，不仅限于战事，即政治、社会、经济、交通、教育各方面，亦均注意；采访之范围，不限于本国，即敌国以及各中立国之出版品，凡与此次战事有关者，亦均搜集。以故本会工作可分为两大步骤：一为搜集保存，一为整理编纂。除第一步之工作业于上年开始外，第二步工作目下仅能为局部的叙述，盖必须（俟）战事结束，各方资料充实后，始能作有系统之撰述也。"[①] 从序言内容可知，国家图书馆所藏的抗战文献即是指涵盖战时各个国家（主要是中国社会）各行各业方方面面的内容。

据不完全统计，截至 1944 年，史料会已入藏中文书籍 5180 种，约 6000 册，小册子 400 余件，杂志 2350 种，报纸 169 种；日文书籍 520 册，杂志 120 种，报纸 8 种；西文书籍 1922 册，杂志 373 种，报纸 49 种。在整理工作方面，编就者有各战区长编 14 种，《抗战书目提要》1 种，经过整理分期刊印的《战事史料集刊》，还有抗战论文索引 3 万余条，分类剪贴报纸 50 大箱，辑录欧美论中国的各种论文数百篇[②]。抗战胜利后，国家图书馆一直不遗余力进行相关资料的征集和收集，抗战文献的资源数量也在持续增长。这些珍贵的文献具有较高的文献价值和史料价值，如何使其嘉惠学林、普及大众、服务社会，成为一个亟须解决的问题。

（二）抗战文献的开发利用

基于宏富的抗战文献资源，国家图书馆进行了多种方式的开发利用，取得了良

---

① 北京图书馆业务研究委员会编：《北京图书馆馆史资料汇编（1909—1949）》，687 页。
② 李致忠主编：《中国国家图书馆馆史（1909—2009）》，124—125 页。

好的社会反响。国家图书馆对抗战文献开发利用的主要方式有：

1. 文献展览

文献展览是图书馆进行资源服务的一种重要方式，具有形象直观、易于接受的特点。2015 年适逢中国抗日战争暨世界反法西斯战争胜利 70 周年，国家图书馆先后举办了"历史的审判——馆藏东京审判图片展"①、"不朽的长城——纪念中国人民抗日战争暨世界反法西斯战争胜利 70 周年馆藏文献展"②、"以史为鉴　和平发展——纪念抗战胜利 70 周年联合国资料特藏文献网络展"③ 等大型实体文献展和网络展览。通过精选馆藏抗战文献，从文献史料角度让人重温那曾经的峥嵘岁月、战火纷飞中革命先烈与仁人志士的救亡图存。这些展览既是对历史的回顾与省思，也是弘扬爱国主义教育的成功实践，在社会上形成了良好的反响。

2. 文献整理出版

文献整理出版是对抗战文献的一种整理编纂和再创作，既有助于后人使用的便利，更有助于从零散的资料中形成新的创见，反思历史，服务当代。其中，《远东国际军事法庭证据文献集成》的整理出版对还原历史真相、妥善处理现实与未来中日关系具有重要的现实意义④。《国际检查局讯问记录》（70 册）根据美国国家档案馆所藏关于远东国际军事法庭审判的国际检查局文书整理汇编而成，包括人物、事件、团体等 470 个案件。《抗日战争史料丛编：第二辑》（50 册）、《中华抗战期刊》（67 册），这些系列珍稀抗战文献集中披露、系统刊布大量重要的抗战史料，不仅能促进学术研究，也能让更多的民众深入了解这段波澜壮阔的抗战史⑤。文献整理出版有利于对零散的抗战文献进行二次开发，有利于增加抗战文献的附加值，为后续的资源服务和信息咨询提供便利。

3. 数据库建设

数据库建设是数字环境下的一种资源整合方式，有利于突破图书馆本身的物理空间限制和时间限制，服务于更多的用户。在抗战文献数据库建设方面，国家图书馆在 2015 年 8 月 14 日推出了"东京审判资源库"，以国家图书馆海外征集的东京审判等对日战犯审判资料为基本素材，利用国家图书馆已有的民国时期文献研究、整理和出版成果，对原始文件进行编目整理。资源库下设庭审记录、证据文献、判

---

① 《"历史的审判——馆藏东京审判图片展"在国家图书馆举行》，http：//mgwxbh. nlc. gov. cn/xwdt/201412/t20141215_ 201910. html，2014 年 12 月 15 日。

② 《不朽的长城——纪念中国人民抗日战争暨世界反法西斯战争胜利 70 周年馆藏文献展》，http：//www. nlc. gov. cn/dsb_ zt/xzzt/bxdcc/.

③ 《以史为鉴　和平发展——纪念抗战胜利 70 周年联合国资料特藏文献网络展》，http：//www. nlc. gov. cn/dsb_ zt/xzzt/yswj_ hpfz/.

④ 《国家图书馆举办多项活动纪念首个"南京大屠杀死难者国家公祭日"》，http：//mgwxbh. nlc. gov. cn/xwdt/201412/t20141215_ 201911. html，2014 年 12 月 15 日。

⑤ 《国家图书馆集中首发三套大型抗日文献》，http：//www. nlc. gov. cn/dsb_ zx/gtxw/201512/t20151211_ 110407. htm，2015 年 12 月 11 日。

决书、影像记录等 8 个子库，内容包括国家图书馆近年来从海外征集到馆的东京审判庭审记录 4.9 万页，中英文判决书各 1200 页，证词、证据文件 4949 份，庭审现场历史照片 384 张等，对于了解真实的历史，并以史为鉴、面向未来具有重要的意义①。中国记忆项目中的"东北抗日联军专题"数据库，其中集成了老战士口述、历史照片、文献目录、在线展览等图文和音视频内容，对于了解东北抗日联军历史具有较强的参考价值②。另外，"革命历史文献联合目录"数据库③中也有相当数量的抗战文献资源。

三、抗战文献开发利用中存在的问题

抗战文献的开发利用虽然取得了一定的成绩，但在基础设施建设、标准规范建设、资源服务方式和用户使用体验方面还有很大的提升空间。现存的主要问题有：

（一）资源呈现碎片化和割据状态，缺乏有效整合

国家图书馆所藏抗战文献数量宏富，类型多样（普通书籍、民国图书、新善本、硕博论文、图片、缩微胶卷、音视频等），分散于不同的部门。由于不同介质的存储需要，抗战文献的实体资源也分别存储于不同的阅览室，而数字资源也是分散在不同的数据库中。由于部门管理等体制原因，分散的资源呈现出碎片化和割据的状态，不便于用户集中取用。因此，非常有必要对全馆的抗战文献资源进行一次彻底的摸底调查，对不同类型、不同主题、不同介质的资源进行整理归类，做到心中有数，为接下来的资源整合和服务工作打好基础。

（二）利用新媒体平台进行服务力度不够，缺乏用户反馈收集

现有的抗战文献资源服务主要集中在物理馆区内的实体服务（书本借阅、资源展览、音视频收看）以及官方网站和专题网站上的远程数字服务。从根本上讲，此种服务还是一种单向的资源提供式服务。我们将关注点集中放在了为用户提供资源上，而在用户是否取用、如何取用方面，我们则关注得比较少，用户使用后的体验和想法，则基本上被忽略了。在微博、微信等移动社交平台上进行的资源服务还比较欠缺，即使有，也往往止步于简单的资源介绍和宣传，在指导用户使用资源和服务、收集用户反馈从而提升用户体验方面还有很大的提升空间。

---

① 《东京审判资源库》，http：//mylib. nlc. gov. cn/web/guest/djsp/index.
② 《东北抗日联军专题》，http：//www. nlc. gov. cn/dsb_ zt/xzzt/dbkrlj/.
③ 《革命历史文献联合目录》，http：//mylib. nlc. gov. cn/web/guest/geminglishiwenxianlianhebianmuzhongxin.

（三）缺乏资源统一揭示平台，用户体验有待加强

由于资源的分散和缺乏明确而统一的获取途径，用户在查找相关文献时会存在茫然无措的情况。即使知道国家图书馆抗战文献资源收藏丰富，但却无从下手。又或者通过相关检索按图索骥，查找资源却费时费力，往往事倍功半。另外，由于资源整合力度不够和部门协作沟通不畅，导致用户无法享受简便快捷的一站式服务。实体资源服务与虚拟数字服务之间存在壁垒，二者之间还无法实现无缝链接，无形中为用户增加了多重手续，影响了用户体验。比如，用户在观看展览时若对某本书籍感兴趣的话，无法快速进入相应的数字资源入口。诸如此类的影响用户体验的问题需要对资源进行有效整合，将实体资源和数字资源融合为统一的有机整体，使信息在不同的服务渠道自由流转。

（四）数据资源规范建设有待完善

无论是实体资源还是数字资源，都涉及数据资源的规范问题。在"互联网+"的环境下，数字资源建设和服务更是成为发展的重点。对抗战文献的开发利用，很大程度上是建立在对抗战文献资源的数字化加工工作基础上。目前，仍然存在大部分抗战文献资源没有完成数字化加工的问题，而且存在不同时间段完成的数字化资源存在数据规范不统一的情况，这都不利于后期的数据资源的开发利用。数据资源规范建设涉及数据题名信息规范、数字化加工标准建设和平台间数据接口规范等内容。只有通过合理的标准规范指导数据加工、入网、服务和反馈等诸多环节，才能实现资源在不同平台间的连接和流转，真正提升用户的使用体验。

四、抗战资源开发利用需要解决的几个问题

在"互联网+"的环境下，做好抗战资源的开发利用需要实现"连接一切"的目标，其中包括部门之间的连接、资源之间的连接、资源和用户之间的连接以及用户和用户之间的连接。在连接的基础上，实现图书馆与用户之间、用户与用户之间的信息交互，从而形成一种图书馆与用户的良好关系。

（一）做好顶层设计，将互联互通贯穿到资源服务全流程

顶层设计是工作开展的前提和基础，只有做好顶层设计，才能保证后续工作的有序高效进行。顶层设计工作须立足于推动全馆业务工作良性互动基础上，通过完善馆内的基础设施（网络基础设施、数据基础设施和标准接口的基础设施）建设、推动资源整合的标准规范和部门协同联动的规章制度建设、加强互联网平台的运用能力，进一步提高公共文化资源的开放共享程度，将互联互通贯穿到资源服务的全

流程中。

（二）打通线上与线下，实现物理空间与虚拟空间的联通与互动

套用流行于商业运作的 O2O（online to offline）服务模式，图书馆的线上渠道包括国家图书馆官网、新浪官方微博账号、微信公众平台、数字电视平台、移动手机服务平台等虚拟空间，而线下渠道则包括各阅览室、展览室、讲座区等图书馆的所有物理活动空间。在"互联网+"的新环境下，充分挖掘新媒体平台的优势，通过打通线上与线下渠道，实现资源的自由联通与信息的互动。以展览为例，对于"不朽的长城——纪念中国人民抗日战争暨世界反法西斯战争胜利 70 周年馆藏文献展"，我们可以通过微博、微信等线上渠道提前宣传预热，引导用户来到图书馆进行参观学习。等正式开展后，线上渠道的宣传推广都配有网络展览的链接，便于用户感兴趣后的远程浏览。在线下渠道的展厅内，每件展品都有一个独特的 ID（二维码），用户通过智能移动终端设备进行扫描，可以浏览和查阅相关的数据库中的资源，减少用户的使用操作，直接向网站等数据库进行引流。同时，支持用户对相关展品在不同媒体平台（QQ 空间、微信朋友圈、新浪平台等）上的分享与互动。用户在参观完展览后，可以在线上渠道与图书馆进行交流互动，反馈他们的用户体验，提升我们的相关服务。通过对线上与线下用户资源使用行为进行评估，通过数据分析可发现不同用户的个性化特征，从而在将来实现对用户的个性化推送等服务。

（三）鼓励用户参与，提升用户体验

图书馆秉承"以用户为中心"的理念开展服务时，需要改变过去传统的单向服务方式转而采取双向互动的服务方式，注重用户需求和用户体验反馈。用户不仅是图书馆的服务对象，也是图书馆事业发展的有机组成部分。因此，无论是在提供展览服务、文献整理出版，还是在通过数据库远程服务方面，我们都需要时刻倾听用户的声音，收集用户的信息诉求和服务体验反馈，只有让用户参与到图书馆的资源建设和服务中来，才能有的放矢地改善图书馆的资源建设和服务方式，从而为用户提供便捷的一站式服务，提升用户体验。

（四）加强与馆外机构交流合作

国家图书馆作为抗战文献收藏的一家重要机构，虽然收藏宏富，但也并非包罗万象、涵盖一切。国内外的许多图书馆和典藏机构都有相当数量的抗战文献收藏，如重庆图书馆藏抗战图书 27710 种，60041 册（件），抗战期刊 2839 种，抗战报纸

213 种，抗战报刊缩微胶卷 860 种，其数量还在持续增长中①。美国国会图书馆是全美典藏传统抗战文献最多的机构，至少有 6667 种相关文献，其中抗战文献 5000 种（含 4000 余册陕甘宁边区文献、6829 册南满铁路株式会社原藏文献；另有日本陆军图书 3400 种，海军图书 2000 种的典藏量）②。因此，在新的时代更要有开放的心态加强与其他单位、其他国家的典藏机构进行交流合作，互通有无。通过搭建合理的交流合作平台、建立完善的合作交流机制以及资源的共建共享等方式来丰富国家图书馆的抗战文献资源，为用户提供更加优质的服务，让抗战文献资源在学术和社会建设方面发挥更加积极的作用。

---

① 王兆辉、闫峰：《重庆中国抗战大后方历史文献中心的建设现状与发展研究》，《图书馆》2015 年第 9 期，41—45 页。

② 扶小兰、唐伯友：《台湾地区及国外重点抗战文献现状调查研究》，《图书馆》2015 年第 9 期，50—55 页。

新媒体时代"抗战记忆"可视化展示方式介绍

——以抗战历史教育地图为例

周笑盈

摘　要：抗战资料的可视化传播一直是公共文化服务机构研究的重点，传统的展示方式往往很难达到理想的效果，如何提高这一重大题材的宣传效果就成为文化界探讨的重要问题。笔者根据抗战资料的特点，提出了"数字抗战历史教育地图"的构想。利用 GIS 技术将多媒体资料有机结合，制作为数字化电子地图，从空间和时间双重角度展示抗战资料。本文将具体从抗战历史地图（基础地理空间数据库和专题历史数据库）的设计及应用环节，深入探讨新媒体时代抗战记忆的可视化展示方式。

关键词：抗战资料；可视化研究；抗战历史教育地图；全媒体影音资料库

一、抗战文献的定义

抗日战争是 20 世纪中国反抗日本侵略的一场全面战争，抗战时期资料一般是指记录 1937 年至 1945 年期间各种知识和信息的载体，包括图书、期刊、报纸、手稿，以及非正式出版的日记、图片资料和视频、录音资料等。这些资料具有极高的史料价值与历史文物性，其珍贵价值不在善本古籍之下①。

二、国家图书馆抗战文献可视化展示现状

（一）文献调研征集与口述史料、实物征集

国家图书馆 2013 年完成对北美、日本、俄罗斯、英国、法国、德国、中国港

---

① 翟桂荣：《古籍民国文献的数字化利用与推广》，《河南科技》2013 年第 5 期，241—242 页。

澳地区民国时期文献存藏情况初步调研。完成对美国国家档案馆藏日本侵华战争罪行档案的专题调研，内容包括日军在华细菌战、化学战、虐待战俘罪证，中缅印战区和中国战区档案，以及日美双方对中国占领区、国统区的经济、社会调查报告和情报资料等。通过梳理国图馆藏，形成了东北抗日联军专题文献目录，包括普通图书125种、民国时期文献42种、地方文献10种、冯仲云相关手稿8件等。

2013年，在前期充分调研的基础上，征集到馆东京审判证据资料2.8万页、横滨审判庭审文献6.3万页、马尼拉审判庭审文献3.2万页、美国国家档案馆藏日本战争罪行相关罪行档案缩微1261卷、出贤次郎关系文书10卷缩微卷、二战时期中缅印战场照片1.6万张、台湾地区收藏抗战历史老照片400张等①。

2012年至2015年，中国记忆项目先后在北京、辽宁、黑龙江、湖北、新疆、广东、吉林等省采集，收集78位受访人的口述资料。中国记忆项目中心遴选了20位受访人，将他们的口述资料整理编辑为《我的抗联岁月——东北抗日联军战士口述史》，东北抗联系列还收录了特聘专家所著的《最危险的时刻——东北抗联史事考》和《请把我埋在战斗过的地方——追寻抗联记忆》。

（二）专题数据库建设

随着信息技术与数字化图书馆的发展，信息共享空间（Information Commons，简称IC）的服务理念和模式在国内图书馆得到广泛传播并付诸实践。IC空间数字化服务平台建设为民国文献的数字化利用提供了便捷途径。国家图书馆推出了"民国期刊"专题数据库，内容包括数据库使用推介、专题书目推介、文献检索、文献咨询、文献链接以及相关文献介绍与共享、信息素养培育等一站式服务，可大大方便读者全方位地使用古籍与民国文献资源，促进相关知识的传播②。

（三）展览推广

中国记忆项目中心深入挖掘馆藏文献，按照时间、机构、人物、主题等线索构建"东北抗联专题知识库"，形成了抗联简史、抗联组织序列、抗联主要将领、抗联歌曲等完整知识信息库。

为回顾东北抗日联军14年浴血奋战的艰难历程，国家图书馆2011年9月16日举办了馆藏东北抗日联军文献展。

（四）国图MOOC课程抗战专题

2015年"国图公开课"重点推出了《中国的抗日战争与日本的战后处理》③。

①　汪东波等：《国家图书馆年鉴（2014）》，国家图书馆出版社，2014年，153页。

②　郭伟德：《民国文献数字化是文化遗产的保存和延续》，《四川图书馆学报》2009年第6期，32—33页。

③　《国图推出"抗战"专题公开课》，http：//epaper.ccdy.cn/html/2015—08/14/content_ 161476.htm，2015年8月11日、2015年8月14日。

主讲人是中国社会科学院近代史研究所研究员、中国抗日战争史学会会长步平。主讲人从宏观的历史角度，通过中日关系这个大命题来讲述战争的来龙去脉，客观、理性地分析中日关系，并最终落脚到中日关系的现代化发展。课程内容包括了战后对日审判、日本参拜靖国神社问题和对历史教科书问题的探讨。除了可以在现场参与公开课的录制，读者还可以在 MOOC 官网上看到同步视频，更加客观、全面、理性地了解中日关系。

　　除了《中国的抗日战争与日本的战后处理》这一系列公开课，MOOC 公开课官网的"抗战风云"专题下还设置了如下课程：

课程名称	关键词	主要内容
雪冷血热——东北抗联十四年苦斗记	东北抗日斗争；中国	著名作家张正隆老师以"九一八"事变为起点，为听众讲述了抗联军队和东北人民 14 年艰苦卓绝的抗日历程。通过一个个鲜活形象的战争场景描述，展现了战争的残酷，更凸显出抗联和东北人民信念的坚定。
东北抗日联军斗争历程	东北抗日联军；反日斗争；中国	王建学老师讲座的内容是东北抗日联军的斗争历程，从以下几方面来讲：（1）梳理斗争背景——日本侵华与"九一八"事变；（2）"九一八"事变后东北人民的反日斗争；（3）东北抗日联军整个发展历程；（4）抗日联军主要战役与人物；（5）东北联军的评价问题。
马占山与江桥抗战	抗日斗争	中国人民抗日战争胜利 70 周年之际，回望历史，国人不能忘记 1937 年的"卢沟桥事变"，但对"江桥抗战"和马占山的名字似乎所知甚少。1931 年 11 月 4 日，时任黑龙江省代主席马占山指挥的江桥抗战，在黑龙江齐齐哈尔市嫩江江桥爆发，是中国人民正面抗击日本侵略者的第一次战役，在黑土地上打响了中国人民抗日斗争的第一枪。
抗战中的福建海军——从长篇《铁甲家族》谈起	民国军事史；中国；近代	2009 年，正值中国海军成立 60 周年之际，一部中国海军抗日战争史诗式的长篇小说《铁甲家族》完成并问世，这是一部从文化角度审视中日两个海军世家、从甲午海战到抗日战争半个世纪对决的历史小说。书中不仅有海战再现，场面恢宏，也交织着人物命运，起伏跌宕。

续表

课程名称	关键词	主要内容
日本兵眼中的八路军	八路军	萨苏老师的讲座《日本兵眼里的八路军》使用了一些日本史料，告诉我们八路军在当时战场上到底是什么样的。关于怎么评价八路军的抗战这个问题，萨老师认为，着眼于付出了多大的代价和日军来拼搏来格斗，就可以看出，我们打的这场战争是中国人共同挽救一个民族的战争，在这场战争中注定我们每一个人的牺牲都将永垂不朽。
抗日名将戴安澜将军	戴安澜；生平事迹	戴安澜一生最重要的功绩是在抗日战争中英勇抵抗日本侵略者，在长城抗战、徐州会战、武汉保卫战、昆仑关攻坚战等重大战役中屡立战功。在中国远征军入缅作战中，戴安澜将军沉着指挥，身先士卒，英勇歼敌。当二○○师官兵返回祖国途中，遭遇日军阻击，戴安澜胸部中弹，壮烈牺牲，年仅38岁。
抗日名将孙立人将军	孙立人；生平事迹	孙立人将军1900年生于安徽省庐江县金牛镇山南村。曾任中国远征军新编第38师师长，远征缅甸。因战功显著，先后任新1军副军长兼任新38师师长和新1军军长，远征军将士都亲切地称他为"英雄师长"。

三、多渠道推广抗战数字资源——抗战历史教育地图的构想

（一）抗战历史教育地图的设计

抗战资料的可视化传播一直是公共文化服务机构研究的重点，如何提高这一重大题材的宣传效果一直是实践探讨的核心问题。例如，中央电视台长征专题特色栏目"重走长征路知识问答"节目，通过 Flash 动画和互动问答的形式将单一的地图资料以交互体验的方式展示出来，使该档栏目极具趣味性和吸引力。人民网的一档特色栏目是"跟着红军去长征"，网友只要选择出了长征地图上的点，页面就会显示出该点发生主要事件的图文资料，并配有网友相关答题，在答题过程中网友会受到潜移默化的教育，从而加深对长征历史的认识。除此之外，各大主流媒体都在利用自身的抗战资料和新媒体技术链接，推出拼图游戏、故事会、手机访谈等新型栏

目互动形式，取得了良好的传播效果。

由此可见，现代网络技术在进行爱国主义历史教育方面具有特殊优势，而现代新媒体技术在图书馆的抗战教育宣传方面，更具有以下几方面优势：

（1）在线阅读：读者可根据所需专题在线上图书馆中找到相关的资料和视频，进行在线阅读访问。

（2）搜索汇聚：读者可根据重要知识点、选定的关键词，利用网络强大的搜索功能在网上搜索相关的内容，而图书馆的功能变为对这些信息进行有效组织和分析，从而有序化地提供给读者。

（3）在线交流：目前我们已经进入 Web2.0 时代，Web2.0 技术实现了用户和网络之间的交互功能，互联网上的每一个用户不仅是互联网的读者，同时也成为互联网的作者。读者在阅读的同时，可以分享交流自己的感悟，形成不同的社交圈子。阅读模式由传统的"读""写"向"交流"发展，由被动接受图书馆信息向主动创造互联网信息、结交志同道合的互联网社交圈发展，从而更加人性化[①]。

1. 抗战历史地图设计方案

国家图书馆在抗战资源的可视化展示方面，已经采用了纪录片、MOOC 课程、展览、数据库等形式。在此，笔者根据抗日战争的地域连贯性特点，提出抗战历史地图的构想。

历史事件发生的时间、地点、人物、事件等一直是探究式历史学习的重要内容。传统历史地图受到幅面的限制，无法动态且全面地展示抗战过程，而现代化的数字技术却为其动态展示提供了可能性。地理信息系统 GIS 技术可以把抗战历史信息在时空维度内集成，通过历史地理空间数据的管理、制作和分析，从空间和时间双重角度展示抗战资料，使抗战资料的可视化展示更加直观。

抗战历史地图的设计由两部分构成：基础地理空间数据库和专题历史数据库。基础地理空间数据库采集抗战地理数据作为基础数据，包括行政区界、行政治所、地名资料、抗战遗址等；专题历史数据库主要收集相关的图片、原始视频资料、纪录片资料和相关文献资料等。基础地理空间数据库和专题历史数据库的链接点就是地名资料，通过 X、Y 匹配的方式，构建时空数据库。整体的抗战历史地图思路按照"时间——空间——人物——事件——资料"的形式组织信息，满足数据存储、整合、检索、可视化表达分析的功能定位。资料不仅仅限于国图的抗战资料，更可以提供相关网络资源链接，读者可通过时间或事件的关键词完成搜索，实现历史资料的导航、下载和视频资料画面的多媒体播放等功能。

其中专题历史数据库的设计是关键。历史资料包括历史事件的时间、地点、人物与过程（When、Where、Who、What），探究式的历史资料还应包括根据资料分析原因并探究为什么（Why、How）。

---

① 张伟：《基于时空数据模型的历史地图集编制研究》，《城市勘测》2013 年第 6 期，285 页。

抗战专题历史数据库主要包括以下几个方面的功能：地图检索、专题数据的可视化、信息交互功能、历史资料下载和视频播放功能。

检索功能可提供三种方式来实现信息检索，即按照人物检索、按照事件检索和按照时间检索。信息交互功能可联通读者与图书馆馆员、读者与读者，实现读者与系统的交互，读者将对于人物数据和事件数据的个人见解和想法提交给系统，系统可实现数据信息的不断完善和更新。另外系统还提供给读者历史资料下载功能，即可实现图片、flash、文档资料的下载。纪录片视频播放功能是指点击某个历史事件发生地在地图上对应的位置，就可播放相关的纪录片。图书馆管理员在管理系统中实现对数据库的管理，即定期维护与更新。

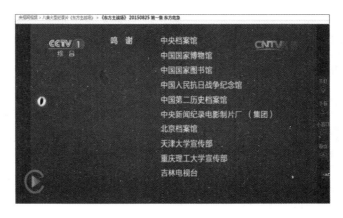

2. 抗战历史地图应用探讨

抗战历史教育地图将通过对用户的管理、专题历史数据检索及可视化功能（包括地图操作基本工具、历史人物查询功能、历史事件查询功能、按照历史时间查询功能等）、数据编辑功能、多媒体功能的设定，真正具体实现其可视化功能。

在具体实现方面，会应用到 GIS 技术和多媒体技术。

GIS 技术现已在多个领域得到广泛应用，如环境保护、预防自然灾害、军事、导航等。笔者建议将 GIS 与图书馆的可视化教育整合应用，如在分析某个历史事件时，利用 GIS 功能可以将历史事件可视化表达，再现历史场景，实现定位显示。抗战历史学本身就具有空间属性，GIS 与历史教育学科的结合将有更广阔的应用前景。

GIS 最基本的功能就是空间数据存储，可高效处理数字化地图，将空间数据分为若干图层，根据不同需要编辑不同图层，完成相关分析和应用，最后对各个图层进行叠加，避免无关信息，可实现轻松定位与编辑①。同时，利用 GIS 技术来制作专题地图，不仅能够提供静态地图检索，还能实现动态展示，如通过漫游工具实现静态地图的放大缩小，近距离观看抗战遗址；通过 Flash 和动画画面展示战争推进

---

① 张伟：《基于时空数据模型的历史地图集编制研究》，《城市勘测》2013 年第 6 期，285 页。

过程与移动路径，摆脱了传统抗战爱国主义教育单一呆板的模式。

多媒体技术的快速发展及广泛使用，促进了可视化展示模式向现代化的方向转变，实现了多媒体与历史教育的整合应用。

首先可利用多媒体技术还原抗战场景，再现抗战历史舞台。通过对文字资料、图片资料、视频影像资料的整合，再现历史情境，让人身临其境感受抗战的血雨腥风。

其次可将战争推进的动态过程展现给观者，一目了然，例如从 1937 年 9 月的平型关战役到 1937 年 10 月的雁门关伏击战，再到 10 月刘伯承率领一二九师三八六旅进入山西平定地区，配合娘子关正面战场，指挥的七亘村战斗。把这一系列进军路线制作成动画展示给观者，使观者更易于了解抗战过程。

最后，多媒体可充分调动观者的多感官性，使观者受到感染。例如播放南京大屠杀的视频片段，家破人亡的情景激发观者的愤慨，从而加深对历史内容的理解，在进行历史教育的同时，也进行了思想上的爱国主义情感宣传。

从总体上看，抗战历史教育地图利用 Web GIS 技术构建爱国主义历史教育资料库，可视化展示历史地图、历史人物资料、事件资料、视频资料等内容。不仅丰富了历史教育地图系统的内容，也实现了抗战资料信息的共享。从系统设计角度看，该系统具有可扩展性，不仅由图书馆员来存储、管理信息，读者也可以提交和编辑抗战历史信息，丰富系统内容，为抗战历史研究者们提供获取历史信息的平台，日后更能方便地将系统扩展成为抗战历史爱好者共建共享的圈子。

从爱国主义教育的角度看，多媒体和数字化的展示方式极大地丰富了爱国主义教育的展示内容，以现代化的方式使抗战资源更加可观可感。

（二）全媒体战略——打造抗战网上影音资料馆

抗战的纪念性宣传要吸引人，需要超越史书的模式，寻找历史长河背后的细流，用一种全新的视角呈现宏大的历史纹路。现代的受众已经不再喜欢单一的灌输式的宣传，而是直指人心的生动细节；已经不再喜欢耳熟能详的道理，而是离奇新颖的故事；已经不再喜欢理性的大道理，而是感性的描述。

图书馆应发挥资料集中功能，打造综合性的"影音资料馆"，整合各类媒体的系列报道，以历史会议、图像资料为主线进行编排，以简洁的文字配合大量精彩图片，在视觉效果上尽量照顾读者的阅读习惯。

与 20 年前或 10 年前相比，随着新媒体技术的发展，传统的传媒格局发生了巨大变化，受众接受传播的方式也发生了巨大变化。在传播形式越来越多样、受众的选择越来越多样的今天，传统媒体与新媒体高度融合，媒体与受众之间有机互动。例如在 2015 年的纪念抗战胜利 70 周年报道中，各家新闻报道机构就依托媒体融合的"互联网+N"，多角度、多层次、全方位地整合传统电视媒体的新闻资源，从而达到了抗日战争宣传报道的优化配置。

国家图书馆的抗战宣传也应凸显国际视野，利用新媒体手段，展开立体化、全方位、多视角的宣传，发挥网络新媒体的优势，实现多种文本资料的组合和互通，构建一个由声音、图画、动画、影视、文字等各种传播介质组成的网络信息形态，拓宽抗战报道主题的信息范围，更好地还原历史事实。

关于宣传内容方面，笔者提出如下建议：

一是收集整理境外抗战资料、视频信息和采访报道，全面反映世界反法西斯战争和中国抗日战争在世界战场的意义；

二是从经典艺术作品中解读中国人民的浴血抗战，反映中国抗日战争的经典细节；

三是组织新一轮"全媒体联动——寻访"工作，探寻抗战老兵的真实故事；

四是针对不同集体开展不同活动，如以广大官兵为主角，推出"晒晒爷爷从军照"的互动模式，注重官兵参与，征集历史照片；

五是创新节目形式，不仅仅采用展览、数据库等形式，也可开发国防益智类竞赛节目等新型方式；

六是将抗战遗址等物质遗产与抗战文学、抗战故事等非物质遗产相结合，推出"城市与抗战"专题，从敌后抗战的心脏延安，到一支军队孤守一座城48天的衡阳；从打响淞沪会战第一枪的上海八字桥，到台儿庄大捷的山东枣庄，每一处战争遗迹，都讲述着发生在这些抗战名城的抗战故事。

"不朽的长城——纪念中国人民抗日战争暨世界反法西斯战争胜利70周年馆藏文献展"展陈设计及其思考

徐慧子

摘　要：为纪念中国人民抗日战争暨世界反法西斯战争胜利70周年，充分发挥文献史料在爱国主义教育和社会主义核心价值观培育中的独特作用，国家图书馆甄选馆藏相关抗战珍贵历史资料，隆重举办"不朽的长城——纪念中国人民抗日战争暨世界反法西斯战争胜利70周年馆藏文献展"（以下简称"不朽的长城"），从文献史料角度重温这一段铁与火的悲壮历史。本文拟从展陈设计角度对本次展览进行深入解析，希望其设计理念亦可为同类陈列展览提供借鉴。

关键词：中国人民抗日战争暨世界反法西斯战争胜利70周年；文献类展览；展陈设计

一、"不朽的长城"展览综述

2015年8月14日，为纪念中国人民抗日战争暨世界反法西斯战争胜利70周年，让历史说话，用史实发言，充分发挥文献史料在爱国主义教育和社会主义核心价值观培育中的独特作用，国家图书馆甄选馆藏相关抗战珍贵历史资料，展览图片400余张，展品包括新善本、日记、手稿、报刊、图书、照片、缩微胶片、影音资料等1500多件。在国家典籍博物馆第三展厅隆重举办"不朽的长城——纪念中国人民抗日战争暨世界反法西斯战争胜利70周年馆藏文献展"，从文献史料角度重温这一段铁与火的悲壮历史，缅怀献身国家独立、民族解放事业的先烈，借此与各界人士共勉，为中华民族的伟大复兴、为世界的和平与发展，贡献我们的智慧与力量。本文拟从展陈设计角度对展览进行深入解析，希望其设计理念亦可为同类陈列展览提供借鉴。

二、"不朽的长城"展览内容分析

（一）场地分析

此次展览位于国家典籍博物馆 K 栋二层第三展厅，此展厅为专业文献展厅，场地面积 1296 平方米，展厅高度为 6 米。具体位置结构及展厅平面图如下（图一）：

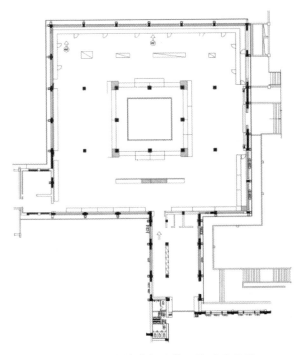

图一　国家典籍博物馆第三展厅平面图

（二）展览内容分析

此次展览分为"烽火连天""血肉长城""文化抗战"和"鉴往知来"四个单元。其中，"烽火连天"以馆藏报刊资料、老照片特别是"民国文献保护计划"项目海外征集日本侵华罪行文献史料等反映战争背景、日军罪行；"血肉长城"以馆藏新善本《中共对于抗日民族统一战线的主张》《东北抗日联军游击实录》、山东八路军抗战 8 年战果统计表等照片、日记、实物，展现了抗日民族统一战线、东北抗日义勇军与东北抗联、正面战场、敌后抗日斗争和抗日根据地建设等抗战史实。"文化抗战"以馆藏新善本、抗战新闻报刊、抗战喜剧、抗战木刻等多种载体阐述了抗战文化运动在抗战过程中承担的重要作用。无论是在中国共产党领导的敌后根据地，还是在国统区或沦陷区，抗战文化工作者都在向炎黄子孙发出号召：把我们的血肉，筑成我们新的长城。"鉴往知来"通过文献和数据库介绍了抗战胜利的过程、历史审判的独家资料、中日邦交正常化的过程和抗战文献征集、整理出版和保护的过程。

三、"不朽的长城" 展陈设计分析

国家图书馆藏抗日战争相关文献内容丰富多彩，具有高度的政治性和思想性，把丰富的展览内容与展陈形式完美地统一起来，体现出国家图书馆珍贵馆藏抗战史料文献在爱国主义教育和社会主义核心价值观培育中的独特作用，是本次陈列设计工作者探讨研究的重要课题。

（一）展陈设计的前期准备

博物馆展陈设计是以对展览内容的理解为基础的，是对展览大纲深刻理解的升华和结晶，反之，就不可能有真正意义上的展陈设计的确定。本次展览在进行具体的设计工作前，组织展览设计人员对展览大纲进行了集中学习，对宏观上展览举办的意义到微观上每件展品选取的含义进行了详细的讲解，确保设计人员对展览内容的理解，为更好地完成展陈设计、更准确地选取表现展览主题的设计元素以及最大限度地发掘形式设计在深化展览内容与主题方面所起的作用打下了良好的基础。

除了对展览大纲的学习，还组织展览工作人员调研参观了多个优秀的抗战主题的展览、纪念馆，包括抗日战争纪念馆、国家博物馆"抗战与文艺"系列展览以及中国美术馆"铸魂鉴史·珍爱和平"美术作品展等展览，从中学习经验、开阔设计思路，更好地完成"不朽的长城"展陈设计。

（二）展陈形式设计

"历史是在时间中演进，在空间中展示的"，展览的形式设计是为内容服务的。所以在考虑"不朽的长城"展陈设计的同时，还充分考虑到所要展示内容的特点，根据展示主题来确定设计的风格和形式，力图在有限的空间和时间内，将最为突出、最有影响、最具特色的内容传达给参观者。在形式上追求视觉展示最优化和展示手段的多样化。

1. 版式与图形元素设计

本次展览版式采用组合式的构图形式，以各单元主色和副色不同的分割构成方式作为展板底纹，但这种分割不是依照设计师个人喜好，而是严格按照展览内容进行编排设计，并依据平面构成中形式美法则，使之更好地反映展览内容本身的结构和逻辑顺序，从而达到主题突出、主次分明的效果。例如，展览会衔部分（图二）

图二　"不朽的长城"展览会衔设计

的设计就是通过色块分割的方式将展标区域与前言区域区分开。通过色块的划分，使前言区域形成一个不规则的四边形，形成一面抽象化飘扬的红旗，使其形象富于寓意，同时还运用了错层的处理，增加了视觉上的丰富感和灵动性。

　　本次展标图形元素的设计也是一大亮点。图形化的长城原色贯穿展览始终，紧贴展览主题。同时各个单元在统一中求变化，每个单元根据各单元的内容特点又设计了不同的辅助图形，如"烽火连天"中象征着列强迫害的斑驳城砖（图三），"血肉长城"象征着烈士鲜血染成的旗帜（图四）以及"文化抗战"有着文化烙印的五角星（图五）。这些图形元素的设计都是建立在对展览内容的理解以及展品特征和价值的基础上的。

图三　城砖设计元素

图四　旗帜设计元素

图五　五角星设计元素

2. 色彩设计

展览的色彩设计是烘托展品、创造一定气氛、控制观众的视觉和心理变化、增加观众的兴趣和加强展示效果的重要手段之一，在展览设计中至关重要。本次展览根据展示内容、主题和气氛确定了红色系的总体色调，烘托出展览严肃、富有使命感的空间气氛。同时，每个单元又根据其内容用不同的色调加以区别，在统一中寻求变化，利用色彩的明度和纯度使观众达到情感上的共鸣。虽然展览确定了红色系的总体色调，但如何找到一种符合抗战文献展特色的红色成为设计者需要探讨的课题。经过多种配色的尝试和方案探讨，最终选择了从抗战文献、报刊中提取出具有历史厚重感的朱砂红作为展览主题颜色，更符合展览稳重大气的基调。

3. 文物展示设计

文献类展览的属性决定了展览中的文物大部分是纸张文献。不可否认，纸质文献在展示效果方面存在一定的单一性，并大多缺乏观赏性。因此，不断探索纸质文献展示新思路，变单一展示为立体化多方位展示，利用综合手段将其展示于观众、吸引观众、教育观众，无疑是本次展览一项重要的任务。本次展览中，我们根据不同文物的尺寸和特点，定制了不同尺寸、不同形式的展托、展架，打破了纸质文献展示效果的平面感和单一性，最终呈现出高低错落、灵动有序的展示效果。

美术和摄影作品的穿插也是本次展览的一大亮点。美术和摄影作品能够真实地再现历史，并与内容相结合，起到了强化展览的教育作用和审美功能，成为文献类展览中不可替代的重要组成部分。例如在会衔有两侧的摄影作品为通过海外征集并首次展出的《东京审判》、著名抗战摄影家沙飞的《长城抗战》等优秀抗战摄影作品；"沦陷区知识分子的抗争"这一展板旁，我们展出了齐白石老人亲笔所画《七鸡图》的复制件，七鸡即取七七的谐音，暗指卢沟桥事变。这幅画与展板内容相呼应，表现了当时知识分子用自己的方式为抗战胜利做出的努力。

4. 多媒体辅助设计

本次展览还融合了多媒体展示手段。我们围绕展览内容与主题精心选取的数十部经典抗战电影、上百首经典抗战曲目以及数十首优秀抗战诗歌，制作了抗战电影墙（图六）、抗战歌曲墙（图七）以及多媒体诗歌墙（图八）。这不仅增加了展品的信息量，也给观众营造了一个可参与的沉浸式体验，在互动中充分地激发了观众的求知欲望。此外，"文化抗战"部分中的义勇军进行曲版块旁安装了定点音响，使观众在阅览文献的同时也能听到《义勇军进行曲》嘹亮的歌曲，达到视觉和听觉上的共鸣。多媒体展示手段的应用，不仅丰富了展览设计的艺术语言，还增强了内容的表现力和视觉的冲击力，从而使观众更好地感悟展览主题。

图六　抗战电影墙

图七　抗战歌曲墙

图八　多媒体诗歌墙

四、"不朽的长城"展览思考

"不朽的长城"展览最终以稳重大气的整体风格、和谐典雅的色彩氛围以及灵动有序的展示方式呈现出来，体现出了抗战历史的厚重感和国家图书馆馆藏文献的丰富性，取得了良好的社会效果，受到了各级领导、专家及观众的一致好评，达到了宣传教育的目的。同时，展览中也存在一些问题，例如部分区域的文物陈列不够舒展；部分展板的装裱过低，有被遮挡的状况；户外会衔中文字排版过低等等问题。面对展览中存在的问题和经验，我们从以下两个方面进行探讨和总结：

首先，优秀的博物馆展览展陈设计要基于展览内容去创作，并以设计美学的角度去实现。展览的形式设计是对展览内容高度提炼，只有将展览内容、展览形式设计和展览色彩设计三者紧密结合，才能正确地传达展览资源。

其次，展览前期的充分准备是完成优质展览展陈设计的基础。设计师不仅要具备丰富的专业知识，还必须对展览历史背景有深度了解，对所展文献内容有具体掌握，这就要求设计师在展览前期做大量的知识储备的工作，如熟读大纲、与文案工作人员积极沟通、阅读相关书籍和调研参观相关展览等工作。只有设计师对需要展览的知识主题有具体而微的了解，才能实现展览形式与所展览文献的具体内容的完美结合，也才能最终实现弘扬抗战精神、教育公众的展览目的。

这些展览中得出的经验和存在的问题有利于我们在下一次展览展示设计中的调整、充实和提高，为继续办出具有国家级博物馆展陈设计水平的展览而努力。